philister

oder: **DIE GROSSE TÄUSCHUNG**

RAMON BENNETT

ARM of SALVATION
Jerusalem

Herausgeber: Arm of Salvation,
P.O. Box 32381, Jerusalem 91322, ISRAEL
Tel.: 00972 2 624-7667 Fax: 00972 2 625-0532

Übersetzung aus dem Englischen; die Originalausgabe ist 1995 erschienen unter dem Titel: *PHILISTINE - The Great Deception.*

Soweit nicht anders angegeben, wurden die Bibelzitate der Lutherbibel in der revidierten Fassung von 1984 entnommen. Alle Bibelzitate sind kursiv gedruckt, Hervorhebungen durch Fettdruck innerhalb der Zitate stammen vom Autor. Kursivdruck in Zitaten erfolgt in Einklang mit dem Quellenmaterial.

Alleinvertrieb für Deutschland und Österreich:

ASAPH Buch- & Musikvertrieb GmbH
Am Drostenstück 27
D-58507 Lüdenscheid
Tel.: 02351 / 9693-0 Fax: 02351 / 9693-45

Vertrieb in der Schweiz:

ASAPH Bücher - Musik - Multimedia
Brückenstraße 22
CH-8280 Kreuzlingen
Tel.: 0041 / 72 / 6727781 Fax: 0041 / 72 / 6727784

Die Abbildung auf dem Buchtitel stammt von Ramon Bennett und zeigt eine Photographie von einem der *Fatah*-Terroristen Jassir Arafats, wie er gerade von libanesischem Territorium aus nach Israel eindringen will. Die schwarz-weiß gemusterte Kopfbedeckung ist die typische *Keffija* der *Fatah*-Terroristen. Der Name *Fatah* besteht aus den umgekehrten Buchstaben des arabischen Wortes *Hataf*, d.h. „plötzlicher Tod“.

"Wie ist mir so weh! Mein Herz pocht mir im Leibe, und ich habe keine Ruhe; denn ich höre der Posaune Hall, den Lärm der Feldschlacht."

Jeremia 4,19

Dieses Buch ist gewidmet dem Staat Israel - dem Sündenbock der ganzen Welt.

Inhaltsverzeichnis

Dank

Die Leser dieses Buches werden erkennen, wie sehr ich den wunderbaren Menschen, die mich täglich mit ihrer Liebe und ihren Gebeten unterstützen, zu Dank verpflichtet bin.

Dank schulde ich auch meinem Lektor, dessen Hilfe und Vorschläge unentbehrlich und dessen Ermutigung anregend waren. Besonders möchte ich auch denen danken, die mich mit Artikeln aus Zeitungen und Magazinen versorgt haben, darunter insbesondere Ann aus Neuseeland. Vor allen anderen jedoch gilt meine Dankbarkeit meiner lieben Frau, Gefährtin und Freundin Zipporah, für ihre Liebe und ihr Vertrauen mir gegenüber.

Vorwort des Autors

Es fiel mir schwer, dieses Buch zu schreiben. Ein Großteil des Materials, das ich während meiner achtzehnmonatigen Recherchen lesen mußte, war äußerst deprimierend. Aus Respekt vor dem Leser habe ich absichtlich viele Details weggelassen, aber trotz allem wird manches für den durchschnittlichen, westlich denkenden Leser schockierend sein. Die sich ständig wandelnde politische Szene erschwerte mir ebenfalls das Schreiben. Manche Aussagen über zukünftige Ereignisse, die ich über menschliche Absichten oder sich aus politischer Unfähigkeit entwickelnde Situationen gemacht habe, erfüllten sich bereits während der Niederschrift dieses Buches. Ich habe diese Abschnitte umgeschrieben und versucht, mich vor weiteren kurzfristigen Voraussagen zu hüten, damit das Buch nicht zu schnell an Aktualität verliert. Eine weitere Schwierigkeit bestand darin, eine riesige Materialsammlung in die relativ kleine Seitenzahl dieses Buches zu pressen (Bücher mit 600 Seiten sind nicht sehr beliebt). Während ich dieses kurze Vorwort schreibe, liegen immer noch eine Menge Bücher auf meinem Schreibtisch, aus denen ich wegen Platzmangels nicht ein einziges Zitat entnommen habe. Aus diesem Grund wurden von der riesigen Anzahl von anfangs als Quellenmaterial vorgesehenen Zeitungs- und Zeitschriftenartikeln hunderte weggelassen. Der Leser sollte wissen, daß für jedes ausgewählte Zitat zur Bestätigung meiner Ausführungen viele weitere verfügbar wären. Ich habe versucht, dem Leser ein ausführlich dokumentiertes und gut lesbares Buch zu präsentieren, das die Maske der Täuschung hinter dem Friedensvertrag zwischen Israel und der PLO vollständig herunterreißt und die Wahrheit darlegt - das wahre Ziel des Friedens.

Die ersten Kapitel, besonders Kapitel 2, 3 und 5 sind die wichtigsten, weil sie einen Schlüssel für das Verständnis des gesamten Buches sowie der Ereignisse im Nahen Osten darstellen. Meine Aussagen über die arabische Mentalität bzw. Denkweise sind natürlich Abstraktionen, denn eine Denkweise oder psychologische

Eigenarten können immer nur von Einzelpersonen repräsentiert werden. Deshalb können sich solche Aussagen nur auf die große Masse beziehen und müssen somit Verallgemeinerungen enthalten, die nicht unbedingt auf einen einzelnen Menschen zutreffen. Meine aufrichtige Entschuldigung gilt jenem kleinen Prozentsatz, der nicht zur großen Masse gehört.

Heute existieren die mächtigsten Nationen in der gesamten Geschichte, aber die schwächsten Männer stehen an ihrer Spitze, Männer, die entweder im Sumpf ihrer Ignoranz steckengeblieben sind oder aus dem Wirrwarr ihrer Naivität nicht mehr herausfinden. Neben diesen schwachen Führungspersönlichkeiten existiert eine mächtige, antisemitische und unmoralische Medienlandschaft, und die Durchschnittsbürger werden in einen von langer Hand vorbereiteten und mit List zusammengestellten Morast der Täuschung hineingezogen, und zwar im Hinblick auf den Sturm, der sich im Nahen Osten zusammenbraut.

Es ist lebenswichtig für den Leser, zu verstehen, daß Gott, „der Heilige Israels", die Ereignisse völlig im Griff hat. Er ist es, von dem gesagt wird: *„Er nimmt den Häuptern des Volks im Lande den Mut und führt sie irre, wo kein Weg ist"* (Hiob 12,24). Und er ist es, von dem geschrieben steht: *„Der HERR macht zunichte der Heiden Rat und wehrt den Gedanken der Völker"* (Ps. 33,10). Die heutigen Ereignisse sind im göttlichen Wort schon vor Jahrtausenden niedergeschrieben worden, durch den Geist Gottes und im Einklang mit seiner Voraussicht. Nichts ist außer Kontrolle, alles geschieht nach Plan. Und der Eine, der die Zukunft so detailliert voraussagen und die Geheimnisse der Geschichte enthüllen kann, ist der Eine, der Vergangenheit und Zukunft unter Kontrolle hat. Gott ist souverän. Die führenden Köpfe in der Welt, darunter der Präsident der Vereinigten Staaten und der Ministerpräsident Israels, gemeinsam mit Jassir Arafat und seinen terroristischen Günstlingen, befinden sich alle unter Gottes indirektem Einfluß. Menschen treffen tatsächlich Entscheidungen, die die Geschichte prägen, aber diese Entscheidungsprozesse sind nicht unbedingt das letzte Wort. Gott bringt Ereignisse in Gang, und er beendet sie auch. Und es wäre besser für unser Verständnis, wenn wir wissen, daß das Reich Gottes durch Katastrophen und nicht durch durch Entwicklungen entsteht.

Die Männer in den Schlagzeilen sind ernsthaft davon überzeugt, sie seien es, die das Schicksal der Welt bestimmen. Sie sind bereit, das Leben anderer zu opfern und sich Täuschungen hinzugeben, um ihren Ehrgeiz zu befriedigen oder auf der politischen Bühne Ehre und Prestige zu erringen. Dieses Buch ist der Versuch einer Klarstellung über den aktuellen „Friedensprozeß" im Nahen Osten. Auf dem mir zur Verfügung stehenden begrenzten Raum habe ich mich bemüht, die innersten Gedanken und Absichten von Männern in den Schlagzeilen darzustellen; einige unter ihnen behaupten, wie Neville Chamberlain nach seinem Treffen mit Hitler in München im September 1938, es gäbe „Frieden in unserer Zeit". Chamberlains „Frieden in unserer Zeit" führte zum Zweiten Weltkrieg. In den sieben Jahren, die auf seine naive Behauptung folgten, verloren 47 Millionen Menschen ihr Leben. Deshalb ist dieses Buch als ernste Warnung gedacht - und zwar an Israel und die gesamte westliche Welt.

Ramon Bennett
Jerusalem
14. Mai 1995

> **!** Haben Sie das Vorwort des Autors auf Seite VII gelesen? Es könnte Ihnen den Zugang zu diesem Buch erleichtern.

1

Der Nahe Osten

Als kleiner Junge hörte ich meinen Vater immer wieder sagen: „Gib acht auf den Nahen Osten, denn von dort wird der Dritte Weltkrieg ausgehen." Ich war zu klein, um überhaupt etwas von der Existenz des Nahen Ostens zu wissen, aber nachdem ich im Zweiten Weltkrieg die deutschen Angriffe auf England mit V1- und V2-Raketen überlebte, sowie die Schlacht von Britannien im Jahr 1940 und den „Blitzkrieg," die systematische Bombardierung Londons, die mit 57 aufeinanderfolgenden Bombennächten durch eine Armada von bis zu eintausend Kampfflugzeugen begann, wurde mir die grausame Seite des Krieges auf schmerzliche Weise bewußt.

Meine beiden Brüder und ich verbrachten viele Stunden zwischen Matratzen eingezwängt unter unserem schweren alten Eßtisch aus Eichenholz; dort versteckten uns unsere Eltern jedesmal, wenn die Sirenen ihren warnenden Ruf ertönen ließen. Meine frühesten Lebenserinnerungen bestehen aus dem Beobachten von Feuerstürmen aus Brandbomben, wie sie vom Himmel herunterkamen und die Stadt in Brand setzten, von Fensterscheiben, die durch den Druck der Explosionen zerbarsten und von abgedeckten Dächern (unser Haus verlor seine Fenster und das Dach siebenmal innerhalb von vierundzwanzig Stunden!).[1] Ich sah, wie bei Explosionen Steine, Mörtel und Dachziegel hoch in die Luft flogen, bevor sie wie bei einer Lawine in Kaskaden herunterkamen; ich sah, wie Schutt scheinbar zu Bergen aufgetürmt war, wie kopflose Leichen und tote Nachbarn herumlagen.

Von Zeit zu Zeit, nachdem unsere Familie 1953 nach Neuseeland ausgewandert war, wiederholte mein Vater seine Aussage vor jedem, der bereit war, ihm zuzuhören, aber zumindest ich blieb völlig desinteressiert und bat ihn niemals, ausführlicher zu werden. Ich wurde im Juni 1965 Christ, aber da ich in einem abgelegenen Land lebte, das wortwörtlich zu den „Enden der Erde“ gehört, bildeten weder Israel noch der Nahe Osten Anziehungspunkte für meine Beschränktheit. Aber, als die Ergebnisse des arabisch-israelischen Sechstagekrieges vom Juni 1967 bekannt wurden, verschob sich der Mittelpunkt meiner Aufmerksamkeit um einen Quantensprung vom Beruf des Immobilienmaklers hin zum Studium der biblischen Prophetie.

Vor dem Ausbruch dieses Krieges im Juni, als ich die Lage am Fernsehschirm beobachtete oder in der Zeitung über das gewaltige Aufgebot an Truppen und militärischer Ausrüstung an den Grenzen Israels las, meinte ich wie Millionen andere Beobachter, daß Israel eine Überlebenschance von weniger als fünfzig Prozent hatte. Aber Gott war offensichtlich auf der Seite der Israelis, und er war es, der die Welt mit dem Ausgang des Krieges überraschte. Ich war beeindruckt - und zwar so stark, daß ich anfing, die Bibel buchstäblich zu verschlingen; ich las sie vom Anfang bis zum Ende, wieder und wieder, und mir entging kein Wort. Ich las einige Jahre lang die Bibel etwa fünf Stunden täglich, und wenn sich eine Gelegenheit ergab, las ich sie den ganzen Tag lang. Dieser gottgegebene Hunger hat mich seit 28 Jahren nicht mehr verlassen.

In der Bibel erkannte ich eine enorme Diskrepanz zwischen der traditionellen Lehre der Kirche - nämlich, daß sie das neue Israel sei - und dem, was in den inspirierten Worten der Schrift stand. In der Bibel ist Israel eindeutig Israel, und wird nicht als anderer Name für die Gemeinde Jesu gebraucht. Das heutige Israel ist die Erfüllung biblischer Prophetie über das alte Israel, und der Ausgang des Sechstagekrieges war lediglich eine andere Ausdrucksform des Eingreifens Gottes für sein altes Bundesvolk.

Obwohl ich einen deutlichen Zusammenhang erkannte zwischen biblischer Prophetie und der Gründung des Staates Israel im Jahr 1948, die zur nachfolgenden Sammlung der zerstreuten jüdischen Nation führte, wurde ich kein „Israel-Fanatiker“ und rannte auch nicht gleich nach Israel, um Gottes Handeln vor Ort zu beobachten. 1979 nahm ich eine Einladung an, einem christlichen Werk in Israel zu helfen, aber ich war nicht geneigt, mich dauerhaft dort niederzulassen.

Ich kam am 14. Mai 1980, dem 32. Jahrestag der Staatsgründung, dort an - mit einem Koffer und schwerem Handgepäck mit neun Bibelübersetzungen und einer biblischen Enzyklopädie. Nur mein

Glauben an den Gott Abrahams, Isaaks und Jakobs und eine tiefe Liebe zu seinem Wort haben mich während der langen, schweren, frustrierenden Jahre des Lebens im Nahen Osten aufrechterhalten. Wir Abendländer beklagen uns schnell über „Papierkrieg" oder „Bürokratie" in unseren Heimatländern, aber man muß im Nahen Osten gelebt haben, um diese Begriffe wirklich zu verstehen. Glauben Sie mir, die erste Begegnung mit Kameldung auf dem Bürgersteig wird nach kurzer Zeit uninteressant, und die rauhe Wirklichkeit, die höchsten Steuern in der Welt zahlen sowie sich mit Regierungs- und Kommunalbeamten mit nahöstlicher Mentalität herumschlagen zu müssen, ist vergleichbar mit der chinesischen Wasserfolter.

An dieser Stelle möchte ich klarstellen, daß ich Israel nicht mit Gott gleichsetze, das heißt, ich glaube nicht an eine Unfehlbarkeit des Landes. Israel, wie jede Nation auf dem Planeten Erde, macht Fehler und setzt verkehrte Handlungen in Gang. Aber trotz seiner Flecken und Runzeln ist Israel aus verschiedenen Gründen eine einzigartige Nation.

Erstens ist Israel einzigartig, weil es durch göttliche Inspiration zustande kam. Gott sagt, es ist *„der Liebling meiner Seele"* (Jer. 12,7). Israel wurde von Gott geboren und wird von ihm selbst beschützt; wer immer es antastet, der *„tastet seinen Augapfel an"* (Sach. 2,8).

Zweitens ist Israel einzigartig, weil praktisch jede Nation in der Welt es als das einzige Hindernis auf dem Weg zu weltweitem Frieden ansieht. Der Staat Israel hat den „ewigen Juden" als Sündenbock für die Welt abgelöst. Er wurde zu einer Zielscheibe, auf die Politiker, Diplomaten, Journalisten und Prominente aus Film und Fernsehen ihre unbegründeten Vorurteile und ihre Ignoranz fast völlig ungehindert loslassen.

Und drittens ist Israel einzigartig, weil es das einzige demokratische Land ist in dem Pulverfaß, das als der Nahe Osten bekannt ist. Mit Ausnahme Israels regieren Einparteiensysteme im Nahen Osten, und diese Systeme werden meistens von Militärs beherrscht, die schon deshalb ungeeignet sind, ein Land zu regieren, weil sie über keinerlei Erfahrung auf dem Gebiet der Wirtschaft oder in anderen für eine erfolgreiche Regierung wichtigen Bereichen verfügen.

Offiziere in der Armee werden als „Intellektuelle" bezeichnet, aber in der arabischen Sprache bedeutet „intellektuell" lediglich, daß jemand lesen und schreiben kann.[2] Da die meisten Spitzenpolitiker als Rädelsführer eines Militärputsches an die Macht kamen, machen sie keine Konzessionen an ihre Kritiker oder gar Oppositionelle im Hinblick auf ein Überleben. Sie sehen jedes Wort, das nicht in völliger Übereinstimmung mit der aktuellen Politik gesprochen wird, als Bedrohung an oder gar als den Beginn eines neuen Staatsstreichs. Der oder die Unglückliche wird verhaftet, und nachdem durch Folter ein „Geständnis“ erzwungen wird, erfolgt die sofortige Hinrichtung. „Anschläge und Terror werden als legitime politische Methoden angesehen, die Beseitigung möglicher Rivalen ist anerkannte Praxis. Jede Regierungspartei hat eine Liste von Todesopfern, und zwar eine offizielle Liste, denn Mord wird systematisch begangen. Kein Mann kann ohne Mord an der Spitze bleiben.“[3] Die Anführer der Regierungsparteien, insbesondere Despoten wie Saddam Hussein aus dem Irak, Mu'ammar Ghaddafi aus Libyen, Hafez Assad aus Syrien usw., messen ihrer eigenen Haut einen hohen Wert bei, aber der anderer Menschen so gut wie keinen, gleichgültig, ob es sich dabei um Moslems oder Ungläubige (Nicht-Moslems) handelt.

Von Saddam Hussein wird folgende Geschichte erzählt: Während einer Kabinettssitzung in Bagdad war sein Onkel so dumm, einem Vorschlag von Saddam zu widersprechen. Saddam erhob sich vom Konferenztisch und bat seinen Onkel, mit ihm in ein Nebenzimmer zu gehen. Beim Betreten des Zimmers zog Saddam ein Messer und schnitt seinem Onkel seelenruhig die Kehle durch. Nachdem er auf der Leiche herumtrampelte, betrat er wieder das Sitzungszimmer und fuhr damit fort, Entscheidungen über die Angelegenheiten des Landes zu treffen. Wegen dieser und anderer Taten gaben ihm die Iraker den Spitznamen „Schlächter von Bagdad“. Während eines Interviews mit einer westlichen Zeitung wurde Saddam um einen Kommentar wegen seines Spitznamens „Schlächter von Bagdad“ gebeten. Er äußerte sich folgendermaßen: „Schwäche bringt gar nichts, wenn die von einem politischen Führer geforderten Ziele erreicht werden sollen.“[4] Durch den Golfkrieg von 1991 erfuhr die Welt über Saddams Verwendung von Giftgas zur Vernichtung kurdischer Dörfer im Irak. Zur Verteidigung dieser Handlungsweise äußerte er folgendes in einer Pressekonferenz: „Ich lehne jede Kritik an meiner Verwendung von Giftgas gegen die Zivilbevölkerung ab. Niemand ist zu mir gekommen und hat gesagt, er sei persönlich durch diese Gase belästigt worden. Offen gesagt, ich habe es satt, daß diese selbstgerechten Anti-Gas-Typen **meine persönliche Freiheit**

verletzen."[5]

Der Durchschnittsbürger in westlichen Ländern versteht einfach nicht die Gewalt und Verschlagenheit, die einen Teil der nahöstlichen Mentalität ausmachen. Saddam sieht es als Angriff auf seine persönliche Freiheit an, wenn er für die Vergasung tausender irakischer Bürger kritisiert wird. Und unter den Diktatoren im Nahen Osten stellt dieses Verhalten eher die Norm als die Ausnahme dar. Präsident Hafez Assad von Syrien ist ebenfalls aktenkundig, da er etwa 20.000 Syrer umbringen ließ, weil ihnen seine Politik nicht gefiel. Die syrische Armee umzingelte die Stadt Hama, versiegelte die Häuser, pumpte Zyanidgas hinein und begrub die Stadt später unter einem Haufen Schutt. Ein einziger Überlebender entkam auf wundersame Weise und erzählte die Geschichte.[6] Die ägyptische Armee verwendete während der sechziger Jahre in ihrem Konflikt mit dem Jemen Senfgas.[7] Und während des achtjährigen Krieges zwischen dem Iran und dem Irak, der mehr Menschen das Leben kostete als der Erste Weltkrieg, setzten die Kriegsgegner etwa 1.000 Tonnen Giftgas gegeneinander ein.[8] Es ist für den Westen von immenser Bedeutung, endlich zu verstehen, daß ein Menschenleben einfach keinen Wert hat in den Augen derer, die die ölreichen Wüstenregionen „regieren".

Seitdem die unabhängigen arabischen Staaten in der ersten Hälfte dieses Jahrhunderts geschaffen wurden, waren fast alle in einen oder mehrere Kriege gegen ihre arabischen Nachbarn verwickelt, neben den Kriegen gegen nicht-arabische Nachbarländer. Die Liste der Attentate, der versuchten Anschläge sowie der Hinrichtungen von arabischen Herrschern, Offizieren, Kabinettsmitgliedern, Oppositionsführern, Diplomaten, kleinen Beamten usw. liest sich wie das Telefonbuch der Stadt New York. Krieg, Gewalt und Blutvergießen ist das Perpetuum Mobile des Nahen Ostens, das sich ohne Einwirkung von außen bewegt. Der Nahe Osten, das tödlichste Wohngebiet der Welt, diese Region „hat mehr für Waffen ausgegeben, mehr Kriege geführt und mehr Verluste erlitten als alle anderen Gebiete der Dritten Welt."[9]

Wenn man die Geschichte des Nahen Ostens und seine Vorliebe für den Krieg betrachtet, dann könnte man den naheliegenden Schluß ziehen, daß die führenden Köpfe der Nationen in der Welt darauf achten, die Menge und Art von Waffensystemen, die in die Region importiert werden, zu begrenzen. Die Vereinigten Staaten sprechen zum Beispiel immer über „ein strategisches Gleichgewicht" und „Rüstungsbegrenzung", aber sie beeilen sich andererseits, sich einen Platz an der Spitze der bei Waffenverkäufen schlangestehenden Nationen zu erkämpfen, und seit dem Zusammenbruch der Sowjetunion sind sie zum bedeutendsten Lieferanten der Region geworden.[10] Zwischen 1973 und 1993 erreichten Waffenverkäufe in den Nahen Osten die ungeheure Summe von fast einer Billion US-Dollar, und fast 92 Prozent dieser Waffen befinden sich in den Händen von instabilen islamischen Regimen in der Region.[11] Die Vereinigten Staaten und andere Nationen sprechen zwar von einem „strategischen Gleichgewicht", aber sie meinen damit in Wirklichkeit ein Gleichgewicht auf Bankkonten, nicht im Bereich der Rüstung, denn die Waffenindustrie ist das lukrativste Geschäft der Welt, und Kriege sind notwendig, um die Produktion aufrechtzuerhalten und für den Großteil der Bevölkerung Arbeitsplätze zu sichern.

Seit dem Zusammenbruch der Sowjetunion ist bekannt, daß Atomraketen ihren Weg in nahöstliche Staaten finden, besonders in den Iran. Und es ist umstritten, welches Produkt der bedeutendste Exportartikel des Irans ist - das Öl oder der Terrorismus. Aber dies trifft fast auf jeden der Staaten im Nahen Osten zu. In der Tat wurde von einem der kompetentesten Experten auf dem Gebiet des internationalen Terrorismus berichtet, daß „internationaler Terrorismus der Exportartikel Nummer eins des Nahen Ostens ist."[12] Wenn man den oft erklärten und absoluten Haß gegen Israel und den Westen (besonders gegen die Vereinigten Staaten) der meisten islamischen Nationen des Nahen Ostens sowie ihre unbestrittene Instabilität in Betracht zieht, dann ist es nur eine Frage der Zeit, bis die Menge der in dieser Region angesammelten Waffen einen Konflikt kosmischen Ausmaßes entzündet.

Mein Vater war ein erklärter Agnostiker, bis er im Jahr 1979 auch Christ wurde. Die engste Berührung, die er mit dem Nahen Osten hatte, war die Durchquerung des Suez-Kanals, als unsere Familie auf dem Weg nach Neuseeland war. Nachdem ich fast 30 Jahre lang biblische Prophezeiungen studiert und 17 Jahre dieser Zeit im Nahen Osten verbracht und mich intensiv mit der politischen, religiösen und ethnischen Situation dieser Region befaßt habe, verstehe ich heute erst den Weitblick meines Vaters. Der Dritte Weltkrieg wird sich tatsächlich innerhalb des Pulverfasses im Nahen

Osten entzünden, und alle Zeichen der Morgenröte sind am Himmel deutlich sichtbar für diejenigen, die sich nach dem Anbruch des Tages sehnen.

2

Die arabische Mentalität

Eine unruhige Region wird von der Denkweise ihrer Einwohner und der Menschen geprägt, die dort an der Regierung sind. Völker und ihre Regierenden sind Gefangene ihrer kulturellen Wertvorstellungen. Arabische Kultur, Sitten und Denkweisen entstanden vor tausenden von Jahren und waren die gemeinsamen Nenner, die diesem alten Volk das Überleben sicherten. Als Nachkommen Abrahams besitzen die Beduinenstämme, die die Wüste bevölkern, in der Vorstellung des modernen, in Städten oder Dörfern lebenden Arabers einfach alles, was im Hinblick auf Verhaltensweisen, Sitten und Gebräuche wünschenswert ist. Viele reiche Araber, deren Familien seit vielen Generationen in Städten leben, bringen ihre Söhne zu vornehmen Beduinendörfern, damit sie deren Traditionen aus erster Hand kennenlernen, so wie die Aristokratie in England ihre Söhne auf die traditionellen Universitäten Eton oder Cambridge schickt. Arabische Kultur und Sitten sind nach wie vor wichtige Faktoren, die die Verhaltensweise und Denkmuster der arabischen Völker prägen. Diese Kultur wird den Kindern mit der Muttermilch eingeflößt, und ihr Denkmuster wird in genau die Bereiche eingeprägt, aus denen die moderne arabische Mentalität besteht; diese ist in den meisten Fällen ein Gefängnis, aus dem es kein Entkommen gibt.

Die arabische Welt hat einige Sitten und Gebräuche, auf die sie zu Recht stolz sein kann. Arabische Gastfreundschaft ist zum Beispiel legendär und hat sich im Vergleich zu den Verhaltensweisen der biblischen Vorfahren kaum verändert. Genau wie Abram in 1. Mose 18,2-8 ein gemästetes Kalb für drei durchreisende Fremdlinge schlachtete, wird ein heutiger Araber einen Fremden mit dem Besten von allem, was seine Küche zu bieten hat, versorgen, und das mit einem Übermaß von Großzügigkeit. Und genau wie Lot in 1. Mose 19,1-3 darauf bestand, daß die beiden Reisenden in seinem Haus übernachteten, so wird auch ein moderner Araber einen Fremden auffordern, unter seinem Dach zu bleiben und an seiner Gastfreundschaft teilzuhaben. Die Bräuche der Gastfreundschaft und Großzügigkeit haben sich innerhalb von 4.000 Jahren kaum verändert, ebenso wie die Tradition der Raubzüge, das Gesicht zu wahren oder der Brutalität.

Für die alten Beduinenstämme waren Raubzüge bei benachbarten Stämmen und Dörfern ein bevorzugter Zeitvertreib und auch eine wirtschaftliche Notwendigkeit. Sie stellten praktisch die einzige Möglichkeit dar, ihre Situation oder ihren Lebensstandard zu verbessern. Raubzüge bei einem Feind, einem Nachbarn oder sogar dem eigenen Bruder wurden als „eine der wenigen von Männern verrichteten Arbeiten“[1] angesehen. Heute beklagen sich Bauern in den Regionen Israels, in denen vorwiegend arabische Beduinen wohnen, daß sie Traktoren, Werkzeug, Geräte, Vieh, Düngemittel, Zäune usw. an ihre Nachbarn verlieren. Und als wegen einer Welle von Morden an israelischen Bürgern die Regierung im Jahr 1993 die sogenannten besetzten Gebiete abriegelte und etwa 100.000 arabischen Arbeitern aus dem Westjordanland und Gaza die Einreise nach Israel verwehrte, meldete die israelische Polizei einen Rückgang um dreißig Prozent bei Autodiebstählen und Einbrüchen. Diese Arbeiter bildeten einen kleinen Prozentsatz der 5,5 Millionen Einwohner des Landes, und doch waren sie verantwortlich für fast ein Drittel der im Staat Israel begangenen Autodiebstähle und Einbrüche! Etwa 650.000 Araber haben die israelische Staatsbürgerschaft und leben in Israel; so kann sich der Leser dieses Buches vorstellen, für wie viele Autodiebstähle und Einbrüche diese Zahl von Menschen möglicherweise verantwortlich ist!

„Das Gesicht“

Die Ausdrücke „das Gesicht wahren“ und „das Gesicht verlieren“ sind westliche Umschreibungen vorherrschender Eigenschaften in der östlichen Welt. Der Araber „macht sein Gesicht weiß“ (wahrt sein Gesicht) oder „macht das Gesicht schwarz“ (verliert sein Gesicht). „Das Gesicht ist der äußere Anschein von Ehre, die „Fassade“, die ein Mann um jeden Preis aufrechterhalten will, auch wenn er in Wirklichkeit etwas Unehrenhaftes getan hat.“[2] In der arabischen Welt sind die Wörter „Gesicht“ und „Ehre“ so eng verwandt, daß sie fast austauschbar sind. Dieses „Gesicht“ oder diese „Ehre“ ist ein so unerläßlicher Bestandteil der arabischen Mentalität, daß es für jemanden völlig in Ordnung ist, wenn er auf Täuschung oder Falschheit zurückgreift, um sein eigenes Gesicht „weiß zu machen“ bzw. das Gesicht eines anderen oder der gesamten arabischen Welt zu wahren. Der Verstand eines Arabers ist in ständiger Bewegung, weil er gegen das Schwarzmachen des Gesichts (den Gesichtsverlust) arbeitet, und deshalb wird die Wortwahl sorgfältig beachtet. Wenn das Gesicht eines anderen oder der gesamten arabischen Welt „weiß gemacht“ oder gewahrt werden kann, wird die Lüge sogar als „Pflicht“[3] angesehen.

Das Lügen ist wie die arabische Gastfreundschaft, Großzügigkeit und Raubzüge ein Echo aus der Vergangenheit, wie es auch schon ein früher islamischer Theologe verdeutlicht hat: „Wir müssen lügen, wenn die Wahrheit zu unangenehmen Ergebnissen führt“[4]; „es ist manchmal eine Pflicht, zu lügen“[5]; „wenn eine Lüge der einzige Weg zu einem guten Ergebnis ist, dann ist sie erlaubt“[6] Und ein syrischer Dichter aus dem Mittelalter schrieb folgendes: „Ich erhebe meine Stimme zu absurden Lügen, denn wenn ich die Wahrheit spreche, werden meine sanften Töne kaum gehört.“[7] Deshalb ist seit ewigen Zeiten die Lüge eine normale, unerläßliche, dominierende und völlig akzeptable Facette der arabischen Kultur. Und solange die westliche Welt, und besonders ihre Regierenden und Politiker nicht die volle Bedeutung dieses reflexartigen Verhaltens erfassen, wenn sie mit Vertretern der arabischen Welt zu tun haben, werden sie niemals die angestrebten Ziele erreichen. Man liest so oft Aussagen prominenter Politiker, daß nicht das zählt, was arabische Regierungschefs auf Arabisch sagen, sondern ihre öffentlichen Äußerungen in englischer Sprache. Solche Aussagen sind nicht nur naiv, sondern auch völlig absurd. Wenn jemand unter Druck steht, enthält nur das, was auf Arabisch gesagt wird, die Wahrheit. Der frühere amerikanische Botschafter Malcolm Toon verstand das sehr wohl, als er sagte: „Wenn Sie wissen wollen, was die Anführer nichtdemokratischer Regime wirklich meinen, hören Sie nicht auf ihre Erklärungen gegenüber westlichen Staatsmännern oder Journalisten, sondern nur auf das, was sie untereinander sagen.“[8]

Ein Aspekt beim „Weißmachen“ des Gesichts eines anderen besteht darin, einer Person in aller Aufrichtigkeit das zu erzählen, was diese wirklich zu hören wünscht. Wenn dann das Gespräch beendet ist, wird diese Person eine positive, aber völlig ungenaue Sicht der diskutierten Ereignisse haben. John Laffin, der englische Arabist und Autor eines Buches mit dem Titel *The Arab Mind* (Die arabische Denkweise), bringt es folgendermaßen auf den Punkt: „Der Araber meint das, was er sagt, in dem Augenblick, in dem er es sagt. Er ist weder ein bösartiger noch ein gewöhnlich berechnender Lügner, sondern die Lüge ist **Teil seines Wesens**."[9]

Die unglaublichste Tatsache im Hinblick auf diese Fähigkeit zur Lüge und die uneingeschränkte Kreativität im Heraufbeschwören des Grotesken liegt darin, daß ein Araber aufrichtig an seine eigenen Lügen glaubt. Im Oktober 1991 wich Hanan Aschrawi, die Sprecherin der PLO und der Liebling der Medien, einer legitimen Frage eines christlichen Journalisten folgendermaßen aus: „Ich bin palästinensische Christin und ich weiß, was Christentum ist. Ich stamme von den ersten Christen der Welt ab, und Jesus Christus wurde in meinem Land geboren. Bethlehem ist eine palästinensische Stadt."[10] Wie ihre anderen Aussagen, seien sie nun politischer oder anderer Natur, bestand auch diese aus einer Serie von kolossalen Lügen. Aschrawi ist eine Araberin, und Araber kamen erst dann in das Land, als der Islam die Christen im Jahr 637 n. Chr. besiegte. Alle ersten Christen waren Juden, wie Jesus selbst. Bethlehem lag in Judäa, *„im Land Israel"* (Matthäus 2,21-22). Die meisten von denen, die ihre schockierende Aussage hörten oder lasen, glaubten genauso daran wie sie selbst, und dies trägt nur dazu bei, die israelische Präsenz im Land als Unrecht hinzustellen.

Jordanien schloß sich der arabischen Koalition gegen Israel während des erniedrigenden und zerstörerischen Krieges von 1967 an, weil der Befehlshaber der ägyptischen Streitkräfte ein verschlüsseltes Kommuniqué an König Hussein geschickt hatte, in dem er behauptete, daß Ägypten 75 Prozent der angreifenden israelischen Kampfflugzeuge abgeschossen sowie die Militärstützpunkte Israels zerstört hätte und ägyptische Bodentruppen in Israel einmarschiert wären.[11] Heute weiß die Welt, daß Israel die ägyptische Luftwaffe sowie die von drei anderen Nationen weniger als drei Stunden nach Beginn der Feindseligkeiten zerstört hatte. Aber auf der Grundlage wiederholter Behauptungen von seiten Ägyptens, große Siege errungen zu haben, trat Jordanien in den Krieg ein und fügte nicht nur den Verlust seiner eigenen Luftstreitkraft dem der anderen Nationen hinzu, sondern verlor mehr Territorium als alle anderen Aggressoren zusammen. König Hussein von Jordanien sagte: „Diese (ägyptischen) Berichte - die mild ausgedrückt aus der Luft gegriffen waren - trugen einiges bei zu unserer Verwirrung und Fehldeutung der Lage."[12] John Laffin kommentiert diese Situation folgendermaßen: **„Der bloße Anspruch, einem Feind schwere militärische Verluste zugefügt zu haben, macht diesen zur Wirklichkeit, auch wenn überhaupt keine militärischen Auseinandersetzungen stattgefunden haben."**[13] Und ein ägyptischer Araber stellt folgendes fest: **„Wenn wir Araber eine erfundene Tat preisen, werden wir von demselben Gefühl der Zufriedenheit ergriffen, als hätten wir diese Tat wirklich begangen."**[14]

„Dieses Denken ist für einen Abendländer schwer zu begreifen, aber viele Handlungen und Aussagen von Arabern ergeben nur dann einen Sinn, wenn die arabische Denkweise richtig erfaßt wird."[15] Das Denken des Arabers befindet sich in einem Kampf mit der Wirklichkeit, und deshalb bewegt es sich vorzugsweise im Bereich der Phantasie. Es lebt in den glanzvollen Zeiten der Vergangenheit und nicht in den wirklichen Gegebenheiten - auf diese Weise werden Ereignisse fabriziert, um Erklärungen für gegenwärtiges oder vergangenes Versagen zu finden.

Gewalt

Man muß nur die Bibel lesen, um ein gewisses Verständnis der brutalen und grausamen Wesensart der Menschen im Nahen Osten zu erhalten. Mit Ausnahme von etwa vierzig Prozent moderner Israelis sind die Bewohner des Nahen Ostens seit Jahrtausenden mit dieser Region fest verwurzelt - sie sind Nachkommen jener Männer, die sich seit tausenden von Jahren bekämpft haben, und die noch immer in denselben sonnendurchglühten Wüstengebieten mit Krieg drohen. Ungefähr sechzig Prozent der israelischen Juden wurden entweder in arabischen Ländern geboren oder stammen von ehemaligen Bewohnern dieser Länder ab. Hunderttausende Juden lebten während ihres fast zweitausendjährigen Exils vom Gelobten Land unter Arabern.

Während der heutige Israeli in keinster Weise so barbarisch ist wie die Einwohner moderner arabischer Nationen (besonders des Iraks und Syriens), gibt es jedoch unter vielen Juden orientalischer Herkunft eine deutliche Tendenz, sich ohne große Provokation ziemlich gewalttätig zu benehmen. Dies wurde besonders deutlich im Verhalten israelischer Polizisten gegenüber Demonstranten gegen das Abkommen der Regierung mit der PLO. Viele Israelis orientalischer Herkunft schlagen ihre Ehefrauen. Etwa 200.000 Frauen, das sind fünf Prozent der jüdischen Bevölkerung in Israel, sind Opfer häuslicher Gewalt.[16] Und es dominiert eine Kultur der „Scham“, das heißt, viele Israelis lügen lieber, als daß sie ihr Gesicht verlieren. Diese Verhaltensmuster sind zurückzuführen auf jahrhundertelangen Kontakt mit der arabischen Kultur. Aber im allgemeinen sind Israelis schockiert und empört über gewalttätige oder brutale Handlungen, und Brutalität wird in der israelischen Gesellschaft weder gefördert noch geduldet.

Die arabische Vorliebe für Grausamkeit ist jedoch so alt wie das arabische Volk selbst. Der HERR sagte über Ismael, den Sohn Abrahams von Hagar: *„Er wird ein wilder Mensch sein; seine Hand wider jedermann und jedermanns Hand wider ihn, und er wird wohnen all seinen Brüdern zum Trotz*“ (1. Mose 16,12). Die Wahrheit dieser Worte ist enthalten in folgendem weitverbreiteten und häufig zitierten modernen arabischen Sprichwort: „Ich gegen meine Brüder; ich und meine Brüder gegen meine Verwandten; ich und meine Verwandten gegen die Welt.“[17] Und ein Araber, der über sein Volk schrieb, sagte: „Alle unsere Leute sind bewaffnet, alle kämpfen, und alle töten für die geringste Sache. Wir sind sehr eifersüchtig auf unsere Rechte bedacht ... Wenn in diesem Dorf sich plötzlich zwei Häuser bekämpfen sollten, würde sich die ganze Dorfgemeinschaft in zwei Parteien aufspalten und sich dem Kampf anschließen. Ein Krieg könnte in diesem Dorf ausbrechen. Wenn er aufhört, und nur dann, würden die Dorfbewohner nach dem Grund der Auseinandersetzung fragen. Sie kämpfen zuerst und fragen danach nach der Ursache des Kampfes. Dies ist unsere Lebensweise.“[18]

Ein anderer Wesenszug in den Wertvorstellungen der Beduinen ist das Gesetz der Blutrache. Ein weiteres, vielzitiertes arabisches Sprichwort lautet: „Blut fordert Blut.“ Verwandte müssen das Blut eines Erschlagenen rächen, indem sie entweder den Mörder töten oder einen seiner Verwandten. Sogar wenn ein Mörder verhaftet, von einem Gericht verurteilt und hingerichtet wird, erfüllt dies nicht die Anforderungen der Blutrache. Ein Verwandter des Hingerichteten muß durch die Hand eines Verwandten des Opfers sterben. Und das Blut dieses ermordeten Verwandten muß natürlich durch dessen Verwandte wiederum gerächt werden, und so geht das immer weiter. Ein Araber machte einst folgende Bemerkung: „Sowohl die Japaner als auch die Araber sind bereit, zu töten, um ihre verlorene Ehre wieder zurückzugewinnen; aber der Japaner tötet sich selbst, während der Araber einen anderen tötet.“[19]

Terrorismus

Fast jeder Leser kennt die Ausdrücke Attentäter, ein Attentat begehen und Attentat. Aber nur wenigen ist bekannt, daß diese Wörter ihren Ursprung im Nahen Osten haben. Attentäter war der Name einer „mörderischen Gruppe syrischer Moslems“[20] im Mittelalter. Die Attentäter waren Mitglieder einer islamischen Sekte mit dem Namen Isma'ili, und in einem ausgeklügelten Krieg des Terrors ermordeten sie Herrscher, Fürsten, Generäle, Gouverneure und sogar islamische Theologen. Ihre Morde sollten die sunnitische Sekte des Islams in Schrecken versetzen, schwächen und schließlich niederwerfen. Die Attentäter terrorisierten den Nahen Osten vom 11. bis zum 13. Jahrhundert und leiteten ihren Namen von dem arabischen Wort *Hashshashin* ab, das „Haschischraucher“ bedeutet. Bevor sie ihre Morde begingen, versetzten sie sich in einen religiösen Rausch, indem sie Haschisch rauchten; sie waren die „Vorläufer der heutigen Terroristen.“[21] Die Attentäter eroberten oder kauften Festungen, die sie als Basis für ihre Terrorkampagnen benutzten. Sie gewannen beträchtlichen Einfluß und erhielten ein Gebäude (nach der Überlieferung einen Palast) in Damaskus selbst, das sie zu ihrem Hauptquartier machten.[22] Ein anderer Name, unter dem diese Attentäter bekannt waren, lautete *Fedajin*. Dieses Wort ist im modernen Arabisch weitverbreitet und wird im allgemeinen für alle arabischen Terroristen angewendet. Im Nahen Osten hat sich wenig geändert. Heute hat eine große Anzahl von finanziell geförderten, mörderischen Terroristengruppen Basislager und Hauptquartiere in der gesamten Region. Männer wie Abu Nidal, der angeblich meistgesuchte Mann der Welt, Ahmed Jibril (angeblich stecke er 1989 hinter dem Bombenanschlag auf den PanAm-Flug Nummer 103 über Lockerbie, Schottland, in dem alle 269 Passagiere in der Luft und 11 Personen auf dem Boden getötet wurden), der wohl gefährlichste Terrorist der Welt[23], George Habasch, Jassir Arafat, Najef Hawatmeh und ein ganzes Heer anderer, deren Namen gleichzusetzen sind mit Mord und Terror, operieren vom Nahen Osten aus. Ihre Opfer sind Araber und Nichtaraber, und die Zahl derer, die jährlich getötet, verstümmelt oder verletzt werden, geht in die Zehntausende. Terrorismus ist ein so enger Bestandteil der arabischen Kultur, daß die meisten arabischen Länder „eine zweiprozentige 'Fedajin-Steuer' auf alle Eintrittskarten erheben.“[24]

„Die Kriegsführung der Terroristen hat es arabischen Regimen ermöglicht, Ziele im Westen anzugreifen und gleichzeitig jede Verantwortung für diese Angriffe zu leugnen. Souveräne arabische Staaten wie Syrien, der Irak und Libyen haben Waffen, Botschaftsgebäude, Geheimdienste und finanzielle Mittel für verschiedene Terrororganisationen, die gegen westliche und andere Ziele ihrer Feindseligkeit operieren, zur Verfügung gestellt und dadurch den Terrorismus von seiner lokalen Bedeutung für die nahöstliche Politik auf eine internationale Ebene gehoben. Denn der internationale Terrorismus ist der bedeutendste Exportartikel des Nahen Ostens, und seine Techniken sind überall mit den von arabischen Regimen und Organisationen entwickelten identisch. Die Entführung und Bombardierung von Flugzeugen, Bombenanschläge auf Botschaften, Morde an Diplomaten und Geiselnahmen durch arabische Terroristen sind seitdem weltweit von nichtarabischen Terroristen übernommen worden."[25]

Araber sind unberechenbar - „ein freundlicher, friedliebender Mann kann im nächsten Augenblick einen brutalen Mord begehen."[26] Der beste Freund eines Mannes von gestern kann auch sein Mörder von heute sein - einmal erregt, hat sein Zorn keine Grenzen. Wie wahr ist doch das folgende arabische Sprichwort: „Bei jedem Mahl ein Streit, bei jedem Biß eine Sorge."[27]

Vertreter arabischer Länder sagen westlichen Besuchern oder Journalisten immer wieder: „Wenn es die Israelis nicht gäbe, hätten wir im Nahen Osten überall Frieden und Harmonie."[28] Der Nahe Osten war immer eine blutrünstige und unsichere Region, und zwar lange bevor Israel im Jahr 1948 sein Haupt erhob. Und die meisten der Staatsstreiche, Konflikte und Morde in den arabischen Staaten und im Iran während der letzten 40 Jahre standen in keinster Weise im Zusammenhang mit Israel. Der Generalsekretär der Vereinten Nationen, Boutros Boutros-Ghali, schrieb im Jahr 1982 folgendes: „Allein während der letzten drei Jahrzehnte entzündeten sich mehr als 30 Konflikte zwischen arabischen Staaten."[29] Einige dieser „Konflikte" waren in der Tat ausgewachsene Kriege. John Laffin macht darüber hinaus folgende Bemerkung: „Zwischen 1948 und 1973 erlebte die arabische Welt dreißig erfolgreiche und mindestens fünfzig gescheiterte Revolutionen."[30] Laffin fügt hinzu, daß in demselben Zeitraum „22 Staatsoberhäupter und Regierungschefs ermordet wurden."[31] Die Hauptursache für diese Konflikte sieht Laffin in einem „Hunger nach Macht"[32], und er bezeichnet einige dieser Kriege als „schrecklich brutal."[33]

Brutalität

Es wurde bereits vorher erwähnt, daß die Araber im allgemeinen versuchen, die Sitten und Bräuche der Beduinen nachzuahmen, da sie großen Respekt vor ihnen haben und sie praktisch als sakrosankt ansehen. Außer Mohammed selbst hat ein arabischer Philiosoph aus dem 14. Jahrhundert, Ibn Khaldun, den größten Einfluß auf die arabische Welt. Khaldun schrieb folgendes: „Die Beduinen sind ein wildes Volk, völlig vertraut mit Brutalität und allen ihren Ursachen. Brutalität ist zum Bestandteil ihres Charakters und ihrer Natur geworden. Sie genießen sie ... Sie sorgen sich lediglich um die Besitztümer, die sie anderen durch Plünderung wegnehmen können ... die Zivilisation brach immer dort zusammen, wo die Beduinen durch Eroberungszüge an die Macht kamen.“[34] Jahrhunderte sind vergangen, seitdem Khaldun diese Worte schrieb, aber die Eigenschaften der Beduinen, so auch die Brutalität, bleiben in der gesamten arabischen Welt weiter bestehen. „Westliche Soldaten, die gegen die Araber kämpften, waren immer darauf eingestellt, die letzte Kugel für sich selbst aufzuheben - als Versicherung gegen die Folterungen, die sie sonst zu erwarten hatten.“[35] Während des Krieges der Araber gegen Frankreich in den Jahren 1954 bis 1962 wurden französische Soldaten, die von Arabern in Marokko, Algerien, Tunesien oder Syrien gefangengenommen wurden, „bis zum Hals im Sand begraben, damit sie in der sengenden Sonne starben; manchmal wurden sie mit Honig oder Marmelade bestrichen, um die Ameisen anzulocken. Bestialische Erniedrigungen wurden den Gefangenen vor ihrer Ermordung zugefügt. Wenn die Araber mehrere Franzosen gefangennahmen, hackten sie ihnen manchmal die Hände ab, warfen sie wie Würfel durcheinander und steckten die ungleichen Paare in einer Gebetshaltung in den Sand. Zum Entsetzen der Franzosen waren Frauen gewöhnlich noch barbarischer als ihre Männer.“[36]

Arabisten meinen, daß jede Gruppe von Arabern ihre eigene Art von Barbarei hat, aber meine eigenen Recherchen zeigen eine Gleichartigkeit, die allen Teilen der arabischen Welt gemeinsam ist. Ein militärischer Putsch bereitete der königlichen Familie im Irak ein Ende, als König Feisal II und alle anderen Mitglieder der Familie - mit einer Ausnahme - ermordet wurden. Der Leichnam des Thronerben, des Prinzen Abd al-Ilah, wurde in die Hände des irakischen Pöbels gegeben. „Mit Seilen wurde der Leichnam des Regenten an

Hals und Achselhöhlen an die Rückseite eines Lastwagens gehängt und durch die Straßen geschleift, während die Menge gröhlte 'Allah ist groß!' Männer mit Messern und Beilen hackten der Leiche die Gliedmaßen ab, die jungen Männer liefen davon, und wirbelten die Leichenteile mit Freudenschreien durch die Luft. Als die Prozession das Verteidigungsministerium erreichte, war der Leichnam völlig verstümmelt, aber er wurde auf einen Balkon gezogen. Ein junger Mann kletterte an einer Straßenlampe herauf und traktierte die Leiche mit Messerstichen in den Rücken. Dann schnitt er das Fleisch herunter, von den Hüften aufwärts. Von der Straße aus wurde ein langer weißer Stock heraufgereicht und mit Gewalt in den Leichnam gestoßen. Die Überreste des Regenten wurden an diesem Abend mit Öl getränkt, angezündet und danach in den Tigris geworfen."[37]

Von acht israelischen Kriegsgefangenen, die von Syrien an Israel zurückgegeben wurden, war nur „einer in einem Geisteszustand, der es ihm ermöglichte, einen zusammenhängenden Bericht über ihre Leiden zu übermitteln und wieder ein normales Leben zu führen. Ein anderer beging einige Monate nach seiner Freilassung im Haus seiner Eltern in Tel Aviv Selbstmord. Die anderen sechs werden wahrscheinlich den Rest ihres Lebens in psychiatrischen Kliniken verbringen."[38] Viele israelische Soldaten, die auf den Golanhöhen in den ersten Stunden des Jom-Kippur-Krieges im Jahr 1973 überrannt wurden, waren an Händen und Füßen gefesselt und mit Genickschüssen getötet worden. Ihre Genitalien waren abgeschnitten und ihnen in den Mund gestopft worden.

Während der *Intifada* (dem Aufstand der Palästinenser) haben die ansässigen Araber fast doppelt soviele ihrer eigenen Leute getötet als die israelische Armee. Viele dieser Araber wurden auf die grausamste Weise zugerichtet, und aus keinem erkennbaren Grund. Lediglich für ihre Arbeit in einem von Israelis verwalteten Krankenhaus in Gaza wurde eine im neunten Monat schwangere arabische Krankenschwester während einer Operation aus dem Operationssaal gezerrt und im Flur von ihren Mördern buchstäblich zerhackt.[39] Gewalttätigkeit unter Arabern wird „vom Vater vererbt auf den ältesten bis auf den jüngsten Sohn, auf den Esel oder die Hunde der Familie."[40] Die gesamte arabische Tradition „besteht aus Gewalt. Sie wissen es nicht besser."[41] „Arabische Gewalttätigkeit ist nicht selektiv; die Identität der Opfer spielt keine Rolle. Für einen Araber ist Gewalt an sich ein Trost."[42] „Gewalt", so sagte ein libyscher Minister zu John Laffin, „**ist die positivste Form des Gebets für einen Moslem.**“[43] „Gewalt ist zur Ware geworden. Innerhalb der arabischen Welt war sie immer schon ein Exportartikel, aber in unserer heutigen Zeit reicht ihr Einfluß viel weiter und wird von Regierungen und Regierungschefs offen gefördert.“[44] Bücher, die sich mit Themen aus der arabischen Welt auseinandersetzen, sind voll von grausamen Berichten über Brutalität. Zeitungen, Nachrichtenmagazine und Zeitschriften haben sie ebenfalls verzeichnet. Es gibt wohl kein anderes Volk, das so gewalttätig und mitleidlos ist wie die Menschen der arabischen Welt, in der Gewalt „eine chronische Geisteskrankheit ist.“[45] Was ist der Nährboden für diese Gewalttätigkeit und was der Brennstoff für das Feuer der Grausamkeit? Um diese Frage zu beantworten, ist es erforderlich, sich eingehend zu beschäftigen mit dem Islam (im nächsten Kapitel wird dieses Thema behandelt), mit Werken von bedeutenden Wissenschaftlern über die arabische Mentalität, mit arabischer Literatur und Aussagen von führenden Persönlichkeiten und Politikern aus der arabischen Welt. Beinahe die gesamte arabische Grausamkeit wird von dem einen oder mehreren der folgenden Phänomene verursacht, nämlich der Ehre (dem Gesicht), dem Haß und der Sexualität.

Haß

Der Haß auf alles, was nicht arabisch oder islamisch ist, wird in der arabischen Welt als Naturgesetz angesehen. Und in der Vorstellung eines Arabers ist entweder Israel oder der Westen (oder beide zusammen) für die Stagnation innerhalb der arabischen Welt verantwortlich - für Krankheit, Analphabetismus, den Mangel an arabischer Literatur, die bösartige Fälschung und Verdrehung ihrer glorreichen arabischen Geschichte usw. Wie der erfolglose Student seinen Mißerfolg auf die Prüfungen und nicht auf sich selbst schiebt, so schiebt die arabische Welt die Schuld für ihr Versagen auf andere. „Die meisten Menschen in westlichen Ländern haben einfach keine Ahnung, wie tiefgehend und verbissen (dieser) Haß ist.“[46]

Arabische Kinder werden zuerst in ihrem Elternhaus mit diesem Haß indoktriniert, und für diejenigen, die das Glück haben, eine Ausbildung zu erhalten, gewährleistet das Schulsystem mit seinen Büchern eine Vervollkommnung in diesem Fach. Der Haß, besonders auf Israel und die Juden, wird in der Vorstellungswelt arabischer Kinder gepflegt und weiterentwickelt und nimmt in Lehrbüchern großen Raum ein. Ein ehemaliger syrischer Bildungsminister schrieb folgendes: „**Der Haß, den wir von Geburt an unseren Kindern indoktrinieren, ist heilig.**"[47] Innerhalb der arabischen Welt werden Schulkinder ständig mit den folgenden Übungen konfrontiert: „Israel wurde geboren, um zu sterben. Beweise es."[48] „Wir werden alle Juden aus den arabischen Ländern vertreiben."[49] „Die Araber werden sich immer für die Vernichtung Israels einsetzen."[50] „Israel wird nicht überleben, wenn die Araber an ihrem Haß festhalten."[51] Und auf der Rückseite eines Schulbuchs ist eine Landkarte von Israel abgebildet. „Die arabischen Armeen kreisen das Land ein, und eine Rakete ist auf Tel Aviv gerichtet."[52]

Ein Jude, der in Syrien geboren und ausgebildet wurde, aber später nach Israel entkam, erzählt: „Ich erinnere mich, wie die moslemischen Jungen mit Steinen nach mir warfen, und ich denke auch an die Ausbildung, die ich in der Schule durchlief, und zwar in einer jüdischen Schule, obwohl die meisten Schüler Moslems waren. Es stand geschrieben, daß die Juden böse sind, aber ich weiß nicht, warum. Und ihr Gott ist ein Gott, der das Blut aller anderen Völker trinken will. Dies stand in einem Lehrbuch des arabischen Schulsystems. Obwohl ich in eine jüdische Schule ging, mußte ich das lernen, um meine Prüfungen in den arabischen Schulen zu bestehen."[53] Und ein Araber prahlte im israelischen Fernsehen, daß sein achtjähriger Sohn kein Frühstück bekommt, bevor er nicht sein Quantum Steine auf israelische Fahrzeuge geworfen hat.[54]

Aber die Erziehung arabischer Kinder wäre nicht vollkommen ohne die tatsächliche Beobachtung von Brutalität und Gewalt. Arabische Nationen führen die meisten Hinrichtungen auf öffentlichen Plätzen durch. So kamen zum Beispiel auf dem Freiheitsplatz in Bagdad, als Juden gehängt wurden, hunderttausende Irakis zusammen, „um die Gehängten zu begutachten; viele Schulklassen wurden zu dem Schauplatz der Hinrichtung geführt."[55]

Hunderte von Israelis wurden von arabischen Terroristen auf brutale Weise umgebracht, viele von ihnen waren Frauen und Kinder. Wehrlose und Unschuldige sind stets bevorzugte Ziele von arabischen Terroristen. Im April 1994 fanden folgende typische Attacken statt: Eine 23jährige Mutter wurde mit sieben Messerstichen angegriffen, als sie ihr zwei Wochen altes Kind stillte[56] - auf wunderbare Weise überlebten Mutter und Kind. Ein Schulbus auf dem Weg nach Afula wurde zum Ziel einer Autobombe; acht Kinder starben und 51 wurden verletzt, einige von ihnen schwer, und über eine große Fläche waren abgetrennte Gliedmaßen verstreut. Das Auto explodierte dicht neben dem Bus. Eine Untersuchung des Falls ergab, daß „das Auto, das gestohlen war, einige Gaskanister enthielt, um die Gewalt der Explosion zu verstärken, sowie eine große Anzahl von Nägeln, um die Zahl der Verletzten zu vergrößern. Viele der Opfer kamen aus zwei Schulen in der Nähe, in denen gerade die Ferien begannen. 'Zwei Jungen brannten wie Fackeln. Sie rannten auf mich zu, und ich nahm einen, erstickte die Flammen mit einer Decke und riß ihm dann die Kleider vom Leib,' sagte Albert Amos, 43, einer der Lehrer und Fahrer. 'Er war am ganzen Körper verbrannt. Als ich ihn anfaßte, hatte ich auf einmal Hautfetzen in der Hand. Der andere Junge wurde in einen Krankenwagen gebracht. Er schrie: 'Was ist mit mir passiert? Was habe ich getan?'"[57]

Die Opfer der 1974 in Kirjat Schmona und Ma'alot begangenen Massaker waren mehrheitlich Kinder, und diese Morde erhielten „großen öffentlichen Beifall in der gesamten arabischen Welt,"[58] genauso wie die heutigen Terroraktionen. Das Massaker von Kirjat Schmona kostete achtzehn Menschen das Leben, darunter fünf Frauen und acht Kinder. [59] Der Angriff auf die Schule in Ma'alot hinterließ zwanzig Tote und siebzig Verwundete, fast alles Kinder. [60] „Im arabischen Denken," sagt Laffin, „ist ein Opfer schuld an seinem eigenen Leiden. Es ist sinnlos, dagegen anzugehen, an das Gewissen zu appellieren und zu fragen: 'Wie könnt ihr Krieg gegen Kinder führen?' Nach lebenslanger Indoktrinierung kann ein Mann gegen alles und jeden Krieg führen."[61]

An dieser Stelle muß auch das im Februar 1994 von Baruch Goldstein, einem jüdischen Arzt aus Kirjat Arba, begangene Massaker an 29 Moslems in der Moschee von Hebron angesprochen werden. Die Moschee befindet sich in der Höhle der Patriarchen (Höhle von Machpela, 1. Mose 25,8-10), der Grabstätte von Abraham, Isaak, Jakob, Sara, Rebekka und Lea. Das Gebiet innerhalb der Höhle ist aufgeteilt, so daß auch Juden dort beten können. Goldstein war ein Einwanderer aus Amerika und wird von allen, die ihn kannten, als „ruhiger, freundlicher, sensibler Mann" beschrieben. Er behandelte eine große Zahl von Opfern arabischen Terrors in Kirjat Arba. Und sein Freund, Mordechai Lapid, Vater von 14 Kindern und ein ehemaliger russischer „Gefangener Zions", starb mit einem seiner Söhne nach einem Terroranschlag in seinen Armen, und zwar einige Wochen, bevor er den Mord in Hebron beging. Am Abend vor dem Massaker verließ Goldstein die Höhle, ohne seine Gebete beendet zu haben, weil „eine große Gruppe von Arabern **innerhalb** der Höhle der Patriarchen Sprüche wie 'Schlachtet die Juden ab' ... 'Tod den Juden' skandierte, und unter den Verantwortlichen des arabischen Gemeinwesens an solchen Aussagen und Verhaltensweisen niemand etwas auszusetzen hatte."[62] Am nächsten Tag kam Goldstein in seiner Armeeuniform und mit seinem Dienstgewehr bewaffnet zur Höhle. Er erhielt Zutritt, nachdem er die Wachen überzeugte, er hätte Dienst, und als die Moslems sich zum Gebet niederknieten, eröffnete er das Feuer.

Ganz Israel war schockiert und empört. Der verstorbene Ministerpräsident Jitzhak Rabin äußerte seine absolute Abscheu gegenüber dem Massaker, so wie alle führenden Politiker Israels. Staatspräsident Ezer Weizmann erwähnte die Schande, die das Massaker über das jüdische Volk gebracht habe und besuchte Hebron, um im Namen Israels den Familien der Opfer sein Beileid auszusprechen. Fast achtzig Prozent aller Israelis verurteilten die Mordtat auf das schärfste, [63] und die israelische Regierung zahlte Schadenersatz in Höhe von 40 Millionen NIS (etwa 20 Millionen DM) für die Familien der Toten und Verletzten. Das Massaker von Hebron war ein seltener Einzelfall, und sowohl die Reaktionen der Öffentlichkeit als auch das Verhalten der Regierung waren geprägt von Gefühlen des Schocks, der Abscheu, der Trauer und der Scham. Dieses Verhalten ist völlig anders als arabische Reaktionen auf Meldungen über Morde an Israelis.

Sexualität

Im Gegensatz zur westlichen Welt wird das Sexualverhalten arabischer Frauen strengstens überwacht. Fast in der gesamten arabischen Welt muß ein junges Mädchen sterben, wenn sie ihre Jungfräulichkeit an einen anderen als ihren Ehemann verliert. Und Ehebruch bringt verheirateten Frauen den sicheren Tod. Aber ein verheirateter Mann ist nicht verpflichtet, sich sexueller Aktivitäten außerhalb der Ehe zu enthalten, er wird nur dann eines sexuellen Vergehens schuldig, wenn „die Frau, mit der er sexuelle Beziehungen hat, dadurch eine Handlung sexueller Unehre begeht."[64] Es ist die Pflicht der Frau, sowohl ihre Ehre als auch ihr Leben zu schützen.

Männer werden gewöhnlich im Alter von 13 Jahren ohne

Betäubung beschnitten; dies dient zuallererst als Mittel zur Stärkung ihrer Manneskraft, aber auch als Test ihrer „Männlichkeit, Tapferkeit und ihres Mutes."[65] Beschneidung bei Frauen ist ebenfalls weitverbreitet unter den arabischen Völkern, aber die Entfernung der Klitoris dient bei Mädchen dazu, den Wunsch nach vorehelicher Sexualität zu verhindern. Und die sogenannte „große Beschneidung", bei der entweder ein Röhrchen in der zugenähten Vulva befestigt oder eine streichholzgroße Öffnung für die Ausscheidung von Urin oder Menstruationsblut belassen wird, soll voreheliche Sexualität völlig unmöglich machen, bis die Genitalien durch einen Einschnitt oder Gewalteinwirkung wieder geöffnet werden.[66] In der traditionellen Hochzeitsnacht ist „der Ehemann manchmal gezwungen, verhärtetes Narbengewebe mit einem Messer aufzuschneiden."[67]

Das durch die Tradition bedingte Nichtvorhandensein williger Mädchen, mit denen ein junger Araber seinen starken sexuellen Trieb befriedigen könnte, ist einer der Gründe für die extrem hohe Rate der Homosexualität unter arabischen Männern. Der homosexuelle Akt wird als „Geltendmachung der aggressiven männlichen Überlegenheit"[68] angesehen; aus diesem Grund wird Homosexualität auch nach der Heirat weiter betrieben, indem Scheichs und „wohlhabende Männer sich gegenseitig ihre Söhne ausleihen."[69]

Professor Raphael Patai, der bedeutende israelische Arabist und Autor eines Buches mit dem Titel *The Arab Mind* (Die arabische Denkweise) behauptet, daß die „Regeln, die den Kontakt zwischen Männern und Frauen einschränken, die Sexualität in der arabischen Welt zum wichtigsten Thema bzw. zur Hauptbeschäftigung machen."[70] Und ein Araber schrieb folgendes über seine eigenen Leute: „**Sex ist unser ewiger Kopfschmerz, der Alpdruck, der uns Tag und Nacht verschlingt**. Wenn Sie mich über die Größenordnung des sexuellen Problems befragen, kann ich Ihnen nur sagen, daß es genau so groß wie unser Schädel ist, und **daß es keine einzige Windung in einem arabischen Gehirn gibt, die nicht mit Sex angefüllt ist**."[71]

Ein beliebtes Gesprächsthema unter Arabern ist die Unmoral westlicher Frauen, und John Laffin schreibt folgendes: „Wegen der Frustrationen und Repressionen, die eine Folge der rigide eingehaltenen Sexualmoral in seiner Gesellschaft sind, wird der Araber zur Gefahr für Frauen aus anderen Staaten ... Wenn Araber ins Ausland reisen, sind ihre projizierten sexuellen Abenteuer wichtiger als jede

Arbeit oder jedes Studium."[72] Dr. Samia Hamady, die selbst Araberin und eine Kapazität auf dem Gebiet der arabischen Psychologie ist, merkt an, daß „wenn ein Araber mit einer Frau allein ist, er immer sexuelle Annäherungsversuche macht."[73]

Sex ist eine allumfassende Leidenschaft, die die Gedanken eines Arabers Tag und Nacht gefangennimmt und oft ihren Ausdruck findet in Gewalt und Brutalität, die wiederum durch bloße sexuelle Frustration verursacht wird. Sigmund Freud[74] und andere Psychoanalytiker sowie Psychologen sehen eine deutliche Verbindung zwischen Aggression und Sexualität. Die Intensität der Aggression ist immer auch verbunden mit der Stärke des Sexualtriebes. Die ständigen Umwälzungen und die Gewalt in der arabischen Welt ist ein Weg, „die Gedanken von der alles verzehrenden und übermäßigen Beschäftigung mit Sex abzulenken."[75] Diese „übermäßige Beschäftigung" findet ihren Ausdruck darin, „den sicheren Tod zu suchen in einem Putsch gegen das Establishment, in einem Parteikampf oder in einem Terrorakt. In solchen Fällen ist der Tod eine Belohnung an sich - der Märtyrer soll sich im Paradies unter vielen schönen und vor allem willigen Mädchen wieder-finden."[76]

Worte ersetzen Handlungen

Der Araber ist berüchtigt für seine Fähigkeit, Handlungen durch Worte zu ersetzen. Die meisten westlichen Arabisten und sogar viele Araber selbst sind der Meinung, daß Araber niemals ihre Drohungen oder Pläne ausführen. Beobachter der arabischen Welt kommen zu der Schlußfolgerung, es existiere die Neigung, Handlungen durch Worte zu ersetzen, aber dies ist keine starre Regel, und es ist sogar gefährlich, das anzunehmen. Es gibt sicherlich Themen, die seit über 50 Jahren von Arabern ständig im Munde geführt werden, ohne daß irgendeine Handlung daraus erwachsen wäre, aber vor dem Hintergrund einer starken Motivation werden sie immer versuchen, ihre Drohungen in die Tat umzusetzen. Die Niederlagen, die arabische Armeen durch Israel in den Jahren 1948, 1956, 1967, 1973 und nochmals 1982 erleiden mußten, könnten eine solche Motivation darstellen. Die arabische Welt wurde wiederholt gedemütigt, deshalb muß die Ehre wiederhergestellt werden, und Araber werden ihre Rache geduldig über Jahre, wenn erforderlich sogar Jahrzehnte, planen.

Ein Beispiel für die Vorstellung, daß Worte immer Handlungen ersetzen, ist der Jom-Kippur-Krieg vom Oktober 1973. Der stellvertretende Außenminister Ägyptens, Salah Gohar, wurde von dem Nachrichtenmagazin *Time* über die Flut von säbelrasselnden Erklärungen gegen Israel befragt. Gohar antwortete: „Wenn Araber sich streiten, beginnen sie auf der anderen Seite des Bürgersteigs und schreien sich an 'Ich werde dich in Stücke hauen!' und 'Du wirst den nächsten Sonnenaufgang nicht mehr erleben!' Dann, nach zehn oder fünfzehn Minuten, trennen sie sich und keinem wird etwas zuleide getan."[77] Das Magazin *Time* glaubte ihm. Die Welt glaubte ihm. Die israelische Regierung glaubte ihm. Sogar der verstorbene Jitzhak Rabin, Generalstabschef während des Sechstagekrieges von 1967 und vor seiner Ermordung durch ein Attentat israelischer Ministerpräsident und Verteidigungsminister, glaubte ihm. Drei Monate vor Kriegsausbruch schrieb Rabin folgendes: „Es besteht keine Notwendigkeit, unsere Streitkräfte zu mobilisieren, wenn der Feind Drohungen ausspricht und seine Armeen entlang der Waffenstillstandslinie in Position bringt."[78]

Aber die Motivation der Araber war stark genug. Am 6. Oktober 1973 griffen sie Israel am heiligsten Tag des jüdischen Jahres an, und es gelang ihnen beinahe, das Land zu zerstören. Eine Lawine von über 1,2 Millionen Soldaten [79] und ein schreckliches Aufgebot an Kriegsmaschinerie wurde gegen ein unvorbereitetes Israel losgelassen. Es dauerte drei Tage, bis die kleine, nur aus 300.000 Soldaten und Reservisten bestehende Armee mobilisiert wurde.[80] Die Vorstellung, daß Araber immer Handlungen durch Worte ersetzen, kostete Israel beinahe das Leben.

Ein weiteres Beispiel ist die Aussage, die Saddam Hussein im Dezember 1990 machte, und zwar, wenn die Vereinigten Staaten und ihre Verbündeten einen „Erstschlag" gegen den Irak aufgrund seiner Invasion in Kuwait im August desselben Jahres durchführen würden, dann „wird Israel den zweiten (Schlag) in Tel Aviv erleiden."[81] Die Alliierten, zu denen Israel nicht gehörte, führten ihren „Erstschlag" auf Ziele im Irak am 16. Januar 1991 durch. An diesem Tag wurden die ersten der insgesamt 39 irakischen Raketenangriffe auf zivile Ziele in Israel verzeichnet, die etwa 5.000 israelische Wohnungen und Häuser zerstörten oder beschädigten. Die Vorstellung, daß die Araber nun Frieden und nicht den Krieg gegen Israel wollen, ist so naiv und gefährlich wie die Vorstellung, daß sie stets Handlungen durch Worte ersetzen.

Die Motivation, Israel zu zerstören, ist eher stärker und nicht schwächer geworden. Nur die Taktiken haben sich verändert. Die arabische Ehre muß wiederhergestellt werden, und dieses Ziel kann nur durch die Zerstörung Israels erreicht werden. Die Gründung des Staates Israel und die Niederlage der arabischen Armeen wird von den Führern der arabischen Welt als „die Katastrophe“ oder „die große Niederlage“[82] bezeichnet, als „der Tag der größten Schande in der neueren Geschichte der Araber“[83] und „ein Schandfleck auf der gesamten arabischen Nation. Niemand kann die Schande vergessen, die die Schlacht von 1948 über uns gebracht hat.“[84] In der Vorstellung der Araber kann dieser „Schandfleck“, diese „Schande“ vom Gesicht der arabischen Nationen nur durch „die totale und absolute Auslöschung Israels“[85] entfernt werden. Fünf weitere Kriege gegen Israel seit 1948 sollten Beweis genug dafür sein, daß die höchste Motivation im Hinblick auf die Wiederherstellung arabischer Ehre in den Köpfen der gesamten arabischen Welt herumgeistert. Ebenso sollte sorgfältig darauf geachtet werden, daß nur die übermäßige Beschäftigung der Araber mit der Rache gegen Israel sie davon abhält, ihre gesamte Gewalttätigkeit gegen den Westen zu richten.

Araber?

An dieser Stelle sollten wir uns die Frage stellen: „Wer ist ein Araber?“ Nach der allgemeinen Vorstellung hat die arabische Welt ihre Wurzeln in der Verbindung Abrahams mit Hagar, der ägyptischen Magd seiner Frau Sara. Dies trifft in gewisser Hinsicht zu. Es gibt eine Anzahl von Nationen, die heute als „arabisch“ bezeichnet werden, die aber überhaupt nicht arabisch sind. Das Wort „Araber“ bedeutet „Beduine“ oder „Nomade“, und dieser Name wurde den Bewohnern der arabischen Halbinsel und der syrischen Wüste gegeben.

Abraham selbst stammte von Chaldäa, dem heutigen Irak. Der Iran ist weder von seinen Ursprüngen noch von seiner Sprache her arabisch, und der Islam ist ihr einziger gemeinsamer Nenner mit den anderen arabischen Nationen. Der Urvater von Ägypten, Mizrajim (*Mizrajim* ist der hebräische Name für Ägypten, den Anführer der sogenannten „arabischen“ Nationen), war ein Enkel Noahs, so wie die Vorväter von Libyen, Kanaan und Äthiopien (1. Mose 10,6). Obwohl Ismael, der Sohn Abrahams, eine ägyptische Mutter hatte, war er nicht der Urvater der arabischen Nationen. Von Mizrajim stammten die Philister (1. Mose 10,14). Lot, der Neffe Abrahams

(1. Mose 12,5), war auch ein „Iraker“. Er zeugte Ammon und Moab in einem durch Alkohol herbeigeführten Inzest (1. Mose 19,36-38), und diese Männer waren die Vorväter des heutigen Jordanien. Der Urvater des Jemen (auf hebräisch *Teman*) war der Enkel von Jakobs Bruder Esau (1. Mose 36,11.34). Aus den Geschlechtsregistern können wir entnehmen, daß viele der Einwohner des Nahen Ostens tatsächlich Blutsverwandte sind, aber es ist ebenso falsch, den Ursprung der nahöstlichen Nationen auf Abraham zurückzuführen wie zu behaupten, alle Nationen des Nahen Ostens seien arabisch.

In der arabischen Welt wird die Frage, wer denn eigentlich ein Araber sei, meistens folgendermaßen beantwortet: „Jemand, dessen Muttersprache Arabisch ist.“[86] Sowohl westliche als auch arabische Wissenschaftler haben konkretere Antworten auf diese Frage, aber ihre Gedanken lassen sich derart zusammenfassen, daß unter dem Begriff Araber Menschen zu verstehen sind, die Arabisch sprechen, im arabischen Kulturkreis aufwachsen und in einem arabischen Land leben. Jedoch ist keine dieser Antworten zufriedenstellend, denn die christlichen Kopten in Ägypten erfüllen alle diese Voraussetzungen, aber sie leugnen aufs heftigste, Araber zu sein, genauso wie die Christen im Libanon. Hunderttausende Juden, die in arabischen Ländern geboren und aufgewachsen sind und alle oben genannten Anforderungen erfüllen, sehen weder sich selbst als Araber noch würden die Araber sie jemals als solche ansehen. Wie können wir aber aus allen Gedanken, die hier dargelegt worden sind, zu einer korrekten Antwort auf unsere Frage finden, wer eigentlich ein Araber ist?

Der Iran ist zwar auf radikale Weise islamisch, aber das einzige Land im Nahen Osten, das nicht als arabisch angesehen wird und die einzige Nation in dieser Region, die nach Annahme des Islams an der Sprache ihrer Vorväter festgehalten hat. Die Kopten in Ägypten sind nie zum Islam übergetreten, in gleicher Weise wie die libanesischen Christen oder die Juden. Deshalb, wenn geschichtliche Entwicklungen außer acht gelassen werden, sind die heutigen Araber diejenigen, deren Muttersprache Arabisch ist und die an den Lehren des Islams festhalten.

3

Der Islam und der Koran

Die Wörter „Araber“ und „Islam“ sind so eng verwandt wie „Schnee“ und „Eis“. Araber waren verantwortlich für die Einführung des Islams, und der Islam ist wiederum verantwortlich dafür, daß die arabische Welt im finsteren Mittelalter verbleibt. Araber sind grausam, und der Islam ist eine grausame Religion. Die Anhänger des Islams werden dazu aufgerufen, um Allahs willen zu töten, und in Ländern, in denen das heilige islamische Gesetz (die Scharia) in Kraft ist, gibt es keine Möglichkeit, sich dem Islam zu widersetzen oder sich einer anderen Religion oder einem anderen Glauben zuzuwenden. Ein solches Verhalten zieht strenge Bestrafung nach sich - durch das Schwert, den Galgen, Steinigung oder Kreuzigung.

Gewalttätigkeit und Grausamkeit sind traditionell verbreitet unter primitiven Stämmen, die am Glauben an einen oder mehrere dämonische Geister festhalten. Der Islam ist eine primitive Stammesreligion, in der auch heute noch gefordert wird, daß die einzige erlaubte Nahrung für den heutigen Menschen das ist, was Mohammed in Arabien vor 1.300 Jahren gewohnt war, und die einzige Kleidung, die in allen Nationen (im Osten und im Westen) getragen werden sollte, aus den Kleidungsstücken besteht, die von ungebildeten Wüstenbewohnern im Arabien des 7. Jahrhunderts getragen wurden.

Für diejenigen, die sich mit dem Islam nicht anfreunden können, schreibt der Koran (das heilige Buch der Moslems) folgende Bestrafung vor: „Hinrichtung oder Kreuzigung, oder das Abschneiden von Händen und Füßen auf entgegengesetzten Seiten.“[1] Im Oktober 1993 wurden in Saudi-Arabien, wo die Gesetze das Praktizieren einer anderen Religion als des Islams verbieten, ein Vater und Sohn gemeinsam enthauptet wegen „ihrer Hinwendung zum Glauben an Christus. Wäre nicht ein Aufschrei durch die Welt gegangen, hätten die saudischen Behörden zwei andere Christen an Weihnachten hingerichtet.“[2]

Ein Freund des Autors, der hier nicht namentlich genannt werden kann, war vor kurzem in Riad, Saudi-Arabien; es war Freitag, und er befand sich auf dem sogenannten „Hack-Hack-Platz". Dort finden nach dem Freitagsgebet Hinrichtungen statt. Er schrieb folgendes: „Der Platz war angefüllt mit tausenden Moslems. Wir hörten den moslemischen Geistlichen über Lautsprecher aus der Moschee predigen. Das Freitagsgebet endete, indem sich alle nach Mekka wandten und auf die Erde beugten. Gleich, nachdem sie von ihrem Gebet aufstanden, führten zwei Polizisten einen Mann mit verbundenen Augen in die Mitte der Menge zu einem von Polizisten gebildeten Kreis. Er mußte sich auf dem Platz hinknieen und seinen Kopf nach vorne neigen. Zwei riesige, schwarzgekleidete Männer kamen nach vorn. Der eine trug ein Schwert, das er dem größten Mann gab. Der hob das Schwert, und mit einem Schlag wurde der Kopf von dem Körper eines Pakistani abgetrennt. Auf diese Weise beenden die Moslems ihr Freitagsgebet in Riad. Die Hinrichtungen des jeweiligen Tages werden am Abend zuvor in den Fernsehnachrichten bekanntgegeben." Mein Freund schrieb weiter: „Die religiöse Polizei verhaftet Menschen in den Straßen von Riad, wenn sie zur Gebetszeit nicht in der Moschee sind." Die *Matowa*, die mächtige religiöse Polizei, „erzwingt die Schließung aller Geschäfte zur Gebetszeit und bringt die Leute mit Gewalt in die Moscheen. Diejenigen, die verspätet zum Gebet kommen, werden mit Stöcken geschlagen."[3]

Sogar barmherzige Taten können als Affront gegenüber Allah ausgelegt und entsprechend bestraft werden. Zum Beispiel während des Ramadan, wenn während eines vollen Monats Essen oder Trinken zwischen Sonnenaufgang und Sonnenuntergang verboten ist, sind diejenigen, die in der brütenden Wüstenhitze arbeiten müssen, großen Qualen ausgesetzt, und viele Arbeiter brechen zusammen. 1986 wurde in Saudi Arabien während des Ramadan ein Mann ohnmächtig, und ein anderer Arbeiter schüttete etwas Wasser in seinen Mund, um ihn wiederzubeleben. Der mitfühlende Mann verlor sein Leben, und dem Leidenden wurde die rechte Hand amputiert.

Der Koran lehrt, die Frauen seien den Männern unterlegen und ermahnt sogar Ehemänner, ihre Frauen „auszupeitschen."[4] Eine aktuelle Umfrage ergab, daß achtzig Prozent der befragten Frauen glaubten, das routinemäßige Schlagen von Ehefrauen sei „normal und wohltuend für die Stabilität und Disziplin in der Familie."[5] Und mindestens eine islamische Sekte glaubt, Frauen hätten keine Seele und würden deshalb auch nicht von den Toten auferstehen.[6]

Für Menschen aus der westlichen Welt ist die Diskriminierung gegenüber Frauen fast unvorstellbar. Im Dezember 1994 wurde in Bangladesch eine junge Frau vergewaltigt, und zwar in einem Feld, in dem sie Gemüse erntete. Aber nicht der Vergewaltiger wurde zur Rechenschaft gezogen, sondern die zwanzigjährige Frau selbst wurde verurteilt, und zwar zu „80 Schlägen mit einem geschmeidigen Stock aus grünem Bambus, weil sie ungesetzlichen Geschlechtsverkehr hatte.“[7] Die Frau, die unter den Blicken von 200 Zuschauern nach 35 Schlägen bewußtlos wurde, war nicht in der Lage, „drei männliche Zeugen vorzuweisen, die ihre Aussage, sie sei vergewaltigt worden, bestätigt hätten.“[8]

In manchen islamischen Ländern wird eine Frau, die sich vom Islam ab- und dem Christentum zuwendet, öffentlich gehängt. Und wenn sie Kinder hat, werden diejenigen, die unter fünf Jahre alt sind, mit ihrer Mutter gehängt. Kleinere Vergehen, sowohl von Männern als auch von Frauen, werden durch das Abhacken von Händen oder Füßen bzw. Händen sowie Füßen bestraft. Das **„Abschneiden von Händen, Füßen, Ohren, Zungen und Köpfen und das Ausstechen von Augen** - das alles ist Teil des heutigen islamischen Gesetzes.“[9]

Unter dem islamischen Gesetz wird die Strafe für Ehebruch durch Steinigung vollzogen, aber die Methoden sind unterschiedlich. In der iranischen Stadt Qom „werden Frauen bis zu den Achselhöhlen in der Erde vergraben, während Männer bis zu den Hüften vergraben werden, wenn die Steinigung beginnt.“[10]

Die meisten Juden verweigern eine Konvertierung zum Islam, und viele haben dafür mit ihrem Leben bezahlt. Feysulla Mechubad, 77, ein führendes Mitglied der kleinen jüdischen Gemeinde im Iran, zahlte den Preis für sein Judentum am 25. Februar 1994. Ihm „wurden vor seinem Tod die Augen ausgestochen. Er wurde auch an Foltergeräte angeschlossen und grausam an Rücken, Gliedmaßen und im Gesicht gegeißelt, bevor er hingerichtet wurde.“[11]

Wie die Araber selbst ist die Religion des Islams brutal und beherrscht die Menschen durch Furcht und Terror. Und unter der speziellen Form des fanatischen Islams im Iran sind seit der Revolution von 1979 insgesamt 95.000 politische Gefangene hingerichtet worden, und zwar Dissidenten und vom Glauben Abgefallene.[12] Willkommen in der Welt des Islams - der „überlegenen“ Religion, die der Iran und die Araber mit Gewalt über die gesamte bewohnte Welt bringen wollen.

Ignoranz und Naivität

In diesem letzten Jahrzehnt des 20. Jahrhunderts, während wir uns mit rapider Geschwindigkeit auf die letzten Tage der Endzeit zubewegen, sind zwei Tatsachen deutlich geworden: Die westlichen Nationen besitzen eine universale Ignoranz in Bezug auf die Ursachen des arabisch-israelischen Konflikts, und die Vorstellungen der Gemeinde Jesu in Hinblick auf den Islam sind geprägt von äußerster Naivität.

Die große Mehrheit der Menschen in der westlichen Welt ist der Meinung, daß ein Streit um den Besitz von Land die Ursache des arabisch-israelischen Konflikts sei. Kaum ein Tag vergeht, ohne daß die Medien diese Linie den Massen in der Welt verkaufen und aufzwingen. Und die weitverbreitete ketzerische Auffassung, Juden, Christen, Moslems dienten alle demselben Gott und es müsse ein „gegenseitiges Verständnis und einen interreligiösen Dialog" geben, wird der Gemeinde Jesu so viele Vorteile bringen, wie der Kompromiß, den der Jäger mit dem Braunbären geschlossen hat. Der Jäger brauchte einen Pelzmantel und der Bär eine Mahlzeit, und so machte der nette Jäger folgenden Kompromiß: Der Bär bekam seine Mahlzeit und der Jäger befand sich im Pelzmantel des Bären.

Ich habe seit mehreren Jahren die Meinung geäußert, daß der Islam der gefährlichste potentielle Feind der westlichen Welt ist. Lange vor dem Zusammenbruch der Sowjetunion und deren kommunistischer Ideologie behauptete ich, der Kommunismus sei längst nicht eine so starke Bedrohung für den Westen wie der Islam. Ich habe wiederholt gewarnt vor den Dingen, die vor uns liegen, wenn nicht entschlossene Schritte eingeleitet werden, um den wachsenden Einfluß des fundamentalistischen Islams einzudämmen, aber meine Warnungen scheinen auf taube Ohren zu stoßen.

Wenn Politiker und Gesetzgeber die Gefahr, die vom Islam gegen Israel und den Westen ausgeht, völlig verstehen sollen, um sie zum Handeln zu bewegen, müssen sie zunächst darüber Bescheid wissen. **Der Islam ist die Antithese des biblischen Christentums.** Das Christentum tritt ein für die Liebe gegenüber Gott und den Menschen und Barmherzigkeit; der Islam fördert Haß und Grausamkeit - teuflische Grausamkeit. Hinrichtungen, Kreuzigungen, das Abtrennen von Händen, Füßen und Zungen, das Ausstechen von Augen sind ein Bestandteil der vom Islam geforderten „Unterordnung unter den Willen Allahs".

Der Koran

Mohammed, der Gründer des Islams, schrieb den Koran, das heilige Buch der Moslems. Er ist eine Mischung aus Wüstenfolklore, Sitten und Gebräuchen, Offenbarungen Mohammeds sowie Bestandteilen von Lehren aus Judentum und Christentum. Der Koran ist in der Vorstellung der Moslems die direkte und präzise göttliche Offenbarung Allahs an seinen Propheten durch die Vermittlung von Engeln; das Buch ist vollkommen und ohne Irrtum. Moslems glauben auch, daß Arabisch die Sprache Allahs und das Arabisch des Korans „die vollkommene, exakte Darstellung der Worte Allahs“[13] sei.

Diese Ansprüche, wie die meisten anderen, sind offenkundig falsch. Im Arabisch des Korans finden sich zahlreiche grammatische Fehler, wie z. B. in den „Suren 2,177.192; 3,59; 4,162; 5,69; 7,160; 13,28; 20,66; 63,10 etc.“[14] Der Koran enthält „Sätze, die unvollständig und mißverständlich sind,“[15] und mehr als 100 „Abweichungen von den normalen Regeln und Strukturen des Arabischen.“[16] Weiterhin ist der Koran mit Sicherheit nicht „rein Arabisch“, denn er enthält auch über 100 „ägyptische, hebräische, griechische, syrische, akkadische, äthiopische und persische Wörter und Ausdrücke.“[17] Viele Moslems behaupten, das Originalmanuskript des Korans sei noch immer vorhanden und alle Abschriften stammten von diesem einen Manuskript. Dies ist ein weiterer offensichtlich absurder Anspruch. Es gingen nicht nur Teile des Korans verloren oder wurden absichtlich entfernt, sondern „ganze Verse und Kapitel wurden hinzugefügt.“[18]

Ein Großteil der im Koran enthaltenen Informationen hat wenig Ähnlichkeit mit historischen Fakten. Maria, die Mutter Jesu, lebte 600 Jahre vor Mohammed. Die arabische Version ihres Namens lautet Maryam. Miriam, die Schwester von Mose und Aaron, deren arabischer Name ebenfalls Maryam ist, lebte 1.300 Jahre vor Maria, der Mutter Jesu. Aber am Beginn des Korans werden die beiden Frauen als ein und dieselbe Person dargestellt! Dort heißt es, daß die Frau des Vaters von Mose, Imram (Amram), Maryam geboren hätte, die wiederum Jesus das Leben schenkte![19] Und sogar in der zweiten Hälfte des Korans wird Maryam, die Mutter Jesu, noch immer als „Schwester Aarons“ angesprochen.[20] Moslemische Kommentatoren und Übersetzer versagen kläglich bei ihren Versuchen, diese Irrtümer zu erklären.

Ebenso wird Haman, der Schurke im Buch Esther, zu einem Zeitgenossen des Pharao zur Zeit des Auszugs der Kinder Israel aus

Ägypten und zu einem der Erbauer des Turmes von Babel gemacht![21] Der Koran behauptet auch, Abraham sei von Nimrod in ein Feuer geworfen worden.[22] Die bloße Tatsache, daß Nimrod Jahrhunderte vor Abraham starb, scheint unerheblich zu sein! Der Koran enthält eine große Zahl gleichartiger Irrtümer.

Mohammed

Als kleines Kind wurde Mohammed von einer Beduinen-Amme namens Halima betreut. In seinem dritten und vierten Lebensjahr hatte „das Kind viele Anfälle, die Halima auf den Gedanken brachten, das Kind sei **von Dämonen besessen**."[23] Frühe moslemische Überlieferungen berichten, daß zu dem Zeitpunkt, als Mohammed eine Offenbarung von Allah erhalten sollte, „er oft auf die Erde fiel, sein Körper zu zucken begann, seine Augen nach hinten rollten und er anfing, stark zu schwitzen. Sie deckten ihn während solcher Vorfälle oft mit einer Decke zu."[24] In diesem „tranceähnlichen" Zustand erhielt er seine „göttlichen" Offenbarungen. „Nach der Trance stand er auf und verkündete, was ihm übermittelt wurde."[25] Die meisten westlichen und viele arabische Biographen Mohammeds sind der Auffassung, er habe unter epileptischen Anfällen gelitten.

Mohammed hatte die Fähigkeit, „göttliche" Offenbarungen zu empfangen, die es ihm erlaubten, so zu leben, wie es ihm gefiel. So verbietet der Koran, mehr als vier Frauen zu heiraten,[26] aber Mohammed hatte „eine große Vorliebe für Frauen"[27] und heiratete fünfzehn Frauen,[28] darunter ein zehnjähriges Mädchen.[29] Er ehelichte sogar die frühere Frau seines Adoptivsohnes, die nur zu diesem Zweck von ihrem Mann geschieden wurde.[30] Die Heirat verursachte einen solchen Skandal, daß Mohammed eine „göttliche" Offenbarung empfing mit dem Inhalt, er habe die Ehe aufgrund einer direkten Weisung Allahs geschlossen.[31] Die selbe Sure (Teil oder Kapitel des Korans), die er von Allah als Rechtfertigung seiner Heirat mit der Frau seines Adoptivsohnes erhielt, erlaubte ihm auch, mehr als die für alle anderen Moslems vorgeschriebenen vier Frauen zu heiraten.[32] Mohammed sorgte aber auch dafür, daß Moslems neben den vom Gesetz erlaubten vier Ehefrauen eine unbegrenzte Anzahl von Konkubinen haben dürfen.[33]

Die Satanischen Verse

Im Februar 1989 schrieb Salman Rushdie, ein in England lebender Moslem, einen Roman mit dem Titel *Die Satanischen Verse*, der einen weltweiten Sturm unter Moslems verursachte. Anstelle eines Literaturpreises setzte der verstorbene Ayatollah Khomeini aus dem Iran ein Kopfgeld von drei Millionen US-Dollar auf ihn aus, und diese Belohnung ist für denjenigen bestimmt, der ihn umbringt. Rushdie ging in den Untergrund und lebt sechs Jahre später noch immer im Verborgenen. Im Februar 1995 erneuerte der Iran sowohl das Todesurteil als auch die Belohnung, mit den folgenden Worten: „Moslems werden niemals Rushdies Beleidigungen gegen das, was dem Islam heilig ist, vergessen.“[34] Verleger bekamen Angst, Rushdies Buch anzurühren, besonders seitdem sein italienischer Verleger im Jahr 1992 von einem Moslem umgebracht wurde. Das Buch basierte auf den „satanischen Versen“, die Mohammed angeblich **von Satan erhalten** hat, und die ein Teil von früheren Versionen des Korans gewesen sein sollen.

Wir sollten uns die Frage stellen: „Existierten diese Verse überhaupt?“ Die Antwort, so sagen Experten, ist ein lautes und einstimmiges Ja! Die Verse betrafen Mohammeds nachgiebige Haltung gegenüber den Heiden in Mekka. Er erhielt „göttliche“ Offenbarungen, daß es „völlig richtig ist, die drei Töchter Allahs, nämlich **Al-lat**, **Al-Uzza** und **Manat**, anzubeten.“[35] Die Verse verursachten einen weiteren Sturm im Islam, weil sie den Monotheismus ablehnten und den Polytheismus befürworteten. Aber Mohammed kehrte später zum Monotheismus zurück und erhielt prompt eine Offenbarung über Allahs Fähigkeit, „zu widerrufen“, d.h. eine frühere Offenbarung rückgängig zu machen und durch eine „ähnliche“ oder „bessere“ Offenbarung zu ersetzen.[36] Die „satanischen Verse“ wurden nach Mohammeds Tod nicht in den Koran aufgenommen, sie wurden „widerrufen“.[37] Es gibt jedoch überwältigende Beweise für die Existenz dieser „satanischen Verse“ im Koran: „Die Literatur über die ‘satanischen Verse’ ist so umfassend, daß ein ganzer Band nur über dieses Thema geschrieben werden könnte. Jedes allgemeine und islamische Nachschlagewerk, sei es nun moslemisch oder westlich, behandelt dieses Thema genauso wie alle Biographien über Mohammed.“[38]

Hadj

Jeder Moslem ist verpflichtet, während seines Lebens wenigstens eine Pilgerreise nach Mekka zu machen. Diese Pilgerreise ist unter dem Namen *Hadj* bekannt, und „*Hadj* ist ein wesentliches Mittel,

Erlösung zu erlangen.“[39] Eine attraktive Verlockung wird Moslems als Ermutigung angeboten, die Reise anzutreten: „Da durch eine Pilgerreise nach Mekka eine automatische Vergebung von bereits begangenen und zukünftigen Sünden erfolgt, **wird dem Pilger dadurch Immunität verliehen**.“[40]

Als Mohammed versuchte, die Juden zu überreden, ihn als Propheten zu akzeptieren, beteten Moslems fünfmal am Tag mit Blickrichtung nach Jerusalem; sie hielten auch den Sabbat und andere jüdische Gesetze. Als es immer deutlicher wurde, daß die Juden überhaupt nicht daran interessiert waren, sich ihm anzuschließen, änderte der erzürnte Prophet die Gebetsrichtung, indem er Jerusalem den Rücken zukehrte und sich statt dessen Mekka zuwandte. Er hielt sich auch nicht mehr an jüdische Gesetze und übernahm den heidnischen Freitag anstelle des jüdischen Sabbats.[41] Die Heiden des vorislamischen Arabien hatten bereits feste Gebetszeiten mit der Gebetsrichtung nach Mekka, und sie bestanden auch darauf, daß jeder zumindest einmal die Pilgerreise nach Mekka machen sollte, um an der Ka'aba[42] anzubeten, in der ihre Götzenbilder aufbewahrt wurden.

Über die moslemische Pilgerreise nach Mekka schreibt der islamische Gelehrte und Staatsmann Ali Dashti folgendes: „Die historischen Beweise sind überaus deutlich, daß Mohammed den heidnischen Ritus einer Pilgerfahrt nach Mekka übernahm, um die Händler in Mekka zu beschwichtigen, da diese einen riesigen Gewinn aus den Pilgerreisen erwirtschafteten. So übernahm der Islam aus wirtschaftlichen und kulturellen Gründen die heidnische Pilgerfahrt nach Mekka.“[43]

Allah, der Gott des Islams

Die meisten Christen und Juden glauben, Allah sei lediglich der arabische Name für Gott, den Schöpfergott, den Gott Abrahams, Isaaks und Jakobs, *den Heiligen Israels*. Diese Vorstellung resultiert aus Ignoranz und ist sehr gefährlich, weil sie einfach nicht richtig ist. Moslems ziehen sogar mit Freuden den Gott der Juden, der auch der Gott der bibelorientierten Christen ist, ins Lächerliche. So sagen sie zum Beispiel folgendes: „Wenn ihr die Eigenschaften kennen würdet, mit denen sie ihren Gott ausstatten, und zwar solche, die sie sich wünschen und solche, die sie ihm zuschreiben, dann wärt ihr mit Sicherheit schockiert. Jehova, der Herr der Heerscharen, der Gott Israels, gebietet ihnen, ihre Häuser mit Schafsblut anzuschmieren, um ihre Söhne zu retten und die Ägypter zu vernichten. Er ist ein Gott, der Reue empfindet, weil er Adam geschaffen und Saul auf den Thron gehoben hat. Er ist blutrünstig, launisch, grausam und gierig. Er freut sich an Betrug und Täuschung. Er ist geschwätzig und liebt lange Reden über alles."[44]

Wenn der Allah des Islams nicht der Gott der Juden und Christen ist, wer ist er dann? Um diese Frage zu beantworten, müssen wir eine Reise zur Ka'aba machen, zu den Wurzeln des Islams. Diese liegen in Arabien, in Mekka, und zwar in einem viereckigen Steingebäude, das Ka'aba genannt wird und nach dem Koran von Abraham erbaut wurde. In der Ka'aba befanden sich 360 Djin (Genien, Götzenbilder, Engel und Dämonen), und einer von ihnen wurde Allah genannt.[45]

> „Das Wort 'Allah' stammt von dem arabischen Kompositum *al-ilah. Al* ist der bestimmte Artikel 'der' und *ilah* ist ein arabisches Wort für 'Gott'"[46]

> „Allah ist ein rein arabischer Ausdruck, der in bezug auf eine arabische Gottheit verwendet wird."[47]

> „'Allah' ist ein Eigenname, anwendbar nur auf ihren (der Araber) besonderen Gott."[48]

> „Der Ursprung dieses (Namens Allah) ist zurückzuführen auf vorislamische Zeiten. Allah ist ein selten verwendeter Name mit der Bedeutung 'Gott' (oder irgendein 'Gott')."[49]

> „'Allah' ist ein vorislamischer Name ... bedeutungsgleich mit dem babylonischen Bel."[50]

> „Allah war den vorislamischen Arabern bereits bekannt; er war eine der Gottheiten von Mekka."[51]

> „Die Anbetung Allahs war wie die Anbetung Baals eine Astralreligion, da beide die Anbetung der Sonne, des Mondes und der Sterne beinhalteten."[52]

> „In Arabien wurde der Sonnengott als weibliche und der Mond als männliche Gottheit angesehen ... Der Name Allah wurde als Eigenname des Mondgottes verwendet."[53]

„Allah, der Mondgott, war mit der Sonnengöttin verheiratet. Gemeinsam zeugten sie drei Göttinnen, die 'die Töchter Allahs' genannt wurden. Diese drei Göttinnen hießen **Al-lat, Al-Uzza und Manat** [aus den 'Satanischen Versen']."[54]

„Der Allah des Korans ist nicht der Gott der Bibel."[55]

Sind Sie nun überzeugt? Können Sie jetzt erraten, was das alte Symbol von Allah, dem Mondgott, war? Richtig - der Halbmond. **„Sein Symbol war der Halbmond, der heute jede Moschee in der ganzen moslemischen Welt ziert."**[56]

Nachdem die Juden es kategorisch ablehnten, Mohammed zu folgen, änderte er die Gebetsrichtung von Jerusalem nach Mekka und verband sich damit mit den Heiden Arabiens, die ihre Gebete auf die Ka'aba richteten, weil sich dort ihre Götter befanden. Und „da **das Bild ihres Mondgottes Allah** in Mekka war, richteten sie (die Moslems) ihre Gebete nach Mekka."[57] Die Weigerung der Juden, Mohammed als ihren Propheten zu akzeptieren, führte zu dem blinden islamischen Haß gegen sie. Und seit der Zeit der veränderten Gebetsrichtung hin zur Ka'aba begann Mohammed, sein Schwert gegen die „jüdischen Ungläubigen" einzusetzen.

Allah gebot Mohammed, alle anderen Götzenbilder in der Ka'aba zu zerstören, und so wurde aus Allah, dem Mondgott, Allah, der einzige Gott; der Islam, die „absolute Unterwerfung,"[58] war geboren. Der Islam ist die einzige nachchristliche Religion und die zweitgrößte Weltreligion, aber auch die am stärksten wachsende Religion in der Welt. Beherrscht von einem dämonischen Geist ist der Islam „eine größere Macht der Unterdrückung als der Kommunismus."[59]

Der Islam und Israel

Es wurde bereits weiter oben behauptet, daß die Wörter „arabisch" und „Islam" gleichbedeutend sind. Es ist jedoch wirklich ein gewaltiger Fehler, wenn man denkt, Religion habe die gleiche Bedeutung für Moslems wie für Menschen, die in der westlichen Welt leben. Letztere sind bestenfalls lau in ihrer Einstellung zur Religion. Nur für einige wenige Eiferer ist die Religion eine Richtschnur ihres Lebens. Dies ist nicht der Fall bei Arabern und Iranern. Für die traditionell eingestellte Mehrheit in jedem arabischen Land und im Iran bleibt die Religion die zentrale Norm für ihr Leben. Der Islam durchdringt das Leben des nahöstlichen Moslems. Er ist das

Zentrum, von dem alles andere ausgeht. Jede Handlung, jeder Gedanke, jedes Gefühl, jede Sitte wird durch die Gesetze des Islams reguliert; diese werden von Menschen, die innerlich dem Islam die Treue erklären, niemals in Frage gestellt. In diesem Bereich befinden sich Moslems „in starkem Kontrast zu Menschen, die anderen Religionen angehören."[60]

Der Nahe Osten ist das Kernland des Islams. Hier liegt sein Ursprung. In der Vorstellung der Araber ist dies Allahs Land. Und im Jahr 1948 nahmen die Juden (die Mohammed, der Prophet Allahs, im Koran schlechtmacht und seine Anhänger auffordert, sie umzubringen) Allah einen Teil dieses Landes weg. Diese „niederträchtigen" Juden enteigneten nicht nur Allah und gründeten einen souveränen jüdischen Staat auf seinem Land, sondern **sie gründeten diesen Staat auch noch im Herzen des islamischen Kernlandes**. Der Koran, der nach der Vorstellung von Moslems die endgültige und wahre Offenbarung Gottes ist, beschreibt die Juden als niederträchtiges Volk, das lediglich Verachtung, Bestrafung und den Tod verdient. Die Hadith (die moslemische Überlieferung) setzt diesen Haß folgendermaßen fort: „Der eine, der von Allah gesandt wurde (Mohammed), hat bereits gesagt, **die große Stunde werde nicht kommen, bis die Moslems Krieg gegen die Juden führen und so viele von ihnen umbringen, daß, wenn ein Jude sich hinter einem Baum oder einem Felsen verbirgt, diese sprechen und sagen werden: 'Oh Moslem, Diener Gottes, es befindet sich ein Jude hinter mir. Komm und bringe ihn um.**"[61] Andere moslemische Schriften werden auch von dieser Welle des Hasses getragen: „Allahs Bote, Friede sei über ihm, hat geboten: **Kämpft gegen die Juden und tötet sie. Verfolgt sie, bis sogar ein Felsen sagen wird: Komm hierher, Moslem, ein Jude verbirgt sich unter mir. Töte ihn. Töte ihn schnell.**"[62]

Der jüdische Sieg im Jahr 1948 stellte deshalb die letzte Herausforderung an die islamische Welt dar - er traf die islamische Theologie mitten ins Herz und unterminierte sie. Die Größe des Staates Israel spielt keine Rolle; die Araber verfügen über ein Territorium von 14 Millionen Quadratkilometern,[63] und Israel besitzt nur 20.324[64] Quadratkilometer, ohne die „besetzten Gebiete". Aber dieser winzige Fleck auf der Landkarte ist ein Affront gegen den Islam.

Aus diesem Grund wurde das Jahr 1948 zum „Tag der größten

Schande in der neueren Geschichte der Araber.“[65] Das „Gesicht“ der arabischen Nation wurde wie das Gesicht ihres Gottes „geschwärzt“ durch diese Schande. Die ständige Forderung nach der Vernichtung Israels kommt nicht aus der arabischen Welt *per se*, sondern aus dem Islam und um der Ehre Allahs willen. Vielleicht werden jetzt einige Aussagen von führenden Persönlichkeiten aus arabischen Staaten für den Leser verständlicher sein. Besonders wichtig sind in diesem Zusammenhang folgende Schlußfolgerungen:

„Unser Krieg gegen die Juden ist eine alte Auseinandersetzung, die mit Mohammed begann ... **Es ist unsere Pflicht, die Juden um Allahs und der Religion willen zu bekämpfen**, und es ist unsere Pflicht, den Krieg, den Mohammed begann, zu beenden.“[66]

„Ich verspreche, Israel zu zermalmen und **es zu der im Koran festgeschriebenen Erniedrigung und Erbärmlichkeit zurückzubringen**.“[67]

„Sicherlich **wartet das Gericht Allahs auf sie** (die Juden), bis Palästina aus dem *Dar al-Harb* (Haus des Krieges) in das *Dar al-Islam* (Haus des Islams) übergeführt wird.“[68]

„Israel wird weiter existieren, **bis der Islam es auslöscht, so wie er das auslöschte, was vorher da war** (als Hinweis auf die Niederlage der Kreuzritter).“[69]

„Wir werden nur **Krieg akzeptieren, und zwar *Jihad*, den heiligen Krieg**. Wir sind entschlossen, die Erde von Palästina und Arabien mit dem **Blut der Ungläubigen zu tränken oder das Märtyrertum zur Ehre Allahs auf uns zu nehmen.**“[70]

„Die Juden in Palästina müssen vernichtet werden. **Es kann für die unter uns, die den Namen Allahs in Ehren halten, keine andere Lösung geben**. Nur der *Jihad* ist für uns denkbar.“[71]

„Die zionistische Eroberung Palästinas ist **ein Affront für alle Moslems**. Es kann keinen Kompromiß geben, bis jeder einzelne Jude tot und verschwunden ist.“[72]

„**Allah hat uns das einzigartige Vorrecht verliehen, das zu beenden, was Hitler nur beginnen konnte. Fangen wir mit dem *Jihad* an**. Tötet die Juden. Tötet sie alle."[73]

„**Die Feinde Gottes haben eine Aggression gegen moslemischen Boden begangen** und unsere Heiligtümer entweiht. **Es ist die Pflicht eines jeden Moslems, ein Opfer für die Befreiung moslemischer Territorien zu bringen**."[74]

„**Die Bekämpfung der Juden und Israels ist eine religiöse Verpflichtung und ein göttliches Gebot**."[75]

Jedes Problem in unserer Region kann auf dieses eine Dilemma zurückgeführt werden: die **Besetzung von Dar al-Islam (Haus des Islams) durch jüdische Ungläubige**."[76]

Der Konflikt zwischen Arabern und Israelis begann im siebten Jahrhundert, als die Juden sich weigerten, Mohammed und seiner neuen Religion, die heute als „Heidentum in monotheistischer Form"[77] bezeichnet wird, zu folgen. Der heutige Konflikt ist das Ergebnis der Niederlage, die „verachtenswerte" Juden den islamischen „Kriegern des *Jihad*"[78] zugefügt haben. Kein wahrer Moslem kann ruhen, bis Israel als Nation vom Erdboden verschwunden ist. Allah, dem Gott des Islams, wurde ein Teil seines Landes weggenommen, und seine Ehre wurde beschmutzt, wie die seiner „Krieger" - deshalb muß Israel vernichtet werden, um diese Ehre wiederherzustellen.

Aktuelle Ereignisse lassen den Eindruck entstehen, daß die arabischen Nationen endlich Frieden mit ihrem gemeinsamen Feind machen wollen, und die Welt ist begeistert. Aber **der Koran verbietet die Existenz des jüdischen Staates**, und solange dieser vorhanden ist, kann es keinen Frieden im Nahen Osten geben. Alle oben angegebenen Aussagen islamischer Führungspersönlichkeiten wurden vor der Unterzeichnung der Abkommen zwischen Israel und der PLO in Oslo vom September 1993 gemacht. Die Osloer Abkommen werden die islamische Einstellung gegenüber Israel nicht ändern, und die folgende Bemerkung, die vier Monate nach der Unterzeichnung gemacht wurde, ist ein Beweis dafür:

„Sie verstehen nicht ... **der Islam kann niemals mit Israel verhandeln oder es anerkennen**."[79]

Es hat sich nichts geändert! Und es kann auch keine Veränderung geben, weil Mohammed, der von allen Moslems verehrt wird, kurz vor seinem Tod sagte: „Niemals können in Arabien zwei Religionen existieren."[80] Die Zielsetzung der Araber im „Friedensabkommen" ist nicht die Erreichung eines langfristigen Friedens, sondern die Schaffung eines taktischen islamischen „Waffenstillstands", um Israel zu einem passenden Zeitpunkt innerhalb von 10 oder 20 Jahren ab September 1993 zu zerstören. Israel hat immer wieder bewiesen, daß es nicht durch direkte militärische Konfrontation geschlagen werden kann. Sogar im Falle eines Überraschungsangriffs und bei einer feindlichen Überlegenheit von vier zu eins an Truppen, Flugzeugen und Panzern schlug Israel den Feind in nur zehn Tagen. Die heutigen Grenzen Israels spiegeln das Ergebnis seiner Kämpfe gegen arabische Aggression wider. Diese Grenzen müssen durch „Verhandlungen" am „Friedenstisch" verkleinert werden, und zwar bis zu einem Ausmaß, in dem eine Nation nicht mehr verteidigt werden kann, um so einen Brückenkopf für den nächsten und vielleicht letzten Krieg des Islams gegen Israel zu schaffen.

Jihad und die Weltherrschaft

Moslems glauben, daß ihre islamischen Nationen einen einzigen islamischen Staat bilden, und dieser „Staat" dazu bestimmt ist, zu einer „islamischen Weltrepublik"[81] zu werden, die alle Länder der Welt umfaßt. Der islamische Staat ist aufgeteilt in zwei Bereiche, und zwar *Dar al-Islam* (das Haus des Islams) und *Dar al-Harb* (das Haus des Krieges). Die Nationen unter islamischer Herrschaft gehören zum „Haus des Islams". Alle anderen befinden sich im „Haus des Krieges".

Nationen im „Haus des Krieges" unterliegen dem *Jihad* oder heiligen Krieg, bis sie sich dem Islam unterwerfen und zum Bestandteil des „Hauses des Islams" werden. „**Es kann keinen Frieden und keinen Friedensvertrag geben**".[82] *Jihad* bedeutet „Hindernisse für die Propagierung des Islams in nichtmoslemischen Ländern aus dem Weg zu räumen."[83] *Jihad* ist „ein islamischer Ausdruck, den andere Nationen im Sinne von 'Krieg' verwenden."[84] „Für die Sache Allahs mit dem geschriebenen oder gesprochenen Wort oder dem Schwert kämpfen - das ist *Jihad*."[85] Das Schwert bringt schnellere Ergebnisse als das geschriebene oder gesprochene Wort. Deshalb ist Gewalt fast überall da zu finden, wo Moslems in großer Zahl zusammenkommen. Alle nachfolgend aufgeführten Länder sind entweder heute in den Schlagzeilen oder haben vor kurzem Schlagzeilen gemacht, und zwar im Hinblick auf Gewaltausbrüche, an denen Moslems beteiligt waren: Afghanistan, Algerien, Armenien, Aserbaidschan, Ägypten, Äthiopien, Bangladesch, Fidschi-Inseln, Frankreich, Indien, Irak, Israel, Jordanien, Kenia, Libanon, Libyen, Marokko, Niger, Pakistan, die Philippinen, Rußland, Saudi Arabien, Somalia, Sudan, Tunesien, die Türkei, der Jemen und Jugoslawien. Unruhen gibt es innerhalb und außerhalb der moslemischen Welt überall. Wenn ein Gebiet nicht dem Islam unterworfen ist, wird *Jihad* geführt, um es unter die Herrschaft des Islams zu bringen. Wenn es bereits unter islamischer Herrschaft ist, kämpft die fanatische moslemische Bruderschaft für die Einführung eines strengeren islamischen Rechts. Die islamische Religion wird oft als „das Schwert des Islams" bezeichnet wegen ihrer Sucht nach Krieg und Blutvergießen. Der verstorbene Ayatollah Khomeini, der fanatische Anführer des Irans, der den Schah vertrieb und eine Wiederbelebung des fundamentalistischen Islams in den Nahen Osten hineintrug, predigte sogar, daß „**die reinste Freude im Islam darin besteht, für Allah zu töten und getötet zu werden**."[86] Eine solche Predigt gibt lediglich die Worte Mohammeds, des Gründers des Islams, wieder, der seine Anhänger folgendes lehrte: „**Ein Tag und eine Nacht des Kampfes an der Grenze ist besser als ein Monat des Fastens und Betens**."[87] Und seine Anhänger kämpften. Sie kämpften für Allah, und sie starben für das Paradies. Ein Augenzeugenbericht aus jenen Tagen lautet folgendermaßen: „Es ist fast so, als ob sie von den Dämonen der Hölle selbst angetrieben werden ... sie genießen die Härte des Kampfes und heißen die Schrecken des Todes willkommen."[88] Die Lehren Mohammeds trieben seine Anhänger an, und bewirken auch heute noch Aussagen wie die bereits oben zitierte des moslemischen Ministers, der folgendes behauptete: **„Gewalt ist die positivste Form des Gebets für einen Moslem."**

Für den Islam zu töten und getötet zu werden sichert für die „Krieger des *Jihad*" den Zugang zu Allahs Paradies, das „die Dienste von *Houris*, diesen ewig jungen, schönen und jungfräulichen, schwarzäugigen Mädchen"[89] verheißt. Wenn wir die Sexbesessenheit dieser „Krieger" berücksichtigen, dann können wir verstehen, warum sie so begierig darauf sind, zu sterben und das Paradies zu betreten. John Laffin kommentiert dies folgendermaßen: „Ich habe viele Araber gefragt, was denn mit den Jungfrauen geschieht, sobald sie ihre Jungfräulichkeit in den Gärten des Paradieses verloren haben, und ich nehme an, daß dies sehr schnell passiert. Werden sie aus dem Paradies geworfen und durch neue Jungfrauen ersetzt? Niemand konnte mir darauf eine Antwort geben."[90]

Im siebten Jahrhundert sagte Mohammed: **„Schwerter sind die Schlüssel zum Paradies."** Für die heutigen moslemischen „Krieger" des 20. Jahrhunderts sind Bomben die Schlüssel. **Moslemische Anführer in Gaza** ermutigen junge Araber, Sprengstoffe, die sie am Körper tragen, zu detonieren und so zu „Selbstmordattentätern" für Allah zu werden. In ihrem Haß auf die Juden versprechen diese moslemischen Geistlichen ihren jungen Rekruten im besten Mannesalter „Vergnügen im Garten Eden an der Seite von 70 Jungfrauen."[91] Ein 15jähriger Junge, Mousa Ziada, der im April 1995 in der Nacht, als er sterben sollte, festgenommen wurde, berichtete, wie **die Geistlichen versprachen, „einen Schlüssel an seiner acht Kilo schweren Bombe zu befestigen, mit dem er den Garten Eden betreten konnte."**[92] Indem er sich selbst und eine Anzahl von Juden in die Luft jagte, wäre der Junge zu einem „Helden" und „Heiligen" geworden, er hätte sich auf diese Weise einen Platz neben Allah im Paradies verdient. Ziada sagte, er **„wollte um jeden Preis sterben und die 70 schönen Frauen haben**, die Allah ihm zur Verfügung stellen würde."[93]

Die heutige Welt ist aufgeteilt in das Haus des Islams und die übrigen von uns. Und der iranische Ayatollah Fazl-Allah Mahalati schreibt folgendes: „Aber derjenige, **der ein Gewehr aufhebt, einen Dolch, ein Küchenmesser oder sogar einen Stein, mit dem er die Feinde des Glaubens verletzen oder töten kann, hat sich seinen Platz im Himmel gesichert ... Ein islamischer Staat ist ein Staat des Krieges, bis die ganze Welt das Licht des wahren Glaubens erkennt und annimmt.**"[94]

In dem Buch *War and Peace in the Law of Islam* (Krieg und Frieden im Gesetz des Islams) schreibt Professor Majid Khadduri, einer der bedeutendsten Experten auf dem Gebiet des islamischen Rechts, daß der islamische Staat das Ziel hat, „den Islam als die vorherrschende Ideologie in der gesamten Welt einzuführen."[95] Ferner weigert sich der islamische Staat, „die Koexistenz nichtmoslemischer Gemeinwesen anzuerkennen, außer vielleicht in einer untergeordneten Funktion."[96] Unter dem Begriff „untergeordnete Funktion" versteht Khadduri Minderheiten, die eventuell im islamischen Staat als *Dhimmi* verbleiben könnten, das bedeutet unterprivilegierte Ungläubige, die sich moslemischer Herrschaft unterwerfen und eine Kopfsteuer an den islamischen Staat zahlen.[97] Die arabischen Könige und moslemischen Imame (heilige Herrscher) glauben, es sei die Bestimmung des Islams, „die Herrschaft über die Erde"[98] innezuhaben. Nur ein Narr würde diesen Anspruch nicht ernst nehmen. Heutzutage beherrscht der Islam mehr als 20 Prozent der Weltbevölkerung, das ist jeder fünfte in jeder Nation auf Erden. Und der Islam breitet sich weiter aus, angetrieben durch feurige Reden:

> „Die Regierungen der Welt sollten wissen, daß der Islam nicht geschlagen werden kann. Der Islam wird in allen Ländern der Welt siegreich sein, und der Islam und die Lehren des Korans werden in der ganzen Welt die Oberhand gewinnen."[99]

> „Waffen in unseren Händen werden benutzt, um göttliche und islamische Absichten zu verwirklichen. Je mehr Menschen für unsere Sache sterben, desto stärker wird unser *Jihad* werden."[100]

> „Wir werden unsere Revolution in die ganze Welt exportieren. Bis der Ruf '*Allahu Akbar*' über die ganze Erde erschallt, wird es Streit geben. Es wird *Jihad* geben."[101]

Wann immer ein Moslem ein Messer oder eine Axt in ein unschuldiges jüdisches Opfer stößt, schreit er „*Allahu Akbar*" (Allah ist größer), und dieser Schlachtruf begleitet auch Angriffe mit moslemischem Gewehrfeuer, Handgranaten und Brandbomben. Von Mohammed wurde er als Ausdruck der Freude[102] gebraucht, aber später wurde er zum moslemischen Schlachtruf, der „Morde heiligt und das, was normalerweise als Mord bezeichnet würde, in eine gerechte Tat umwandelt."[103]

Juden und Christen

Der Leser sollte sich keinen falschen Vorstellungen hingeben: sowohl Juden als auch Christen sind für die totale Vernichtung bestimmt, wenn sie nicht bereit sind, sich dem Islam zu unterwerfen. Und christliche Leser sollten auch beachten, daß der Islam durchaus das Werkzeug sein könnte, das Gott gebrauchen wird, um seine Gemeinde von Flecken und Runzeln zu befreien in der Vorbereitung auf sein herrliches, bevorstehendes Kommen. Christen müssen gut zuhören, was Moslems im Nahen Osten bei ihren Demonstrationen im Chor rufen: „Zuerst werden wir die Samstagsleute bekämpfen, danach werden wir die Sonntagsleute bekämpfen."[104] Und im Krieg singen sie in den Straßen: „Wir werden erst am Samstag und dann am Sonntag kämpfen."[105] In einem Artikel mit der Überschift *The Hidden Sword of Islam* (Das verborgene Schwert des Islams) verdeutlicht ein amerikanischer Autor die beiden oben erwähnten Zitate folgendermaßen: „Vielleicht ist die einfache Formel, die von den Moslems selbst artikuliert wird, der beste Weg, ihre Absichten zu erkennen. In ihrem heiligen Krieg gegen die jüdisch-christlichen Ungläubigen erklären sie, daß sie zuerst mit dem 'Samstag' fertigwerden wollen (d.h. die Juden erobern). Dann wird der 'Sonntag' sich den siegreichen Horden des Propheten und seines Gottes ergeben. So wird der Islam über die 'christliche' Welt triumphieren."[106]

Bei seinen Eroberungszügen errichtet der Islam Denkmäler für seine Siege. Die heiligsten Stätten des Islams (neben den beiden in Mekka und Medina) sind ehemalige jüdische oder christliche Heiligtümer. So steht die Omar-Moschee (der Felsendom) über dem Ort des jüdischen Tempels, um die Überlegenheit des Islams gegenüber dem Judentum zu demonstrieren. Und nur einen Steinwurf davon entfernt steht das Monument der islamischen Überlegenheit gegenüber dem Christentum, die Aqsa-Moschee, die über der Stelle gebaut wurde, an der sich die Hallen Salomons befanden, dem Ort also, an dem die christliche Kirche ihren Anfang nahm (Joh. 10,23; Apg. 3,11; 5,12). Hunderte von Kirchen in der ganzen Welt (etwa 500 allein in Großbritannien) werden heute in Moscheen umgewandelt. Der Islam ist auf dem Vormarsch, die Kirche auf dem Rückzug.

Und Moslems dulden keine Kritik an ihrer Religion, sei es am Koran, Mohammed oder Allah. Wie die Todesstrafe über Salman Rushdie verhängt wurde, weil er über die satanischen Verse schrieb, wurde sie auch über eine andere Autorin ausgesprochen, nämlich Taslima Nasrin aus Bangladesh im Juni 1994. Nasrin besaß die Frechheit, vorzuschlagen, daß der Koran „gründlich revidiert werden sollte."[107] Die Regierung von Bangladesh ordnete ihre Verhaftung an, und die Polizei fahndet noch immer nach ihr. Der dortige islamische Anführer, Mufti Nazrul Islam, versprach eine Belohnung in Höhe von 100.000 Taka (das sind 2.500 US$) für jeden, der Nasrin tötet, weil sie „eine unverzeihliche Beleidigung gegenüber dem Islam" begangen hat „und deshalb zum Tode verurteilt werden muß."[108] „Zehntausende Fundamentalisten haben seitdem in Dhaka und an anderen Orten im Land demonstriert und ihren Tod gefordert."[109] Ich bin mir nur allzusehr bewußt, daß ich mein Leben durch die Veröffentlichung dieses Buches in große Gefahr gebracht habe, aber ich fühle mich gedrungen, die sehr reale Bedrohung, mit der wir, unsere Kinder, Enkelkinder und die gesamte westliche Welt konfrontiert werden, bekanntzumachen.

Moslems fühlen sich völlig frei, die Bibel zu kritisieren und sowohl Gott als auch Jesus schlechtzumachen. Wie wir bereits an anderer Stelle erwähnt haben, drucken sie ihre Verachtung Gott gegenüber sogar in Schulbüchern ab und denken sich nichts dabei. Und in jedem Gespräch über Religion wird fast jeder Moslem ähnlich argumentieren wie jener Araber, der folgendes sagte: „Sehen Sie, die jüdischen und christlichen Autoren Ihrer Bibeln haben Fehler gemacht. Der Prophet hat keine Fehler gemacht, weil er Gottes exakte Worte niedergeschrieben hat."[110] Der Hinweis, daß der Koran eine Vielzahl von auffälligen Ungenauigkeiten enthält, wird seinen ganzen Zorn entfachen. Derjenige, der es wagt, den Koran, Mohammed oder Allah zu kritisieren, geht in der Regel von zu Hause weg, um auf dem Friedhof zu landen. Wenn der Islam die Zügel der Macht in der Hand hält, können Christen keine Gnade erwarten. Und durch ihre Parteinahme für die islamisch-arabischen Staaten gegen Israel „helfen die westlichen Nationen mit, das Grab zu schaufeln, in das der Islam die christliche Zivilisation zu legen beabsichtigt, wenn er erst einmal die Juden beseitigt hat."[111]

Zur Zeit gibt es im Iran eine Forderung, alle, die zum Christentum übergetreten sind, hinzurichten. Ihre Zahl beträgt etwa 10.000.[112] Am 4. Januar 1994 sagte der iranische Staatspräsident Haschemi Rafsanjani einen verstärkten *Jihad* gegen Christen voraus und wies darauf hin, daß in diesem Jahr vielleicht das letzte Weihnachtsfest in Teheran gefeiert werden könnte.[113] Beobachter berichten folgendes: „Alles deutet auf den Beginn eines massiven Holocausts gegen Christen im Nahen Osten hin."[114]

Das traditionelle Scharia-Gesetz des Islams wurde 1983 im Sudan eingeführt. Die sudanesische Regierung unter Omar al Bashir hat „Christen und Animisten ins Visier genommen, um sie entweder zu assimilieren oder zu liquidieren."[115] Die amerikanische Zeitung New York Times berichtete, daß die Regierung „400.000 schwarze Christen in die Wüste getrieben hatte, ohne Nahrung oder Wasser, damit sie an Hunger, Durst und Erschöpfung sterben sollten, wenn sie sich nicht zum Islam bekehrten."[116] Andere wohlunterrichtete Kreise berichten, „Christen im Süden Sudans würden gekreuzigt."[117]

Ein sudanesischer Christ, der heute in den Vereinigten Staaten lebt, schrieb folgendes: „Im Jahr 1989 übernahmen radikale, vom Iran beeinflußte Fundamentalisten die Macht. Mit Waffen aus der arabischen Welt und auch aus dem Iran begingen sie einen Genozid an uns. Zehntausende unserer Frauen wurden vergewaltigt, unsere jungen Männer enführt und gezwungen, gegen diejenigen zu kämpfen, die sie liebten. Ganze Landstriche wurden bis auf den Boden niedergebrannt, ihre Bevölkerung lebendig verbrannt oder versklavt. **Über zwei Millionen meiner Leute wurden brutal ermordet oder dem Hungertod ausgesetzt durch die, die einst Frieden versprachen.**"[118] Die fast unwahrscheinlich klingende Zahl von Todesopfern ist nicht übertrieben; wohlunterrichtete Kreise, wie zum Beispiel das amerikanische Flüchtlingskomitee, legen dar, daß „seit dem Mai 1983 etwa 1,8 Millionen Menschen starben."[119]

Moslemische Angriffe gegen Christen finden zur Zeit im gesamten Nahen Osten statt. In Ägypten „feuerten moslemische Terroristen mit automatischen Waffen in eine Menge betender koptischer Christen in Südägypten; sie töteten fünf, darunter zwei Priester, und verletzten vier weitere. Dieses Massaker, das zu Beginn der Fastenzeit in einem alten koptischen Kloster stattfand, gehörte zu dem letzten in einer langen Serie moslemischer Angriffe auf Christen in Ägypten."[120]

Die Morde an einem Mönch und einer Nonne aus Frankreich Anfang Mai 1994 und an vier katholischen Priestern - drei Franzosen und einem Belgier - im Dezember 1994 ließen die Zahl der Morde an Ausländern in Algerien seit September 1993 auf mehr als siebzig hochschnellen.[121] Moslemische Fundamentalisten veröffentlichten eine Erklärung, daß die Morde „im Rahmen einer Politik der Vernichtung gegenüber Juden, Christen und Ungläubigen"[122] begangen wurden. Seit Januar 1992 sind in Algerien etwa 30.000 Menschen durch die Hand islamischer Fundamentalisten eines gewaltsamen Todes gestorben.[123]

Der Libanon war die einzige „christliche" Nation im Nahen Osten, und seine christliche Bevölkerung stellte die Mehrheit der in diesem Land lebenden Bürger. Heute sind aufgrund des nicht endenden Drucks von moslemischer Seite und häßlicher Brutalität kaum noch 25 Prozent der Gesamtbevölkerung Christen.

So explodierte im Februar 1994 eine unter einem Altar in einer Kirche in Beirut versteckte Bombe während eines Abendmahlsgottesdienstes, tötete drei Priester und neun Gemeindemitglieder (darunter ein vierjähriges Mädchen) und verletzte 54 weitere Gottesdienstbesucher.[124] Drei weitere Blindgänger wurden in der Kirche gefunden und entschärft.

Immer wieder wurde Israel die Schuld an der hohen Auswanderungsrate unter einheimischen arabischen Christen gegeben, aber erst kürzlich wurde dieser Mythos öffentlich von einem arabisch-katholischen Pfarrer in Bethlehem zerstört, als er folgendes schrieb: „... die Auswanderung arabischer Christen aus dem Land ist das Ergebnis des Druckes, der von Moslems ausgeübt wird ... Die Moslems ... versuchen, das Land zu 'islamisieren', und für die Verwirklichung dieses Ziels werden von den moslemischen Staaten beträchtliche Summen zur Verfügung gestellt ... In meiner Gemeinde sagte eine christliche Familie, die ihren Grundbesitz verkaufen wollte, potentiellen Käufern, daß sie lieber an Christen verkaufen würden. Bald darauf wurde ihr Haus angezündet. In der moslemischen Welt kann es ... keine pluralistische oder demokratische Gesellschaft geben."[125] Die Veröffentlichung des oben zitierten Artikels erregte ein solches Aufsehen, daß der Priester „sich gezwungen sah, die Autorenschaft zu leugnen."[126]

Arabische Christen in Bethlehem beobachten eine ständig steigende Anzahl islamistischer Übergriffe auf ihr Gemeinwesen. Die Moslems haben im wahrsten Sinne des Wortes viele christliche Heime übernommen und die dort angebrachten Kreuze durch Bilder der Al-Aqsa-Moschee und Koranverse ersetzt.[127]

Bisher hat nur der 27 Jahre andauernde israelische Einfluß in den besetzten Gebieten ein Blutbad unter den dort lebenden Christen verhindert. Jetzt wurden Gaza, Jericho, Bethlehem und andere Städte der PLO übergeben. Die Graffiti an den Hauswänden von Gaza wiederholen die oben bereits erwähnten Drohungen an die Christen, und zwar im Hinblick darauf, daß die islamischen Fundamentalisten, wenn „sie mit den Samstagsleuten fertig sind, mit den Sonntagsleuten anfangen werden."[128] Und PLO-Flaggen in den traditionell christlichen Städten Bethlehem und Beit Sahur trugen im Dezember 1993 die gleiche Aufschrift: „Am Samstag werden wir die Juden töten, am Sonntag werden wir die Christen töten."[129]

Heute leben etwa 17 bis 20 Millionen Christen in den Ländern des Nahen Ostens, aber Experten sagen voraus: „In dreißig Jahren werden im Nahen Osten keine Christen mehr übrigbleiben."[130]

Die Imame und Ayatollahs im Iran rufen zum Dritten Weltkrieg auf. Das 21. Jahrhundert ist das Jahrhundert des Islams. Der Iran und die arabische Welt werden sich daher logischerweise entweder um das Jahr 2000 oder kurz danach mit Israel auseinandersetzen. Im März 1994 unterzeichneten 140 iranische Abgeordnete ein Dokument, in dem die Zerstörung Israels gefordert wird.[131] Und ebenfalls im März 1994 sagten militante Anführer moslemischer Fundamentalisten in Großbritannien zu Studenten an der Islamischen Universität von London mit Blick auf das „Jahrhundert des Islams", daß „das messianische Zeitalter, das bedeutet die Annahme des Islams durch alle Bewohner der Erde, nicht kommen könne, bevor es nicht eine Massenvernichtung von Juden gäbe. 'Wir haben über das Töten von Zionisten gesprochen, aber wir wollen Zionisten nicht mehr erwähnen. **Die Juden sind unsere Feinde, und, so Gott will, werden wir sie erledigen.**"[132]

Der Islam ist eine „satanische Religion,"[133] und der Geist des islamischen Gottes tobt sich in der ganzen Welt aus. Er befindet sich auf Kollisionskurs mit der schrecklichsten Macht im ganzen Universum, nämlich dem *mächtigen Gott Jakobs*.

4

Der große Satan

Im Islam sieht sich die westliche Welt mit einem höchst gefährlichen potentiellen Zerstörer ihrer demokratischen Gesellschaftsformen konfrontiert, glaubt aber nicht, daß so etwas überhaupt möglich sein kann. Islamische Anführer geben ihre Absichten deutlich zu erkennen, aber westliche Politiker weigern sich, richtig hinzuhören. Die Weltherrschaft ist das erklärte und tatsächliche Ziel des Islams, und Toleranz oder Kompromißbereitschaft sind ihm ein Greuel. Aus der Feder anderer Autoren stammen ebenfalls folgende Warnungen:

> „Der islamische Radikalismus hat sich zur bedeutendsten Bedrohung des Weltfriedens entwickelt. Sein Ziel? Die Tyrannisierung und Unterwerfung des gesamten Planeten unter Allah. Seine Methode? Ein Wettlauf um atomare und andere Waffen, während seine Vorkämpfer die Saat der Revolte in einer Nation nach der anderen durch Verfolgung und Terror ausstreuen; sie verlangen Konvertierung, die Beendigung der Opposition oder den Tod. Seine Wegstrecke? Wie eine Schlange umkreist er die Nationen, drei- oder viermal um Israel herum, um dann den jüdischen Staat zu erdrücken. Nachdem auf diese Weise die Allmacht Allahs bewiesen ist und Millionen neuer Seelen gewonnen werden, wird sich der kalte Blick dieser Schlange nach außen richten.“[1]

Aufgrund ihrer allumfassenden Sucht nach Reichtum und materiellen Gütern bewaffnen die westlichen Nationen diejenigen, die ihre Zerstörung herbeisehnen und erbitten. Der Westen hat bereits in den letzten beiden Jahrzehnten hochentwickelte Waffensysteme im Wert von fast einer Billion US-Dollar in die Hände von islamischen Nationen des Nahen Ostens gelegt. Westliche Politiker sollten deshalb nicht überrascht sein, wenn sie irgendwann in allernächster Zukunft mit genau den Waffen bedroht werden, die sie verkauft haben, um sich zu bereichern. Moslems sehen sogar den Tag voraus, an dem ihre westlichen „Feinde“ ihnen keine Waffen mehr verkaufen werden: „Es müssen innerhalb der islamischen Welt Rüstungsbetriebe errichtet werden, damit Moslems nicht von Importen aus feindlichen Ländern abhängig werden, da diese mit Sicherheit ein Embargo gegen Waffenexporte verhängen werden, aus Angst vor einem möglichen Einsatz dieser Waffen gegen sie selbst.“[2]

Die rauhe Wirklichkeit zeigt sich auch darin, daß moslemische Gruppen für die überwiegende Mehrheit von internationalen Terrorakten verantwortlich sind. Die Antiterrorismus-Behörde des amerikanischen Außenministeriums gab offiziell fanatischen Moslems die Schuld an den meisten internationalen Terroranschlägen bis ins Jahr 1985, als in etwa 800 Vorfällen 2.223 Menschen ihr Leben verloren.[3] Dieses Jahr wurde als „blutiges Jahr“[4] angesehen, mit einem sechzigprozentigen Anstieg der Anschläge im Vergleich zu den Durchschnittswerten anderer Jahre. Aber die jährliche Rate steigt weiter in einem erschreckenden Ausmaß, und „im Jahr 1992 belief sich die Zahl der Anschläge auf 5.404, das waren 11 % mehr als im Jahr 1991, und die Zahl der Todesopfer stieg zum ersten Mal auf über 10.000 an.“[5]

Der Ölkrieg des Nahen Ostens gegen den Westen begann mit „riesigen Erhöhungen der Ölpreise seit 1973“,[6] die in den Nationen zu Wirtschaftskrisen führten und viele Länder wirtschaftlich lahmlegten sowie andere auf einen Abwärtskurs brachten, von dem sie sich über ein Jahrzehnt später noch nicht völlig erholt hatten. Die erpresserische Handhabung der Ölpreise brachte ungezählte Milliarden in die Kassen der moslemischen Regime. Dadurch wurden diese in die Lage versetzt, riesige Mengen an Waffen zu kaufen von denen, die dringend ihre Petrodollars benötigten, um moslemische Zentren in „jeder bedeutenden Stadt in der Welt und jeder größeren Stadt (mit über 500.000 Einwohnern) in den Vereinigten Staaten zu errichten.“[7]

Die Nachfrage nach Öl begann in der zweiten Hälfte des Jahres 1980 nachzulassen, und dies brachte einen radikalen Verfall des Ölpreises mit sich. Dadurch wurde das moslemische Öl als Druckmittel wertlos. Aber als verschwundene russische Atomsprengköpfe im Iran auftauchten,[8] und Pakistan bereits Atomwaffen produzierte (andere moslemische Nationen waren kurz vor Beginn ihrer Produktion), stellte sich heraus, daß der Westen verwundbar wird gegenüber einer anderen Form von islamischer Erpressung, die in diesem Ausmaß bisher nur Autoren von Zukunftsromanen erdacht haben.

Der Iran ist aufgrund der Entdeckung eines neuen Ölfeldes zur Zeit das zweitgrößte ölproduzierende Land der Welt, und trotz der gefallenen Ölpreise hat das Land ein enormes jährliches Einkommen, aus dem es viele Terroranschläge in aller Welt finanziert. Ayatollah Ahmad Jannati, ein enger Verbündeter des fanatischen Ayatollah Khomeini, erklärte im November 1992, daß „der Iran Agenten rund um die Welt aktiviert, und zwar für **'den Dritten Weltkrieg' zwischen dem Islam und dem Westen.**"[9]

Amerika - der Große Satan

Moslems sehen den Westen als „eine Ganzheit",[10] und die westliche Zivilisation in ihrer Gesamtheit „ist personifiziert als Unhold, eine besonders abscheuliche Abart eines Dämons."[11] Die arabischen Staaten und der Iran richten die Speerspitze ihres Hasses auf Israel und weniger auf die Vereinigten Staaten, und dies ist einzig und allein dem Fortbestehen Israels im islamischen Nahen Osten zu verdanken. Amerika hat zwar kein moslemisches Land an sich gerissen, aber es bedroht die moslemische Kultur, Ethik und Moral. Dies ist fast so unverzeihlich wie die Existenz Israels, und der leidenschaftliche Haß auf Amerika schwelt wie ein Feuerbrand in den Herzen arabischer und iranischer Moslems.

Der Islam ist nicht eine Religion, wie sie Menschen in der westlichen Welt kennen; er ist eine Zivilisation auf der Grundlage des Korans und des daraus entwickelten Scharia-Gesetzes. Das islamische Gesetz enthält im strengsten und brutalsten Sinne einen Kodex für moralisches Verhalten, nach dem jeder Übertreter hingerichtet oder verstümmelt werden kann. Die Vereinigten Staaten haben kein Gesetz für moralisches Verhalten, obwohl einige meinen, es existiere. Gott wurde von Amerika auf den Abfallhaufen geworfen. Regierungsmitglieder erweisen den christlichen Wurzeln Amerikas lediglich ein Lippenbekenntnis, die Verantwortlichen für Bildung und Erziehung tun noch nicht einmal mehr das, und die Korruption nimmt im Bereich der Justiz überhand.[12] Die Moral mußte der Unmoral weichen.

Die pornographische Industrie in den Vereinigten Staaten ist die größte in der Welt, ihre jährlichen Einnahmen erreichen Milliardenbeträge, mehr als die Einnahmen der gigantischen kommerziellen Film- und Tonträgerindustrien zusammen.[13] Und es sind nicht nur Männer, die sich an diesem Schund ergötzen; fast die Hälfte der in einer Untersuchung befragten Frauen gab zu, vor dem Geschlechtsverkehr pornographische Materialien zu benutzen.[14] Und dieser „mit Stolz in den USA hergestellte" Müll wird in der ganzen Welt vertrieben und verseucht fast die ganze Erde.

Das amerikanische Fernsehen überschwemmt die Zuschauer mit einer Flut an Vulgärem, Gottlosigkeit, Nacktheit, Gewalt und Mord. Seine Darsteller sind ständig in Bewegung - sie töten, fluchen oder laufen von Bett zu Bett, um sich mit einer unbegrenzten Zahl von willigen, ja, begierigen Frauen zu paaren. Ob diese Reihe von lustvollen, atemlosen weiblichen Wesen verheiratet ist oder nicht, spielt für die Produzenten nicht die geringste Rolle. Auch dies verseucht die Gedankenwelt der geistig bankrotten, fernsehsüchtigen Massen und ist ein Abbild der Lebensnorm in den Vereinigten Staaten. Und es gibt wirklich nur wenige Filme, die Erwachsene oder Kinder sich in Ruhe ansehen können, ohne daß ihre Gedanken angesteckt werden von dem Müll, der als „Familienunterhaltung" verkauft wird.

Die amerikanische Bevölkerung wird in Sicherheit gewiegt - getäuscht von *Satan, der den ganzen Erdkreis verführt* (Offb. 12,9; Elberfelder Übers.). Diese große Nation wurde gegründet und aufgebaut auf der Grundlage der Bibel, aber seitdem hat sie anderen Göttern nachgehurt. Und diese Hurerei manifestiert sich hauptsächlich in Sex für Profit - Pornographie, Promiskuität und spärlich bekleideten Frauen - das alles ist ein Affront gegen zentrale religiöse Aspekte des moslemischen Lebens. Sogar der ärmste Moslem, der in der Lage ist, ein Fernsehgerät zu besitzen, zu mieten oder anzusehen, ist der Proselytenmacherei einer westlichen Kultur, die er so abstoßend findet, ausgesetzt, mit allem drum und dran, wie z. B. Nacktheit, Drogen, sexuelle Freiheit und gesetzlich vorgeschriebener Gleichheit der Geschlechter. Die Verderbtheit der sexuellen Sitten unter jungen Menschen, besonders Mädchen, übersteigt alles im Islam Verbotene. Radikale islamische Führer nennen Amerika den „Großen Satan" und machen es verantwortlich für fast alles Böse in der Welt.

Amerika, in dem Glauben, die Antwort auf die Probleme des Nahen Ostens läge in seiner Verwestlichung, verstärkt den Vorstoß in die Märkte der moslemischen Staaten mit Hilfe der Medien, entzündet dadurch die bereits schwelenden Feuer des bitteren Hasses umso stärker und gibt dem islamischen Fundamentalismus Auftrieb, anstatt ihn abzuschwächen. Das einzige Hindernis, das sich zwischen dem fanatischen Islam und der Entfesselung der vollen Zorneswelle seines Hasses gegen den Westen (besonders die Vereinigten Staaten) befindet, ist Israel.

Amerikanische Moslems zeigen Stärke

Im Januar 1993 wurden zwei moslemische Amerikaner arabischer Abstammung von der israelischen Sicherheitspolizei verhaftet, weil sie im Verdacht standen, finanzielle Mittel an Mitglieder moslemischer Terrorgruppen in Israel verteilt zu haben. Das amerikanische Außenministerium in Washington „legte gegenüber Israel Protest ein wegen des Zeitabstandes zwischen der Verhaftung der beiden und dem Besuch eines Vertreters der U.S.-Regierung bei ihnen.“[15] Das Außenministerium „wies belastende Aussagen“[16] zurück, daß Amerikaner an organisiertem Terror oder der Finanzierung von Terrorgruppen beteiligt seien. Aber einer der beiden Männer, Mohammed Saleh, entpuppte sich im nachhinein als Weltbefehlshaber des militärischen Armes der Hamas[17], die verantwortlich ist für die Verstümmelung und den Tod hunderter Israelis und Palästinenser. Saleh wollte weitere 650.000 US-Dollar[18] verteilen, die von amerikanischen Moslems für den islamischen Kampf gegen Israel gesammelt wurden. Israel warnte amerikanische Dienststellen, daß Organisationen moslemischer Fundamentalisten in den Vereinigten Staaten aktiv seien, aber „die Warnungen wurden verächtlich beiseitegeschoben.“[19]

Am Freitag, dem 26. Februar 1993, erschütterte kurz nach zwölf Uhr mittags eine gewaltige Explosion die Zwillingstürme des World Trade Center in New York. Ein 30,5 Meter bzw. drei Stockwerke tiefer Krater wurde aufgerissen. Sechs Menschen starben, mehr als tausend wurden verletzt.[20] Der Sachschaden allein wurde auf mehrere hundert Millionen Dollar geschätzt. Die terroristischen Bombenleger waren moslemische Amerikaner arabischer Abstammung.[21]

Im Juni desselben Jahres wurden acht Moslems (sechs hatten eine unbegrenzte Aufenthaltsgenehmigung für die Vereinigten Staaten) in New York verhaftet, und zwar nur ein paar Tage vor ihrem geplanten Tag der Zerstörung, an dem sie Terror, Bombardierungen und Attentate in ganz New York entfachen wollten. Die

Verhaftung erfolgte, als sie die gleiche tödliche Mischung von Sprengstoffen anfertigten, die beim Anschlag auf das World Trade Center verwendet wurde. Ihre Ziele waren „das Gebäude der Vereinten Nationen, das Bundeshaus in Manhattan, in dem sich das New Yorker FBI-Hauptquartier befindet, sowie die Lincoln- und Holland-Tunnels."[22] Die Moslems beabsichtigten, diese Standorte an einem einzigen Tag in die Luft zu sprengen.

Einige Mitglieder beider Terrorgruppen - und zwar derjenigen, die den Anschlag auf das World Trade Center durchführte und derjenigen, die plante, New York lahmzulegen - hatten mit den islamisch-fundamentalistischen Guerillas in Afghanistan gegen die Sowjets gekämpft.[23] Und der geistige Führer beider Gruppen ist der radikale islamische Geistliche Scheich Omar Abdel Rahman aus Ägypten, der nach der Verhaftung seiner Anhänger in New Jersey „lächelnd in einer Pressekonferenz saß."[24] Eine niederdrückende Warnung kam von dem verhafteten Führer der zweiten Terrorgruppe, Siddig Ibrahim Siddig Ali, der gesagt haben soll: „Wir (Moslems) können euch (Amerikaner) jederzeit kriegen!"[25]

Als ich diese Seiten in der zweiten Hälfte des Jahres 1994 niederschrieb, waren die Beziehungen zwischen amerikanischen Regierungsmitgliedern und Israel äußerst gespannt, und zwar wegen der wiederholten Hinweise Israels, daß die wichtigste Quelle der finanziellen Unterstützung für islamische Terroristen in Israel sich neuerdings bei Moslems in den Vereinigten Staaten befände. Bruchstücke von Beweismaterial über amerikanisch-islamische Gruppen, die für bewaffnete Auseinandersetzungen und Terrorismus gegen die Vereinigten Staaten ausgebildet wurden, kamen zum Vorschein. Die Weitergabe dieser Informationen an das amerikanische Außenministerium schien die feindliche Haltung der Amerikaner nur noch zu verstärken. Aber als ein Dokumentarfilm des Fernsehsenders PBS mit dem Titel *Jihad in Amerika* im Oktober 1994 in den Vereinigten Staaten und Israel übertragen wurde, wurden Mitarbeiter des Außenministeriums und des FBI plötzlich sehr kleinlaut. Steven Emerson, ein amerikanischer Reporter, erhielt Zutritt zu vielen Moscheen, islamischen Konferenzen und Ausbildungslagern in ganz Amerika, und filmte Reden und Veranstaltungen mit versteckter Kamera. In einer bedrohlich anmutenden Szene richtete der militante islamische Anführer Fayis Azram 1990 folgende Worte an die Zuhörer einer Konferenz in Atlanta: „Blut muß fließen. Es muß Witwen und Waisen geben. Hände und andere Gliedmaßen müssen abgehackt werden, und die Gliedmaßen und das Blut überall verteilt werden." Emerson entdeckte und dokumentierte innerhalb der letzten fünf Jahre neun Ausbildungslager fanatischer Islamisten in den Vereinigten Staaten. Er nahm eine ganze Reihe haarsträubender Videofilme auf, in denen radikale islamische Fundamentalisten, Organisatoren und Terroristen gezeigt werden, wie sie ihre Anhänger in den Vereinigten Staaten zum *Jihad* gegen Juden, Christen und Amerika auffordern.[26]

Nach dem tragischen Bombenanschlag auf das Gebäude der Bundesbehörde in Oklahoma City im April 1995 glaubte man zunächst, islamische Fundamentalisten seien die Drahtzieher gewesen. Es wurde schnell eine kurze Sendung über das islamische Gemeinwesen in Oklahoma City zusammengestellt und im Fernsehen übertragen. Ich selbst sah die Sendung nur ein paar Minuten lang und schaltete dann den Fernseher ab. In diesen wenigen Minuten wurde eine blonde Amerikanerin als bekennende Muslime vorgeführt. Als sie da so vor den Fernsehkameras saß, modisch gekleidet und hübsch zurechtgemacht, versuchte sie den Zuschauern klarzumachen, daß der islamische *Jihad* kein gewaltsamer Bestandteil des Islams sei. Die offensichtlich aufrichtige Dame zeigte sich erschreckend unwissend im Hinblick auf die Religion, zu der sie sich bekannte. Die Religion, der sie angehört, ist eine Art alternativer Lebensstil, der mit dem Islam überhaupt nichts zu tun hat. Wenn sie unter dem moslemischen Scharia-Gesetz leben würde, wäre sie bereits hingerichtet worden, weil sie ihr blondes Haar zeigte, Make-up benutzte und westliche Kleidung trug. Das, was sie im Fernsehen zeigte, ist dem Islam ein Greuel. Und in Bezug auf diese These, der *Jihad* sei kein gewaltsamer Bestandteil des Islams, sollte man wissen, **daß es im Koran 123 Verse gibt, die über das Kämpfen und Töten für Allah sprechen**. Ein Sprecher fundamentalistischer Moslems brachte es auf den Punkt: „Unsere Religion ist vom Wesen her nicht passiv."[27]

Das Anwachsen der islamischen Bevölkerung im Westen

In Amerika leben über acht Millionen Moslems,[28] und es gibt im ganzen Land etwa zweitausend Moscheen. Während des Golfkriegs gegen den Irak im Jahr 1991 wurde eine Umfrage unter arabisch-amerikanischen Moslems, die in den Vereinigten Staaten leben, durchgeführt, und die Ergebnisse waren für die Organisatoren dieser Untersuchung erschreckend. Sie berichteten, daß zweiundachtzig Prozent der Befragten angaben, sie würden im Kriegsfall nicht für die Vereinigten Staaten kämpfen und dies auch nicht ihren Söhnen oder Töchtern erlauben![29] Und über die Hälfte der arabisch-amerikanischen Moslems würde niemals einen Krieg der Vereinigten Staaten gegen irgendeine arabische Nation unterstützen.[30] Wenn derartige Umfragen in anderen westlichen Ländern, in denen Moslems toleriert werden, stattfänden, wären die Ergebnisse wohl die gleichen. Die Treue eines Moslems gilt nur dem Islam, niemals einem Land - noch nicht einmal einem moslemischen Land. Ein Moslem wird alle Vorteile, die die Kultur eines Gastlandes bietet, in Anspruch nehmen, aber gleichzeitig wird er es verachten und für dessen endgültigen Niedergang tätig sein.

Von den fünfundzwanzig Nationen mit dem höchsten Bevölkerungswachstum haben elf eine überwiegend moslemische Bevölkerung, und deren Geburtenraten sind mehr als dreimal so hoch wie die in westlichen Ländern.[31] Der Islam ist mittlerweile in 40 Ländern vorherrschend, und viele Unruhen in der ganzen Welt, an denen Moslems beteiligt sind (wie im letzten Kapitel bereits erwähnt), sind Teil militanter Unabhängigkeitsbestrebungen moslemischer Minderheiten gegen nichtmoslemische Regierungen. Moslems in Aserbaidschan und Tadschikistan errangen die Unabhängigkeit von der Sowjetunion, in Kaschmir wurden sie unabhängig von Indien, in Kosovo von Jugoslawien, in der Provinz Tschin Jian von China, und so weiter.[32] Tschetschenien hat offensichtlich in seinem heutigen, entschlossenen Kampf um Trennung von Rußland versagt. Wenn eine bedeutende Mehrheit von Moslems sich in einem Teil eines nichtmoslemischen Landes bildet, wird am Ende eine Forderung nach Abtrennung laut, gewöhnlich begleitet von gewaltsamen und blutigen Auseinandersetzungen. Im Hinblick auf den aggressiven Vorstoß des Islams in der westlichen Welt ist es nur eine Frage der Zeit, bis ähnliche Forderungen an Europa oder die Vereinigten Staaten herangetragen werden.

In Frankreich gibt es sechs Millionen Moslems, von denen 600.000 das Wahlrecht haben. Ironischerweise war das genau die Stimmenzahl, die den früheren französischen Präsidenten an die Macht brachte. Es ist deshalb sehr wahrscheinlich, daß „der Islam bei künftigen Wahlen in Frankreich einen maßgeblichen Einfluß ausüben könnte."[33] Moslems stellen auch die zweitgrößte religiöse Gruppierung in Schweden, Deutschland, Großbritannien und den Beneluxländern. In Großbritannien „haben die Moscheen mehr Gottesdienstbesucher als die christlichen Kirchen,"[34] und während der Konferenz der Anglikanischen Kirche in Lambeth wurde während der Eucharistiefeier aus dem Koran vorgelesen. Bei der Internationalen Islamischen Konferenz im Jahr 1976 wurde folgende Erklärung abgegeben: „Wenn wir London für den Islam gewinnen können, wird es nicht schwierig sein, die gesamte westliche Welt zu erobern."[35] Und seitdem befindet sich in London die größte Moschee Westeuropas. Sie liegt im Regents Park neben einer Islamischen Universität.[36]

Im August 1994 genehmigte Großbritannien 8.000 moslemischen Fundamentalisten eine Konferenz im Londoner Wembley-Stadion. Die Moslems kamen aus aller Welt, und die Konferenz wurde als „größte Versammlung von Moslems außerhalb des Nahen Ostens"[37] bezeichnet. Die Konferenz „unterstützte Forderungen ihrer Organisatoren im Hinblick auf die Errichtung eines einzigen, globalen islamischen Staates und die Zerstörung des Staates Israel."[38] Die Resolutionen fanden großen Beifall bei den Delegierten und sie „erhoben sich von ihren Stühlen, ballten ihre Fäuste, stampften mit den Füßen und riefen '*Allahu Akbar.*'"[39]

Neuseeland ist für den Islam von großer strategischer Bedeutung, da es sich von der geographischen Lage her an den „Enden der Erde" befindet, und im Islam glaubt man, daß „Lobpreis für Allah von den Enden der Erde kommen wird." Die moslemische Bevölkerung Neuseelands wächst rapide, und im ganzen Land werden Moscheen gebaut. Aber im Jahr 1988 gab es Streit zwischen Christen und Moslems wegen eines Vorschlags, eine Moschee am südlichsten Punkt des Längengrades zu bauen, denn dies wäre einer Erfüllung islamischer Bestrebungen gleichzusetzen.

Moslems begannen seit Anfang 1994 auch, die Maclaurin-Kapelle der Universität von Auckland für Freitagsgebete zu nutzen. Der ökumenische Universitätsgeistliche, ein presbyterianischer Pfarrer, machte eine typische christlich-naive Äußerung, als er zur Rechtfertigung dieser Handlungsweise sagte: „Christen und Moslems haben viele Gemeinsamkeiten, wir beten gemeinsam den Gott Abrahams an und folgen Abraham auf dem Weg des Glaubens. Christen wären auch überrascht über die Erkenntnis, daß die Moslems

Jesus als Ausdruckweise des Wortes Gottes anerkennen."[40] Nun, der Geistliche wird „überrascht sein über die Erkenntnis", wie ich bereits verdeutlicht habe, daß wir nicht „gemeinsam den Gott Abrahams anbeten." Schon Robert Morey machte die treffende Bemerkung: „Es genügt nicht zu sagen, daß es nur einen Gott gibt, wenn man den falschen Gott hat!"[41]

Islamische Glaubenssätze und Schriften enthalten viele unglaubliche Aussagen - eine Mischung aus *Märchen aus Tausendundeiner Nacht* und *Mein Kampf*.

Christen wären überrascht über die Erkenntnis, daß Moslems Isaak nicht als Abrahams Erben ansehen und Ismael[42] an seine Stelle gesetzt haben, als denjenigen, der von Abraham auf dem Berg Moria geopfert werden sollte. Dieses Ereignis wird jedes Jahr in dem Fest *El-Dahiya* (Opferfest) gefeiert. Christen wären ebenso überrascht über die Erkenntnis, daß der Islam lehrt, „Abraham sei ein 'aufrechter Moslem' gewesen,"[43] so wie Adam, Isaak, Jakob, Joseph und Moses. Jesus und die zwölf Apostel waren ebenfalls moslemische Propheten, „deren Bücher durch die unwürdigen Juden und Christen gefälscht wurden."[44] Nach moslemischer Lehre wird jedes Kind mit einer moslemischen Veranlagung geboren, aber seine Eltern machen aus ihm einen Juden, einen Christen oder einen Anhänger des Parsismus.[45] Die Moslems glauben daher, der Vormarsch des Islams in der ganzen Welt werde diesen „göttlichen" Samen in jedem Menschen freisetzen.

Christen wären auch überrascht über die Erkenntnis, daß Moslems Jesus nicht nur als „Ausdrucksweise des Wortes Gottes" sehen, sondern auch als „einen palästinensischen Freiheitskämpfer [*fedaji*-Attentäter], der die palästinensische Revolte gegen die Römer anführte."[46] Sie glauben, Jesus hätte am Kreuz „Allah, Allah" und nicht „Eli, Eli" ausgerufen,[47] und sie leugnen auch seine Göttlichkeit, seinen Tod und seine Auferstehung.

Der Präsident des Islamischen Klubs an der Universität von Auckland, Yaseen Dobson, sagte, die moslemischen Studenten, „etwa 200 an der Zahl, wollten ein Gebäude benutzen, das eine gewisse Bedeutung hatte und einem religiösen Zweck diente."[48] Der Islam will alle bedeutenden Kirchen und Heiligtümer des Westens - dies bedeutet einen neuen Schritt auf dem Weg zur „Herrschaft über die Erde".

Es ist interessant, daß im Februar 1996 eine christliche Zeitung in Neuseeland, das Blatt *Challenge Weekly* einen Artikel veröffentlichte, in dem erwähnt wurde, die Maclaurin-Kapelle könne die Moslems kaum noch aufnehmen. Die Moslems seien auf der Suche nach einem zusätzlichen Gebäude für das Freitagsgebet, das Platz für etwa 80 Studenten biete.

Zuerst Israel, dann der Westen

Der Islam hat sich in den arabischen und iranischen Seelen festgesetzt. Es besteht für ihn „überhaupt kein Risiko“[49], der dominierenden Religion des Westens in ihrem jetzigen Stadium weichen zu müssen - die jährliche Wachstumsrate des Islams ist doppelt so hoch wie die des Christentums.[50] Und der „Anteil frommer Moslems ist weitaus höher als der frommer Christen oder Juden. Darüber hinaus hat der Islam einen politischen Inhalt und eine politische Botschaft.“[51] Der Islam ist auf dem besten Weg, sein Ziel der weltweiten Unterwerfung zu erreichen, und er wird es mit Sicherheit schaffen, wenn nicht jetzt drastische Maßnahmen ergriffen werden, um seinen gefährlichen Vormarsch zu stoppen.

Aber sind eine bequeme, apathische Kirche oder selbstsüchtige, humanistische Regierungen in der Lage, diese davonschießende religiöse Lokomotive anzuhalten oder gar aus den Gleisen zu werfen? Nur die Zeit wird diese Frage beantworten, aber für viele wird es zu spät sein. Die Waffensysteme, die von moslemischen Staaten bereits gekauft worden sind oder noch gekauft werden, zusammen mit ihrem chemischen und biologischen Kampfpotential, werden in Kürze große Gebiete Westeuropas bedrohen. Sogar das Diplomatengepäck moslemischer Staaten, „befreit von Kontrollen oder Beschlagnahmung durch die Zollbehörden“[52] wurde benutzt, um „Waffen und Sprengstoffe nach Europa oder auch in andere Länder zu transportieren.“[53] Westliche Ziele reihen sich wie Perlen vor den Augen islamischer „Kämpfer des *Jihad*“ auf; nur Israel hindert sie noch daran, abzudrücken. Und Israel hat ein „Friedensabkommen“ unterzeichnet mit einem dieser „Kämpfer des *Jihad*“, Jassir Arafat, dem Anführer einer der größten, aktivsten und mordgierigsten islamischen Terrororganisationen.

5

Arafat und die PLO

Am 9. September 1993 erkannte Israels linksradikale Regierung unter der Führung des verstorbenen Jitzhak Rabin die PLO (Palestine Liberation Organisation) formell als „einzige legitime Vertretung des palästinensischen Volkes“ an. Das war das Ergebnis eines blutigen, 29 Jahre dauernden Terrorkrieges gegen Zivilisten aus Israel, israelische Botschaften im Ausland und alle Juden - Israelis oder andere - überall in der Welt. Und in Geheimverhandlungen in Oslo, Norwegen, trafen sich Israelis mit Vertretern der PLO, um eine Formel für den „Frieden“ auszuarbeiten.

Am 13. September 1993, auf dem Rasen vor dem Weißen Haus in Washington, D.C., unterzeichnete Shimon Peres, der damalige israelische Außenminister, die „Grundsatzerklärung“ (im Englischen „Declaration of Principles“ oder abgekürzt DOP, Anm. d. Übers.), ein Abkommen, in dem die Bedingungen festgelegt wurden, unter denen Israel und die PLO ihre „Friedensverhandlungen“ durchführen sollten. An seiner Seite saß der zweite Unterzeichner des Abkommens, Jassir Arafat, der Vorsitzende der PLO. Nachdem Arafat die DOP unterzeichnet hatte, nahm Jitzhak Rabin seine Hand und schüttelte sie. Und an einem weiteren sogenannten „Tag des Wendepunkts“[1], dem 4. Mai 1994, diesmal in Kairo, Ägypten, unterzeichneten Rabin und Arafat vor 2.500 Teilnehmern und Millionen Fernsehzuschauern[2] das „Gaza-Jericho-Zuerst-Abkommen“, in dem ein autonomes Gebiet in Gaza und Jericho geschaffen wurde, über das die PLO nach dem Abzug der israelischen Truppen völlige Kontrolle ausüben soll.

Die Welt gab einen Seufzer der Erleichterung von sich. Viele Menschen meinten, der 100 Jahre währende arabisch-israelische Konflikt, das Hindernis auf dem Weg zum Weltfrieden, sei zu Ende. Shimon Peres, Architekt und treibende Kraft der „Friedensinitiative“, sagte in Kairo: „Heute haben wir den israelisch-arabischen Konflikt beendet - Utopia hat begonnen!“[3] Und als norwegische, amerikanische und israelische Politiker der linken Parteien sich gegenseitig auf die Schulter schlugen und mit Champagner auf den Erfolg ihres diplomatischen Coups anstießen, trauerten andere über die Absurdität einer solchen Handlungsweise.

Jassir Arafat

Arafat erblickte am 27. August 1929 in Kairo das Licht der Welt. Er wurde geboren als Abd al-Rahman Abd al-Rauf Arafat al-Qudwa al-Husseini.[4] Sein Großvater mütterlicherseits war Mahmoud al-Husseini, ein Cousin von Haj Amin al-Husseini[5], dem Großmufti von Jerusalem, einem Vertrauten Adolf Hitlers und Kollaborateur der Nazis während des Zweiten Weltkriegs. Er war Arafats „Mentor und geistiger Führer“.[6] Arafat vermeidet die Verwendung seines vollen Namens, da er seine Blutsverwandtschaft zu dem früheren, bösartig antisemitischen Großmufti leugnen will. Arafat nahm den Namen Jassir zur Erinnerung an Jassir al-Birah an, einen Anführer während der Schreckensherrschaft des Großmuftis in den dreißiger Jahren.[7]

Jugendfreunde von Arafat beschreiben ihn als „fanatisch, gnadenlos und besonders brutal“.[8] Arafat war zwanzig Jahre alt, als er seinen ersten Mord beging.[9] Er erschoß einen in Kairo lebenden Palästinenser namens Rork Hamid.[10] Ein früherer Freund Arafats erinnert sich:

> „Die Erschießung des jungen Hamid machte ein Ende mit jeder Versuchung, ihn [Arafat] nicht ernst zu nehmen. Die Tat war wie ein Initiationsritus für ihn ... danach wurde aus unseren Aktivitäten als Guerillas tödlicher Ernst.“[11]

Ein anderer ehemaliger Freund Arafats erzählt folgende Geschichte:

> „Es gab einen Studenten, dessen Eltern ihn während des Krieges im Jahr 1948 aus Palästina zu Verwandten nach Kairo geschickt hatten. Als der Krieg zu Ende war ... erlaubten die Israelis dem Jungen nicht, zu seinen Eltern zurückzukehren ... Er hatte keine eigene Meinung, sondern war bereit, jedem zu folgen, der ihm nur ein bißchen Freundlichkeit entgegenbrachte. Jassir hatte ihn rekrutiert ... Er betete Jassir förmlich an.
>
> Dann, oh ja, es war ein Jahr später, entdeckte Jassir, daß die Eltern des Jungen in Israel lebten (und) dort anscheinend zufrieden waren. Jassir wollte den Jungen überreden, seine Eltern öffentlich anzuprangern. Der Junge hätte fast alles für Jassir getan - aber dies konnte er nicht tun.
>
> Jassir ... liebte den Jungen wirklich. Er war zartgliedrig,

sensibel, wie eine Blume. Er gehörte zum inneren Kreis um Jassir - vier oder fünf Jungen lebten in einer Wohnung und - na ja - Sie wissen ja, was ich meine. Und was tat Jassir?

Es gab da einen anderen Jungen, wir nannten ihn 'Krummsäbel'; er kam von einem Beduinenstamm. Er kannte keine Gnade. Jassir ... zeigte auf den Jungen, er sagte: 'Mein Herz blutet für Ahmed ...' Es war sehr dramatisch. Und dann sagte er: 'Aber mein arabischer Bruder Ahmed bringt es nicht fertig, ein wahrer *fedaj* (Terrorist) zu sein, und so muß er eine Lektion erhalten.'

Daraufhin erschien der Junge, den wir 'Krummsäbel' nannten, mit einem Messer ... Der 'Krummsäbel' kastrierte den Jungen. Am nächsten Tag war er tot. Er hatte Selbstmord begangen."[12]

1951 schloß sich Arafat der extremistischen Moslemischen Bruderschaft an, die später Anwar Sadat, Regierungsmitglieder, eine große Zahl Touristen und koptische Christen in Ägypten ermordete.[13] Während der Suezkrise im Jahr 1956 wurde Arafat Unteroffizier eines Sprengkommandos in der ägyptischen Armee. Sein unbedeutendes Kommando wurde von vierzig auf drei Soldaten reduziert,[14] und später sprengte er aus Versehen ein Munitionsdepot in die Luft - „eine Aktion, die die ägyptische Armee ein paar Millionen Dollar kostete."[15]

Im Jahr 1957 floh Arafat aus Ägypten nach Kuwait, um einer Verhaftung zu entgehen, als die Moslemische Bruderschaft verboten wurde. Er blieb bis 1968 auf der Fahndungsliste der Ägypter.[16] Arafat schloß sich der aufstrebenden Fatah-Terrororganisation an und wurde später zu ihrem Anführer. Er wurde 1969 Vorsitzender der PLO und zeichnete sich verantwortlich für die „brutalsten und blutigsten Terroranschläge aller Zeiten."[17)] Unter seiner Führung fanden weltweit hunderte von Anschlägen statt - „Bombenanschläge, Schießereien, Flugzeugentführungen, Raketenangriffe und Entführungen in 26 Ländern"[18], durchgeführt von der Fatah und anderen Splittergruppen der PLO. **Die meisten der Opfer und mehr als neunzig Prozent der vielen tausend Geiseln waren keine Israelis.**[19]

Arafats Verschlagenheit führte zu vielen „Erfolgen" auf dem Gebiet des Terrorismus: der größten Flugzeugentführung (vier Flugzeuge in einer einzigen Operation), der größten Zahl an gleichzeitig festgehaltenen Geißeln (300 Passagiere), der größten Zahl an Toten und Verwundeten durch eine einzige versteckte Sprengladung (15 Tote, 87 Verwundete), den meisten Toten während eines Terrorangriffs (38 Tote, 70 Verwundete), den meisten Opfern einer Schießerei auf einem Flughafen (31 Personen), den höchsten Lösegeldforderungen (5 Millionen US-Dollar wurden von der Lufthansa gezahlt, 15 Millionen US-Dollar wurden als Lösegeld gefordert, aber wegen des Eingriffs von Spezialeinheiten in Mogadishu nicht gezahlt), der größten Auswahl an Zielen - zwei Drittel der Terroranschläge richteten sich gegen andere Länder als Israel (darunter 40 zivile Passagierflugzeuge, fünf Passagierschiffe, 30 Botschaften oder diplomatische Missionen, und etwa die gleiche Anzahl von Zielen im Bereich der Industrie, darunter Treibstoffdepots und Fabriken).[20] Israelis denken bei dem Namen Arafat hauptsächlich an das Massaker an elf Mitgliedern ihrer Olympiamannschaft bei den Olympischen Spielen in München 1972 und an das Massaker an ihren Kindern in einer Schule in Maalot im Jahr 1974.

Mit einem Jahreseinkommen von über 1,2 Milliarden US-Dollar[21] führte Arafat die reichste Terrororganisation der Welt an. Aber nachdem er aus Ägypten geflohen war, mußte er 1970 auch Jordanien verlassen. Aus dem Libanon wurde er 1982 hinausgeworfen und aus Syrien 1983 verbannt.[22] Heute haben die Politiker und Medien der Welt aus Arafat, dem unbußfertigen Mörder, einen siegreichen Helden gemacht. Der Mann, der praktisch als Erfinder des internationalen Terrorismus gilt, derjenige, der „persönlich hunderte von Mördern zu tausenden von Morden ausschickte",[23] wurde zum Empfänger prestigeträchtiger Friedenspreise. Arafat, der Pate aller Terroristen, ist zum anständigen Bürger gemacht worden, ein Mann, der verantwortlich ist für den brutalen Mord an zehntausenden Menschen. Ein bösartiger, kaltblütiger, mörderischer Anführer einer der grausamsten Terrororganisationen in der Welt ist zu einem Staatsmann gemacht worden. In den Augen der Welt sind die biblischen Rollen vertauscht worden - ein tapferer Philister hat nun den beschnittenen israelischen Riesen zu Fall gebracht.

Nach 30 Jahren Drahtzieherei haben Arafats Bomben und Handgranaten Unschuldige in der ganzen Welt zerrissen, seine Kugeln haben Juden und Nichtjuden zu Land, zu Wasser und in der Luft getroffen, seine Messer haben die Kehlen von Männern, Frauen, Alten, Jungen und Säuglingen durchtrennt. Und er hat eine riesige

Zahl an dämonischem Nachwuchs hervorgebracht, der sich gegenseitig an Brutalität zu überbieten versucht. Dennoch weht heute die Fahne der PLO über mehr Botschaftsgebäuden als die israelische Flagge - fast 100 Botschaften der PLO befinden sich nunmehr in bedeutenden Städten in der ganzen Welt. Und nach dem Mord an einer Olympiamannschaft während der Olympiade in München wurde die PLO eingeladen, ihre eigenen Athleten zur den Olympischen Spielen von Atlanta im Jahr 1996 zu entsenden.[24] Es wird uns immer wieder gesagt, daß Verbrechen sich nicht lohnt. Aber wer nimmt hier wen auf den Arm?

Arafat stattete am 1. Juli 1994 der neuen Enklave von Gaza und Jericho seinen ersten Besuch ab, als Teil eines Prozesses im Hinblick auf die Errichtung eines PLO-Staates auf diesem Gebiet. Arafat plante, seinen Einzug in dieses Gebiet am 5. Juni zu feiern, dem Jahrestag des Sechstagekrieges, aber Shimon Peres verstand offenbar die Bedeutung dieses symbolischen Einzugs und überredete ihn, seinen Besuch zu verschieben.[25]

Über einen Monat lang[26] standen ausländische und einheimische Journalisten Schlange, in gespannter Erwartung eines Interviews mit Arafat. Diese Journalisten werden bald herausfinden, daß sie ihre Worte sorgfältig wählen müssen, wenn sie sich nicht der tausendköpfigen Schar derer anschließen wollen, die „von PLO-Todeskommandos im Libanon und den (von Israel verwalteten) Gebieten in eine bessere Welt geschickt worden sind."[27] Arafat kann es nicht ertragen, wenn man ihm Fragen stellt, die er nicht hören will. Er ist „nichts anderes gewohnt als kriecherische Unterwürfigkeit von Journalisten."[28] Kürzlich wurde folgende Reaktion auf eine Frage eines arabischen Journalisten berichtet: „Sie wagen es, mir eine solche Frage zu stellen? Wissen Sie nicht, wer ich bin? Ich bin Jassir Arafat, der Führer des mächtigen palästinensischen Volkes."[29] Eine andere Variante war zu sehen, als Arafat „erzürnt"[30] war über eine Frage von Jane Wendt, der Moderatorin einer australischen Fernsehsendung mit dem Titel *60 Minutes* (Sechzig Minuten):

> „[Arafat] sprang von seinem Stuhl auf, schrie etwas auf Arabisch und marschierte hinaus. Seine Gefolgsmänner erklärten sofort das Interview für beendet, rissen die Filme aus den abgestellten Kameras, zogen die Kassetten aus den Videokameras, zerstörten die Bänder und drängten Wendt und ihr Team gewaltsam hinaus."[31]

Ein westlicher Journalist, der Arafat häufig interviewt hatte, sagte folgendes:

„Vor vielen Jahren erlernte ich die Technik. Man darf diesen Mann nicht provozieren. Man muß ihn ständig daran erinnern, daß er der größte Anführer der Welt ist und die Welt schon lange zerstört worden wäre, wenn es ihn nicht gäbe. Er erwartet Fragen wie diese: 'Herr Präsident des Staates Palästina: Als großer und mächtiger Mann, als der unbestrittene Führer einer nicht weniger mächtigen Nation, als ein Mann, der von seinem Volk und der Welt geliebt wird, ein Mann, für den es weder eine Konkurrenz noch einen Ersatz gibt, als ein herausragender Präsident, großzügig und demokratisch eingestellt, als Veteran und hochgeehrter Freiheitskämpfer, was ist Ihre Antwort, Herr Präsident, auf ...'"[32]

Und ein bedeutender arabischer Journalist schrieb, was die Presse in ihrem neuen PLO-Staat zu erwarten hat:

„Wir, das heißt die Berufsgruppe der Journalisten, müssen uns auf die nächste Phase vorbereiten, wenn wir in einer Demokratie unter der Regierung von Gaza und Jericho leben werden. Jeder Journalist, der ein bedeutendes palästinensisches Regierungsmitglied interviewen will, muß folgende Aus-stattung mitbringen: einen Sarg, eine Grabstätte für sich und seine Familie und ein lange vorher aufgesetztes Testament."[33]

An genau dem Tag, als der historische Handschlag auf dem Rasen des Weißen Hauses stattfand, erschien Arafats Name als einer der ersten „auf einer Liste von internationalen Terroristen, die von einem Untersuchungsausschuß des [amerikanischen] Kongresses veröffentlicht wurde."[34] Wenn Jitzhak Rabin nicht im November 1995 im Alter von 75 Jahren von einem erzürnten Israeli erschossen worden wäre, hätte er mit Sicherheit den schicksalhaften Tag bereut, an dem er Arafats Hand ergriffen hatte.

Die PLO

Die PLO wurde nicht von palästinensischen Arabern gegründet, sondern von dem ägyptischen Präsidenten Nasser.[35] Die PLO wurde auch nicht ins Leben gerufen, um an Israel verlorenes Territorium in dem vergeblichen Krieg gegen den jüdischen Staat im Jahr 1967 zurückzugewinnen. Die PLO wurde im Januar 1964 in Kairo gegründet, drei volle Jahre vor dem Ausbruch des Sechstagekrieges. Und Nasser schuf die PLO mit der alleinigen Absicht, seinen erfolglosen Krieg gegen Israel fortzusetzen, und deren audrückliches Ziel bestand darin, „das Endziel der Liquidierung Israels zu erreichen."[36] Die schreckliche Strafe, die die arabischen Armeen durch die Hand Israels im Krieg vom Juni 1967 erlitten und der darauf folgende Verlust großer Gebiete, von denen aus sie eigentlich die Juden ins Meer werfen wollten, ließ den weitverbreiteten Mythos entstehen, die PLO sei gegründet worden, um die Territorien, die „von den Palästinensern im Jahr 1967 gestohlen wurden", zu befreien.

Der Sechstagekrieg war die Konsequenz aus der Schließung der Straße von Tiran für israelische Frachter durch eine Marineblockade der Ägypter sowie der Mobilisierung einiger arabischer Armeen entlang der israelischen Landesgrenzen; durch diesen Würgegriff sollte Israel zerschmettert werden. Die Flaggen der PLO mit Totenkopf und gekreuzten Knochen[37] wurden entrollt, und der damalige PLO-Anführer, Ahmed Shukeiry, wurde gefragt, was bei einem erfolgreichen arabischen Angriff mit den Israelis geschehen würde. Er antwortete: „Die Überlebenden werden in Palästina bleiben. Ich schätze, daß es keine Überlebenden geben wird."[38] Nach Howard Sachar waren die Tage kurz vor dem Sechstagekrieg „einer der schwersten Augenblicke - vielleicht der schwerste überhaupt - seit der Existenz Israels."[39] Aber Israel wartete nicht, bis die arabische Schlinge zugezogen wurde, sondern das Land schlug zu mit „einem Donnerschlag aus der Luft, mit einer eisernen Faust."[40] In den Jahren danach befaßten sich Militärakademien in der ganzen Welt noch immer mit den Strategien, die als „Klassiker im Bereich der Taktik"[41] bekannt wurden.

Mitglieder der verschiedenen PLO-Terrorgruppen, darunter auch Arafat, flohen nach Jordanien, „um einer Gefangennahme durch die Israelis zu entgehen."[42] Wiederholte Terrorangriffe gegen Israelis von Jordanien aus bewirkten jedoch weitere israelische Vergeltungsschläge, und am 21. März 1968 marschierten Truppen aus israelischen Fallschirmjägern, Spezial- und Panzereinheiten nach Jordanien ein und griffen Arafats wichtigstes Ausbildungslager in Karameh an (Arafat hatte sein Hauptquartier in Karameh „in einer Grundschule für Mädchen" eingerichtet).[43] Die israelischen Streitkräfte zerstörten 171 Gebäude, töteten 200 Kämpfer und nahmen

141 Terroristen gefangen.[44] Die jordanische Armee nahm auf israelischer Seite an den Kämpfen teil und „feuerte mit schweren Panzer- und Artilleriegeschützen auf das belagerte Gelände der Palästinenser."[45] Diese Aktion der Israelis mit dem Codewort „Operation Inferno" war die erste ihrer zahlreichen Einsätze gegen die PLO in Jordanien zwischen 1968 und 1970.

Bis 1970 bildeten etwa 55 PLO-Basislager praktisch einen Staat im Staat innerhalb Jordaniens. Die PLO errichtete Straßenbarrieren im ganzen Land und „forderte 'Gebühren' und 'Spenden' von Geschäftsleuten."[46] Hunderte von durch PLO-Truppen begangene Verbrechen, wie Morde, Grausamkeiten, Diebstähle und Vergewaltigungen an der jordanischen Zivilbevölkerung[47] wurden schließlich unerträglich für König Hussein. 1970 ließ er seine Beduinentruppen in einen blutigen Krieg gegen die PLO los; diese Aktion wurde unter dem Namen „Schwarzer September" bekannt. Jede Seite konkurrierte mit der anderen, um „gemeine Grausamkeiten an Gefangenen, verwundetem Personal und Zivilisten zu begehen;"[48] das alles „übertraf alle vorstellbaren Schrecken regelwidriger Morde."[49] Nach einigen Wochen besonders brutaler Kämpfe, die fälschlicherweise unter der Bezeichnung „jordanischer Bürgerkrieg"[50] bekannt wurden, räucherten die Truppen König Husseins die PLO-Terroristen aus und vertrieben sie aus Jordanien in „ein Kampfexil nach dem Libanon."[51]

Die Vergewaltigung des Libanon

Einem alten Hund kann man keine neuen Tricks mehr beibringen. Die „meistgesuchten Terroristen der Welt"[52], die Mitglieder der verschiedenen Gruppierungen innerhalb der PLO, das sind im einzelnen:

die *Fatah*, unter dem Kommando von Jassir Arafat,
die *Demokratische Front für die Befreiung Palästinas* (DFLP), unter dem Kommando von Nayif Hawatmeh,
die *Nationale Front für die Befreiung Palästinas* (NFLP)
die *Volksfront für die Befreiung Palästinas* (PFLP), unter dem Kommando von George Habash,
die *Volksfront für die Befreiung Palästinas - Spezialkommando* (PFLP-SC),
die *Volksfront für die Befreiung Palästinas - Generalkommando* (PFLP-GC), unter dem Kommando von Ahmed Jibril,
die *Palästinensische Nationale Befreiungsfront* (PNLF), unter

dem Kommando von Abu Nidal,

die Palästinensische Befreiungsfront (PLF), die Front des Volkskampfs (PSF) und die Front der Nationalen Errettung (NSF),

machten im Libanon einfach dort weiter, wo sie in Jordanien gezwungenermaßen aufhören mußten.

Die Schreckensherrschaft der PLO im Libanon spottet förmlich jeder Beschreibung. Es gibt ein paar Versuche, die durch die PLO verübten Grausamkeiten zu dokumentieren, aber nur wenige sind gelungen. Libanesische Journalisten haben ein Dokument zusammengestellt, das sie als „Album terroristischer Grausamkeiten" bezeichneten. Im Jahr 1978 wurde es heimlich veröffentlicht, aber im Libanon schnell unter den Teppich gekehrt; im Ausland kam es nie ans Tageslicht. Auf diese Weise verharrte die Welt „in Unwissenheit über den wahren Charakter der PLO."[53] Ähnlich erging es David Aikman, der 1982 das Jerusalemer Büro des Nachrichtenmagazins *Time* während der israelischen „Operation Frieden für Galiläa," der Invasion der Israelis im Libanon, leitete. Er schrieb einen Artikel, für den er selbst die Dokumentation der von der PLO im Libanon begangenen Grausamkeiten zusammenstellte. Aber das Magazin *Time*, das bekannt ist für seine voreingenommene Berichterstattung und feindselige Haltung gegenüber Israel, druckte diesen Artikel nicht. Kurz nach Vorlage des Artikels wurde Aikman nach China „versetzt".

Aber einigen gelang es doch, die Welt draußen über die Schrekken der palästinensischen Unterdrückung im Libanon zu informieren. Nach der Lektüre dieses Materials ist es keineswegs überraschend, daß die Libanesen westlichen Reportern erklärten, „wie glücklich sie über die Befreiung durch Israel seien."[54] Walid Azzi, 27, dessen Haus zerstört wurde, sagte: „Die Israelis sind unsere Freunde, und ich hoffe, sie bleiben noch einige Zeit bei uns."[55] Die amerikanischen Kolumnisten Rowland Evans und Robert Novak, die beide äußerst ungern Gutes über Israel berichten und sich beide den Spitznamen „die Patriarchen unter den Israelhassern"[56] verdient haben, sahen sich nach einer Reise durch den Libanon gezwungen zu erklären, daß die Tatsachen „die israelische Behauptung, die PLO sei von Schlägern und Abenteurern infilitriert worden, zu bestätigen scheinen."[57] Sie interviewten einen libanesischen Arzt, dessen Bauernhof von der PLO ohne Entschädigung konfisziert und in ein Militärdepot umgewandelt wurde. „'Sie fragen, ob wir die Israelis mögen', sagte er. 'Im Vergleich zu der Hölle, die wir im Libanon durchgemacht haben, sind die Israelis wie Brüder.'"[58]

Tausende von Häusern und Wohnungen wurden von der PLO beschlagnahmt. Sie drangen in Mietshäuser ein und „trieben die Bewohner der zentral gelegenen Wohnungen mit Gewalt hinaus."[59] Diese Wohnungen wurden als „Lager für Munition und Sprengstoff"[60] benutzt, um die Gefahr israelischer Luftangriffe zu minimieren, und wenn Angriffe durch die israelische Luftwaffe erfolgten, dann berichteten die Medien der Welt darüber, wie „Israel rücksichtslos zivile Wohngegenden bombardierte."[61] Libanesische Proteste gegen Anordnungen der PLO, Häuser und Wohnungen „unverzüglich zu räumen"[62] wurden unterdrückt, indem die Familienväter „mit einer Gewehrsalve vor allen Familienmitgliedern"[63] getötet und „alle weiblichen Familienangehörigen systematisch vergewaltigt wurden."[64] Die niedrigste Schätzung libanesischer Todesopfer, die während der Schreckensherrschaft der PLO in einem Land mit zwei Millionen Einwohnern umkamen, beläuft sich auf etwa 100.000,[65] aber Peter Grace behauptet, die Zahl könne „sogar eher bei 300.000 liegen."[66] Grace meint auch, daß die Zahl der jungen Mädchen, die von PLO-Gangstern zur Zeit der israelischen Invasion schwanger waren, „über 100.000 lag."[67]

Ein bedeutender libanesischer Chirurg, Dr. Khalil Torbey, erzählte einem amerikanischen Journalisten, wie er oft mitten in der Nacht gerufen wurde, um Opfer von PLO-Folterungen zu behandeln.

> „Ich behandelte Männer, deren Hoden bei Folterungen abgeschnitten wurden. Ich sah Männer - lebende Männer - die von schnell fahrenden Autos, an die sie mit den Füßen angebunden waren, durch die Straßen geschleift wurden."[68]
> „'Ich kenne Fälle', sagte Dr. Torbey, 'da wurden Menschen in Säuretanks geworfen und zu einer unkenntlichen Masse poröser Knochen reduziert. Viele junge Mädchen kamen zu mir und baten mich um Abtreibungen, nachdem sie von PLO-Banditen vergewaltigt worden waren."[69]

Dr. Ghassen Hamoud, Eigentümer und Direktor des größten und am besten ausgestatteten von elf Krankenhäusern in Sidon, erzählt folgende Geschichte über seine Erfahrungen mit der PLO:

„Die PLO zwang mich dazu, sie zu hassen, und zwar nicht deshalb, weil sie von mir verlangten, ihre Verwundeten umsonst zu behandeln, und auch nicht, weil sie sich benahmen, als ob mein Krankenhaus ihnen gehörte. Es war, als sie in den Operationssaal eindrangen und uns zwangen, eine Operation abzubrechen und statt dessen ihre eigenen Verwundeten zu behandeln ... und als sie einen unserer Ärzte krankenhausreif schlugen, als er sich weigerte, ihnen zu gehorchen ... da erkannte ich, daß sie wie Raubtiere aus dem Urwald waren.“[70]

Die Kämpfer der PLO erlitten schlimme Verwundungen durch die israelischen Truppen und benötigten Blut für Transfusionen. Libanesische Zivilisten wurden zusammengetrieben und in Krankenhäuser und Privatkliniken gebracht.[71] Dort wurden sie an ein Bett gebunden, „bis ihren Venen der letzte Blutstropfen entzogen war.“[72] Die Leichen wurden später „wie in Schlafwagenabteilen bei Eisenbahnen an einer Wand oder in einem Flur aufeinandergestapelt.“[73]

Teuflische Formen des Amüsements wurden von der PLO für diejenigen erdacht, die bestraft werden sollten:

„Die Hände und Beine [des Opfers] wurden an die Stoßstangen von vier Autos gekettet. Wenn ein Fatah-Offizier ein Signal mit seiner Pistole gab, rasten die vier Autos davon und rissen den Körper des Opfers in Stücke, während die Zuschauer vor Schreck aufschrieen. Die Autos fuhren mit den blutigen Überresten durch die Straßen. Menschen, die das sahen, wurden ohnmächtig.“[74]

Ein anderer Lieblingssport war das langsame Absägen von Gliedmaßen lebender Menschen mit elektrischen Sägen. „Zuerst die einzelnen Gelenke der Finger, dann die Zehen, die Hände, die Füße, der Unterarm, das Schienbein, und so weiter.“[75] Eine Zeugin einer solchen Barbarei wird heute noch von den schrecklichen Schreien ihrer einundzwanzigjährigen Freundin geplagt. „'Warum bringt ihr mich nicht um,' schrie sie. 'Das kommt schon noch,' antworteten diese Bestien.“[76]

Susan, eine junge Christin, ist eine verstümmelte Überlebende einer von der PLO begangenen Schandtat. Eine Gruppe von PLO-Kämpfern drang in ihr Wohnhaus ein, und dann passierte folgendes:

> „Die PLO-Männer brachten Susans Vater und Bruder um und vergewaltigten ihre Mutter, die eine Blutung erlitt und starb. Sie vergewaltigten Susan 'viele Male'. Sie schnitten ihre Brüste ab und schossen auf sie. Stunden später wurde sie lebend aufgefunden, aber alle vier Gliedmaßen waren durch die Gewehrschüsse so schlimm gebrochen und zerrissen, daß sie amputiert werden mußten. Sie hat heute nur noch einen Oberarm. Nonnen pflegen sie in einem Krankenhaus in den Bergen nördlich von Beirut. Sie hat sie gebeten, sie sterben zu lassen, aber sie haben immer wieder geantwortet, daß sie das nicht tun können ..."[77]

Unzählige Libanesen erzählten „furchterregende Geschichten über Vergewaltigung, Verstümmelung und Morde,"[78] alles von den PLO-Streitkräften begangene Verbrechen.

> „'[Sie] brachten Menschen um und warfen ihre Leichen in Innenhöfe. Manche von ihnen waren verstümmelt und ihre Gliedmaßen abgesägt. Wir gingen nicht hinaus, aus Angst, wir würden das gleiche Ende erleiden,' erzählten zwei arabische Frauen aus Sidon. 'Wir trauten uns nicht an den Strand, weil sie uns mit der Waffe in der Hand belästigten.' Die Frauen sprachen über einen Vorfall, der sich kurz vor der israelischen Invasion ereignete, als PLO-Männer eine Frau vergewaltigten, ermordeten und ihre Leiche in der Nähe einer berühmten Statue wegwarfen. Ein Bild des verstümmelten Leichnams war in einer lokalen Zeitung abgedruckt worden."[79]

An dieser Stelle müssen wir uns die Frage stellen, wie es der PLO gelungen ist, derart gemeine Schandtaten mehr als sieben Jahre lang unter einem Deckmantel des Schweigens versteckt zu halten. Wo waren in diesen Jahren die Journalisten - und zwar genau diejenigen, die stets bereit sind, jede Handlung Israels zu kritisieren und den kleinsten Fehler anzuprangern? „Wo waren sie, als ihre Kollegen im Libanon ermordet wurden? Larry Buchman und Sean Toolan vom Fernsehsender ABC TV, Mark Tryon vom Radiosender Freies Belgien, Robert Pfeffer vom Nachrichtenmagazin *Der Spiegel* und Korrespondent für die Zeitung *Unita*, die italienischen Journalisten Tony Italo und Graciella Difaco, Jean Lougeau, der Korrespondent des französischen Senders TFI - sie alle wurden ermordet, weil ihre Berichterstattung nicht nach den Wünschen Arafats war.“[80]

Die Medien haben die Fähigkeit, Schmutziges und Sensationelles aufzudecken und zu veröffentlichen. Sie mögen Geschichten mit Morden und Verstümmelungen, weil diese das tägliche Brot der Journalisten sichern und Millionenbeträge auf die Bankkonten ihrer Arbeitgeber fließen lassen. Das lange, lautstarke Schweigen im Hinblick auf die Aktivitäten der PLO im Libanon ist nur so zu verstehen, daß die ausländischen Medien absichtlich weggeschaut und damit die Massen in der ganzen Welt umfassend betrogen haben. Nachdem die Israelis Arafat und seine schießfreudigen Anhänger aus Beirut vertrieben hatten, sagten gut unterrichtete libanesische Journalisten, daß die meisten in der Hauptstadt ansässigen Pressekorps, sowohl die libanesischen als auch die ausländischen, „während der langen Besatzung durch die ‘palästinensische Mafia’ ein ‘verabredetes Stillschweigen’ praktizierten.“[81]

Ein prominenter libanesischer Industrieller, der 54jährige Frederick El-Murr, äußert dieselbe Meinung wie andere bedeutende Bürger des Landes, wenn er sagt, daß die Ereignisse im Libanon seit 1975, „nach Arafats triumphaler Rückkehr von den Vereinten Nationen, kein Bürgerkrieg waren, wie die Presse eiligst behauptete, sondern eine Eroberung meines Landes durch die PLO und Syrien.“[82] El-Murr meint, „die PLO hätte mit ‘sehr viel Geld’ die libanesischen Redakteure und Journalisten ‘überzeugt’, eine günstige Berichterstattung über die sogenannte ‘Revolution’ der PLO zu veröffentlichen oder Stillschweigen zu bewahren.“[83]

Ein Redakteur, der sich von der PLO nicht „kaufen“ ließ, war Salim El-Lawzi.[84] El-Lawzi war ein libanesischer Patriot aus einer der reichsten moslemischen Familien in West-Beirut. Er begann, „seine Landsleute bereits in den siebziger Jahren vor den Terrororganisationen der Palästinenser zu warnen, als er erkannte, daß deren Endziel die Bildung eines Staates im Staat war.“[85] Die PLO begann mit ihren Drohungen, die El-Lawzi ignorierte, bis in dem Gebäude, in dem sich die Druckerei, die Redaktionen und Verwaltungsbüros seiner Zeitung befanden, zwei Bomben explodierten - das ganze Gebäude stürzte ein. El-Lawzi ging nach England, gab seine Zeitung von dort heraus und setzte seine Arbeit fort. Nach drei Jahren veranlaßte ihn die Sehnsucht nach seiner Familie zu einer kurzen Rückkehr in den Libanon. Am Ende seines Besuches wurde das Auto, in dem er das Land bereiste, an einer Straßenblockade gestoppt. El-Lawzi wurde aus dem Wagen gezerrt und in das von der PLO gehaltene Bergdorf Armoun gebracht.

> „[Er wurde] drei Tage lang in den Folterkammern festgehalten. Seine Finger wurden ihm an beiden Händen Gelenk für Gelenk abgeschnitten. Danach wurden ihm sämtliche Gliedmaßen abgetrennt, und seine Überreste tauchten im ganzen Dorf auf. Grauenhafte Fotos von El-Lawzis verstümmeltem Leichnam verbreiteten Schrecken in der gesamten Journalistenkolonie der Hauptstadt.“[86]

Andere Journalisten im Libanon, die die Direktiven der PLO nicht ausführten, fanden Päckchen vor ihrer Haustür - „menschliche Gliedmaßen in Plastikbehältern mit Warnungen, falls sie in ihrer Berichterstattung nicht linientreu seien, sie ebenfalls 'in Plastik gewickelt ihr Ende finden würden.'“[87] Westliche Journalisten befürchteten, den Zorn der Terroristen zu entfachen und entwickelten eine Politik, die quasi PLO-freundlich war, während sie mit ihren anti-israelischen Tiraden fortfuhren. Und sie schweigen sogar heute noch über die von der PLO im Libanon begangenen Gewalttaten.

Im Juni 1982 entschied Israel, daß es genug hatte von Arafat und seinen Gefolgsleuten, die israelische Frauen und Kinder töteten. So marschierten die israelischen Streitkräfte im Libanon ein und vertrieben die PLO. Die ausländischen Medien wandten dann ihre ganze Aufmerksamkeit wieder Israel zu, indem sie heftige Kritik an der Belagerung Beiruts übten, wo die israelischen Streitkräfte die PLO in einem engmaschigen Netz gefangen hatten. Der einzige Fluchtweg für die PLO war das offene Meer, und Israel war nahe daran, diese Schlangenbrut auszuradieren. El-Murr sagte, die PLO hätte „viele Städte mit Artilleriegeschossen und Katjuscha-Raketen zerstört und in West-Beirut blieb kaum ein Gebäude unversehrt.“[88] Aber die anti-israelisch eingestellten Medien präsentierten Israel als Terroristen, der West-Beirut zerstört und Unglück über seine Bewohner gebracht hätte!

Es gibt eine Fülle an Beweismaterial, daß sogar „die schiitischen Moslems dort die israelischen Soldaten als Befreier begrüßten“[89] und sie mit Blumen überschütteten. Aber die Medien wollten diese Nachricht nicht an die Welt weitergeben. Nach ihrer Gewohnheit (siehe auch Kapitel 9) inszenierten sie beträchtliche Täuschungsmanöver:

„Amerikanische Sender bezahlten arabische Frauen, damit sie demonstrierten und anti-israelische sowie anti-amerikanische Slogans schrien. In dem Augenblick, als die Kameras stillstanden, hörten die Frauen mit ihrem Geschrei auf und standen ruhig Schlange, um ihren Lohn zu kassieren.“[90]

Und während des intensiven israelischen Angriffs auf die letzte PLO-Stellung in West-Beirut veröffentlichte die Presseagentur *United Press International* (UPI), von der viele Zeitungen den Großteil ihrer Berichterstattung aus dem Ausland beziehen, einen Artikel mit einem Foto eines etwa sieben Monate alten libanesischen Mädchens, das im israelischen Bombenhagel schwere Verbrennungen erlitten und beide Arme verloren hatte.[91] Ein herzzerreißendes Bild eines kleinen, in Verbände gewickelten Babies erschien überall auf den Titelseiten und ließ die Israelis wie kaltblütige Mörder aussehen. Präsident Reagan erhielt einen Abzug des Fotos, und er stellte es auf seinen Schreibtisch. Reagan war äußerst erzürnt über Israel, „nahm den Telefonhörer in die Hand und erklärte gegenüber dem israelischen Premierminister Menachem Begin, daß die Bombardierung beendet werden müsse. Begin gehorchte.“[92]

Nach einer mehrere Tage dauernden gründlichen Untersuchung wurde das Baby gefunden. Es hatte weder Verbrennungen erlitten, noch hatte es beide Arme verloren, sondern lediglich Verletzungen an den Handgelenken. Die Verletzungen stammten jedoch von einer Granate aus einer Batterie der PLO in West-Beirut![93] UPI bestätigte, daß der Artikel „unpräzise Angaben“[94] enthielt, aber während der Artikel und das Foto in Großdruck auf den Titelseiten erschienen, war die Gegendarstellung auf den Innenseiten versteckt - die amerikanische Zeitung *New York Times* druckte sie auf Seite 14 ab![95] Die bösartige Berichterstattung erfüllte ihren Zweck, denn der Eindruck von „Israels Brutalität hinterließ eine tiefe Wirkung bei den Politikern und bei der Bevölkerung in Amerika.“[96]

Die Medien übten unaufhörlich Druck auf Israel aus, um eine Befreiung der PLO herbeizuführen. Und schließlich wurden insgesamt 14.938[97] PLO-Terroristen unter den wachsamen Augen einer multinationalen Truppe aus „amerikanischen Marinesoldaten, französischen Fallschirmspringern und italienischen Infanteriesoldaten“[98] auf dem Seeweg aus West-Beirut evakuiert. Sie bestiegen die Schiffe, indem sie ihre Gewehre hochhielten und in die Luft schossen; dadurch vermittelten sie den Eindruck, daß sie Sieger und nicht Besiegte wären. Arafat muß damals eine bittere Pille geschluckt haben; er hatte ja schließlich das feierliche Versprechen abgegeben, die Juden ins Meer zu werfen, und jetzt „wurde er selbst ins Mittelmeer gedrängt."[99]

Die PLO war und ist heute noch die bedeutendste Terrororganisation der Welt. Sie war auch verantwortlich für die Ausbildung fast aller anderen Terrororganisationen. Es kamen so viele Terroristen zur PLO in den Libanon, daß Benjamin Netanyahu die Frage stellt: „Wer kam eigentlich *nicht* zu den PLO-Lagern in Beirut und Sidon?"

> „Die italienischen Roten Brigaden, die deutsche Baader-Meinhof-Gruppe, die IRA, die japanische Rote Armee, die französische Action Directe, die Türkische Befreiungsarmee, die armenische Asala-Gruppe, die iranischen Revolutionsgarden, die Terroristen aus ganz Lateinamerika sowie die Neonazis aus Deutschland - alle waren sie dort."[100]

Eine Bestätigung des oben Erwähnten kommt aus anderen gut unterrichteten Kreisen:

> „Die PLO organisiert den Terrorismus in der ganzen Welt. Sie steckt hinter den italienischen und irischen Terroristen, der Baader-Meinhof-Gruppe in Westdeutschland. Sie bildet Afrikaner, Südamerikaner, Nordamerikaner aus. Sie ist das Herzstück des internationalen Terrorismus, der die Zivilisation zerstören wird, wenn er nicht aufgehalten wird."[101]

Aber die PLO beschränkte ihre Aktivitäten nicht nur auf den Libanon. Während ihrer Zeit dort bildete sie fleißig Mörder im Ausland aus, besonders die Killer von Idi Amin:

> „Arafat unterhielt Trainingslager in Uganda, und dort wurden Idi Amins Mörderbanden in der hohen Kunst des Mordes an schwarzen Christen ausgebildet - in Uganda allein waren es schätzungsweise 300.000."[102]

Einige Jahre vor der israelischen Invasion im Libanon hatte sich der libanesische Präsident Suleiman Franjieh öffentlich beklagt, und zwar über die Art und Weise, wie die PLO die Gastfreundschaft der Libanesen erwiderte:

„Wir Libanesen hatten ihnen Zuflucht gewährt, und unsere Belohnung bestand in der Zerstörung des Libanon und dem Mord an seinem Volk. Ich habe der Sache der Palästinenser seit fünfunddreißig Jahren gedient. Ich glaubte nie, daß der Tag einmal käme, an dem ich Gott um Vergebung bitten würde, weil ich einem Volk gedient habe, das es nicht wert ist, Unterstützung zu erhalten."[103]

Dieselbe PLO, angeführt von demselben Arafat, errichtet heute einen Staat im biblischen Erbteil Israels. Aus Jordanien und dann aus dem Libanon verjagt, finden tausende kaltblütige, bestialische Mörder ihren Weg zurück nach „Palästina". Und 1984 enterten britische Zollbeamte eine Jacht und beschlagnahmten 4,3 Tonnen Haschisch - die Droge war von der PLO gekauft worden.[104] Im April 1994 wurde Halil Abu Ma'alek, ein hoher PLO-Funktionär, in der Innenstadt von Tunis ermordet, als er aus seiner „Limousine" ausstieg.[105] Tunesische Behörden behaupteten, der Anschlag „wäre durch einen Streit über ein Drogengeschäft"[106] ausgelöst worden. Aus den Erträgen ihrer zahlreichen Drogengeschäfte finanziert die PLO ihre ständigen Anschläge und Morde.

Die von der PLO inszenierte *Intifada* in den von Israel verwalteten Gebieten hat bereits einen schrecklichen Preis von den dortigen arabischen Einwohnern gefordert - „Tausende wurden gefoltert und über 900 ermordet"[107] von den „Todesschwadronen"[108] der PLO. Viele von ihnen waren Opfer von „privaten Rivalitäten und Fehden zwischen Sippen."[109] Die *Intifada* verschlang ihre eigenen Leute:

„Die Leichen unzähliger Araber wurden entdeckt - sie waren bedeckt mit Brandwunden, angeschwollen von Schlägen, aufgeschlitzt, amputiert, geköpft. Frauen von 'Kollaborateuren' wurden vergewaltigt und ihre Kinder zur Abschreckung sexuell mißbraucht und geschlagen."[110]

Jassir Arafat hat seine Mitverantwortung für die bestialischen Morde und Folterungen an seinen eigenen Leuten öffentlich eingestanden:

„Arafat erklärte in einem Fernsehinterview und bei anderen Gelegenheiten, daß er routinemäßig jede Akte über Personen, die wegen Kollaboration angeklagt sind, untersuche und die Bestrafung genehmige, 'wenn nicht unbedingt vor ihrer Vollstreckung, dann aber danach.'"[111]

Zwischen der *Intifada* und Oslo hat sich nichts geändert. Die PLO ist und bleibt die PLO, und Arafat ist und bleibt Arafat - satanische Inkarnationen aus dem Schlund der Hölle. Ein früherer israelischer Knessetabgeordneter bezeichnet das Friedensabkommen in der Tat als „Pakt mit dem Teufel."[112]

Die Mitglieder der PLO sind Nachkommen jener Araber, die seit tausenden von Jahren im Nahen Osten gelebt haben. Die hebräische Bibel erwähnt nur an zwei Stellen Dämonen (5. Mose 32,17 und Ps. 106,37) - beide Texte sind direkte Hinweise auf die Götzen im Land Kanaan, und beide beziehen sich auf Menschenopfer und Blutvergießen. Und aus diesem Gebiet werden die meisten Mitglieder der PLO rekrutiert. Vielleicht können die Leser dieses Buches jetzt besser verstehen, warum die PLO so grausam, falsch und entartet ist. Und vielleicht kann man jetzt auch besser verstehen, warum Arafat „ein Glückwunschtelegramm an die chinesische Führung sandte,"[113] als China Panzer einsetzte, die tausende von Studenten derart zerquetschten, daß im Juni 1989 auf dem Platz des Himmlischen Friedens „ihr Blut an den Mauern hochspritzte."[114]

Tausende erfahrene PLO-Kämpfer sind bisher aus dem Libanon in der Enklave von Gaza und Jericho angekommen, und sie stellen den Kern der neuen „palästinensischen Polizeikräfte." Die palästinensische Polizei wird aus neuen PLO-Kämpfern und aus Palästinensern bestehen, die entweder wegen Gewalttaten (auch wegen Mordes) gegen Israel im Gefängnis gesessen haben oder ihren Mut durch die Beteiligung an Gewalttaten bewiesen haben. Es muß sich hier um die einzige Polizei in der Welt handeln, bei der es für einen Bewerber von Vorteil ist, wenn er eine bejahende Antwort geben kann auf die Frage „Haben Sie im Gefängnis gesessen?"[115]

Die trauernde Witwe von David Rosenfeld, der von drei *Fatah*-Mitgliedern im Juli 1982 mit über einhundert Messerstichen[116] ermordet wurde, schrieb an den Chefredakteur der Zeitung *The Jerusalem Post* und beklagte sich, daß die Mörder ihres Mannes (während eines Gefangenenaustauschs im Jahr 1995) wegen ihres Status als „Helden der *Fatah*" nunmehr „geeignet sind, in der palästinensischen Polizei ihren Dienst zu tun."[117]

Unter denen, die ihre Ausbildung in der „Sicherheitsschule"[118] der PLO in Jericho abgeschlossen haben, befinden sich viele verurteilte Mörder. Einer der Prüfungskandidaten ist Jawad Shahawan, „ein ehemaliger Gefängnisinsasse, der wegen Mordes an fünf Palästinensern verurteilt wurde."[119] Ein weiterer freigelassener Gefangener und Prüfungskandidat der PLO-Schule, Nasser Nadj Abu Khmeid - ein „verurteilter Todesschwadronen-Anführer der *Fatah*, der zu elfmal lebenslänglicher Strafe wegen Mordes an neun Arabern verurteilt wurde (er selbst prahlt, die wirkliche Anzahl der Ermordeten hätte sich auf dreizehn belaufen)"[120] - wurde von der israelischen Polizei außerhalb der Autonomiegebiete in der Nähe von Jerusalem aufgegriffen. Er trug ein Kalaschnikow-Maschinengewehr bei sich. Die Beschäftigung verurteilter Mörder bei den Sicherheitsdiensten der PLO ist ein grober Verstoß gegen das Abkommen mit Israel. Obwohl das Abkommen in diesem Punkt nicht eingehalten wird, erklärt Ahmed Tibi, der Berater Arafats, freimütig: „Israel versteht einfach nicht die Stellung, die diese verurteilten Mörder, die Anführer der Intifada, in der palästinensischen Gesellschaft innehaben. Sie sind Helden."[121] Und die Leiter der „Sicherheitstruppen" der PLO sind ebenfalls Helden. In weniger als einem Monat in seiner neuen Stellung als Chef der PLO-"Sicherheitstruppen" hat Jibril Rajoub bekanntlich die Morde an mindestens elf Arabern angeordnet.[122] Seitdem sind noch viel mehr gestorben. Die Morde werden von Mitgliedern der *Fatah* begangen, und zwar „auf Geheiß Arafats."[123] Ein weiterer bedeutender Leiter der „Sicherheitstruppen", Amin Hindi, plante das Massaker an elf israelischen Athleten während der Olympischen Spiele von 1972 in München.[124] Hindi wird als „einer der grausamsten Mörder überhaupt"[125] beschrieben. Und Fatmeh Birnawi ist die Befehlshaberin der weiblichen Palästinenserpolizei. Birnawi wurde im Oktober 1967 zu „zweimal lebenslänglich verurteilt, und zwar wegen eines von ihr begangenen Bombenanschlags auf ein Kino in Jerusalem."[126]

Bei einer Abschlußfeier der „Sicherheitsschule" in Jericho wurden palästinensische Polizisten fotografiert, wie sie den Hitlergruß vollführten.[127] Und die PLO-Polizisten bedienen sich auch der Nazi-Taktiken. Sie bringen ihre arabischen Brüder um, sind bereits bekannt für Folterungen mit Todesfolge,[128] und entführen Männer in israelisch kontrollierten Gebieten, „transportieren sie nach Jericho zu Verhör und brutaler Folter."[129]

Im Mai 1994 wurden zwei palästinensische „Polizisten" mit

einem gestohlenen israelischen Auto festgenommen. Sie behaupteten, sie „wollten das Auto seinem Besitzer zurückbringen.“[130] Im September 1994 wurde einer von Arafats Leibwächtern festgenommen, weil er ein gestohlenes israelisches Auto fuhr.[131] Im April 1995 gab der PLO-Polizeichef, Brigadegeneral Ghazi al-Jabali, zu, daß „etwa 25.000 Einwohner von Gaza, darunter Funktionäre aus den Bereichen Politik und Sicherheit,“[132] gestohlene israelische Fahrzeuge fahren. Al-Jabali sagte, die PLO gäbe den Fahrern Zeit bis zum 8. April 1995, danach müßten sie eine Lizenzgebühr in Höhe von 32 US-Dollar bezahlen.[133]

In einer Reihe von Vorfällen haben palästinensische „Polizisten“ israelische Soldaten offen angegriffen, sogar aus dem Hinterhalt, und das Feuer eröffnet. Glücklicherweise sind Palästinenser, wie John Laffin anmerkt, „schlechte Schützen; viele von ihnen können noch nicht einmal einen stehenden Bus aus 40 Metern Entfernung treffen.“[134] Als Ergebnis dieser Angriffe sind bisher zwei verwundete Israelis und mehrere tote oder verwundete PLO-Schützen zu verzeichnen. Während einem der am meisten publik gemachten Angriffe am 2. Januar 1995 eröffnete eine Gruppe von PLO-“Polizisten“ das Feuer auf eine israelische Patrouille östlich des Kontrollpunktes Erez, zwischen Israel und dem neuen Autonomiegebiet Gaza.[135] Die unvorsichtigen PLO-Schützen, mit Tarnanzügen bekleidet, feuerten aus offiziellen „Polizei“-Stellungen und hatten das Element der Überraschung sowie die Dunkelheit auf ihrer Seite, aber dennoch erlitten die Israelis keine Verluste. Israelische Soldaten erwiderten das Feuer und töteten drei PLO-Männer, verwundeten einen weiteren und fügten dem „Polizei“-Gebäude großen Schaden zu. In einem Interview mit der Presse bezeichnete der Wirtschaftsminister der PLO, Nabil Sha'ath, die Tötung der PLO-Schützen durch die Israelis als „vorsätzlichen Mord.“[136] Und Arafat pries die Toten als „Märtyrer für Palästina ... getötet, als sie palästinensisches Land verteidigten.“[137] Die Beerdigung „wurde zu einem Staatsakt mit 21 Salutschüssen.“[138]

Das „Friedensabkommen“ sieht bis zu 9.000 palästinensische „Polizisten“ vor. Zu dem Zeitpunkt, als dieses Buch verfaßt wurde, waren es bereits mehr als 30.000, die meisten von ihnen sind ehemalige Terroristen. Zwei Wochen vor Unterzeichnung des Abkommens machte ein PLO-Funktionär kein Geheimnis daraus, daß die PLO das Abkommen benutzen werde, um ihre mörderische „Armee“ wieder zu sammeln, verkleidet als „Polizisten“:

> „Unter den neuen Arrangements für die Zwischenzeit **werden die Palästinensischen Befreiungstruppen in eine Sicherheitspolizei umgewandelt, mit dem Ziel, tausende von außerhalb des Lagers stationierte PLO-Guerillas stufenweise hineinzubringen.**“[139]

Wenn alle Kämpfer aus den verschiedenen Ländern, in denen sie aktiv an internationalem Terrorismus beteiligt waren, versammelt sind, wird die Stärke der „Palästinensischen Polizeitruppe“ auf etwa 50.000 angewachsen sein. Die „Polizisten“ wurden von Israel mit Kalaschnikow-Gewehren und Maschinengewehren ausgerüstet, und anstelle von Streifenwagen werden sie über gepanzerte Fahrzeuge verfügen![140]

Aber auf den Routen der Schmuggler zu Land und zu See ist jetzt gesteigerte Aktivität zu bemerken, und der Gazastreifen ist in „ein riesiges Waffenlager“[141] verwandelt worden. Das Gebiet ist zur Freihandelszone für Waffen geworden - „ein Gewehr mit einem Kaliber von 14 mm kostet 2.400 bis 3.000 US-Dollar, ein Karlo-Maschinengewehr ist für 3.250 US-Dollar zu haben, eine Kalaschnikow oder M-16 Maschinenpistole für 5.200 US-Dollar.“[142] Am 20. September 1994 wurde in einer Sendung des Radiosenders *Voice of Israel* (Stimme Israels) berichtet, daß ein Schiff mit einer Ladung von 30 Tonnen südafrikanischen Waffen, hauptsächlich Maschinengewehren, durch das Rote Meer fuhr - Bestimmungshafen: die PLO. Die Ladung sollte im Südjemen gelöscht werden, aber der Kapitän des Schiffes weigerte sich, dieses Ziel oder den Libanon anzusteuern. Und im Februar 1995, während des Gipfeltreffens in Kairo zwischen Rabin, Arafat, Mubarak und König Hussein, bat Arafat Rabin, er solle „ihm mehr Waffen geben.“[143]

Und die einheimischen Araber scheinen kaum zu bezweifeln, daß die bewaffneten Streitkräfte ein Signal für „eine neue, repressive Autorität des PLO-Chefs Jassir Arafat“[144] darstellen. Die bevorstehende Regierungsbildung durch Arafat hat viele Palästinenser in Furcht versetzt. Das Flüchtlingslager Dehaishe außerhalb von Bethlehem „stand unter besonders hoher Spannung.“[145] Die Einheimischen befürchten, daß er „sich zunächst auf seine palästinensischen Kritiker konzentrieren wird“[146], und sie „befürchten auch, die Sicherheitskräfte würden als Arafats Privatarmee eingesetzt.“[147]

Diese Befürchtungen sind gerechtfertigt. Israelische Geheimdienstexperten bestätigen heute, daß die 30.000 Mann starke „Polizei" zu Jassir Arafats Miliz umfunktioniert wurde.[148]

Das Friedensabkommen

Während der einunddreißig Wochen nach Unterzeichnung des Friedensabkommens im September 1993 gab es mehr als neunzig Terroranschläge[149] gegen Israelis. Von diesen Anschlägen sind siebenunddreißig direkt von Arafats *Fatah* durchgeführt worden. Drei davon waren „Initiationsriten für den Beitritt zur *Fatah*"[150], dabei wurde ein siebzigjähriger Mann mit einer Axt[151] und ein 65jähriger Mann mit Eisenrohren erschlagen.[152] Und einer der Morde, bei dem die Leiche des Opfers verbrannt wurde, wurde von zwei Mitgliedern der neuen „Palästinensischen Polizei" begangen.[153] Im Jahr 1994, in dem Jericho und Gaza sich bereits unter der Herrschaft Arafats befanden, hat Israel mehr Terroranschläge erlitten als in jedem Jahr seit der Staatsgründung im Jahr 1948. Und im Jahr 1995 wurde eine noch stärkere Eskalation der Terroranschläge verzeichnet. Die ersten drei Monate des Jahres 1996, die sich ihrem Ende näherten, als dieses Kapitel verfaßt wurde, haben die bisher bösartigsten und tödlichsten Anschläge mit sich gebracht. Arafats „Frieden" hat im Vergleich zu früheren Jahren, in einer Ära des offenen Krieges durch Terrororganisationen, einen 900prozentigen Anstieg der Terroranschläge bewirkt.[154]

Das Grundprinzip des Friedensabkommens zwischen Israel und der PLO sieht folgendermaßen aus: Im Austausch gegen den Verzicht der PLO auf Terror und die Änderung der PLO-Charta, in der zur Vernichtung Israels aufgefordert wird, übergibt Israel die Städte Jericho und Gaza sowie einen Teil des Hinterlandes der Kontrolle durch die PLO. Diese Territorien werden zu autonomen „palästinensischen" Gebieten. Das Abkommen heißt „Gaza-Jericho zuerst", weil Israel der PLO ebenfalls Autonomie über den größten Teil des Westjordanlands gewähren wird, falls das Autonomieprinzip umgesetzt werden kann. Der verstorbene Jitzhak Rabin unterzeichnete das Abkommen für die israelische Regierung, und Jassir Arafat für die PLO.

Die Israelis haben sich an das Abkommen gehalten; sie erfüllten ihre Zusagen, ihre Militäreinrichtungen und Verwaltungsstrukturen abzubauen und die israelischen Truppen aus den Autonomiegebieten zurückzuziehen. Israel hat die formellen Voraussetzungen einer Übergabe dieser Gebiete an die PLO erfüllt, und auch Verwaltungsgebäude und Polizeistationen wurden übergeben. Aber die Israelis haben noch nicht alle 5.000 palästinensischen Gefangenen befreit, die gemäß den Bedingungen des Friedensabkommens freikommen sollen. Da die Mehrheit der in israelischen Gefängnissen einsitzenden Araber aus Mördern oder Mordkomplizen besteht, fordern die israelischen Sicherheitsdienste von den Gefangenen vor ihrer Freilassung die Unterschrift unter eine Erklärung, in der sie sich verpflichten, nicht zum Terrorismus zurückzukehren. Viele weigern sich, die Erklärung zu unterzeichnen und bleiben deshalb im Gefängnis. Andere, die unterzeichnet haben und entlassen wurden, sind trotzdem sofort zum Terrorismus zurückgekehrt. Zwei Gefangene waren nur **zwei Tage** nach ihrer Entlassung bei einem Mord an einem Israeli beteiligt.[155] Die PLO sieht die Forderung nach einer Unterzeichnung einer Verpflichtungserklärung gegen eine Rückkehr zum Terrorismus als einen Bruch des Friedensabkommens an und bezeichnet dies als „israelische Erpressung."[156]

Bis heute hat die PLO jedoch nicht eine einzige ihrer Verpflichtungen erfüllt. Natürlich hat Arafat öffentlich „den Terrorismus zurückgewiesen", als er sagte: „Ich als Vorsitzender der Palästinensischen Befreiungsorganisation, erkläre nochmals, daß ich den Terrorismus in jeder Form verurteile ..."[157] Er fuhr fort, indem er seine erstaunliche Erklärung folgendermaßen modifizierte:

> „Ich grüße ehrfürchtig die Märtyrer, die durch die Hände des Terrorismus und der Terroristen gefallen sind, vor allem meinen lebenslangen Freund und Stellvertreter, den symbolischen Märtyrer Khalil al-Wazir [Abu Jihad, der einige der schlimmsten Massaker an israelischen Zivilisten geplant und angeführt hat], und die Märtyrer, die in den Massakern fielen, die unser Volk in den Städten, Dörfern und Lagern des Westjordanlands, des Gazastreifens und des südlichen Libanon erleiden mußte."[158]

Terrorismus ist nach der Definition Arafats das, was Israel der PLO angetan hat! Der „bewaffnete Kampf" der PLO, der mörderische Angriff gegen Israel und die Welt im allgemeinen, ist eine Verharmlosung dessen, was die westliche Welt unter Terrorismus versteht. Und Arafats Stellvertreter Abu Iyad sagte: „Wir haben niemals unter [der Abkehr vom] 'Terror' die Beendigung militärischer

Operationen verstanden."[159] Und zur weiteren Klärung fügte er hinzu: „Die PLO hat sich niemals verpflichtet, den bewaffneten Kampf zu beenden, und sie wird ihn niemals aufgeben."[160]

In einem Brief an Rabin vor seiner Ermordung erklärte Arafat, die PLO „werde Verantwortung übernehmen für alle PLO-Elemente und das dazugehörige Personal."[161] Aber Terroranschläge haben sowohl an Häufigkeit als auch an Intensität zugenommen, und Arafat sagte offen: „Die Intifada wird weitergehen, weitergehen, weitergehen ... ."[162] Und er sagte auch: „Wer meint, die Intifada beenden zu können, bevor sie ihre Ziele erreicht hat, bekommt von mir zehn Kugeln in die Brust."[163] Die Mehrheit (63 Prozent) der Israelis ist gegen weitere Autonomieverhandlungen mit der PLO,[164] und fast 66 Prozent wollen Arafat und die höheren PLO-Funktionäre „vor Gericht"[165] sehen. „Sie töten unschuldige Menschen, die nichts getan haben", sagte ein Israeli, dessen fünfzehnjährige Tochter erstochen wurde, als sie auf einen Schulbus wartete. Nach dem Mord schnitt der Terrorist ihre linke Brust und ihr Herz heraus.[166]

Arafat hat mit dem brutalen Terrorismus nicht aufgehört. Im Gegenteil, er hat absichtlich eine Eskalation der Gewalt herbeigeführt. Und am 10. Mai 1994, nur zehn Tage nach der Unterzeichnung des „Friedensabkommens", forderte Arafat zum *Jihad* (heiligen Krieg) für die Befreiung Jerusalems auf.[167] Der sofortige Anstieg der Gewalt in Jerusalem wurde mit 30 Prozent beziffert,[168] aber das Blutvergießen, das aus den Bombenanschlägen auf Busse im Februar und März 1996 resultierte, hat den Rahmen jeder statistischen Berechnung gesprengt.

Wie bereits vorher erwähnt, führt Arafats *Fatah* nachweislich immer noch Terroranschläge durch. Im April 1994 erklärte die ägyptische Tageszeitung *Al-Ahram*, **daß *Hamas* und andere palästinensische Terrorgruppen „die Verantwortung übernehmen für von der *Fatah* durchgeführte Terrorakte**, um die Verhandlungen nicht zu unterminieren." Nach Informationen der Zeitung behaupten gut unterrichtete palästinensische Kreise in Gaza, es gebe „eine umfassende Zusammenarbeit zwischen den Organisationen im Hinblick auf terroristische Operationen und den Austausch von Nachrichten über Aktivitäten der israelischen Armee." In der Tat ist jeder eingehende Bericht ein Beweis für die Richtigkeit dieser Aussage. In israelischen Geheimdienstkreisen sagt man, *Hamas*-Terroristen würden neuerdings in PLO-Lagern in Tunesien ausgebildet.[169] Und Dr. Dore Gold von dem angesehenen Jaffee Center for Strategic Studies (Forschungszentrum für strategische Studien) meint, daß *Fatah*-Anführer offen mit der *Hamas* zusammenarbeiten.[170] Als Israel die PLO warnte, ein stillschweigendes Tolerieren der *Hamas*-Anschläge auf Israelis könne das Abkommen zwischen Israel und der PLO null und nichtig machen, entgegneten *Fatah*-Anführer zornig, daß „ein Abkommen mit der *Hamas* eine inner-palästinensische Angelegenheit sei ... und Israel nichts anginge."[171]

Es ist auch wahr, daß eine große Zahl von *Fatah*- und *Hamas*-Kämpfern sich der „palästinensischen Polizei" angeschlossen hat, da sie auf diese Weise legitimiert werden und auf legalem Wege „ihre Waffen behalten können."[172] Es ist auch wahr, daß *Fatah*-Kämpfer sich nur dann der „Polizei" anschlossen, „wenn sie wählen konnten, zu welcher Abteilung sie gehören wollten."[173] Ein aktuelles *Hamas*-Video zeigt einen palästinensischen „Polizisten", wie er auf den Schultern von *Hamas*-Mitgliedern getragen wird und „sein Gewehr mit der einen Hand hochhält und mit der anderen einen Koran - dies ist ein häufiger Ausdruck von Hingabe an den *Jihad*."[174] Und als Berichte veröffentlicht wurden, daß die palästinensische „Polizei" Munition an *Hamas*-Terroristen in Gaza verkauft, waren sogar westliche Diplomaten erschrocken.[175]

Wegen der noch nie dagewesenen Welle von Terroranschlägen auf Israelis sah sich Arafat aus politischen Gründen gezwungen, den Familien der Opfer sein Beileid auszusprechen. Vielleicht ist es für die meisten Leser aus der westlichen Welt schwierig, sich die Auswirkungen eines Bombenanschlags vorzustellen. Als ein arabischer Terrorist im Oktober 1994 in einem vollbesetzten Bus in der Innenstadt von Tel Aviv eine Bombe hochgehen ließ, flog durch die Wucht der Explosion der Bus einen halben Meter hoch, und Leichen wurden bis zu fünfzig Meter weit geschleudert.[176] Zweiundzwanzig Menschen starben und siebenundvierzig wurden verwundet (die Angabe wäre sehr ungenau, wenn die Zahl der Verwundeten fehlen würde). Leichenteile - abgetrennte Gliedmaßen, ein Kopf, die Überreste einer menschlichen Leber oder von Eingeweiden - wurden auf Dächern und Balkonen auf der gegenüberliegenden Straßenseite gefunden. Vierundzwanzig Stunden nach dem Anschlag wurde noch immer nach Überresten der Opfer gesucht, und Teile eines Gehirns wurden von der Außenwand einer im zweiten Stock gelegenen

Wohnung abgekratzt.[177] Arafat rief Präsident Ezer Weizmann an, um sein „Bedauern“ auszudrücken, weil er entdeckt hatte, daß der Ausdruck des Bedauerns allein genügte, um die ganze Welt zu beschwichtigen. Aber Ezer Weizmann durchschaute diese Heuchelei Arafats und weigerte sich, den Anruf entgegenzunehmen.[178]

Ein weiterer Bombenanschlag fand im Januar 1995 statt, und zwar an der vielbefahrenen Beit Lid-Straßenkreuzung im Landesinneren. Dabei wurden einundzwanzig Menschen getötet und weitere 62 verwundet. Ein Augenzeuge schilderte das Geschehen folgendermaßen: „Ich sah Teile von menschlichen Körpern - Köpfe, Arme, Beine - und es war überall Blut, viel Blut.“[179] Ein anderer sagte: „Wie in einem Schlachthaus, Menschen wurden abgeschlachtet wie Vieh.“[180]

Nach dem Anschlag von Beit Lid versammelten sich etwa eintausend Araber in Gaza, um vor dem Haus eines der „Märtyrer“, der den Anschlag durchführte, zu feiern. Sie stellten Zelte um das Wohnhaus herum auf und feierten vierundzwanzig Stunden lang. Ein Araber schrie durch ein Mikrophon: „Die islamische Bewegung spricht ihr Beileid aus gegenüber dem Helden des Angriffs, bei dem 20 Schweine getötet und 60 Affen verletzt wurden.“[181] Weder Arafat noch seine PLO-"Polizei“ taten etwas, um die Feier zu verhindern oder abzubrechen. Präsident Clinton behauptete, ihm wäre „übel“ geworden bei dem Anblick der Palästinenser, „die auf so anstößige Weise vor dem Haus in Gaza feierten.“[182]

Im Oktober 1994 wurde ein junger Soldat entführt, und bald darauf wurde ein Video von der *Hamas* verbreitet, in dem er gezeigt wurde, wie er um sein Leben flehte und die Regierung Rabin bat, die Forderungen der Terroristen zu erfüllen. Tage vergingen, das Versteck der Entführer wurde nicht gefunden, und die Angst um seine Sicherheit wuchs. Der Berater Arafats, Ahmed Tibi, informierte die Eltern des Soldaten, ihr Sohn „lebe und es ginge ihm gut.“[183] Anscheinend wollte niemand Tibi mit der Frage nach seiner Informationsquelle unter Druck setzen. Ein paar Tage später wurde der Soldat von seinen Entführern mit einem Kopfschuß getötet, als eine israelische Eliteeinheit bei einem Befreiungsversuch das nun gefundene Versteck der Terroristen stürmte.

Arafat hat bei zwei oder drei Gelegenheiten sein „Bedauern“ über mehrere arabische Mordtaten geäußert, und dann verhaftet die PLO routinemäßig dutzende von Arabern, die bekannterweise „keine

Kenntnis über Terroranschläge besitzen,"[184])und läßt sie still und heimlich wieder frei. Die Terrorgruppe Islamischer Heiliger Krieg übernahm die Verantwortung für das Massaker von Beit Lid. Und um die Welt zu beschwichtigen, trieb die PLO-"Polizei" mehr als 100 Aktivisten dieser Terrorgruppe zusammen, schloß ihr Büro in Gaza und verbot ihre Zeitung. Die Aktivisten wurden innerhalb mehrerer Wochen nach und nach freigelassen, das Büro wurde aufs neue geöffnet, und die Zeitung wieder veröffentlicht.[185]

Ebenso hat die „Polizei" ein paar Gewehre, Handgranaten und Sprengstoffe, die angeblich von Terrorgruppen „beschlagnahmt" wurden, zur Schau gestellt und sogar ein paar hundert gestohlene israelische Autos zurückgegeben, die im Autonomiegebiet von Jericho „entdeckt" wurden (allein im Jahr 1995 wurden 35.000 Neuwagen im Wert von über 300 Millionen US-Dollar in Israel gestohlen und in die Autonomiegebiete verschoben). Diese Komödien sind nichts anderes als leere Gesten, die aus politischen Gründen vorgenommen werden, aber von unglaublich naiven Politikern und Journalisten als Indizien für Arafats wahre Absicht angesehen werden.

Und als Israel von Arafat die Auslieferung der beiden Mörder forderte, die auf einer Baustelle „die Kehlen von zwei Aufzugtechnikern aufgeschlitzt hatten"[186], behauptete Arafat, die Männer seien nach Ägypten geflohen. Die Mörder wurden jedoch von Israelis in Gaza gesehen. Die Terrorgruppen können unter dem Schutz Arafats unter den günstigsten Bedingungen ihre Aktivitäten weiter durchführen. Ein paar Äußerungen des Bedauerns und ein paar Verhaftungen sorgen dafür, daß die Welt weiterhin glücklich und zufrieden ist. Die PLO lacht sich dabei ins Fäustchen! Feisal al-Husseini, einer der höchsten PLO-Funktionäre - ein Enkel von Hitlers Vertrautem und Verbündetem, Haj Amin al-Husseini, dem früheren Großmufti von Jerusalem und Blutsverwandten von Arafat - hielt eine Rede vor den arabischen Studenten der Bir-Zeit-Universität, einer Brutstätte des Terrorismus. Gemäß „offizieller Pressemitteilungen" von der PLO waren die Studenten besorgt, daß die PLO tatsächlich ihren Kampf gegen Israel aufgegeben habe. Husseini sprach folgende beruhigende Worte: **„Alles, was Sie heute hören und sehen, erfolgt aus taktischen und strategischen Gründen. Wir haben das Gewehr nicht in die Ecke gestellt."**[187]

Arafat beabsichtigt in keinster Weise, den Mordtaten und Verstümmelungen an Israelis ein Ende zu bereiten, und er hat auch nicht vor, die Änderungen an den Abschnitten der PLO-Charta, in denen die Vernichtung Israels gefordert wurde, umzusetzen.

Die PLO-Charta

Die PLO-Charta wurde im Jahr 1964 formuliert und beschlossen; 1968 wurde sie revidiert. Sie enthält 33 Artikel, in denen die Ziele der PLO sowie die Regeln für ihre Operationen definiert werden, und liefert den Antrieb für die PLO-Maschinerie. Artikel 2 der Charta gewährt keinen Raum für einen jüdischen Staat im Nahen Osten, Artikel 20 leugnet, daß Juden jemals irgendwelche „historischen oder religiösen Bindungen" an das Gebiet gehabt haben, nach Artikel 9 ist „bewaffneter Kampf der einzige Weg zur Befreiung Palästinas", und dieser bewaffnete Kampf „ist eine übergreifende Strategie, nicht nur eine taktische Phase". Artikel 10 erklärt, daß „Aktionen von Sabotagetrupps den Kern des palästinensischen Befreiungskrieges bilden", nach Artikel 15 besteht das Ziel der PLO in der „Vernichtung des Zionismus in Palästina", und Artikel 21 verweigert „alle Lösungen, die die totale Befreiung Palästinas ersetzen sollen". Ferner erklärt die Charta in Artikel 22, daß Israel eine ständige Bedrohung des Friedens „im Nahen Osten und der ganzen Welt" darstelle, und so weiter.

Das Abkommen von 1993 zwischen Israel und der PLO fordert die Abschaffung von Sätzen in der Charta, die als Beleidigung Israels aufgefaßt werden können, besonders derjenigen, die die Zerstörung Israels fordern. Dies ist nicht geschehen. Für eine Änderung der Charta ist eine Zweidrittelmehrheit im Palästinensischen Nationalrat, der Regierung der PLO, erforderlich. Und bis schließlich im April 1996 Druck auf ihn ausgeübt wurde, hatte Arafat „sich noch nicht einmal darum bemüht, eine Sitzung des Rates einzuberufen"[188] - er hatte Israel **mehr als zweieinhalb Jahre** lang hingehalten.

Die 21. Sitzung des 480 Mitglieder zählenden Palästinensischen Nationalrats fand zu Beginn der letzten Aprilwoche 1996 in Gaza statt; es wurde ein Beschluß gefaßt, bestimmte Sätze in der Charta abzuändern (nicht abzuschaffen). Ministerpräsident Peres begrüßte diesen scheinbaren Durchbruch begeistert als „das wichtigste Ereignis im Nahen Osten während der letzten hundert Jahre."[189] (Millionen Menschen sind der Auffassung, das wichtigste Ereignis im Nahen Osten während der letzten hundert Jahre sei die Wiedererstehung des Staates Israel, aber Peres teilt diese Meinung nicht - auch nicht zwei Wochen vor den Wahlen.) Und dann sahen sich Beobachter der politischen Szene genau an, was eigentlich an diesem „bedeutenden“ Tag geschehen war. Nichts sollte sofort herausgenommen werden[190], der Beschluß nannte keine bestimmten Artikel, die geändert werden sollten[191], es gab keinen Termin für die Erstellung einer neuen Charta[192], über eine neue Charta muß vom Rat abgestimmt werden, bevor sie angenommen werden kann[193], und für den Fall, daß tatsächlich auf erneuten Druck hin eine neue Charta verfaßt wird, kann der Rat bei Gründung eines Palästinenserstaates sie wieder für ungültig erklären.[194] Die „historische“ Entscheidung Arafats, die Charta zu ändern, beläßt deshalb Israel in derselben Lage, in der sich das Land befunden hatte, bevor der Händedruck zwischen Rabin und Arafat auf dem Rasen des Weißen Hauses stattfand, nur daß Israel heute Jericho, Gaza und den größten Teil des strategisch bedeutenden Westjordanlands verloren hat.

Es gibt keine echte Absicht, die Charta zu ändern. An dem Tag, als Arafat auf dem Rasen des Weißen Hauses das Abkommen unterzeichnete - an demselben Tag - hielt er im jordanischen Fernsehen eine Ansprache für die palästinensischen Araber, und dort sagte er unter anderem folgendes:

> „Da wir Israel nicht im Krieg besiegen können, tun wir es in Phasen. Wir nehmen soviel Territorium von Palästina wie möglich und errichten unsere Souveränität dort. Dann benutzen wir es als Sprungbrett, um mehr zu nehmen. Wenn die Zeit gekommen ist, können wir die arabischen Nationen auffordern, sich uns beim Endschlag gegen Israel anzuschließen.“[195]

Arafat schickte auch einen persönlichen Brief an die arabischen Nachbarstaaten Israels, in dem er erklärte, daß im Falle ihrer Zusammenarbeit sein Abkommen mit Israel „zu einem palästinensischen Staat führen wird, der ein **Ausgangspunkt für die Vertreibung des Feindes aus allen palästinensischen Territorien sein wird.**“[196]

Und als er um Akzeptanz des Abkommens zwischen Israel und der PLO in der moslemischen Welt warb, gab Abu al-Aynayn von der PLO folgende Erklärung ab:

> **„Das Abkommen paßt in den Rahmen unserer Charta. Wir müssen den Handel akzeptieren und auf veränderte**

Umstände warten, die zur Zerstörung Israels führen könnten.“[197]

Arafats Unterzeichnung des „Friedensabkommens“ war nur eine Veränderung der Taktik, nicht aber der Zielsetzung. Und Arafats unveränderte Gewohnheit, nur in Armeeuniform aufzutreten, drückt seine Entschlossenheit aus. Wenn Arafat wirklich eine Gesinnungsänderung vollzogen und die PLO wirklich ihren Traum, die Juden ins Meer zu treiben, aufgegeben hat, dann besteht der Mond aus blauem Käse und die Erde ist eine Scheibe. Die PLO plant noch immer die Anzettelung eines Vernichtungskrieges gegen die Juden. Und das Ziel dieses Krieges **„besteht nicht darin, dem Feind unseren Willen aufzuzwingen, sondern ihn zu zerstören, um seinen Platz einzunehmen.“**[198]

Seit der Unterzeichnung des Abkommens gab es einen furchtbaren Anstieg bei der Anzahl ermordeter und verstümmelter Israelis. Arafat hat zu einem islamischen *Jihad* in Jerusalem aufgerufen, und dieser Aufruf bewirkte eine Eskalation der Gewalt in der Hauptstadt. Und er hat die PLO-Charta nicht geändert. Arafat fügt der gesamten israelischen Nation eine Erniedrigung zu; wie Benjamin Netanyahu sagte, wurde die israelische Regierung „ständig herabgewürdigt, angespuckt und geohrfeigt.“[199] Arafat „behandelt offensichtlich *jede* schriftliche Verpflichtung - sei es nun die Verpflichtung, die PLO-Charta abzuändern oder abweichlerische PLO-Gruppierungen zu bestrafen, mit unverhohlener Verachtung.“[200] Aber Terror ist die Taktik, die Arafat in die Mitte der Weltbühne gebracht hat. Nur ein Narr kann glauben, daß ein Händedruck mit dem verstorbenen Jitzhak Rabin irgendetwas verändern könnte.

Die PLO (Palestinian Liberation Organisation, in deutscher Sprache: Palästinensische Befreiungsorganisation, Anm. d. Übers.) wurde für die Verfolgung eines einzigen Zieles geschaffen, nämlich die Zerstörung des Staates Israel. Dies ist die Existenzberichtigung für die PLO, und wenn man ihr diese Grundlage entzieht, dann hat sie keine andere mehr. Und jede echte Veränderung der PLO-Charta ist ein Zugeständnis, daß die Ziele der PLO sich geändert haben, und das ist trotz eines unterzeichneten Friedensabkommens nicht der Fall.

Die Absicht

Wir haben bereits vorher erkannt, daß die Moslems von einer verzehrenden Leidenschaft angetrieben werden, Israel aus dem Nahen

Osten, dem Kernland des Islams, auszutilgen. Wir haben erkannt, daß der israelische Sieg über die moslemischen Nationen, besonders die Niederlage von 1948, als größte Schande in der neueren arabischen Geschichte angesehen wird. Und wir haben auch erkannt, daß dies die Motivation liefert für die Ausnahme von der sonst gültigen Regel, nach der Araber immer Worte an die Stelle von Handlungen setzen.

Und so stellt sich folgende Frage: „Warum macht Arafat Frieden mit Israel?“ Und die Antwort lautet: Arafat macht *keinen* Frieden mit Israel. Er macht ein paar Bewegungen, die aussehen und sich anhören wie Frieden, in Wahrheit aber ein Vorspiel zum Krieg sind.

Wir wollen nicht den Fehler begehen, Arafat vom Islam zu trennen. Arafats Zaudern im Hinblick auf die Änderung der PLO-Charta sowie sein Aufruf zum *Jihad* für Jerusalem sind echte Ausdrucksformen eines islamischen Herzens. Wir sollten daran denken, daß der Islam jede Handlung, jeden Gedanken und jedes Gefühl eines Moslems bestimmt. Wir sollten auch daran denken, daß Lüge nicht nur eine Lebensweise ist, sondern auch eine Pflicht, wenn dadurch günstige Resultate erzielt werden können. Und was ist ein günstiges Resultat? Die Zerstörung Israels und die Auslöschung jüdischer Geschichte im Nahen Osten.

Arafat ist Araber und Moslem, und die Lüge ist mehr als das Atmen zu seiner zweiten Natur geworden. Aber er log nicht, als er sagte: **„Ich will ganz Palästina, das ganze Gebiet; Palästina ist unteilbar.“**[201] Wenn auch Israels ehemalige linke Koalitionsregierung in der Tat weniger Scharfsinn besaß als von den führenden Köpfen einer Nation erwartet wird, plante sie sicherlich nicht bewußt, ihre Heimat aufzugeben und das jüdische Volk ins Exil zurückzuschicken. Aber ihre Bereitschaft, Israels strategisch wichtigstes Gebiet aufzugeben in ihrem Bemühen um die Sicherung eines dauerhaften Friedens mit ihren moslemisch-arabischen Nachbarn grenzt wirklich an Selbstmord. Und die Opferung von Jericho und Gaza an Arafat als Eröffnung des Wettrennens um den Frieden öffnet auch der Erfüllung von PLO-Träumen Tür und Tor.

Von diesem Brückenkopf nach „Palästina“ träumt die PLO bereits seit Jahren. Und zuerst mit beiden Füßen in Jericho zu stehen bedeutet die höchste Stufe bei der Erfüllung eines Traumes. Jericho war die erste Stadt, die im 15. Jahrhundert v. Chr. von den Israeliten während ihres Eroberungszuges in Kanaan erobert wurde. Die Lage

Jerichos machte die Stadt zum Schlüssel für die Eroberung des zentralen Hügellandes - und dies ist das Kernland des heutigen Israel. Arafat erkennt sowohl den spirituellen als auch den strategischen Wert der Stadt, und General Hajj Ismail, der militärische Befehlshaber der PLO im Bezirk Jericho, behauptet, Jericho sei „das Tor nach Jerusalem."[202]

Ein Stützpunkt in Jericho und Gaza beinhaltet die zweite Stufe des „Phasenplanes", der am 8. Juni 1974 [203] von der PLO genehmigt wurde. Die zweite Stufe des Phasenplanes besteht aus der Sicherung einer Plattform in „Palästina", von der aus die PLO ihren Terrorkrieg gegen Israel weiterführen kann. Am Ende würde ein Großangriff aller arabischen Nationen gegen ein geschwächtes Israel durchgeführt, um die völlige Zerstörung des Staates zu verwirklichen. Der Phasenplan ist zu umfangreich, um in voller Länge abgedruckt zu werden, aber es folgt nun eine kurze Auswahl aus den numerierten Absätzen des Planes.

2. **Die PLO kämpft mit allen Mitteln, und hauptsächlich mit bewaffnetem Kampf, um das palästinensische Land zu befreien** und eine nationale, unabhängige, kämpfende Regierung über jeden Teil der zu befreienden Erde Palästinas zu errichten.
4. Jeder Schritt der Befreiung ist ein Teilerfolg bei der Umsetzung der Strategie der PLO im Hinblick auf die Errichtung eines palästinensisch-demokratischen Staates, wie sie bereits von früheren Ratsversammlungen beschlossen wurde.
8. **Nach seiner Gründung wird die nationale palästinensische Regierung für die Einheit der sich in der Konfrontation befindenden Länder kämpfen, um die Befreiung des gesamten palästinensischen Territoriums zu vollenden....**
10. **Auf der Grundlage dieses Planes werden die Anführer der Revolution Taktiken formulieren, mit deren Hilfe diese Ziele erreicht werden können.**

Damit der Leser verstehen kann, daß die völlige Zerstörung Israels tatsächlich das wahre Ziel der PLO in dem Abkommen zwischen Israel und der PLO ist, soll jetzt die Stimme der PLO gehört werden.

> „Es ist unser Recht, daß wir einen Staat haben sollten, und zwar nicht nur auf dem Papier, weil dieser Staat ein unab-

hängiger palästinensischer Staat sein wird, **der als Stützpunkt dienen wird, von dem aus Jaffa, Akko und ganz Palästina befreit werden soll.**"[204]

„Die Gründung eines palästinensischen Staates im Westjordanland und in Gaza wird der Anfang vom Niedergang des zionistischen Unternehmens sein. Wir werden in der Lage sein, **im Vertrauen auf diese Niederlage den Kampf um die Verwirklichung unseres Gesamtzieles zu vollenden.**"[205]

„Wenn wir einen Teil unseres Territoriums erhalten, **werden wir unseren Traum, einen einzigen demokratischen Staat in ganz Palästina zu gründen, nicht aufgeben.**"[206]

„Der Siegesmarsch wird weitergehen, **bis die palästinensische Flagge in Jerusalem und ganz Palästina weht - vom Jordan bis zum Mittelmeer und von Rosh Hanikra bis Eilat.**"[207]

„Es gibt zwei Phasen unserer Rückkehr: **die erste Phase bis zu den Grenzen von 1967, die zweite bis zu den Grenzen von 1948.**"[208]

„Die Wiedergewinnung unserer besetzten Territorien **ist nur die erste Stufe auf dem Weg zur völligen Befreiung Palästinas.**"[209]

„Unser erstes Ziel ist die Rückkehr nach Nablus [einer Stadt im Westjordanland], **und dann werden wir nach Tel Aviv weiterziehen.**"[210]

„Wir erstreben die Gründung eines Staates, **den wir für die Befreiung des anderen Teiles dieses palästinensischen Staates benutzen können.**"[211]

„Der Kampf mit dem zionistischen Feind **ist kein Kampf um die Grenzen Israels, sondern um die Existenz Israels.**"[212]

„Wir haben das Gewehr nicht aus der Hand gegeben. Die ***Fatah*** **hat noch immer bewaffnete Gruppen, sie werden weiterexistieren, und alles, was ihr** [an Gegenteiligem] **hören werdet, dient einzig und allein strategischen Zwecken.**"[213]

„[Das Friedensabkommen] **ist nur ein Waffenstillstand bis zur nächsten Stufe im bewaffneten Kampf. Es gibt in der**

***Fatah* keinen Beschluß, mit dem bewaffneten Kampf** gegen die Besatzung **aufzuhören.**"[214]

Diesen Stimmen sollte man Gehör schenken. Die Anführer der PLO, sogar die Verhandlungsführer über das Friedensabkommen, erklären heute, das Abkommen sei nur der erste konkrete Schritt auf dem Weg zur völligen Vernichtung Israels. Sie sagen offen, daß trotz des Friedensabkommens der Terrorismus weitergehe, bis Israel nicht mehr existiert:

> „Alle palästinensischen Befreiungsgruppen - Fatah, Saika, die PLF, die PLFP, die PLFP-GC, die DFLP und die PLO - haben ihre Ziele klar und deutlich formuliert: **Die Gründung eines palästinensischen Staates ist nur der erste Schritt auf unserem Weg zur Vertreibung aller Juden aus dem Land.**"[215]

Die Annahme eines Friedens mit dem Zugeständnis einer israelischen Präsenz im Nahen Osten und der Anerkennung des Existenzrechts Israels wird niemals die Schande militärischer Niederlagen vom Gesicht der arabisch-moslemischen Welt auslöschen: „Sollen wir zukünftigen Generationen eine Erbschaft israelischer Eroberung hinterlassen?"[216] „Haben wir unser Blut für 50 Quadratkilometer in Jericho vergossen?"[217] Natürlich nicht! Aber wann werden die Chamberlains, die zur Zeit in Israel, den Vereinigten Staaten und Europa regieren, sich der Tatsache stellen, daß der von Arafat angebotene Friede haargenau der Friede ist, den Hitler damals in München angeboten hatte?

Die PLO ist heute dabei, einen souveränen Palästinenserstaat zu gründen, der die Grundlage für den Nationalrat und den Phasenplan bildet. Das Abkommen zwischen Israel und der PLO bezeichnet Jericho und Gaza als „Autonomiegebiete", aber Arafat hat sich bereits als „Präsident von Palästina" bezeichnet, und wird auch so genannt. Er hat seine eigene Polizei, Flagge, Nationalhymne, Radio- und Fernsehsender, Briefmarken, Telefonvorwahlen, Grenzsoldaten und territoriale Gewässer. An den Grenzen stellen Zollbeamte Reisedokumente aus, offizielle Vertreter werden zu den Vereinten Nationen und in viele Länder entsandt, und die palästinensische Flagge weht heute über fast einhundert Botschaftsgebäuden. Dem souveränen Palästinenserstaat fehlt nur noch die formale Anerkennung durch die Nationen der Welt. Und diese Anerkennung wird bestimmt innerhalb von einem oder zwei Jahren erfolgen, nachdem Arafat jetzt seine offizielle Residenz in den Autonomiegebieten bezogen hat.

Arafats Frieden

Adolf Hitler überzeugte den Briten Neville Chamberlain, daß der Frieden in Europa nur gesichert werden könne, wenn die Tschechoslowakei zur Aufgabe des Sudetenlandes gezwungen würde, das nach Hitler „rechtmäßig zu Deutschland gehörte." Diplomatischer Druck wurde ausgeübt, und die Tschechen wurden gezwungen, eine Gebirgskette aufzugeben, die eine fast undurchdringliche Verteidigungslinie gegen eine deutsche Invasion bildete.

Der Rest ist Geschichte. Mit Hilfe der Kontrolle über die Gebirgspässe zerstörte die deutsche Armee den Rest der Tschechoslowakei durch die Besetzung von Böhmen und Mähren und die Umwandlung der Slowakei in ein deutsches Protektorat. Hitler setzte seine militärische Aggression fort, indem er am 1. September 1939 in Polen einmarschierte, und diese Invasion war der Funke, der den Zweiten Weltkrieg entzündete, in dem siebenundvierzig Millionen Menschen ihr Leben verloren.

Arafat ist wie die meisten Araber ein großer Bewunderer Hitlers. Die Strategie der PLO zur Vernichtung Israels basiert auf Hitlers Handlungsweise im Hinblick auf die Tschechoslowakei. Mit Hilfe von Terror und einer hochentwickelten Propagandamaschinerie ist es Arafat gelungen, die ganze Welt zu überzeugen, daß „Friede" nur gesichert werden kann, wenn Israel Land zurückgibt, das „rechtmäßig den 'Palästinensern' gehört." Die Strategie im militärischen sowie im Propagandabereich ist identisch mit der von Hitler, aber die Friedensstrategie Arafats stammt aus der arabischen Welt. Araber glauben fest an das Sprichwort, daß sie „die Gegenwart nur mit den Methoden der Vergangenheit in Ordnung bringen"[218] können. Und Arafat sieht nicht nur im Hinblick auf Hitler in die Vergangenheit, sondern auch auf die beiden berühmtesten Gestalten in der langen Geschichte islamischer Kriegführung, nämlich Mohammed und Saladin, um damit die Gegenwart in Ordnung zu bringen. Arafats Konzeption vom Frieden besteht wie bei Mohammed und Saladin aus einem Preis, der gezahlt werden muß, um etwas anderes zu erreichen:

> „**Frieden bedeutet für uns die Zerstörung Israels.** Wir bereiten uns auf einen allumfassenden Krieg vor, einen Krieg, der über Generationen andauern wird. Seit Januar 1965, als

> *Fatah* ins Leben gerufen wurde, sind wir zum gefährlichsten Feind Israels geworden. Wir werden keine Ruhe geben bis zu dem Tag, an dem wir in unsere Heimat zurückkehren werden, und **bis wir Israel zerstören.**"[219]

Arafat war sogar noch pragmatischer, als er den Frieden, den er Israel anbietet, folgendermaßen beschrieb: „Die PLO bietet nicht den Frieden der Schwachen an, sondern den Frieden Saladins."[220] Saladin war der große moslemische Krieger des 12. Jahrhunderts. Seine Eroberung Jerusalems im Jahr 1187 löste den Dritten Kreuzzug aus. Aber Saladin ist auch „berühmt" für den „Frieden", den er mit den Kreuzrittern machte, bevor er er seinen grausamen Angriff begann und die Kreuzritter aus dem Heiligen Land vertrieb.

Mohammed selbst schuf die Grundlage für die geschichtliche Entwicklung des Islams im Hinblick auf Friedensverträge, die mit einem Feind abgeschlossen wurden, um zu einem späteren, günstigeren Zeitpunkt wieder angreifen zu können. Im Jahr 628 schloß Mohammed einen „Friedensvertrag" mit dem Stamm Kuraisch in Mekka ab, damit Moslems an der Ka'aba anbeten konnten. Zwei Jahre später, als die Zahl seiner Anhänger größer wurde und seine Position gestärkt war, hob er den Vertrag auf, griff die Kuraisch an und ermordete jedes männliche Wesen unter ihnen. Dieses Abkommen zwischen Mohammed und den Ungläubigen von Mekka ist unter dem Namen „Waffenstillstand von Hudaybiyyah" bekannt.

> „Dieser Waffenstillstand wurde im islamischen Recht zu einem Beispiel und Präzedenzfall für alle Abkommen mit Ungläubigen, die niemals dauerhaft waren und einen Zeitraum von zehn Jahren nie überschritten (mit der Möglichkeit einer Verlängerung um weitere zehn Jahre, aber niemals mehr). **Der Islam darf seinen Krieg gegen Nichtmoslems nie für einen längeren als diesen Zeitraum unterbrechen.**"[221]

> „In der Lehre des arabischen Islams im Hinblick auf Frieden mit Nichtmoslems ist der Friede eine völlig islamische Angelegenheit; er wird von den Moslems begonnen, wenn sie ihn für notwendig halten und seinen praktischen Nutzen vorhersehen; und er wird von ihnen beendet, wann immer sie die Notwendigkeit dafür sehen. Sogar wenn von Moslems Friedensverträge mit Nichtmoslems abgeschlossen werden,

bleibt der Feind ein Feind. **Nach islamischer Vorstellung und Lehre ist es erlaubt, Friedensverträge aus praktischen Erwägungen heraus abzuschließen, auf dem Weg zum endgültigen Sieg des Islams. Die islamische Konzeption vom Frieden besteht daher in der Beendigung der Feindseligkeiten bis zu dem Zeitpunkt, wenn die Umstände die Wiederaufnahme der Feindseligkeiten begünstigen und letztendlich ein Sieg des Islams erreicht wird.**“[222]

Der Waffenstillstand ist ein Bestandteil der langfristigen Kriegspolitik des Islams und somit ein wesentlicher Charakterzug des islamischen Bestrebens, die Welt zu völliger Unterwerfung zu führen. Nach islamischen Gesetzeswerken „kann ein Krieg, falls erforderlich, durch einen Waffenstillstand mit begrenzter Dauer unterbrochen werden. Er kann nicht durch einen Frieden, sondern nur durch einen Sieg beendet werden.“[223] Jetzt wird auch deutlich, warum in einem der obigen Zitate ein PLO-Anführer das Friedensabkommen als „Waffenstillstand“ bezeichnet. Nur eine „Feuerpause“ oder ein „Waffenstillstand“ ist im Islam erlaubt, und „nicht länger als zehn Jahre.“[224] Wenn der Feind sich als zu stark erweist, wie es bei Israel immer wieder der Fall war, kann für eine begrenzte Zeit ein Waffenstillstand abgeschlossen werden. Der Feind sieht in einem solchen Waffenstillstand bereits den Frieden, und deshalb sehen Arafat und alle Araber im Frieden „eine auszunutzende Schwäche.“[225]

Das Friedensabkommen zwischen Israel und der PLO ist ein taktischer Schachzug in einem umfassenden Plan. Wir sollten nicht überrascht sein, wenn auf Arafat Druck ausgeübt wird, die PLO-Charta zu ändern, er sogar scheinbar darauf eingeht, um das Maß der Falschheit vollzumachen.

Jerusalem

Es gibt einen äußerst kraftvollen Anfeuerungsruf für Moslems: *Al Quds* - Jerusalem! Und in allen Zeitaltern wird dieser Ruf benutzt, um die „Krieger des *Jihad*“ anzufeuern, von Mohammed im 7. über Saladin im 12. bis hin zu Arafat im 20. Jahrhundert. Arafat bringt „die Gegenwart“ mit den „Methoden der Vergangenheit“ in Ordnung.

Sechs Tage nach der Unterzeichnung des Friedensabkommens rief Arafat zu einem *Jihad* für die Befreiung Jerusalems auf. Die folgenden Auszüge sind seiner Rede in einer Moschee in Johannesburg entnommen:

„Im Namen Allahs ... glauben Sie mir, es gibt eine Menge zu tun. Der *Jihad* wird weitergehen ... Unser Hauptkampf dreht sich um Jerusalem. Jerusalem ... Und hier stehen wir, ich kann und muß ganz offen sprechen, ich kann es nicht allein, ohne die Unterstützung der islamischen Nation, schaffen. Ich kann es nicht allein schaffen ... **Nein, Sie müssen kommen und kämpfen und den *Jihad* für die Befreiung Jerusalems beginnen** ... nein, es ist nicht ihre (der Juden) Hauptstadt. Es ist unsere Hauptstadt. Es ist Ihre Hauptstadt ... Dieses Abkommen (das Friedensabkommen zwischen Israel und der PLO) - **für mich hat es nicht mehr Bedeutung als das Abkommen, das zwischen unserem Propheten Mohammed und dem Stamm der Kuraisch unterzeichnet wurde - es ist ein verachtenswerter Waffenstillstand. In der gleichen Weise, wie Mohammed es damals akzeptiert hat, akzeptieren wir heute dieses Streben nach Frieden** ... Aus meinem tiefsten Herzen erkläre ich Ihnen unter Brüdern, daß wir Sie brauchen. **Wir brauchen Sie als Moslems, als Krieger des *Jihad* ... Und wieder muß ich es sagen ... vorwärts zum Sieg, vorwärts nach Jerusalem!** ‘Sie werden die Moschee betreten, wie sie es zuvor getan haben.’“[226]

Kann man Arafats Absichten noch stärker verdeutlichen? Mohammeds Waffenstillstand von *Hudaybiyyah* ist das Vorbild für Arafats Frieden mit Israel! Er meinte, er vertraue sich islamischen Gläubigen an, doch seine Rede wurde heimlich von einem Journalisten aufgezeichnet, der es fertigbrachte, ohne Einladung in die Moschee zu kommen.

Wir wollen folgendes festhalten:

a) Arafat spricht als Moslem im Namen Allahs.
b) Obwohl er ein Abkommen unterzeichnet hat, das das Ende von Gewalt und Terror fordert, erklärt er feierlich, daß beide weitergehen werden.
c) Er läßt niemanden im Unklaren darüber, daß Jerusalem das wahre Ziel ist und daß es sich nicht um die jüdische Hauptstadt handelt, sondern um die islamische Hauptstadt des zukünftigen palästinensischen Staates.
d) Er prahlt damit, daß er das Friedensabkommen zwischen Israel und der PLO genauso behandelt wie Mohammed sein Abkommen

mit dem Stamm der Kuraisch - es ist ein „verachtenswerter Waffenstillstand".

e) Er verwendet Mohammeds und Saladins Anfeuerungsruf über Jerusalem als Einladung an die südafrikanischen Moslems, in Jerusalem den *Jihad* gegen die Juden zu führen.

f) Arafat beendet seine Rede mit einem Zitat aus dem Koran[227], und zwar mit einem Vers, in dem auf die römische Armee hingewiesen wird, die den jüdischen Tempel wie zuvor die Babylonier betreten hatte, und zwar „zerstörten sie alles, was in ihre Hände geriet", und er deutet damit an, daß er das gleiche tun werde.

Das Friedensabkommen zwischen Israel und der PLO ist eine Täuschung - ein taktisches Manöver des Islams, um die Zerstörung des jüdischen Staates herbeizuführen. Und Arafat machte kein Geheimnis aus der Ansicht der PLO im Hinblick auf das Ziel des Abkommens. Während seiner „triumphalen" Rückkehr nach Gaza Anfang Juli 1993, in einem Gebiet, zu dem Israelis keinen Zutritt hatten, „stimulierte er die Menge, indem er mit ihr ausrief: 'Im Blut und im Geiste werden wir Palästina befreien.'"[228] Er freute sich daran, die arabische Welt folgendermaßen über seinen Erfolg zu informieren: „Von hier aus, dem Land Palästina, sage ich der Welt, sage ich meinen Brüdern, den arabischen Anführern, daß wir unser Versprechen halten werden ...."[229] Und dann verdeutlichte er dieses „Versprechen":

> „Von hier aus in Gaza werden wir zur Ibrahim-Moschee [der Höhle Machpela in Hebron] gehen, wir werden nach Nablus, nach Jenin, Tulkarm, Kalkilya, Bethlehem, Ramallah gehen und dann nach Hebron, Jerusalem, Jerusalem, Jerusalem."[230]

Und die gefühlsmäßig aufgeputschten Mengen schlossen sich Arafat an, indem sie den islamischen Schlachtruf *„Allahu Akbar"*[231] skandierten. Es war ein echter Ausdruck der im Herzen eines jeden Moslems gehegten Hoffnung:

> „Millionen von Moslems, vom Iran im Osten bis hin zu Libyen im Westen, geloben mit erhobenen Fäusten und heiligem Eifer, Jerusalem durch das Schwert zu befreien. Sie schwören, daß die Juden, die in der zweiten Sure des Korans als 'verschlagen, grausam und verräterisch' bezeichnet werden, aus dem besetzten Land vertrieben werden."[232]

Die Botschaft an Israel ist klar und deutlich: Die PLO will Jerusalem als ihre Hauptstadt - „ganz Jerusalem.“[233] Und der Befehlshaber der neuen „Palästinensischen Polizei“ betonte ebenfalls: „Dies ist der erste Schritt auf dem Weg zur Rückgabe von Jerusalem und dem gesamten besetzten Land an die rechtmäßigen Eigentümer.“[234] Er sagte auch: „Die Tür ist offen für [diejenigen] ... die den bewaffneten Kampf zum Höhepunkt bringen wollen.“[235]

Jerusalem bedeutet Geschichte, Macht und Gott. Die dortigen Ereignisse sind für hunderte Millionen Menschen in der ganzen Welt zu einem Drama des wirklichen Lebens geworden. Jerusalem ist zum Sitz des zweitgrößten Pressebüros in der gesamten Welt geworden - hunderte von ausländischen Journalisten und dutzende von Fernsehteams arbeiten hier. Die Welt wartet auf den kommenden Zusammenstoß um die heilige Stadt. Einige von ihnen sehen darin das Ende der Zeit, andere die entscheidende Schlacht im Kampf zwischen dem Islam und dem Westen.

Der Kampf um Jerusalem ist kein Kampf um die Rechte der Palästinenser und auch kein Kampf zwischen Menschen, das heißt Juden und Arabern. Es ist ein spiritueller Kampf, ein Versuch der satanischen Streitkräfte, Gott aus der Stadt zu vertreiben, die er sich als Thronsitz erwählt hat. Es ist ein Kampf, der schließlich in einem nuklearen und chemischen Holocaust enden wird. Die irdischen Protagonisten sind die Juden, eine verachtete Minderheit, die zu einer bedeutenden Quelle des Segens für die ganze Welt geworden ist,[236] und die Palästinenser, eine Mischung aus arabischen Völkern, die kürzlich eine Identität für sich geschaffen haben, indem sie die Inhaltsstoffe Mord und Terror großzügig vermischten mit ihrer Methode, die Geschichte unrechtmäßig zu verändern, neu zu erschaffen und umzuschreiben.

6

Palästinensische Flüchtlinge

Das Problem der palästinensischen Flüchtlinge ist ein wesentlicher Bestandteil der arabischen Strategie im Krieg gegen Israel. Seit etwa einem halben Jahrhundert ist die Welt unaufhörlich und immer stärker mit Berichten über das Elend der palästinensischen Flüchtlinge bombardiert worden. Es ist höchste Zeit, daß die Menschen im Westen den Staub von den Geschichtsbüchern in ihren Bücherregalen wegblasen und selbst nach der Wahrheit suchen. Aber unglücklicherweise verläßt sich der Durchschnittsbürger in der westlichen Welt völlig auf die Medien, um auf dem neuesten Stand zu bleiben, und hier liegt die Wurzel des Problems. Diejenigen, die die Information der Massen kontrollieren, werden letztendlich auch ihre Entscheidungen und Meinungen unter Kontrolle haben. Und doch ist es bei dieser Fülle an Material, das für jeden verfügbar ist, der sich über die Flüchtlingssituation ein objektives Bild machen will, schwer zu verstehen, warum (unabhängig von Antisemitismus und arabischem Öl) die Medien noch immer den Mythos verbreiten, das Flüchtlingsproblem betreffe nur Araber. Und dieser Mythos ist nach Joan Peters „vielleicht die allumfassendste Fehlkonstruktion, die überhaupt in bezug auf eine politische Lage in der Welt entstehen konnte."[1]

Der Mythos

Am 15. Mai 1948, dem Tag nach der Staatsgründung Israels, führten sieben[2] arabische Armeen einen Angriff auf Israel durch, mit dem Bestreben, das Leben des neugeborenen Staates auszulöschen. Trotz riesiger zahlenmäßiger und militärischer Überlegenheit ging Israel mit Hilfe seines Gottes siegreich aus dem Krieg hervor.

Aber der arabische Angriff schuf zwei gegenläufige Flüchtlingsprobleme. Araber flohen aus allen Gebieten Palästinas und fanden Zuflucht in arabischen Ländern, und Juden flohen aus ihren alten arabischen Heimatländern und fanden hauptsächlich Zuflucht in

Israel.

Die Flucht der Araber hatte zwei verschiedene Ursachen:

a) „Die arabischen Staaten ermutigten palästinensische Araber, ihre Häuser und Wohnungen für einen begrenzten Zeitraum zu verlassen, um den arabischen Invasionsheeren nicht im Weg zu sein."[3] Die „'Mehrheit' der arabischen Flüchtlinge wurde 1948 nicht vertrieben, und '68 Prozent' gingen weg, ohne je einen israelischen Soldaten gesehen zu haben."[4] Ein palästinensischer Flüchtling faßte die Lage sechs Jahre später zutreffend zusammen: „Die arabische Regierung sagte uns: 'Geht hinaus, so daß wir hineingehen können.' So gingen wir hinaus, aber sie gingen nicht hinein."[5]

b) „Für die Flucht sind unsere Anführer verantwortlich. Sie erfüllten die Herzen der palästinensischen Araber mit Furcht und Schrekken, bis sie flohen und ihre Häuser und Grundstücke dem Feind überließen."[6]

Diese beiden Ursachen werden durch die Berichte von William Hull, der während des Krieges in Palästina war, ins richtige Licht gerückt.

„Die Araber flohen, weil ihre Anführer das Land verlassen hatten und weil Gott Furcht in ihre Herzen gelegt hatte. In Bakaa und einigen anderen Gegenden Jerusalems ließen sie Essen auf dem Tisch, Silbergeräte, Schmuck, Geld und andere Wertgegenstände in ihren Schubladen zurück. Ihre Anführer sagten ihnen, daß sie jetzt das Land verlassen sollten und daß sie in ein paar Tagen wieder zurückkommen könnten, nachdem die arabischen Armeen die Juden besiegt hätten. Diese Araber hatten in Erwartung des Krieges große Vorräte an Öl, Nahrungsmitteln und vielem anderen angelegt. Unter jedem arabischen Haus befand sich eine große, mit Wasser angefüllte Zementzisterne. Diese Vorräte und das Wasser waren buchstäblich ein Gottesgeschenk für die hungernden und dürstenden Juden in Jerusalem. Es schien fast so, als ob Gott das alles geschickt hätte, um ihre Bedürfnisse zu befriedigen.

Wir haben großes Verständnis für die Araber; es war eine tragische Katastrophe für sie, ein Unglück, daß Gott zu ihren Lebzeiten beschlossen hatte, Israel in sein eigenes Land zurückzubringen. Die Araber selbst waren fast allein schuld an ihrer Flucht, denn ihre Anführer stellten das Massaker von Deir Yassin in einer Weise dar und erfanden so viele andere Geschichten ohne jede Grundlage, daß die Araber vor den *schrecklichen* Juden große Angst hatten. Das waren die 'Hornissen der Furcht', die die Araber selbst losgelassen hatten. Die Absicht dieser übertriebenen oder falschen Berichte lag darin, die Juden in den Augen der Welt zu diskreditieren. Aber das Resultat war eine panische Flucht ihrer eigenen Leute."[7]

Mehr als 60 Prozent von Israels heutiger Bevölkerung - etwa drei Millionen Menschen - sind Juden oder Nachkommen von Juden, die in arabischen Ländern gelebt haben und vor „arabischer Brutalität"[8] geflohen sind. Die Mehrheit der heute in Israel lebenden Menschen besteht aus Flüchtlingen zweier Formen der Unterdrückung, und zwar der durch europäische Nazis und der durch Araber.[9] Weitaus mehr Juden aus arabischen Ländern wurden zur Zeit des Krieges von 1948 zu besitzlosen Flüchtlingen als Araber, die den neugegründeten jüdischen Staat verließen. Hunderttausende Juden flohen aus den arabischen Ländern wegen der sich häufenden Massaker, die in ihren Gemeinwesen stattfanden. Arabische Pogrome gegen Juden fanden seit der Zeit Mohammeds immer wieder statt, aber aus Rache für die Staatsgründung Israels steigerten die Araber ihre Brutalität, bis das Leben für Juden in arabischen Ländern unerträglich wurde.

> „Der Massenexodus jüdischer Flüchtlinge aus den arabischen Ländern wurde hauptsächlich durch die Ausbrüche arabischer, an die Nazizeit erinnernder Brutalität ausgelöst, die zum Los der jüdischen Gemeinwesen wurde. Aber die Geschichte der Verfolgung von Juden durch Araber ist lang, eine Chronik 'unerträglichen Druckes', die ihre Ursprünge und Inspiration aus dem Buch des islamischen Religionsstifters aus dem siebten Jahrhundert bezog."[10]

In einem außergewöhnlich offenen Artikel für eine arabische Zeitschrift gab Sabri Jiryis, ein Forscher, Autor und Mitglied des Palästinensischen Nationalrats, der Regierung der PLO, folgende Erklärung ab: „Juden aus den arabischen Staaten **wurden aus ihren alteingesessenen Wohnsitzen vertrieben ... in Schande deportiert**, nachdem ihr Eigentum beschlagnahmt oder zu einem äußerst niedrigen Preis übernommen wurde."[11]

Das Beweismaterial über die Ungerechtigkeit von Arabern gegenüber Juden, die in vielen Fällen seit vorislamischer Zeit in arabischen Ländern lebten und manchmal sogar mehr als tausend Jahre vor der Ankunft des Islams, ist so überwältigend, daß sogar manche erklärten Feinde Israels aus Gewissensgründen gezwungen waren, es als Tatsache zu akzeptieren. Die Juden wurden ihrer Besitztümer und ihres Grundbesitzes beraubt und aus den arabischen Ländern vertrieben. Die Araber verließen dagegen ihre Wohnsitze entweder aus eigenem Antrieb oder nach Aufforderung durch ihre Anführer. **Man kann diese beiden Fluchtbewegungen überhaupt nicht vergleichen, denn die eine war erzwungen, die andere freiwillig**; auch kann man die daraus entstandenen persönlichen Verluste nicht vergleichen.

> „Die Verluste der enteigneten Juden, die arabische Länder verließen, waren plötzlich und allumfassend; die Juden nahmen fast nichts mit. In dem Exodus der Araber waren die reichen Palästinenser unter den ersten, die weggingen, und sie nahmen so viel von ihrem Eigentum mit, wie sie konnten. Keiner wurde daran gehindert, etwas mitzunehmen. Nach vorsichtigen Schätzungen belief sich der Wert von Häusern, Geschäften, Banken, Grundbesitz und anderen Gütern von Juden nur im Irak und in Ägypten auf Milliardenbeträge. (Im Jahr 1952 errechnete der von der Jewish Agency entsandte Finanzexperte Dr. Edmund Ross die Verluste von Juden allein in den Ländern des Mahgreb auf etwa sieben Milliarden US-Dollar; heute wäre diese Summe um ein Vielfaches höher). Dagegen **kann man den Wert des von einheimischen Arabern** während der Kriege **verlassenen Grundbesitzes** (der von den betroffenen Behörden genau registriert wurde) **in keinster Weise aufrechnen**."[12]

Der westlichen Welt wurde wie in einer Gehirnwäsche die Vorstellung vermittelt, Millionen von palästinensischen Flüchtlingen lebten entweder in verkommenen Lagern oder fristeten ihr Leben irgendwo im Exil. Die Araber und die PLO propagieren diese Lüge eifrig, und die antiisraelischen Medien im Westen verbreiten sie nur zu gerne. Statistiken von der Hilfsorganisation UNWRA der Vereinten Nationen werden oft genannt, um die Glaubwürdigkeit der Lüge zu verstärken, aber diese „Fakten" sind in keinster Weise verläßlich, denn weniger als 18 Monate nach dem Ende des Krieges erklärt der Direktor des UN-Hilfswerks selbst, **daß hunderttausende ihrer „hungrigen Araber" keine Flüchtlinge waren!**[13] Im Jahr 1961 **gab ein anderer Direktor des UN-Hilfswerks zu, daß ihre Flüchlingszahlen auch andere Araber berücksichtigten** und er erklärte, es wäre „falsch, ihnen nur deshalb Hilfe zu verweigern, weil sie vom Gesetz her nicht dazu berechtigt waren."[14] Und 1970 gab dieser Direktor zu, **er hätte selbst festgestellt, daß die Flüchtlingszahlen „unkorrekt und stark übertrieben seien."**[15]

Die Flüchtlingszahlen der Vereinten Nationen basieren auf der Zahl der verteilten Lebensmittelkarten. Und nach einer von der UN durchgeführten Untersuchung im Jahr 1960 wurde folgendes berichtet: „Rationskarten wurden zu verkäuflichem Eigentum, von jedem Jordanier, ob Flüchtling oder nicht, ob bedürftig oder wohlhabend, zu erwerben."[16] Bereits im Jahr 1955 berichtete die arabische Presseagentur in Kairo, **daß es Flüchtlinge gibt, die bis zu 500 Rationskarten besitzen**."[17] Vierzig Jahre später bestätigen Statistiker, es sei unmöglich, Todesfälle in den Flüchtlingslagern zu dokumentieren, **„da die Meldung eines Todesfalles den Verlust einer wertvollen Rationskarte des UN-Hilfswerkes bedeutet."**[18] So sind offensichtlich die UN-Statistiken über die Zahl der palästinensischen Flüchtlinge noch stärker übertrieben als vor vierzig Jahren, und so falsch, daß sie einer näheren Untersuchung überhaupt nicht standhalten. Und deshalb müssen wir bis zum Jahr 1948 zurückgehen, zu den Anfängen des Problems.

Nach der britischen Untersuchung über Palästina (British Survey of Palestine), einem Bericht, der für seine Tendenz zu übertriebenen Zahlen bekannt ist, belief sich die Gesamtzahl der Araber, die in dem Gebiet, das nach dem Krieg von 1948 zu Israel wurde, lebten, auf 561.000. Etwa 140.000 von ihnen blieben in Israel. Die Zahl der Flüchtlinge konnte demnach „nicht mehr als 420.000 betragen."[19)]Die umfassendste Forschungsarbeit über das Flüchtlingsproblem leistete Joan Peters, die sieben Jahre brauchte, um ihr Monumentalwerk *From Time Immemorial: The Origins of the Arab-Jewish Conflict Over Palestine* (Seit unvordenklichen Zeiten: Die Ursprünge des arabisch-jüdischen Konflikts um Palästina) fertigzustellen. Peters und ihre

Mitarbeiter durchkämmten Kisten mit britischen Regierungsdaten, die buchstäblich ganze Räume vom Fußboden bis zur Decke füllten, und sie durchsuchte ganze Archive in den größten öffentlichen Bibliotheken der Welt. In ihrem Buch entfernt sie aus dem Zahlenmaterial die vielen tausend Nomaden, die in offiziellen Statistiken mit der Anzahl der fest angesiedelten Bevölkerung zusammengefaßt waren. Sie dokumentiert präzise die viele tausend Menschen umfassende, von der Regierung festgehaltene Zahl der arabischen Einwanderer sowie 170.000 Umsiedler aus den arabischen Gebieten West-Palästinas (Gebiete mit nichtjüdischer, seßhafter Bevölkerung).[20] Diese 170.000 Menschen konnten nicht der Kategorie der Flüchtlinge zugeordnet werden, da sie lediglich in ihre Dörfer und Städte außerhalb der Waffenstillstandslinien heimkehrten. Wenn die „nicht seßhaften" Araber zusammen mit den 140.000, die in Israel blieben, aus den Bevölkerungszahlen herausgenommen werden, dann kommt Peters zu dem Ergebnis, daß das wahrscheinliche Maximum an echten Flüchtlingen nicht höher liegen konnte als bei 340.000.[21] Peters schreibt folgendes:

> **„An dieser Stelle sollte betont werden, daß die Höchstzahl von 343.000 *noch nicht einmal halb so hoch ist* wie die Flüchtlingszahlen, die von den Arabern sofort nach dem Verlassen ihrer Gebiete beansprucht wurden,** und zwar zu einer Zeit, als die Zahlen noch nicht ... in den Flüchtlingslagern weiter „aufgebläht" wurden."[22]

Peters fügt hinzu: „Die Bevölkerungsstudie konnte nicht errechnen, wie viele der 343.000 „seßhaften" Araber in Wirklichkeit **illegale Einwanderer**[23] waren. Sie behauptet: „... illegale arabische Einwanderer könnten unter den 343.000 **einen hohen Anteil** gestellt haben."[24] Die Darstellung von Peters über Bevölkerungen und Bevölkerungsbewegungen ist so umfassend und detailliert, daß ihre Veröffentlichung ohne irgendwelche andere Daten bereits einen dicken Band ergeben würde!

Beide Flüchtlingszahlen stammen aus offiziellen Quellen, aber dem von Peters erarbeiteten Ergebnis sollte größte Glaubwürdigkeit zugestanden werden, und zwar wegen ihrer unparteiischen und gewissenhaften Forschungsarbeit. Um dennoch absolute Fairneß gegenüber den Arabern walten zu lassen, können wir eine praktisch unbestreitbare Höchstzahl erhalten, wenn wir die Gesamtzahlen zusammenrechnen und sie dann durch zwei teilen. Auf diese Weise kommen wir auf eine feste Größe von insgesamt 381.500 palästinensischen Arabern aus dem Jahr 1948 - und das ist wirklich weit entfernt von der absurden Zahl von „'vier Millionen' Arabern, die auf ihren Bauernhöfen im Heiligen Land angeblich 'seit unvordenklichen Zeiten' gelebt haben."[25] Und heute sollen sich diese Flüchtlinge, die 1948 mehrheitlich Kinder waren, auf viele Millionen vermehrt haben. Die übertriebenen Flüchtlingszahlen sind niemals bestätigt worden, **weil die Araber „offizielle Volkszählungen unter den Flüchtlingen abgelehnt haben.**"[26] Die Absicht der Araber besteht darin, „in der Welt durch eine übertrieben hohe Bevölkerungszahl größere Aufmerksamkeit zu erlangen und damit die UN zu bewegen, stärkeren Druck auf Israel auszuüben."[27] Aufgrund der bekannten hohen Raten der Säuglingssterblichkeit, der niedrigen durchschnittlichen Lebenserwartung unter Arabern und des angestiegenen Handels mit Rationskarten des UN-Flüchtlingswerkes wäre weniger als die Hälfte der geschätzten Flüchtlingszahlen noch immer nicht glaubwürdig.

Relativ genaue Zahlen jüdischer Flüchtlinge aus arabischen Ländern können aus verschiedenen Quellen entnommen werden. Netanyahu gibt in seinem Buch *A Place Among The Nations* (Ein Platz unter den Nationen) die niedrigste Zahl mit 800.000 an,[28] Bard und Himmelfarb sprechen in *Myths and Facts* (Fabeln und Fakten) von 820.000,[29] Joan Peters erwähnt in ihrem Buch *From Time Immemorial* (Seit unvordenklichen Zeiten) die Gesamtzahl von 821.000,[30] und Yosef Yaakov, ein Redakteur der Zeitung *Jerusalem Post* schätzt wie die meisten anderen Quellen die Zahl auf 850.000.[31] Wenn wir dieselbe Methode anwenden wie vorher bei den arabischen Flüchtlingen, dann kommen wir auf 822.750 jüdische Flüchtlinge - das ist weitaus mehr als das Doppelte im Verhältnis zu den arabischen Flüchtlingen.

Wenn wir uns diese Tatsachen bewußt machen, dann ist es wirklich offensichtlich, daß auf jeden arabischen Flüchtling, sei es nun ein Erwachsener oder ein Kind, und von denen jeder unser Mitleid erregt hatte, mehr als zwei jüdische Flüchtlinge kamen, die ebenfalls unser Mitgefühl verdienten. Und es ist auch eine Tatsache, daß die meisten arabischen Flüchtlinge nicht mehr als nur ein paar Kilometer von ihrem Wohnsitz bis zur anderen Seite der Waffenstillstandslinie zurücklegten und dort im „im Hinblick auf Sprache, Kultur und ethnische Zugehörigkeit"[32] im weitesten Sinne nach wie vor zur arabischen Nation gehörten. Die Juden flohen dagegen paradoxerweise aus Gemeinwesen, die seit Jahrtausenden für sie und ihre Vorfahren eine Heimat waren, in ein noch älteres Heimatland, in dem ihre Wurzeln noch weiter zurückliegen.

Ein unumkehrbarer Bevölkerungsaustausch fand damals statt, und zwar zum übergroßen Vorteil der arabischen Länder. Der siebenzackige Angriff der arabischen Nationen im Jahr 1948 schuf zwei parallele Flüchtlingsprobleme, aber aufgrund der Nachrichtenerstattung der westlichen Medien weiß jedermann in der Welt nur von arabischen Flüchtlingen. Die Flüchtlinge kamen von beiden Seiten, aber Gerechtigkeit wird nur für den Araber gefordert. Arabische „Gerechtigkeit" fordert jedoch nicht nur eine Entschädigung für verlorenes Eigentum, sondern auch einen islamischen Staat anstelle von Israel.

Die ägyptische Seeblockade der Straße von Tiran und die massive Mobilisierung bei den Armeen von fünf arabischen Nationen im Jahr 1967 lösten den Sechstagekrieg im Juni desselben Jahres und eine weitere Flüchtlingswelle unter 230.000 Arabern aus. Wie in dem Debakel von 1948 gingen die meisten dieser Flüchtlinge von 1967 „freiwillig; es wurden keine Versuche unternommen, sie zum Verlassen ihrer Heimat zu bewegen."[33] Anschließend erlaubte Israel 54.000 Arabern wegen der Familienzusammenführung die allmähliche Rückkehr in ihre Häuser und Wohnungen, und ihre „Wohnsitze, Grundstücke und anderen Besitztümer blieben ihnen zu jeder Zeit erhalten."[34]

Wenn die Welt immer wieder die unveräußerlichen Rechte der arabischen Flüchtlinge erwähnt, die in den Jahren 1948 und 1967 Israel verließen, sollten wir daran denken, daß sie unverständlicherweise die mehr als doppelt so große Zahl jüdischer Flüchtlinge, die von 1948 bis 1973 aus arabischen Ländern kamen, unter den Tisch fallen läßt. Von den mehr als 820.000 jüdischen Flüchtlingen aus zehn arabischen Nationen hat nicht ein einziger auch nur einen Pfennig Entschädigung erhalten für die zurückgelassenen Besitztümer, deren Wert unschätzbar ist. Während die Araber, die ihre Wohnsitze verließen, in ihrer Mehrheit Bauern aus unterentwickelten Gebieten waren, hinterließen viele jüdische Flüchtlinge große Vermögen, Geschäfte und Grundstücke in den Ländern, aus denen sie flohen.

Bei der Recherche von Quellen über Flüchtlingszahlen in der gesamten Welt wird eine Tatsache besonders deutlich: Millionen von palästinensischen Flüchtlingen werden heute erwähnt, mit Wohnsitzen in „Gaza, Jordanien, dem Libanon, Syrien und dem Westjordanland,“[35] aber nicht ein einziger jüdischer Flüchtling wird in den bekannten Quellen genannt. Kommt es dem Leser nicht ein wenig seltsam vor, daß ein winziges Land wie Israel, mit einer Bevölkerungszahl von nur 650.000 im Jahr 1948 und einer erdrückenden Last im Bereich der Verteidigungsausgaben, erfolgreich über 820.000 Flüchtlinge aufnehmen konnte, während die arabischen Nationen mit einem gemeinsamen Gebiet, das genau um das sechshundertneunzigfache größer ist als Israel sowie unzähligen Milliarden Petrodollars, noch nicht einmal eine Handvoll arabischer Flüchtlinge aufgenommen haben?

Araber in Israel

Etwa eine Viertelmillion palästinensischer Araber entschied sich, während und nach den Kriegen von 1948 und 1967 in dem jüdischen Staat zu bleiben. Diese Araber haben die gleichen Rechte wie israelische Juden, sie haben die israelische Staatsbürgerschaft und „Rechte, die weit über die Rechte von Staatsbürgern in anderen arabischen Ländern hinausgehen. Heute stellen sie mehr als sechzehn Prozent der Wählerschaft in diesem demokratischen Land.“[36]

Juden in arabischen Ländern

Araber haben in übertriebener Weise stets eine Tradition arabischer Toleranz und gerechter Behandlung aller in arabischen Ländern lebender Juden für sich in Anspruch genommen. Diese Ansprüche sind nicht nur falsch, sondern eklatante Fiktion und Täuschung! Viele Werke von verschiedenen Historikern berichten über Verfolgungen von Juden in der gesamten arabischen Welt seit mehr als 1.300 Jahren - seit der Gründung des Islams. Arabischer Judenhaß begann nicht erst mit der Gründung des Judenstaates im Jahr 1948, sondern bereits im siebten Jahrhundert mit der Gründung der islamischen Religion. Vor etwa eintausend Jahren schrieb der große jüdische Philosoph Maimonides über die Behandlung der Juden durch Araber: „Niemals hat eine Nation uns so sehr geschändet, degradiert, erniedrigt und gehaßt wie diese.“[37] Aber für ihre Propagandazwecke sprechen einige arabische Politiker sogar umfangreiche Einladungen an „ihre Juden" aus, um sie zu einer Rückkehr „nach Hause" zu bewegen. Sie versprechen, daß „die Gemeinschaft der Moslems sie mit der gleichen Toleranz und Großzügigkeit behandeln wird, wie sie es immer getan hat,"[38] und gleichzeitig behaupten sie, die Bosheit der Juden sei „unheilbar, wenn sie nicht mit Gewalt unterdrückt werden."[39]

Manche mögen zu Recht behaupten, daß viele Juden gute Erinnerungen an ihr Leben in arabischen Ländern haben, daß die Lebensbedingungen unter arabischer Herrschaft so schlecht gar nicht gewesen sein können. Manche Juden hatten auch angenehme Erinnerungen an ihr Leben in Deutschland, obwohl sechs Millionen von ihnen von den Nazis ermordet wurden. Wir wollen auch nicht vergessen, daß viele Israeliten, kurz nach ihrer Befreiung von erdrückender Verfolgung und Knechtschaft in Ägypten sich auch gerne erinnerten an *„die Fische, die wir in Ägypten umsonst aßen, und an die Kürbisse, die Melonen, den Lauch, die Zwiebeln und den Knoblauch*" (4. Mose 11,5).

Die meisten Juden verknüpfen keine glücklichen Erinnerungen mit ihren Jahren als Dhimmi, als untergeordnete, ungläubige Bürger zweiter Klasse, in arabischen Ländern. Sie denken statt dessen an die tägliche Erniedrigung und beharrliche Grausamkeit ihrer „überlegenen" Mitbürger. Sie denken daran, daß sie überall gezwungen waren, eine Kopfsteuer für Dhimmis an die moslemischen Behörden zu zahlen. Sie denken auch daran, daß sie spezielle Hüte und Anstecknadeln tragen mußten und daß der Bau neuer Synagogen nicht erlaubt war, während bereits vorhandene unter die Höhe von islamischen Gebäuden abgetragen werden mußten.[40] Sie denken an das Verbot, in der Gegenwart eines Arabers auf Pferden, Kamelen und Eseln zu reiten. Sie denken sehr wohl daran, daß sie beim Erscheinen eines Arabers schnell absteigen und ihr Reittier zu Fuß führen mußten, bis der Araber wieder aus dem Blickfeld verschwunden war. Wenn sie versehentlich nicht oder zu langsam abstiegen, erinnerten sie die Araber auf brutale Weise an ihren niederen Status, indem sie sie zu Boden warfen.[41] Sie denken daran, daß ein Jude, der auf dem Markt unter Arabern seines Weges ging, „von einem mit einem Stein beworfen wurde", ein anderer „ihn am Bart und ein dritter an seinen Schläfenlocken zog", und wieder ein anderer „sein Gesicht anspuckte."[42] Sie denken daran, wie sie an

Moslems immer auf der linken Seite vorbeigehen mußten, weil dies die Seite Satans war.[43] Und sie denken daran, wie sie vom Bürgersteig heruntergehen mußten, um einen Araber vorbeigehen zu lassen und wie sie sichergehen mußten, diesen beim Vorbeigehen nicht zu berühren, da dies eine gewalttätige Reaktion hervorrufen konnte.[44] Und bei der Vielzahl ihrer Erinnerungen denken sie auch daran, daß eine ihrer Aufgaben darin bestand, „die Latrinen der Stadt zu säubern und die Straßen von Tierkadavern freizuhalten - ohne Bezahlung, und oft an ihrem Sabbat.“[45]

In der gesamten arabischen Welt haben seit dem siebten Jahrhundert Juden in ständiger Furcht vor einem Angriff durch die Moslems gelebt, und viele dieser Angriffe waren und sind auch heute „vorsätzlich und mit der kaltblütigen Absicht, Menschen umzubringen.“[46] In allen Zeitaltern sind Juden auf schreckliche Weise durch die Hand moslemischer Araber umgekommen. Clifton Daniel von der Zeitung *New York Times* schrieb nach libyschen Angriffen auf Juden im Jahr 1945 folgenden Bericht:

> „Säuglinge wurden mit Eisenstäben erschlagen. Alte Männer wurden dort, wo sie niederfielen, in Stücke gehauen. Werdenden Müttern wurden die Bäuche aufgeschlitzt. Ganze Familien wurden in ihren Häusern lebendig verbrannt. Zwei Brüder verloren während eines Angriffs siebenundzwanzig Angehörige.“[47]

Alltagsleben für Juden in arabischen Ländern bedeutete Schlägereien, Erniedrigung, erzwungene Konvertierung zum Islam und Vergewaltigung von Mädchen, während ihre Familien zusehen mußten.[48] Und unter arabischer Herrschaft bot sogar das Heilige Land - die uralte Heimat der Juden - keine besseren Bedingungen:

> „In Städten, in denen seit hunderten von Jahren Juden lebten, wurden diese regelmäßig beraubt, vergewaltigt, in manchen Orten abgeschlachtet, und in vielen Fällen waren die Überlebenden gezwungen, ihr Eigentum zu verlassen und um ihr Leben zu laufen.“[49]

Der britische Konsul in Jerusalem berichtete 1839, daß „der Jude in Jerusalem nicht viel mehr zählt als ein Hund.“[50] Und der Hochkommissar und Oberbefehlshaber in Palästina schrieb 1929 folgendes:

„Ich habe mit Schrecken von den furchtbaren Taten gehört, die Gruppen von rücksichtslosen und blutrünstigen Gewalttätern verübt haben, von brutalen Morden, die an wehrlosen Menschen aus der jüdischen Bevölkerung begangen wurden, ohne Rücksicht auf Alter oder Geschlecht - Taten von unaussprechlicher Grausamkeit.“[51]

Aber moslemische Anführer machen noch immer, sogar heute noch, ihre unerhörten Äußerungen über die Freundlichkeit und Sanftheit der Araber gegenüber den Juden; sie täuschen damit sogar sich selbst und belügen alle, die ihnen zuhören, zusehen oder ihre Aussagen lesen:

„Die moslemische Herrschaft ist schon immer für ihre Toleranz bekannt gewesen ... die Geschichte zeigt, daß Juden unter arabischer Regierung ein äußerst ruhiges und friedliches Leben hatten.“[52]

„Die islamische Toleranz befindet sich in völligem Gegensatz zu jüdischer Intoleranz und Grausamkeit.“[53]

„In ihrer langen Geschichte waren Araber und Moslems keine Aggressoren ... sie verüben immer gute Taten und verbreiten Frieden.“[54]

Solche Ausdrucksformen der Phantasie werden nicht einen einzigen Juden bewegen, an den Ort zurückzukehren, von dem er geflohen ist. In Israel erinnern sich zu viele frühere Flüchtlinge aus arabischen Ländern an ihre bitteren Jahre unter moslemischer Herrschaft:

„Sie warteten auf dem Platz auf uns, in der Nähe der Bushaltestelle. Nicht einer, nicht zwei, sondern hunderte von Arabern in den Straßen. Ich übertreibe nicht. Sie wußten, daß wir hinuntergingen, und sie versammelten sich zu hunderten, hunderten, es war wirklich so.

Ich konnte mich davonschleichen. Aber sie fingen einen meiner Freunde und schlugen ihn immer wieder auf den Kopf. Und ich konnte mich nicht bewegen. Ich sah ihn, ich war wie erstarrt. Ein religiöser Moslem sagte zu mir: ‘Komm’ her, mein Junge, armer Junge.’ Und dann nahm er seinen Stab und traf mich am Kopf, und sie warfen mich auf die Straße. Es gab keine öffentlichen Verkehrsmittel mehr, Autos kamen nicht voran, und sie begannen, mich zu schlagen, zu treten - Soldaten mit ihren großen Stiefeln .... „[55]

„Ich war vier Jahre alt, aber ich erinnere mich noch genau. Sie schlossen das jüdische Ghetto. Araber kamen und ermordeten einhundertachtzig Juden und nahmen alles weg. Einige Tage lang konnten wir über die Dächer entkommen."[56]

„Na klar, es gab keinen Grund zur Klage. Wir kamen lebendig von der Schule zurück ... Und oft erlebte ich Zwischenfälle, als ich zehn, elf Jahre alt war - das war in den Jahren 1946 bis 1948 oder 1949. So war halt das Leben. Es gab keinen Grund zur Klage. Ich meine, wenn jemand sagt, na ja, es hat heute geregnet. Na und? Das ist nichts Besonderes. Es gehörte zum Alltag, geschlagen zu werden, weil man ein Jude war; man konnte buchstäblich darauf warten."[57]

„Morde kamen so alle zwei Jahre vor, und man konnte auch darauf warten. Manchmal kamen sie vor, aus dem einen oder anderen Grund, obwohl du nichts getan hast - ich meine, nichts, was dich direkt betraf - du mußtest das so alle zwei Jahre erwarten. Du versuchst, darum herumzukommen, so wie bei Cholera, Typhus und Malaria."[58]

Mädchen erlitten das schlimmste Schicksal durch die Hand von Arabern. Schoschana floh aus Syrien, wo ihre Familie noch immer „lebt". Sie weint und schämt sich, zu berichten, was Araber ihr angetan haben:

„Sie haben mein ganzes Leben zerstört, weil das, was ich durchmachen mußte, zu einem Teil meines Lebens wurde und ich es nicht loswerden kann. Ich kann nicht glauben, daß meine Familie dort ist und dieses Leben ertragen kann."[59]

Mehr als 820.000 der 850.000 in zehn arabischen Ländern lebenden Juden flohen zwischen 1948 und 1973, und sie nahmen die Früchte ihrer jahrhundertelangen Arbeit nicht mit. Nicht einer der arabischen Monologe im Hinblick auf „traditionelle Toleranz und Freundlichkeit der Moslems gegenüber ihren Juden" wird einen nüchtern denkenden Menschen davon überzeugen, daß die Juden etwas anderes erlebt haben als ein höchst unerträgliches Leben in Verfolgung unter dem Islam.

Die Waffe der nicht erfolgten Aufnahme

Israel nahm alle jüdischen Flüchtlinge aus arabischen Ländern auf, und zwar gegen einen hohen Preis für das junge Land. Und seit dieser Invasion von orientalischen Juden hat Israel Millionen Juden buchstäblich aus den vier Enden der Erde aufgenommen. Manche Juden wollten einfach nur „nach Hause" kommen, manche waren Überlebende aus den Todeslagern des von den Nazis begangenen Holocaust, 650.000 Juden flohen aus der antisemitischen Sowjetunion, in der sie seit Jahrzehnten zwangsweise festgehalten wurden. Darüber hinaus hat Israel erfolgreich Häuser und Wohnungen gebaut und über 60.000 palästinensische Flüchtlinge umgesiedelt - eine Maßnahme, die weder „die arabischen Staaten, die Vereinten Nationen noch eine andere westliche Macht"[60] ergriffen. Israel hat auch mehr als zwölf Millionen US-Dollar [61] für die Vereinten Nationen und andere Hilfsfonds beigetragen - mehr als die meisten arabischen Länder.[62] Die arabischen Länder haben nur einen kleinen Bruchteil dieser Summe für das Flüchtlingshilfswerk der Vereinten Nationen zur Verfügung gestellt - die gesamte arabische Welt leistet einen Beitrag von weniger als einem Prozent - das ist weniger als die Spende des schwedischen Kinderhilfswerkes![63]

Im Hinblick auf die Behandlung palästinensischer Flüchtlinge durch Israel werden wir ständig mit Fernsehberichten und Bildern in Zeitungen und Zeitschriften (manche von ihnen sind totale Fälschungen - siehe dazu Kapitel 9) über das Elend der Flüchtlinge konfrontiert. Eine Vielzahl der Flüchtlinge in den Lagern lebten tatsächlich unter den erbärmlichsten Bedingungen, aber das ist nicht die Schuld Israels.

Erstens haben viele Araber im Nahen Osten wenig Verständnis für Gesundheit und Hygiene, und seit Jahrzehnten oder sogar Jahrhunderten gehört offene oder fehlende Kanalisation für sie zum Leben. Zweitens war Israel nicht für die Errichtung der Flüchtlingslager verantwortlich, sondern die Araber selbst! Als Israel im Jahr 1967 in Judäa, Samaria und dem Gazastreifen einmarschierte, fanden sie die Bewohner der Lager nach 19 Jahren arabischer Herrschaft im gleichen Elend wie 1949 vor. Drittens hat Israel wiederholt Versuche unternommen, palästinensische Flüchtlinge unter besseren Bedingungen unterzubringen, aber diese Versuche stießen auf erbitterten Widerstand bei den Vereinten Nationen. Seit 1970 ist Israel ständig bemüht, die Lage der Flüchtlinge zu verbessern und ihnen angemessenen Wohnraum sowie eine Infrastruktur zur Verfügung zu stellen. Es wurden neun Wohngebiete geschaffen, in denen etwa 10.000 Familien leben, die bereit waren, die Flüchtlingslager zu verlassen. Jede Familie erhielt ein Stück Land, und mehr als siebzig Prozent der Familien bauten ihre eigenen Häuser nach ihren Bedürfnissen und Wünschen. Die neuen Wohngebiete wurden auf staatseigenen Grundstücken in der Nähe der Lager errichtet, und alle wurden mit einem eigenen Netzwerk für Elektrizität, Wasser, Kanalisation, Straßen, gepflasterten Gehwegen und der entsprechenden Infrastruktur versehen. In allen Gebieten wurden öffentliche Gebäude, wie zum Beispiel Schulen, Kliniken, Einkaufszentren und Moscheen, gebaut.

Diese Politik wird bis heute umgesetzt. Jeder Flüchtling, der ein Lager verlassen möchte, erhält ein Stück Land, wählt seinen eigenen Wohnhaustyp und Bauplan, und bekommt eine Bauerlaubnis von der kommunalen Baubehörde. Sobald das Gebäude fertiggestellt ist, erhält er volle Eigentumsrechte mit Eintrag im Grundbuch.

Mit den nur begrenzt verfügbaren finanziellen Mitteln und Ressourcen ist Israel nicht in der Lage, dieses äußerst schwierige Problem ohne fremde Hilfe zu lösen. Mit der Einleitung und Weiterführung dieses Rehabilitationsprogramms für Flüchtlinge ist Israel jedoch bestrebt, zu beweisen, daß eine Lösung dieses Problems herbeigeführt werden kann.[64]

Seit 1971 wird jedoch eine kaum beachtete UN-Resolution über den Gaza-Streifen jährlich erneuert. Unter anderem heißt es darin:

„Die Generalversammlung ... wiederholt nochmals ihre Forderung, daß Israel von der Umsiedlung palästinensischer Flüchtlinge im Gaza-Streifen Abstand nimmt .... .“[65]

Eine typische jährliche Abstimmung (am 30. Oktober 1987) sah folgendermaßen aus: 150 Stimmen dafür, 2 dagegen (Israel und die Vereinigten Staaten), 3 Enthaltungen (Costa Rica, Liberia und Zaire).[66]

In einer ähnlichen, jährlich erneuerten Resolution über das Westjordanland wird unter anderem folgendes erklärt:

> „Die Generalversammlung ... ist beunruhigt ... über die Pläne Israels, die palästinensischen Flüchtlinge des Westjordanlands umzusiedeln und ihre Lager zu zerstören ... deshalb fordert sie Israel nochmals auf, diese Pläne aufzugeben und Abstand zu nehmen von jeder Aktion, die zur Umsiedlung von palästinensischen Flüchtlingen im Westjordanland führt ... ."[67]

Das typische jährliche Abstimmungsergebnis über diese Resolution (am 30. Oktober 1987) sah folgendermaßen aus: 145 Stimmen dafür, 2 dagegen (Israel und die Vereinigten Staaten), 7 Enthaltungen (Costa Rica, El Salvador, Äquatorial-Guinea, Zentralafrikanische Republik, Elfenbeinküste, Liberia und Zaire).[68]

Diejenigen, die über Notwendigkeit predigen, die Not in den palästinensischen Lagern zu überwinden und Israel anklagen, das Los der Flüchtlinge nicht zu verbessern, unterstützen gerade die UN-Resolutionen, die die elende Lage der Flüchtlinge noch verlängern. Die Vereinten Nationen wollen die Flüchtlinge nicht aus den Lagern, sondern Israel aus dem Land treiben. **Das Problem der palästinensischen Flüchtlinge ist einzig und allein politischer Natur.** Es ist eine mächtige Waffe, die gegen Israel eingesetzt wird, und das Leid von Flüchtlingen ist denen, die diese Waffe benutzen, gleichgültig. Im Jahr 1958, bevor die Vereinten Nationen ihre antiisraelische Haltung bekräftigten, erklärte ein ehemaliger Direktor des UN-Flüchtlingshilfswerks voller Zorn:

> „Die arabischen Staaten wollen das Flüchtlingsproblem nicht lösen. Sie wollen es wie eine offene Wunde belassen ... als Waffe gegen Israel. **Arabische Staatsmänner kümmern sich einen Dreck darum, ob arabische Flüchtlinge leben oder sterben**."[69]

1972 verweigerte der Bürgermeister von Gaza, Rashad Ashawa, Israel die Genehmigung zum Bau von Kanalisation, Wasser- und Kläranlagen für die 40.000 Einwohner des Flüchtlingslagers Shatti. Ashawa sagte, „die Bewilligung von Dienstleistungen für die Palästinenser im Lager mache sie zu vollwertigen Bürgern und könnte sie vergessen lassen, daß sie Flüchtlinge seien."[70] Und ein bedeutender Experte auf dem Gebiet des palästinensischen Flüchtlingsproblems erwähnte 1978 in einem Interview über die Flüchtlinge: „Sie müssen folgendes bedenken - nun ja - **diese Menschen sind einfach nur Schachfiguren.**“[71]

Die neunzehn arabischen Nationen - Algerien, Bahrain, Ägypten, Irak, Jemen, Jordanien, Kuwait, Libanon, Libyen, Mauretanien, Marokko, Oman, Qatar, Saudi Arabien, Somalia, Sudan, Syrien, Tunesien, und die Vereinigten Arabischen Emirate haben „seit mehr als eintausend Jahren ein größeres Gebiet bewohnt als jede vergleichbare ethnische Gruppe,“[72] aber trotz dieser großen Landmasse und trotz ihres gewaltigen Ölreichtums, haben sie sich geweigert, ihre arabischen Brüder anzusiedeln. Darin liegt der Ursprung des Palästinenserproblems. Es ist höchste Zeit, daß der Westen auf diese arabischen Staaten im Verhältnis zu ihrer Fläche und ihren finanziellen Mitteln den gleichen Druck ausübt wie bisher auf Israel. Und es ist allerhöchste Zeit, daß westliche Politiker und Medienfürsten aufhören, sich unterwürfig vor arabischem Öl und Petrodollars zu beugen und endlich anfangen, gerecht zu handeln.

Von Zeit zu Zeit haben arabische Staatsmänner Gewissensbisse und bekennen öffentlich ihren Anteil an der Verschwörung im Hinblick auf das Leid der Flüchtlinge:

> „Seit 1948 waren wir es, die die Rückkehr der Flüchtlinge gefordert haben, und wir waren es, die sie zum Gehen gedrängt haben. Wir haben sie ihres Eigentums beraubt. Wir haben sie ans Betteln gewöhnt. Wir haben zu ihrem moralischen und gesellschaftlichen Niedergang beigetragen. Und **dann haben wir sie ausgebeutet, indem wir sie Verbrechen begehen ließen wie Mord, Brandstiftung und Bombenanschläge gegen Männer, Frauen und Kinder.**“[73]

> „Wir haben Zerstörung über eine Million arabische Flüchtlinge gebracht, indem wir sie aufforderten und dringend baten, ihr Land, ihre Wohnungen und Häuser, ihre Arbeit und ihre Geschäfte zu verlassen, und wir haben ihre Unproduktivität und Arbeitslosigkeit bewirkt, obwohl jeder von ihnen Arbeit und einen Beruf hatte, in dem er seinen Lebensunterhalt verdienen konnte. Darüberhinaus haben wir sie daran gewöhnt, um Almosen zu betteln und mit dem wenigen auszukommen, was die Hilfswerke der Vereinten Nationen ihnen zuteilten.“[74]

> „Seit 1948 haben arabische Staatsmänner das Palästinenserproblem in unverantwortlicher Weise behandelt ... Sie haben das palästinensische Volk für ihre selbstsüchtigen politischen Ziele benutzt. Das ist lächerlich und meiner Meinung nach sogar kriminell.“[75]

Und die Flüchtlinge selbst wissen auch, warum sie in ihren von Ratten wimmelnden Lagern bleiben:

> „Wir, die Flüchtlinge, haben das Recht, die Mitglieder der Arabischen Liga anzusprechen und ihnen gegenüber zu erklären: **Wir verließen unser Heimatland auf der Grundlage falscher Versprechungen durch korrupte Politiker in den arabischen Staaten.**“[76]

Dieser Appell stieß auf taube Ohren. Und ein Vertreter der jüdischen Flüchtlinge aus arabischen Ländern sandte ebenfalls folgende Botschaft an die arabischen Nationen:

> „Wir, die jüdischen Flüchtlinge aus arabischen Ländern, mit einer mehr als zweitausendjährigen Geschichte in diesen Ländern, lange vor der Entstehung des Islams, schlagen vor, daß die arabischen Regierungen das Wohlergehen ihrer eigenen Brüder finanzieren anstatt sie als politische Schachfiguren zu benutzen und gleichzeitig riesige Summen für **heuchlerische Propaganda, Halbwahrheiten und offene Lügen** ausgeben.“[77]

In der Zwischenzeit dürfen die Flüchtlinge per Dekret der arabischen Staaten weiterhin in ihren Lagern verkommen, während Angebote von Israel, sie zu besseren Bedingungen in neuen Häusern unterzubringen, abgelehnt worden sind.

Die dritte Stufe des Phasenplanes

Die Ablehnung, die arabischen Flüchtlinge aus den von Arabern verursachten Kriegen von 1948 und 1967 aufzunehmen, ist eine bedeutende Waffe der Araber gegen Israel. Aber es handelt sich hierbei um mehr als eine Waffe, und zwar um einen festen Bestandteil eines Planes, Israel phasenweise zu zerstören; dies ist die dritte Stufe in dem bereits vorher erwähnten Phasenplan. Die erste Stufe wird im nächsten Kapitel behandelt, die zweite Stufe wurde im letzten

Kapitel betrachtet, und die anderen werden wir später behandeln.

Die dritte Stufe des Phasenplanes besteht darin, Israel durch die Rückkehr der palästinensischen Flüchtlinge zu überrollen - nicht nur der Flüchtlinge, die wegen der Kriege das Gebiet verließen, sondern der Millionen von Arabern, die von der PLO als Flüchtlinge beansprucht werden. Mit einem Stützpunkt in Israel besteht das Ziel der zweiten Stufe des Phasenplanes darin, Israel allmählich in nicht zu verteidigende Grenzen zu zwingen, indem die „Rückgabe" von immer mehr Gebieten gefordert und gleichzeitig der Terrorkrieg fortgesetzt wird, um die Israelis „weichzuklopfen", damit sie die Forderungen erfüllen. In der dritten Stufe wird beabsichtigt, Millionen von arabischen „Flüchtlingen" nach Israel zu bringen, bis die Araber den zur Zeit 4,6 Millionen Juden zahlenmäßig weit überlegen sind.

Als Teil der „Friedensinitiative" mußte die PLO „Israel anerkennen". Die akzeptierte Bedeutung des Ausdrucks „Anerkennung Israels" lautet, die Legitimität dieses Staates und sein Existenzrecht im Nahen Osten anzuerkennen. Als Jassir Arafat von Journalisten gefragt wurde: „Erkennen Sie Israel an?" antwortete er: „Israel existiert, das kann jeder sehen."[78] Das war natürlich keine Anerkennung von Israels Legitimität oder seinem Existenzrecht im Nahen Osten, aber die westlichen Medien und Politiker akzeptieren diese Aussage als solche. Diese „*Anerkennung Israels* als Strategie"[79] wurde bereits vor Jahren vorgeschlagen, um die Rückkehr der palästinensischen Flüchtlinge herbeizuführen, die praktisch die Zerstörung Israels gewährleisten würde:

> „Die Rückkehr aller Flüchtlinge würde eine große arabische Mehrheit schaffen, die als äußerst wirkungsvolles Mittel zur **Formierung einer mächtigen fünften Kolonne für den Tag der Rache** und Abrechnung dienen könnte."[80]

So wie die „Anerkennung" des jüdischen Staates ist auch das Leid der Flüchtlinge eine Strategie. Das Ausmaß des Interesses der arabischen Staatsmänner an den Flüchtlingen steht in einem eindeutigen Zusammenhang mit dem Beitrag, den diese Gruppe im Hinblick auf das arabische Endziel der Zerstörung Israels leisten kann. Die PLO versteht sehr wohl die Wahrheit der von dem ägyptischen Präsidenten Nasser gesprochenen Worte: „Wenn Flüchtlinge nach Israel zurückkehren, wird Israel aufhören zu existieren."[81] Und so wurde dies zur dritten Stufe im Phasenplan - zu einer Schlinge um den Hals des Staates Israel:

„Jede Diskussion über eine Lösung des Palästinenserproblems, die nicht darauf basiert, **das Recht der Flüchtlinge auf die Auslöschung Israels** sicherzustellen, wird als Schändung des arabischen Volkes und Akt des Hochverrats angesehen.“[82]

„Es ist kein Geheimnis, daß die Araber mit ihrer Forderung nach **Rückkehr der Flüchtlinge** nach Palästina deren Rückkehr als Herren des Landes und nicht als Sklaven meinen. Deutlicher ausgedrückt verstehen sie darunter **die Liquidierung des Staates Israel.**“[83]

Das Leitmotiv der PLO, die abgenutzte Phrase vom „Recht auf Rückkehr der Palästinenser“, wird von den Medien täglich weiter in die Gehirne der Massen vor allem in den westlichen Ländern eingepflanzt und fungiert als Rammbock an den Mauern des jüdischen Staates. Israel kann den unaufhörlichen Schlägen nicht standhalten, und große, klaffende Lücken zeigen sich in der Standhaftigkeit der Nation. Die Medien sind gnadenlos. Sie stellen Israel als den brutalen Oberherrn über die leidenden Palästinenser dar und haben dadurch mehr für die PLO getan als die vielen tausend verstümmelten Leichname aus den neunundzwanzig Jahren des von Arafat veranstalteten Terrorismus. Wenn man die Diskrepanz in der Darstellung Israels durch die Medien aufdecken will, dann muß man nur eine Autofahrt durch die israelisch „besetzten Gebiete“ machen. Unglaublicher Wohlstand ist bei denen zu finden, die in Israel arbeiten. Viele große, mehrstöckige Wohngebäude, die sich nur die reichsten Israelis leisten könnten, wurden gebaut. Die große Zahl an in den Straßen parkenden Autos der Marke Mercedes und BMW beweist, daß die Medien lügen, wenn sie die in den israelisch verwalteten Gebieten lebenden Bewohner als arm und unterdrückt darstellen. Ein reicher arabischer Bauherr, der tatsächlich 10.000 US-Dollar in bar in seiner Tasche hatte, sagte zu mir daß „es unter den Türken furchtbar und unter den Jordaniern nicht viel besser war, aber unter den Israelis verdienen wir Geld.“ Ein hochrangiger russischer Politiker, der sowohl in Israel als auch in arabischen Ländern einige Zeit verbrachte, äußerte sich gegenüber der Presse: **„Die Lebensbedingungen von Arabern in Jerusalem waren die besten in der ganzen arabischen Welt.“**[84]

Die Presse stellt Israel als Unterdrücker dar, als repressiv und brutal. Aber sogar während der Intifada und den ständigen Morden an Juden in ihrem eigenen Land haben die Israelis den Arabern gegenüber viel Barmherzigkeit an den Tag gelegt. Hier nur einige Beispiele: Im Angesicht der Bedrohung durch mit Giftgas bestückte Raketen von Saddam Hussein aus dem Irak hat Israel 1991 Gasmasken an Araber verteilt, die den Irak dazu drängten, Israel anzugreifen und „anzuzünden". Viele von denen, die Israelis ermordet oder angegriffen hatten, erhielten Gasmasken bereits vor einer Vielzahl von Juden! Nach dem Golfkrieg erteilte Israel 50.000 aus Kuwait deportierten Palästinensern die Genehmigung, sich in Israel anzusiedeln, und zwar in den Gebieten Judäa und Samaria. [85] Und Israel öffnete auch seine Tore für moslemische Flüchtlinge aus dem Krieg in Kroatien.[86]

Die israelisch-arabischen Anführer selbst haben sich geweigert, Waisen aus dem kriegsgeschädigten Land aufzunehmen, und sie entschieden auch, „nicht zur Aufnahme von Flüchtlingen beizutragen".[87] Die Regierung Israels öffnete die Tore, und die Juden Israels öffneten ihre Herzen. Die Bezek-Telefongesellschaft installierte Telefone für die Flüchlinge, damit sie ihre Angehörigen im Ausland anrufen konnten, gab jedem von ihnen Telefonkarten und Geschenke an jede Familie und Einzelperson. Andere israelische Firmen spendeten Fernsehgeräte, Schokolade, Säuglingsflaschen und andere Waren. [88] Ein paar sogenannte Flüchtlinge stornierten ihre Flüge in letzter Minute, als sie hörten, daß die Araber sich weigerten, sie willkommen zu heißen, aber diejenigen, die dann kamen, erzählten ihren Verwandten von dem „herzlichen Empfang", den sie in Israel erlebten. [89] Solche Handlungen charakterisieren nicht einen grausamen und herzlosen Unterdrücker.

Eine weitere wichtige Tatsache, die die ausländische Presse von ihren Lesern fernhält, besteht darin, daß die große Mehrheit der 800.000 arabischen Bürger in Israel die israelische Herrschaft der ihrer arabischen Brüder vorziehen. Sogar während der Verrücktheit der Intifada, unter der Bedrohung sowohl von Todesschwadronen der PLO als auch radikaler moslemischer Fundamentalisten gaben mehr als 50 Prozent von ihnen eher jüdischen Parteien ihre Stimme als ihren eigenen arabischen Parteien.[90]

Das Problem der palästinensischen Flüchtlinge ist eine Waffe menschlichen Leidens, die die Araber gegen Israel einsetzen. Der Sprengkopf dieser Rakete ist vorbereitet worden von haltlosen, antisemitischen Medien, die mit den Gefühlen der Menschen in der westlichen Welt gespielt haben, um Druck auf den jüdischen Staat auszuüben. Die von den Medien - den Sprechern der Welt - ausgestreute Information über die Flüchtlinge ist so falsch wie die Lügen, die sie über die Geschichte Palästinas erzählten.

7

Palästina

Es wird immer wieder auf aggressive Weise versucht, sich die gesamte Geschichte der alten jüdischen Nation unrechtmäßig anzueignen. Diese unberechtigte Inanspruchnahme, das Umschreiben der Geschichte, ist zustandegekommen durch ein verschwörerisches Zusammenwirken von Arabern, den Medien und der akademischen Welt. Es handelt sich hierbei um eine dreiteilige, lügenhafte Manipulation von Tatsachen, die von einem Bündnis mächtiger Antriebskräfte gefördert wird, nämlich von der Religion und dem Haß, deren jeweilige Namen Islam und Antisemitismus sind.

Thukydides, der bedeutende griechische Geschichtsschreiber aus dem fünften vorchristlichen Jahrhundert, schrieb in seinem Werk *Geschichte des peloponnesischen Krieges*: „Die meisten Menschen machen sich nicht die Mühe, zur Wahrheit vorzudringen und sind vielmehr geneigt, die erste Geschichte, die sie hören, zu akzeptieren." Diese Beobachtung des Thukydides trifft heute genauso zu wie vor 2.500 Jahren. Ich kann nicht oft genug wiederholen, daß diejenigen, die die Weitergabe von Information an Menschen beherrschen, am Ende deren Urteilsvermögen, Meinungen und Handlungen beherrschen werden. Und im Fall Israels hat sich das leider als sehr wahr erwiesen.

Islamischer Judenhaß motiviert die Araber, die Geschichte des Nahen Ostens neu zu schreiben. Antisemitismus motiviert die Medien, die jüdische Präsenz im Nahen Osten als unrechtmäßig darzustellen, indem verfälschte Fakten und sogar offene Lügen veröffentlicht werden. Und verinnerlichter Antisemitismus motiviert ebenfalls die akademische Welt in westlichen Ländern, die historischen Berichte neu zu schreiben und wissenschaftliche Werke zu verfälschen.

Diejenigen, die verantwortlich sind für die Sammlung, Aufbereitung und Verbreitung von Nachrichten, sind intelligente Menschen, so wie diejenigen, die wissenschaftliche Artikel verfassen. Die Verdrehung und Manipulation von Tatsachen ist beabsichtigt, und das dahinterliegende Ziel besteht in einer veränderten Darstellung der Geschichte im Nahen Osten.

Ein Lieblingswort der Medien für die Verfälschung von Tatsachen ist „Sprachverdrehung." Damit ist die zynische Verdrehung oder Verfälschung von Tatsachen gemeint, die zum Beispiel „aus dem Opfer den Täter macht."[1] Und im Hinblick auf die akademische Welt hat es folgende Bedeutung: „Alle Historiker wählen aus dem 'Abfallhaufen der Vergangenheit' die Tatsachen, die ihrer Zielsetzung entsprechen, und verschleiern den Rest."[2] So könnte beispielsweise „eine Geschichte des Zweiten Weltkriegs geschrieben werden, die den Schwerpunkt auf die Leiden der Deutschen durch die Bomben und Invasionen der Alliierten legt, und zwar auf der Grundlage von Tatsachen. Man muß nur die Proportionen verschieben."[3] Das hier angeführte Beispiel ist heute Wirklichkeit geworden - jüdische Opfer sind zu jüdischen Tätern geworden, und ihre Verteidigungskriege sind zu jüdischen Aggressionskriegen geworden.

Eine kurze Geschichte Israels auf der Grundlage der Bibel und anderer zuverlässiger Quellen

Mit einem Alter von etwa 4.000 Jahren zählt die jüdische Nation zu einem der ältesten Völker in der gesamten Geschichte. Abraham, der Vater des jüdischen Volkes, wurde etwa im Jahr 2011 v. Chr. geboren. Er war ein gottesfürchtiger Mann, und Gott machte einen ewigen Bund mit ihm, um ihm und seinen Nachkommen das gesamte Land Kanaan als Erbe zu geben. Und in Einklang mit der damaligen Sitte in bezug auf die Ratifizierung von Verträgen sagte der HERR zu Abraham, als er noch Abram hieß:

> *„Und er sprach zu ihm: Bringe mir eine dreijährige Kuh, eine dreijährige Ziege, einen dreijährigen Widder, eine Turteltaube und eine andere Taube. Und er brachte ihm dies alles und zerteilte es in der Mitte und legte je einen Teil dem anderen gegenüber; aber die Vögel zerteilte er nicht. ... Als nun die Sonne untergegangen und es finster geworden war, siehe, da war ein rauchender Ofen, und eine Feuerflamme fuhr zwischen den Stücken hin. An dem Tage schloß der HERR einen Bund mit Abram und sprach: Deinen Nachkommen will ich dies Land geben, von dem Strom Ägyptens an bis an den großen Strom Euphrat: die Keniter, die Kenasiter, die Kadmoniter, die*

Hetiter, die Perisiter, die Refaiter, die Amoriter, die Kanaaniter, die Girgaschiter, die Jebusiter.“

(1. Mose 15,9.10.17-21)

Der HERR manifestierte sich in Gestalt von Rauch und Feuer, so wie in dem brennenden Busch (2. Mose 3,2) und in den Säulen von Rauch und Feuer (2. Mose 13,21). Er ging dann zwischen den Teilen der zerstückelten Tiere hindurch und besiegelte das Abraham gegebene Versprechen. Die Tierkadaver wurden nicht verbrannt, weil es sich hier nicht um ein Opfer handelte, sondern um einen Bund. Die beiden Teile der Opfertiere stellten die beiden Parteien des Bundes dar. Die Vertragsparteien gingen durch einen Gang, auf dessen Seiten die Teile der geschlachteten Tiere lagen; damit wurde folgender Eid symbolisiert: „Es soll mir genauso geschehen, wenn ich meinen Eid und mein Versprechen nicht halte.“[4] Abraham ging nicht durch die Teile hindurch, weil nicht er einen Bund mit Gott machte, sondern Gott besiegelte den Bund, den er mit Abraham geschlossen hatte.

Als Abraham einhundert Jahre alt war (2. Mose 21,5) - etwa fünfundzwanzig Jahre nach der Besiegelung des Bundes - gebar Abrahams Frau Sara einen Sohn namens Isaak. Isaak war sechzig Jahre alt, als seine Frau Rebekka den Jakob gebar (2. Mose 25,26). Jakobs Name wurde später in Israel umgeändert, und die Nachkommen seiner zwölf Söhne wurden Israeliten genannt, bevor sie schließlich als Nation Israel die Bühne der Geschichte betraten.

Gegen Ende des 19. vorchristlichen Jahrhunderts gingen Israel und seine nun aus siebzig Mitgliedern bestehende Familie (1. Mose 46,27) nach Ägypten; dort blieben sie 430 Jahre (2. Mose 12,40). Die Israeliten vermehrten sich zahlenmäßig äußerst stark, und die Ägypter bekamen Angst vor ihrer Macht. Ein grausamer Pharao unterwarf sie schließlich strenger Knechtschaft und erließ ein Dekret, daß von nun an alle neugeborenen männlichen Säuglinge der Hebräer in den Nil geworfen und ertränkt werden sollten (2. Mose 1,22).

Ein neugeborener Junge wurde von seiner Mutter drei Monate lang verborgen, und als es nicht länger möglich war, ihn im Haus zu verstecken, machte sie eine kleines, wasserdichtes Boot und verbarg ihn im Schilf , das am Ufer des Nils wuchs (2. Mose 2,3). Die Tochter des Pharao kam eines Tages zum Fluß, um ein Bad zu nehmen, und das Boot wurde durch die Schreie des Säuglings entdeckt. Aus Mitleid mit dem kleinen Wesen nannte die Tochter des Pharao ihn Mose, das bedeutet „aus dem Wasser gezogen“, und zog ihn am ägyptischen Hof auf.

Im Alter von vierzig Jahren (Apg. 7,23) wußte Mose, daß er ein Israelit war. Er wurde zornig, als er sah, wie ein Ägypter einen seiner israelitischen Brüder schlug. Er tötete den Ägypter und verscharrte den Leichnam im Sand, aber seine Tat wurde dem Pharao mitgeteilt, und er mußte aus Ägypten fliehen. Im Alter von achtzig Jahren, nachdem er vierzig Jahre lang in der Wüste Schafe gehütet hatte (Apg. 7,30), wurde Mose in einem brennenden Busch von Gott konfrontiert (2. Mose 3,2-12). Gott gab Mose den Befehl, nach Ägypten zurückzukehren, wo er ihn gebrauchen würde, um die Israeliten aus ägyptischer Knechtschaft zu befreien und sie in das dem Abraham vor mehr als 600 Jahren versprochene Land zu bringen. Mose gehorchte.

Zehnmal lehnte der Pharao die Bitte des Mose um Auswanderung der Israeliten aus Ägypten ab, und so brachte Gott als Zeichen seiner Macht systematisch zehn schreckliche Katastrophen über die Ägypter, die die Nation in ihren Grundfesten erschütterten. Die Katastrophen waren Vergeltungsakte für die Leiden seines auserwählten Volkes und wurden von Gott vorhergesagt, als er den Bund mit Abraham machte (1. Mose 15,13.14). Nach der zehnten Katastrophe führte Mose die Kinder Israel aus Ägypten zum ver-heißenen Land.

Zwölf israelitische Spione wurden in das verheißene Land geschickt, um vor der Eroberung Informationen zu sammeln. Einige Einwohner des Landes waren Riesen, so daß zehn Spione einen negativen Bericht zurückbrachten, der das gesamte Lager von bis zu 2,4 Millionen Seelen[5] entmutigte. Ungehorsam und Murren von seiten der Israeliten hielten sie von dem verheißenen Land fern. Sie wanderten weitere 40 Jahre lang durch die Wildnis, bis die gesamte Generation, die damals gemurrt hatte, ausgestorben war. Und Ungehorsam und Zorn waren die Ursache für den Tod des Mose in der Wüste, ohne daß er das verheißene Land betreten durfte.

Josua, einer der Spione, der einen positiven Bericht über Kanaan zurückbrachte, führte im 15. Jahrhundert v. Chr die Israeliten über den Jordan und in das verheißene Land. Die Eroberung Kanaans war innerhalb von fünf Jahren fast abgeschlossen. Die Israeliten wurden zur Nation Israel, und aus dem Land Kanaan wurde das Land

Israel. Das von Gott dem Abraham verheißene Land wird im Alten Testament neunundzwanzigmal als Land Israel bezeichnet, das erste Mal in 1. Samuel 13,9; das Buch Samuel wurde im 10. Jahrhundert v. Chr. geschrieben. Zweimal wird es im Neuen Testament erwähnt (Matthäus 2,20.21), das im ersten Jahrhundert n. Chr. verfaßt wurde. König David, Israels berühmtester König, machte im 11. Jahrhundert v. Chr. Jerusalem zu seiner Hauptstadt, und Jerusalem war auch die Stadt, in der der Gott Israels seinen Namen ewiglich wohnen ließ (2. Könige 21,7; 2. Chronik 33,7).

Die Juden (unter diesem Namen wurden die Israeliten in der ganzen Welt bekannt) wurden wieder ungehorsam und ungläubig und veranlaßten Gott dadurch, die Assyrer und später die Babylonier als Gericht über sie zu bringen. Israel unterlag den Armeen dieser Mächte, und die große Mehrheit der Israeliten wurde entweder getötet oder in die Gefangenschaft nach Assyrien und Babylon geführt. Die Stadt Jerusalem und der dort errichtete majestätische Tempel wurden zerstört. Gott hatte jedoch für die Einwohner von Juda und Jerusalem eine begrenzte Gefangenschaft von 70 Jahren beschlossen (Jeremia 25,11), und er stand zu seinem Wort, indem er die Gefangenen am Ende der vorgesehenen Zeit zurückbrachte. Sie bauten ihre Nation und ihren Tempel wieder auf.

Offensichtlich lernen Nationen nicht aus ihrer Geschichte, denn nach Ablauf einer längeren Zeit beging die jüdische Nation weitere Greuel, wurde nicht weniger ungehorsam als vorher, und war genauso ungläubig. Gott brachte dann die Macht des Römischen Reiches gegen das Land. Die Römer unterwarfen es und machten es im Jahr 6 n.Chr. zu einer Provinz des Römischen Reiches.

Im Jahr 66 n.Chr. begann eine jüdische Rebellion gegen die römische Herrschaft, die ihren Höhepunkt in der zweiten Zerstörung Jerusalems im Jahr 70 n.Chr. fand. Der prachtvolle neue Tempel, für dessen Errichtung Herodes der Große 46 Jahre brauchte (Joh. 2,20) wurde verbrannt, und nicht ein einziger Stein blieb auf dem anderen, weil die Römer die Steinquader auseinanderrissen, um an das zerschmolzene Gold heranzukommen, das in die Fugen gelaufen war.

Die Rebellion hatte die gesamte Nation erfaßt, aber bei der Belagerung Jerusalems allein starben 1.100.000[6] Juden entweder an Hunger oder durch das Schwert, und 97.000[7] wurden als Gefangene weggeführt. Im Jahr 130 n.Chr. gaben die Römer Jerusalem den neuen

Namen *Ælia Capitolina*, nach dem Kaiser Hadrian (*Ælias Hadrianus*) und dem Gott *Jupiter Capitolinus*,[8] und bauten auch einen Jupitertempel an der Stelle des jüdischen Tempels.

Diese Schändung ihres heiligsten Ortes stachelte die große jüdische Bevölkerung auf, nochmals die Waffen zu ergreifen. Die römische Armee brauchte dreieinhalb Jahre, um diese Revolte niederzuschlagen, und es gab große Verluste auf beiden Seiten. Am Ende des Krieges im Jahr 135 n.Chr. verbannte Rom die Juden vollständig aus Jerusalem und seiner Umgebung und beendete somit die mehr als 1.100 Jahre ununterbrochen andauernde Souveränität der Stadt als Israels Hauptstadt.

Die Römer behielten *Ælia Capitolina* als Namen für Jerusalem bei und nannten nun das verheißene Land „*Syria Palæstina*." Die unbeugsamen Juden hatten der Macht der römischen Armee viele Jahre lang eine beträchtliche Erniedrigung zugefügt, und der neue Name für das Land war ein offensichtliches Bestreben, die Verbindung des Landes zu den Juden auszulöschen.

Dutzende kleine Gemeinwesen der Juden bestanden weiter im ganzen Land, und es gab eine ständige jüdische Präsenz, bis sie sich zu dem heute existierenden Israel ausweitete. Die Juden sind „Einheimische in dem Land, das sie niemals verließen."[9] Sie überlebten „die Jahrtausende"[10], trotz aller Hindernisse, trotz aller Entmutigungen. Sie sind das einzige Volk, das das Land seit 3.000 Jahren ständig bewohnte.[11] Und das war keine geringe Leistung, in Anbetracht der Eroberungsheere, die das Land seit römischer Zeit geschändet und erniedrigt haben.

Nach der moslemischen Eroberung von *Palæstina* im 7. Jahrhundert n.Chr. verschwand der Name *Ælia Capitolina* allmählich. Die Araber nannten die Stadt Al Quds, und Christen und Juden benutzten wieder den Namen Jerusalem. Und im Laufe der Zeit wurde *Palæstina*, die lateinische Form von Philistia - das Land der alten Philister - zu Palästina, dem Namen, der täglich durch die Medien vor unsere Augen und in unsere Ohren gelangt.

Die römischen Massaker während der beiden Aufstände hatten viele Juden das Leben gekostet - über 2,5 Millionen während der ersten und weitere 500.000 in der zweiten Rebellion.[12] Und weitere 100.000 Menschen wurden nach Rom gebracht, um den Gladiatoren als Gegner zu dienen. Jüdisches Leben im Land selbst war trotz seines Weiterbestehens auf ein Minimum reduziert. Und diejenigen, die blieben, zusammen mit denen, die nach ihrer Flucht vor der Macht von Rom allmählich zurückkehrten, wurden brutal und systematisch verfolgt und getötet - zuerst von den Christen wegen des angeblichen „Gottesmordes", dann von den Moslems, weil Mohammed sie als die Feinde Allahs bezeichnet hatte.

Aus der christlichen wurde nach der islamischen Eroberung im 7. Jahrhundert eine moslemische Verfolgung. Der Sieg der Moslems verursachte den Zorn der Christenheit und die Kreuzzüge, die die Niederlage der Moslems und einen weiteren Massenmord an den Juden bewirkten. Die Eroberungszüge der Kreuzritter wurden schließlich von den islamischen Heeren unter Saladin beendet, und die Juden hatten erneut zu leiden. Das Land kannte keine Ruhe, denn ein Eroberungszug löste den anderen ab: Moslems, Christen, Mongolen, Türken usw. hielten das Blutvergießen aufrecht, und jeder neue Herrscher importierte eine andere Art von Grausamkeit gegenüber den dort lebenden Juden.

Viele Juden fanden ein neues Leben in anderen Ländern, wohin sie flohen, um dem Zorn der Römer zu entrinnen. Diesen Juden ging es jedoch nicht besser als ihren Verwandten, die im Land blieben. Unaufhörliche Verfolgung suchte sie in fast jedem Land heim, das sie betraten. Ihre Hoffnung, eine Zuflucht vor dem Sturm zu finden, wurde auf dem Felsen des Judenhasses zerschmettert. Die Wellen des Antisemitismus erreichten ihren Höhepunkt im Holocaust der Nazis während des Zweiten Weltkriegs, in dem etwa sechs Millionen Juden ihr Leben verloren - ein Drittel des Weltjudentums.

Juden, die vor den Nazis flohen, wurden sogar daran gehindert, nach Palästina hineinzukommen, und zwar von den Briten, die nach ihrem Sieg über die Türken während des Ersten Weltkriegs von den Alliierten ein Mandat zur Regierung des Landes erhielten. Die Briten sollten in Einklang mit der Balfour-Erklärung von 1917 eine nationale Heimstätte für die Juden in ganz Palästina errichten. Aber sie verdrehten die Gerechtigkeit, indem sie ihre Verpflichtungen und Versprechen nicht einhielten. 1922 teilten sie mit einem Federstrich ganze 77 Prozent des gesamten Gebietes ab und gaben es König Abdullah, der daraus das Königreich Transjordanien (das heutige Jordanien) machte, in dem den Juden bis heute das Recht auf Ansiedlung verwehrt wird. Die Briten gaben nicht nur mehr als drei Viertel des den Juden versprochenen Heimatlandes weg, sondern gingen so weit, die jüdische Einwanderung in das übrige Palästina einzuschränken. Später verweigerten sie sogar den Juden in der Stunde ihrer größten Not den Zutritt in das uralte Land. Die britische Feindseligkeit gegen die Juden wurde so stark, daß sie keine Mühe scheuten in ihrem Versuch, die Juden für immer an der Errichtung einer nationalen Heimstätte in Palästina zu hindern.

1947 stimmten die Vereinten Nationen darüber ab, die verbliebenen 23 Prozent des einst riesigen Gebietes von Palästina zwischen den Juden und Arabern aufzuteilen. Heute glaubt die Welt, diese übriggebliebenen 23 Prozent umfaßten die gesamten einhundert Prozent von Palästina, aber in Wirklichkeit handelt es sich hierbei nur um weniger als ein Viertel des Ganzen - mehr als drei Viertel wurden 1922 abgeteilt und zu einem souveränen palästinensischen Staat gemacht.

Die Juden waren jedoch bereit, sich mit dem zufriedenzugeben, was ihnen im Teilungsplan zugestanden wurde - d. h. mit weniger als der Hälfte von den verbliebenen 23 Prozent. Ihr Wunsch war es, wieder einen souveränen jüdischen Staat zu gründen, in dem Juden frei von Antisemitismus leben konnten. Aber die Araber weigerten sich, das Ergebnis des UN-Beschlusses über die Teilung anzuerkennen. Sie verlangten statt dessen das ganze noch verbliebene Gebiet von Palästina, um einen weiteren arabischen Staat zu gründen. In der Zwischenzeit waren die Briten auf der Seite der Araber; sie bildeten sie aus, stellten ihnen Waffen zur Verfügung und hinderten die Juden daran, in ihr Land zurückzukehren. Sie regierten mit eiserner Faust und durch den Galgen, um genau das zu verhindern, wozu sie eigentlich beauftragt waren.

Tausende Juden entkamen jedoch den britischen Fangnetzen und gingen heimlich nach Palästina. Ein gewalttätiger Guerillakrieg brach zwischen den britischen Streitkräften und den bunt gemischten Gruppen palästinensischer Juden aus. Und wie in alten Zeiten kämpfte die kleine Gruppe von Juden unermüdlich, fügte dem königlichen Löwen von Britannien Erniedrigungen zu und zwang ihn schließlich, sein Mandat aufzugeben und sich aus Palästina zurückzuziehen, um seine Wunden zu lecken.

Am 14. Mai 1948, einen Tag vor dem Ende des britischen Mandats und dem Rückzug der letzten Truppen, erklärten die palästinensischen Juden offiziell, daß ihr neugeschaffenes Heimatland als Staat Israel zu bezeichnen sei. Am nächsten Tag, dem letzten Tag der britischen Präsenz, begannen sieben arabische Armeen einen

Großangriff, um den neuen Staat zu vernichten. Das Resultat dieser Aggression wurde für die arabische Welt „die größte Schande in der neueren arabischen Geschichte" - Israel gewann den Krieg. Und die Juden gewannen den nächsten Krieg, und so ging es immer weiter.

Hasbara

Da es unmöglich war, Israel militärisch zu schlagen, benötigten die Araber neue Strategien. Ein neuer Kriegsschauplatz wurde ausgewählt, eine neue Waffe und neue Begriffe. Auf hebräisch heißt dieser neue Begriff *hasbara* - Propaganda. Und die Araber hatten Öl und damit Petrodollars, mit denen sie sowohl die führenden Köpfe in den Nationen als auch die bedeutendsten Medien der Welt kaufen konnten.

Es gab 1948 eine Menge Unterstützung für die mutigen Juden. Das erstaunliche Ungleichgewicht von sieben ausgebildeten und gut bewaffneten arabischen Armeen gegen 18.000 Juden[13], von denen tausende noch nicht einmal ein Gewehr hatten[14], bewirkte, daß ein Großteil der Welt um jüdischen Erfolg betete und zum Sieg anfeuerte. Und 1967, als wieder ein Vernichtungsfeldzug durch die arabische Welt bevorstand, ließ der unglaubliche, blitzartige Sieg Israels die Welt den Atem anhalten und Militärakademien trugen neue Taktiken in ihre Aufzeichnungen über Kriege ein. Dann kam die arabische *Hasbara*. Israel betrat einen neuen Kriegschauplatz und eröffnete sogar eine Behörde für *Hasbara*, aber die Israelis waren auf dem neuen Schlachtfeld niemals erfolgreich. Das Öl und der Antisemitismus fügten ihnen immer wieder Niederlagen zu.

Israel wurde im Oktober 1973 wieder brutal angegriffen, und zwar am Jom Kippur (dem Versöhnungstag), dem heiligsten und feierlichsten Tag des jüdischen Kalenders. An diesem Tag fastet die jüdische Nation und führt fünfstündige Synagogengottesdienste durch. Fernsehen und Radio können nicht empfangen werden, es werden keine Zeitungen gedruckt, Busse und Autos fahren nicht, und wenn ein Telefon klingelt, nehmen die meisten den Hörer nicht ab. An diesem Tag drangen die arabischen Armeen in Israel ein, und hunderte von Israelis waren tot, lagen im Sterben oder waren verwundet, bevor das Land überhaupt wußte, daß es im Kriegszustand war.

Israel brauchte drei Tage, um seine Streitkräfte zu mobilisieren, und 300.000 Israelis kämpften gegen eine Übermacht von mehr als

1,2 Millionen Arabern.[15] Manche israelische Einheiten kämpften bis auf den letzten Mann, aber nach zehn Tagen hatte Israel die Araber aus dem Land getrieben. Israelische Panzer befanden sich kurz vor Kairo und Damaskus, als sie von unbeteiligten Nationen gezwungen wurden, den Krieg zu beenden. Von allen arabisch-israelischen Kriegen verursachte der Jom-Kippur-Krieg die meisten israelischen Verluste - in ganz Israel gab es schreckliche Trauer. Aber am Ende des Krieges brachen 61 Nationen die diplomatischen Beziehungen zu Israel ab![16] Arabisches Öl und *Hasbara* hatten der Welt „bewiesen", daß das Opfer in Wirklichkeit der Aggressor war.

1993 wurde die *Hasbara*-Behörde von Israel schließlich geschlossen, nachdem jede Runde der Kämpfe im Propagandakrieg verloren war. Die riesige, mit gewaltigen finanziellen Mitteln unterstützte Propagandamaschinerie der Araber hat die Mehrheit der des Lesens mächtigen Massen in der Welt überzeugt, daß die Juden während der ersten Hälfte dieses Jahrhunderts nach Palästina strömten und die Millionen dort bereits seit Jahrtausenden lebenden Araber vertrieben haben. Und diese Propaganda hat die Menschen auch überzeugt, daß Israel ein böswilliger, brutaler, herzloser Aggressor ist, der eine unersättliche Gier nach arabischem Land hat. Hierbei handelt es sich vielleicht um die größte Täuschung in der Geschichte der Menschheit.

Falsche Ansprüche

Sogar die unverschämteste Lüge wird geglaubt, wenn sie oft genug wiederholt wird. Denken wir nur an die Propaganda der Nazis gegen die Juden, die in den dreißiger Jahren begann und im Holocaust ihren Höhepunkt fand. Die Wiederholung dreister Lügen war so erfolgreich, daß in ganz Europa Vernichtungslager gebaut wurden, um die Auslöschung der europäischen Juden zu erleichtern. Außer an Sonntagen, wenn das Personal der Gaskammern zum Gottesdienst ging (oft mit der ganzen Familie),[17] arbeiteten die Todeslager rund um die Uhr und mit voller Kapazität. Die Lager waren verantwortlich für den Großteil der über sechs Millionen Morde an Juden in Europa. Einer der traurigsten Augenblicke in der Geschichte des modernen Staates Israel fand statt, als die sterblichen Überreste von 200.000 österreichischen Juden im Juni 1949 zum Begräbnis nach Israel überführt wurden. Für sie kam die Gründung des Staates Israel zu spät, und Hitlers Gaskammern hatten ihre Opfer gefordert. Die Asche von 200.000 Juden befand sich in 30 Gefäßen und einem großen, gläsernen Sarg. Und William Hull, der beobachtete, wie der Leichenzug durch die Straßen Jerusalems fuhr, schrieb folgendes:

> „Diese Asche, die Seifenstücke, die Deutsche aus jüdischen Leichen machen ließen, die Lampenschirme und Mäntel aus der von jüdischen Leichen abgezogenen Haut, das war alles, was übrigblieb ... ."[18]

Die Juden erlebten am eigenen Leib die bestialische Frucht des deutschen Hasses, der allein der Wiederholung unverschämter Lügen entsprang. Paul Josef Goebbels, der Propagandaminister der Nazis, sagte ganz richtig, daß „eine Lüge sich im Verhältnis zu ihrer Größe verbreitet."[19] Heutzutage ahmen die Araber mit Unterstützung der Medien und der akademischen Welt die Nazis nach und arbeiten auf ein ähnliches Ziel hin, nämlich die Vernichtung der jüdischen Bevölkerung im Nahen Osten.

Vor einigen Wochen gab man mir einen Ausschnitt aus einer unbekannten englischsprachigen Publikation, die einen kurzen Artikel mit der Überschrift „Palästinenser" enthielt, geschrieben von einem israelischen Reiseleiter. In dem Artikel steht folgendes:

> „Jeden Tag höre ich von Palästinensern, und weil es mir nicht klar war, wer sie eigentlich sind, entschloß ich mich, wenigstens einen von ihnen zu finden. In Ostjerusalem traf ich einen Mann, der sich als Palästinenser identifizierte. Ich fragte ihn, ob er Palästinensisch sprach. Er antwortete, daß er Arabisch spreche. Dann fragte ich ihn, ob er mit palästinensischen Buchstaben schreibe. 'Nein, ich schreibe mit arabischen Buchstaben und Zahlen.' Ich stellte ihm weitere Fragen, und er antwortete, daß er von keinem palästinensischen König, Präsidenten oder Ministerpräsidenten wisse. Schließlich fragte ich ihn, ob seine Religion palästinensisch sei, und er antwortete, er sei Moslem.
>
> Ich gab auf, und jetzt bin ich davon überzeugt, daß es niemals ein 'palästinensisches' Volk gegeben hat. (Bis 300 v.Chr. gab es Philister, aber das ist ein anderes Thema.) Und trotz alledem gibt es Menschen, die ein 'palästinensisches' Volk schaffen wollen, um das Volk Israel aus dem Land Israel auszuradieren."

Millionen Palästinenser beanspruchen heute für sich, daß ihre Abstammung auf tausende von Jahren zurückzudatieren ist - auf die

Philister und sogar noch davor, sogar bis auf die Kanaaniter und Jebusiter. Und doch haben die Palästinenser keine Geschichte, Kunstwerke, Sprache oder Kultur. Ansprüche auf eine alte palästinensische Geschichte sind ein Teil eines weiteren arabischen Mythos - bis 1948 waren die einzigen existierenden Palästinenser Juden! Bis zum 20. Jahrhundert „bezog sich der Name *Palästina* ausschließlich auf das alte Land der Juden."[20]

Während der britischen Mandatszeit wurden die Juden von Palästina von den Briten immer vorsichtig als palästinensische Juden bezeichnet, und zwar deshalb, um die Araber nicht zu beleidigen. Die Araber, die hauptsächlich aus Syrien, Ägypten und dem heute als Jordanien bekannten Land kamen, verachteten den Namen palästinensisch und wurden einfach als Araber bezeichnet. Nach der Wiederentstehung eines souveränen jüdischen Staates im Jahr 1948 wurden die „palästinensischen Juden" zu „israelischen Juden", und der Name „palästinensisch" starb beinahe aus. Die heutige arabische Anmaßung, eine palästinensische Nationalität zu besitzen, ist die Methode der Araber, das Land für sich zu beanspruchen.

Arabische Niederlagen auf militärischen Kriegsschauplätzen bewirkten einen Quantensprung in der Strategie der Araber und *hasbara* - Propaganda - betrat die Arena. Ein konkreter Angriffspunkt mußte gefunden werden, wenn die Araber der verwundbaren Stelle des neuen jüdischen Staates einen tödlichen Schlag verpassen wollten. Ein arabischer Aktivist, Musa Alami, schlug vor, daß die Araber „ein starkes Bedürfnis nach einem 'Mythos' hätten, um ihr Bewußtsein und ihre Phantasie zu erfüllen."[21] Alami behauptete, eine „Indoktrination des 'Mythos' einer palästinensischen Nationalität würde eine 'Identität' und 'Selbstachtung' hervorrufen."[22] Und da es keine derartige palästinensische Geschichte gab, setzten sich die Araber einfach hin und schufen sie - eine mythische Geschichte einer palästinensisch-arabischen Nation, deren Wurzeln sich seit Jahrtausenden einen Weg durch den Wüstensand bahnen.

Eine scharf umrissene palästinensische Identität kam erst nach 1968 auf - zwei Jahrzehnte nach der Empfehlung eines Mythos durch Alami. Die Propaganda brauchte zwanzig Jahre, bis ein Mythos entstand, der heute einen festen Platz in den Herzen und Gehirnen von Arabern und Nicht-Arabern beansprucht. Durch erfolgreiche Beeinflussung in den bedeutendsten Nachschlagewerken der Welt mit dem Ziel, die Konzeption einer verfälschten Geschichte des

Nahen Ostens zu fördern, haben die Araber bereits unsere akademische Welt bis in zukünftige Generationen hinein geprägt. Der bedeutende Historiker und Arabist Bernard Lewis von der Princeton Universität sagt: „Die mythopoetische Gabe ist eine Fähigkeit, Mythen zu schaffen, an sie zu glauben und andere dazu zu bewegen, an sie zu glauben."[23] Die Araber haben in allen drei Bereichen erstaunliche Erfolge erzielt. Aber wir müssen bedenken, daß der moslemische *Jihad* den Krieg nicht auf den Einsatz von Schwertern beschränkt, sondern auch den Kampf mit „Worten" und der „Feder" umfaßt.

1986 schrieb Lewis folgendes: „Die Verfälschung der Vergangenheit geschieht meistens, um bestimmte politische Ziele zu erreichen."[24] Das politische Ziel der Araber besteht darin, die biblischen Israeliten außer Acht zu lassen und die Verwandtschaft mit den Kanaanitern, den vorisraelitischen Einwohnern des Landes, heraufzubeschwören. Dann erst wird es möglich, einen historischen Anspruch durchzusetzen, der vor der biblischen Verheißung und der darauffolgenden Einnahme des Landes durch die Juden lag. Die Moslems beabsichtigen, die Juden von ihrer eigenen Geschichte in ihrem Heimatland abzutrennen und sie dadurch als Eindringlinge erscheinen zu lassen. Auf diese Weise liefern sie eine Begründung für deren Vertreibung und Vernichtung.

Der mythische Anspruch einer palästinensischen Identität ist einfach ein weiteres taktisches Manöver im islamischen Krieg gegen Israel, um dessen Zerstörung herbeizuführen. Das hat ein Mitglied des Exekutivrates der PLO und der ehemalige Leiter der militärischen Abteilung zugegeben:

> „Ja, **die Existenz einer separaten palästinensischen Identität dient nur taktischen Zwecken.** Die Gründung eines Palästinenserstaates ist ein neues Werkzeug in dem ständigen Kampf gegen Israel."[25]

> „In Wirklichkeit **gibt es kein palästinensisches Volk ... Nur aus politischen Gründen sprechen wir von einer palästinensischen Identität.**"[26]

Prof. Philip K. Hitti, der führende arabische Historiker, kritisierte die Verwendung des Wortes Palästina sogar auf Landkarten. Er behauptete, dieses Wort werde „in der Vorstellung des durchschnittlichen Amerikaners und auch Engländers mit den Juden"[27] in Verbindung gebracht. Und unter Eid machte Hitti folgende eindeutige Aussage: „**Es gibt in der arabischen Geschichte so etwas wie Palästina überhaupt nicht; ganz bestimmt nicht**."[28] Aber die Araber bestehen weiterhin auf ihren falschen Ansprüchen, die Medien verbreiten diese, und die Öffentlichkeit glaubt weiter daran. Die Erfahrung zeigt, daß die Verwendung von Wörtern bei der Erschaffung falscher Realitäten die Menschen veranlaßt, mit diesen falschen Wirklichkeiten zu leben.

Eine der am meisten propagierten Lügen von Jassir Arafat und anderen Arabern besteht in der Behauptung, daß die heutigen palästinensischen Araber die Nachkommen der alten Philister sind, und daß die Philister ebenfalls Araber waren. Anwar Sadat, der frühere Präsident von Ägypten, sagte folgendes:

> „Die Ermordung von arabischen Brüdern wie Goliath durch jüdische Schafhirten wie David, ist vergleichbar mit der Schmach, die wir im Gebiet des besetzten palästinensischen Heimatlandes bereinigen müssen."[29]

Es ist nicht überraschend, daß die Araber diesen Unsinn glauben, aber es ist völlig unglaublich, daß eine zivilisierte Welt ihn auch noch schluckt. Das englischsprachige Wörterbuch von Webster (*Webster's Unabrigded Dictionary*) definiert das Wort „Philister" folgendermaßen: „ein Angehöriger eines nichtsemitischen Volkes, das im südwestlichen Palästina seit etwa 1200 v.Chr. lebte."[30] (Ähnliche Definitionen finden sich auch in deutschsprachigen Wörterbüchern, so z.B. in *Wahrig, Deutsches Wörterbuch*, Anm. d. Übers.). Wenn es eines gibt, worauf Araber sehr stolz sind, dann ist es ihre arabische Identität, aber Araber sind Semiten, während die Philister Nichtsemiten waren!

Auch das große englischsprachige Nachschlagewerk *Encyclopædia Britannica* betont, daß die Philister **nichtsemitisch** (d.h. eine nichtarabische, nichtjüdische Rasse) waren:

> Die Philister, ein Volk **ägäischen Ursprungs**, das sich im 12. Jahrhundert v.Chr. kurz vor der Ankunft der Israeliten an der Südküste Palästinas angesiedelt hatte ... sie bewohnten die Küstenebene von Palästina."[31]

Ein anderes englischsprachiges Nachschlagewerk, die *Random House Encyclopedia*, schreibt folgendes:

„Philister, ein **nichtsemitisches Volk**, das möglicherweise im 12. Jahrhundert v.Chr. aus Kreta nach Philistäa kam.“[32]

Ein anderer Teil der Lüge über die palästinensischen Vorfahren besteht darin, daß die Palästinenser auch die Nachkommen der Jebusiter seien, der ursprünglichen Bewohner Jerusalems, als die Stadt während der kanaanitischen Zeit noch Jebus hieß (Richter 19,10). Westliche Gelehrte sind sich einig, daß die Kanaaniter und Jebusiter hamitische Völker sind, die mindesten fünf Jahrhunderte vor den Arabern lebten! Die ägyptischen Kopten sind ebenfalls ein hamitisches Volk. Die Kopten sind die ursprünglichen Ägypter, und heutzutage zählen sie etwa zwei Millionen (der Name Kopten kommt von dem arabischen Wort *qubt*, einer Verballhornung des griechischen Wortes *Aigyptikos*, d.h. Ägypter).[33] Kopten unterscheiden sich durch ihre Gesichtszüge und Hautfarbe deutlich von den ägyptischen Arabern. Die Kopten haben auch ihre eigene Sprache, aber die Moslems verboten den Gebrauch der koptischen Sprache im Jahr 997[34] und zwangen die Kopten, Arabisch als ägyptische Umgangssprache zu verwenden. Ein weiteres heute noch existierendes hamitisches Volk sind die dunkelhäutigen Äthiopier. Palästinensische Araber sind Araber in jeder Hinsicht, sowohl physisch als auch kulturell, und sie haben wenig Ähnlichkeit mit hamitischen Völkern.

Die palästinensischen Araber rühmen sich eines jahrtausendealten und reichen arabischen Erbes, und Jassir Arafat behauptet: „Unsere Nation ist die arabische Nation, die sich vom Atlantik zum Roten Meer und noch weiter erstreckt.“[35] Aber gleichzeitig erklären sie, sie seien keine Araber, indem sie die Nachkommenschaft von einem nichtsemitischen, ägäischen Seevolk beanspruchen, das während des 2. und 3. Jahrhunderts v. Chr. von der Bildfläche der Geschichte verschwand, und auch von einer anderen Rasse, mit der die Araber keine Verbindung hatten und auch keine körperlichen Merkmale gemeinsam haben. In einem Atemzug beanspruchen die „Palästinenser“ für sich, Araber zu sein und mit dem nächsten leugnen sie es. Vielleicht möchte jemand Arafat darauf hinweisen. (Natürlich nur, wenn diese Person lebensmüde ist.)

Wir haben von arabischen Lippen vernommen, daß es niemals einen arabisch-palästinensischen Staat und eine arabisch-palästinensische Identität gegeben hat, und daß diese Ansprüche lediglich aus politischen oder taktischen Gründen vertreten werden. Wir haben auch erkannt, daß die palästinensischen Ansprüche einer Abstammung von alten Völkern so unecht sind wie vorherige Ansprüche und aus denselben Gründen vertreten werden. Und wir haben ebenfalls erkannt, daß die Zahl der jüdischen Flüchtlinge aus arabischen Ländern doppelt so hoch war wie die der Araber, die aus Palästina flohen, und daß sie um ein Vielfaches mehr an Besitztümern und Vermögenswerten hinterließen als die Araber. Wir haben auch erkannt, daß die arabischen Flüchtlingszahlen grob übertrieben wurden und noch werden, und daß diese überhöhten Zahlen als weitere Waffe im moslemischen Krieg gegen Israel eingesetzt werden. Es gibt viele ähnlich unechte Ansprüche und Verdrehungen der Geschichte, die die Araber verwenden, um Israel das Anrecht auf sein Land abzusprechen, aber wir können hier nur einige wenige aufführen.

Die Araber, die heute in verstreuten Teilen der restlichen 23 Prozent vom ursprünglichen Palästina leben, fordern einen „unabhängigen Palästinenserstaat". Sie wollen einen weiteren arabischen Staat gründen aus der Hälfte des weniger als einem Viertel von Palästina übriggebliebenen Landes. Ganz Palästina wurde den Juden als wiederherzustellende jüdische Heimat versprochen. Aber die Briten, die ihre Öllieferungen aus Mosul, Kirkuk und anderen Teilen der moslemischen Welt sichern wollten[36], trennten 77 Prozent von Palästina ab und gaben sie Abdullah von Mekka, der beleidigt war, weil sein jüngerer Bruder Feisal den Irak erhalten hatte. Diese 77 Prozent waren und sind jedoch ein palästinensischer Staat, und die Araber sind sich dieser Tatsache sehr wohl bewußt, und zwar damals wie heute. Abdullah wollte ursprünglich seine 77 Prozent von Palästina „das Haschemitische Königreich von Palästina" nennen, aber er gab britischem Widerstand nach und nannte das Land „Transjordanien". Später erhielt es den offiziellen Namen, den es noch immer trägt - das „Haschemitische Königreich von Jordanien"[37] - es ist bekannter unter dem Namen Jordanien. 1981 erklärte König Hussein (der Enkel Abdullahs und heutige Herrscher von Jordanien) in einem Interview mit einer arabischen Zeitung: „In Wahrheit ist Jordanien Palästina und Palästina ist Jordanien."[38] Später, im Jahr 1984, sagte er sogar in einem anderen Interview mit einer arabischen

Zeitung: „Jordanien ist Palästina ... Jordanien an sich ist Palästina.“[39] Kronprinz Hassan, der jordanische Thronerbe, machte die gleiche Aussage: „Palästina ist Jordanien und Jordanien ist Palästina. Es gibt ein Volk und ein Land mit einer gemeinsamen Geschichte und Bestimmung.“[40] Und die Anführer der PLO geben die gleichen Erklärungen ab:

Jassir Arafat:	„Das, was Sie Jordanien nennen, ist in Wirklichkeit Palästina.“[41]
Chafiq el Hout:	„Jordanien ist ein wesentlicher Bestandteil von Palästina.“[42]
Abu Iyad:	„Wir sind ein und dasselbe Volk.“[43]

Noch nie wurden so wahre Worte gesprochen. Das Land Jordanien umfaßt den größten Teil des Landes Palästina. Die große Mehrheit der jordanischen Bevölkerung besteht aus Palästinensern, die jordanische Armee besteht mehrheitlich aus Palästinensern, und die meisten der in den israelisch verwalteten Gebieten lebenden Araber haben jordanische Pässe. Und der Krieg zwischen Jordanien und der PLO von 1970 wurde als Bürgerkrieg angesehen und auch als solcher bezeichnet. Die Beweise sind überwältigend. Ein unabhängiger arabischer Palästinenserstaat existiert bereits im Nahen Osten in Gestalt Jordaniens - mit etwa 80 Prozent der gesamten Fläche von Palästina. Warum schlagen dann Politiker und Medien ständig auf Israel ein, damit es sich in Grenzen zurückzieht, die nicht mehr zu verteidigen sind? Warum drehen sie nicht an den Schrauben und üben auch etwas Druck auf Jordanien aus, das sich im Golfkrieg hinter Saddam Hussein stellte? Weil die Araber im Besitz von mehr als fünfzig Prozent der bekannten Ölreserven in der Welt sind und sie Milliardenbeträge übrig haben für Länder, die die arabische Linie vertreten - das ist der Grund.

Die Anführer der PLO, gemeinsam mit vielen anderen arabischen Politikern, behaupten, die Juden als Neuankömmlinge in Palästina hätten „Millionen“ von Arabern vertrieben, indem sie sie von dem Land verjagten, das diese seit Jahrtausenden kultiviert hätten. Jassir Arafat erzählte der Welt folgendes:

> „Arabische Völker waren mit Ackerbau und Architektur beschäftigt, sie verbreiteten seit Jahrtausenden Kultur im ganzen Land, indem sie im Bereich der Religionsfreiheit mit

gutem Beispiel vorangingen und als treue Wächter der Heiligtümer aller Nationen tätig waren."[44]

Vier glatte Lügen in einem einzigen Satz! Die letzte Aussage, daß Araber „treue Wächter der Heiligtümer aller Nationen" waren, wäre lächerlich, wenn sie nicht so tragisch wäre. Araber bewachten in der Tat die Heiligtümer moslemischer Nationen, aber behandelten jüdische und christliche Heiligtümer mit totaler Verachtung, wenn sie diese nicht in Moscheen umwandelten. Die Araber leugneten sogar, daß die letzten Überreste der Westmauer des jüdischen Tempels, des heiligsten aller jüdischen Orte, zum Tempel gehörte[45] und wollten den Juden nicht erlauben, dort zu beten.[46] Und nach dem Krieg von 1948, als die Altstadt von Jerusalem völlig in arabischer Hand war, wurden 58 Synagogen[47] völlig zerstört, auch die prachtvolle Hurva-Synagoge, indem sie in die Luft gesprengt wurden. Alle jüdischen Friedhöfe wurden demoliert und die Grabsteine als Straßenpflaster oder für den Bau von Toiletten für jordanische Soldaten benutzt.[48]

Die Araber boten auch wirklich ein „Beispiel für Religionsfreiheit" in Palästina. Die Araber, die ebenfalls behaupten, „die Juden immer freundlich und höflich behandelt"[49] zu haben, beraubten, vergewaltigten und ermordeten die Juden, die „weniger wert waren als ein Hund."[50] Christen wie Juden waren *Dhimmi* - unterdrückte Bürger zweiter Klasse - in Palästina, und ein Pilger schrieb einst: „Christen und Juden gehen in Jerusalem umher in Kleidern, die man nur für umherziehende Bettler als angemessen ansehen würde."[51]

Die arabische Eroberung fand im siebten Jahrhundert statt, und seitdem beanspruchen Araber für sich, „seit tausenden von Jahren im ganzen Land Kultur verbreitet" zu haben. Ein einziges Zitat von Philip Hitti, dem bedeutenden arabischen Historiker, mag genügen: „... die Invasoren aus der Wüste brachten den von ihnen eroberten Ländern keine Tradition der Gelehrsamkeit, kein kulturelles Erbe."[52]

Der Anspruch von Arabern, seit Jahrtausenden in Palästina gelebt und Ackerbau betrieben zu haben, ist die Grundlage, auf der der Mythos einer palästinensischen Identität aufgebaut wird. Und er war eine der wirksamsten Waffen, die im Propagandakrieg der Araber gegen Israel eingesetzt wurden. Sogar Menschen, die an die Bibel glauben und vertraut sind mit der antiken Geschichte Israels, können nur Mitleid empfinden mit einem Volk, das nach so langer Zeit seines

Landes beraubt wird. Aber der Anspruch ist nicht nur so falsch wie andere arabische Anmaßungen, er ist auch völlig unmöglich, denn Araber kamen vor der moslemischen Eroberung im siebten Jahrhundert unserer Zeitrechnung niemals in das Land. Wenn man 638 (das Jahr des islamischen Sieges über die byzantinischen Christen) von 1948 abzieht (dem Jahr, in dem die Araber ihren ersten Angriff gegen die Juden unternahmen), dann kommen wir nicht auf „Jahrtausende", sondern lediglich auf 1.310 Jahre. Wären die Araber seit der Zeit der moslemischen Eroberung im Besitz des Landes geblieben, dann hätten sie heute einen begründeten, legitimen Anspruch auf das Land. Jedoch blieben die Araber nicht lange an der Macht. Eine ununterbrochene Reihe von Eroberern kam - Christen, Moslems, Mongolen - und das Land sah solche Massaker, daß folgendes Wort geprägt wurde: „Wenn Blut unauslöschlich wäre, dann wäre das alte Jerusalem rot, tiefrot."[53] Christliche Kreuzritter besiegten die arabischen Moslems, und diese wiederum wurden von kurdischen Moslems besiegt. Die Araber wollen jedermann glauben machen, der große moslemische Krieger Saladin sei ein Araber gewesen, aber in Wirklichkeit war er Kurde[54], und Kurden sind keine Araber, auch ist ihre Sprache nicht Arabisch.[55] Nach Ablauf einer gewissen Zeit wurden die Kurden wieder von Kreuzrittern angegriffen. Aber die Kreuzritter waren nicht in der Lage, die Moslems zu besiegen, und Jerusalem wurde schließlich zwischen den christ-lichen und moslemischen Heeren aufgeteilt.

Das 13. Jahrhundert erlebte die Eroberung Palästinas durch die Mongolen, und innerhalb von 50 Jahren wurden die Mongolen selbst von moslemischen Mameluken erobert. Wie die Kurden vor ihnen zerstörten die Mameluken viele Städte in Palästina, aus Angst, die Kreuzritter könnten sie während eines Feldzugs gegen die Moslems verwenden. Im frühen 16. Jahrhundert eroberten moslemische Türken das Land, und sie blieben an der Macht, bis Palästina im Ersten Weltkrieg von den Briten eingenommen wurde.

Weit davon entfernt, seit „tausenden von Jahren" ein arabisches Land zu sein, war die Verweildauer der Araber in Palästina äußerst kurz. Westliche Historiker sind sich einig, daß das arabische Reich **„weniger als ein Jahrhundert** bestand."[56] David George Hogarth, von bedeutenden arabischen Autoren als „einer der größten zeitgenössischen Experten auf dem Gebiet der arabischen Geschichte"[57] bezeichnet, schrieb, daß die souveräne arabische Herrschaft **„viel**

kürzer war als ein Jahrhundert."[58] Und ein moslemischer Anführer gab 1919 sogar folgendes zu: „Die einzige arabische Vorherrschaft seit der Eroberung im Jahr 635 n.Chr. **dauerte als solche kaum 22 Jahre.**"[59] Die Araber, die mit der islamischen Invasion im 7. Jahrhundert ins Land kamen, waren nach Joan Peters „eine zahlenmäßig kleine Gruppe"[60] und wurden „durch Krankheit ausgerottet."[61] Eine weitere verläßliche Quelle bestätigt, daß die Zahl der Araber klein war und „innerhalb von zwei Jahren nach der Einnahme Jerusalems durch Epidemien dezimiert wurde."[62] So weist die Stimme der Geschichte darauf hin, daß die wirklichen arabischen Eroberer um 640 n.Chr. durch Krankheit ausstarben. Andere Moslems wurden ins Land gebracht, um die dezimierten Reihen der Araber aufzufüllen, aber diese erlitten dasselbe Schicksal.

Grausam und hart war das Klima in Palästina - wo Krankheiten nicht ihre Opfer forderten, kamen andere Katastrophen. Die Bevölkerung wurde ständig heimgesucht von den „lokal auftretenden Massakern, Krankheiten, Hungersnöten und Kriegen."[63] Der anhaltende Rückgang der Bevölkerungszahlen brachte einen moslemischen Herrscher dazu, „Türken und Schwarze ins Land zu bringen. Ein anderer brachte Berber, Slawen, Griechen und Dalmatier.
Der kurdische Eroberer Saladin brachte noch mehr Türken und einige Kurden ins Land."[64] Die Araber und ihre Verstärkung, die Kurden und deren Verstärkung und andere mit der ihren, machten aus Palästina einen Schmelztiegel, ein ethnisches Chaos. Die Araber beanspruchen, „reine Araber" seien ethnische Importe wie „Balkanvölker, Griechen, Syrer, Lateiner, Ägypter, Türken, Armenier, Italiener, Perser, Kurden, Deutsche, Afghanen, Kirkassier, Bosnier, Sudanesen, Samaritaner, Algerier, Motawiler und Tataren."[65] Eine andere Quelle, Johannes von Würzburg, fügt dieser Liste noch weitere hinzu: „Ungarn, Schotten, Navareser, Bretonen, Engländer, Franken, Ruthenier, Böhmen, Bulgaren, Georgier, Armenier, Inder, Norweger, Dänen, Friesen, Russen und Nubier.[66] Und das große englischsprachige Nachschlagewerk *Encyclopædia Britannica, Ausgabe von 1911* (bevor die Briten ein eher arabisch-chauvinistisches Geschichtsbild förderten) berichtet, daß im frühen 20. Jahrhundert die Verschiedenheit der Nationalitäten in Palästina eine genauso große Verschiedenheit der Sprachen bewirkte - „nicht weniger als fünfzig Sprachen."[67] Der Anspruch, rein arabische Völker hätten Palästina seit „tausenden von Jahren" bewohnt, ist nur ein weiterer Mythos -

„eine romantische Vorstellung, die von ernsthaften Wissenschaftlern widerlegt wird.“[68]

Jesus als Araber

In Kapitel 2 wurde erwähnt, wie Hanan Aschrawi, die Sprecherin des PLO-Verhandlungsteams und der „Liebling der Medien“ einer berechtigten Frage eines christlichen Journalisten auswich und fortfuhr, über ihre direkte Abstammung von den ersten Christen in der Welt - den Palästinensern zu sprechen. Wir haben viel über palästinensisch-arabische Moslems gesagt, aber an dieser Stelle muß ich etwas über palästinensisch-arabische Christen sagen.

Wenn wir über palästinensisch-arabische Christen sprechen, dann verwenden wir diesen Begriff in einem allgemeinen Sinn. Wir meinen damit nichtmoslemische Araber, die einen christlichen Hintergrund haben, aber vielleicht niemals in ihrem Leben eine Kirche betreten oder eine Bibel aufgeschlagen haben. Mit diesen Menschen vermengen wir jene Araber, die in der Tat regelmäßig Gottesdienste und Bibelstunden besuchen, und die vielleicht eine biblisch-christliche Wiedergeburt erfahren haben oder auch nicht. Ich kenne persönlich eine ganze Reihe aus der letztgenannten Gruppe, und die meisten von ihnen würde ich als sehr feine Menschen charakterisieren. Aber unter allen palästinensisch-arabischen Christen, die ich kenne, gibt es nicht einen einzigen, den ich als wahrheitsliebend bezeichnen würde.

Meine persönliche Erfahrung läuft darauf hinaus, daß sie alle „wie gedruckt lügen“, wenn es erforderlich ist. Und aus persönlicher Erfahrung sowie aus vielen Erklärungen, die ich gelesen habe, entnehme ich, daß die große Mehrheit palästinensisch-arabischer Christen sich für die PLO stark macht. Meinen Lesern mag es völlig lächerlich vorkommen, aber ein prominenter evangelikaler palästinensisch-arabischer Christ, der in einem Versöhnungswerk zwischen christlichen Arabern und gläubigen Juden mitarbeitet, sagte privat zu meiner Frau und mir: „Terror ist die einzige Antwort für Israel - wir werden euch am Ende noch schlagen.“ Der Leser sollte deshalb jede Aussage eines palästinensisch-arabischen Christen solange anzweifeln, bis sich diese als wahr erwiesen hat.

Bei einer Pressekonferenz in Madrid stellte jener christliche Journalist Hanan Aschrawi folgende Frage:

„Wie können Sie erwarten, daß Israel Judäa und Samaria aufgibt, nachdem diese Gebiete mindestens zweimal als Brückenköpfe für Angriffe gegen Israel benutzt wurden?“[69]

Da sie nicht in der Lage war, diese Frage zu beantworten, ohne sich selbst und die PLO, deren Sprecherin sie ist, zu beschuldigen, ging Aschrawi zu einem klugen Gegenangriff über - sie spielte mit den Gefühlen der Weltpresse, indem sie behauptete, sie sei eine palästinensische Christin, die von den allerersten Christen in der Welt abstamme. Diese Antwort hatte überhaupt nichts mit der gestellten Frage zu tun, aber die Korrespondenten der antisemitisch eingestellten britischen Presse spendeten ihr wilden Beifall. Und eine begeisterte amerikanische Kolumnistin mehrerer Zeitungen, Mary McGrory, berichtete folgendermaßen über Aschrawis Erwiderung: „Das war sehr wohl zu vergleichen mit Spiel, Satz und Sieg.“[70]

Welch eine erschreckende Ignoranz! **Alle ersten Christen waren Juden** - Araber (und Aschrawi ist Araberin) kamen erst im 7. Jahrhundert ins Land - und deshalb ist ihr Anspruch lediglich ein gewaltiger Streich der Palästinenser. Aschrawi, die dem Fernsehpublikum eher vorkommt wie die Direktorin eines britischen Mädchenpensionats, ist eine Vertreterin der PLO, und ihr Vater gehörte zu den Gründern der PLO! Sie unterstüzt „Saddam Hussein, Terrorangriffe auf jüdische Zivilisten, und Exekutionen palästinensischer Araber.“[71] Mosche Arens, ein ehemaliger israelischer Verteidigungsminister, bezeichnete Aschrawi als „die Autorität, die Mordanschläge genehmigt.“[72]

Ferner sagte Aschrawi zu dem christlichen Journalisten: „Es gibt kein Judäa und Samaria - Jesus wurde in **meinem** Land geboren.“[73] Die meisten Leser wissen vielleicht, daß während einer bestimmten Zeit in der Geschichte Israels das Land in zwei Reiche aufgeteilt war - das größere, nördliche Reich Israel und das kleinere, südliche Reich Juda. Die Grenzen zwischen diesen beiden Reichen verliefen fast geradlinig vom Großen Meer (dem Mittelmeer) zur nördlichen Spitze des Salzmeeres (des Toten Meeres), und dann in südlicher Richtung durch die Mitte des Toten Meeeres. Juda hatte Jerusalem, Israel Samaria als Hauptstadt. In römischer Zeit wurde das Land durch drei geographische Hauptgebiete bestimmt, Galiläa, Judäa und Samaria, wobei Judäa die lateinische Form des Namens Juda war. Die Römer bezeichneten die gesamte Provinz als Judäa, bis sie sie

135 n.Chr. in *Syria-Palæstina* umbenannten.

Aschrawi behauptet, „Jesus wurde in **meinem** Land geboren" - in **Palästina**. Die Bibel sagt uns im Alten (Micha 5,2), und auch im Neuen Testament (Matthäus 2,6 mit Bezugnahme auf die Prophezeiung Michas), daß Jesus in Behlehem geboren werden sollte, und daß Bethlehem im Land Juda liegt. Das Neue Testament, das verfaßt wurde, als die Juden unter römischer Besatzung lebten, erwähnt Judäa 45mal und Samaria zwölfmal. Und natürlich berichtet es, daß *Jesus in* ***Bethlehem in Judäa*** *geboren wurde* (Matthäus 2,1). Und im Johannesevangelium (Kap. 4,3-4) sagt die Bibel folgendes über Jesus: „*... verließ er* ***Judäa*** *und ging wieder nach Galiläa. Er mußte aber durch* ***Samarien*** *reisen.*" Jesus sagte sogar zu seinen Jüngern, (Apg. 1,8), daß sie seine Zeugen sein sollten in „*Jerusalem und in ganz* ***Judäa*** *und* ***Samaria.***" Dieselben Evangelien, die Jesus mit den biblischen Gebieten Judäa und Samaria verbinden, sagen uns auch, daß Jesus aus Ägypten kam „in das Land Israel" (Matthäus 2,20.21). Jesus wurde in **Judäa**, in **Israel**, geboren und nicht in Palästina - denn das existierte noch nicht in biblischer Zeit.

Wie seit Jahrtausenden nennen die Juden auch heute noch die hügeligen inneren Regionen Israels Judäa und Samaria. 1948 folgte König Abdullah von Jordanien dem römischen Beispiel und trennte die historische Verbindung der Juden zu Judäa ab - er gab dem Gebiet einfach einen neuen Namen. So wie die Römer den Namen *Palæstina* prägten, tat er das gleiche mit dem Namen „Westjordanland". Und heute folgt die ganze Welt begeistert diesem Beispiel. Fast 3.500 Jahre ständige Präsenz der Juden in ihrem alten Land wird unter einer dicken Schicht von arabischer Propaganda und Lügen begraben.

Aschrawi ist nicht die einzige, die aus Jesus, dem „König der Juden" (Matthäus 21,37; Markus 15,26; Lukas 23,38; Johannes 19,19), einen arabischen König und aus seinen Jüngern Araber machen will. Die meisten palästinensisch-arabischen Christen plappern dieses Märchen nach. Und Aschrawis berühmter Chef, Jassir Arafat, bezeichnete den Apostel Petrus als „einen Palästinenser, der Rom widerstand."[74] Die Juden werden von diesen Christen ebenfalls beschuldigt, Jesus, den „palästinensischen Propheten"[75] ermordet zu haben.

Die feindliche Haltung vieler palästinensisch-arabischer Christen gegen Israel ist offensichtlich nur mit ihrem Eifer für die PLO gleichzusetzen. Ein anderer palästinensisch-arabischer Christ, Dr. Geries

Khoury, ist Autor eines Buches mit dem Titel: *The Intifada of Heaven and Earth: A Palestinian Theology* (Die Intifada von Himmel und Erde: Eine palästinensische Theologie). Khoury vertritt die These, die von der PLO veranstaltete *Intifada* (die mehr als 1.200 Menschenleben forderte und tausende verletzt und entstellt zurückließ) sei göttlich, eine von Gott inspirierte „herrliche Zeit". Khourys Lehre von der göttlichen Intifada beinhaltet auch folgenden Satz: „Jeder Gläubige, der aufgrund seiner Theologie versucht, das religiöse Recht Israels in Palästina zu rechtfertigen, ist ein Ungläubiger, der Gott und Christus verleugnet."[76] Und, man glaube es oder auch nicht, er „exkommuniziert christliche Zionisten"![77]

Ein anglikanischer Priester namens Elias Khoury wurde verurteilt, weil er in seinem Auto Sprengstoffe transportiert hatte, mit deren Hilfe beim britischen Konsulat in Jerusalem und in einem städtischen Supermarkt zwei Menschen getötet und elf weitere verletzt wurden. Khoury ist heute ein Mitglied des Exekutiv-komitees der PLO in Amman, Jordanien.[78] Erzbischof Hilarion Cappucci wurde auch beim Waffenschmuggel für die PLO ertappt - große Mengen Waffen und Sprengstoff waren in seinem Mercedes versteckt. Cappucci sagte: „Jesus Christus war der erste *fedayi* (Terrorist). Ich folge nur seinem Beispiel."[79]

Jesus wurde als Jude in einer jüdischen Stadt namens Bethlehem im jüdischen Heimatland geboren. Aber heute haben sogar christliche Grußkarten aus Bethlehem eher moslemische als christliche Inhalte.[80]

Die Vertreibung der Araber durch die Juden

Die Araber vertreten den Anspruch, daß Juden „Millionen" von Palästinensern von den Ländereien vertrieben haben, die sie „seit Jahrtausenden" kultiviert haben. Sie vertreten auch den Anspruch, daß die Araber immer in der Mehrheit gewesen seien. Wir wissen aber, daß vor unserer modernen Zeit niemals „Millionen" von Arabern in Palästina gelebt haben. Und wir wissen auch, daß Araber nicht seit „Jahrtausenden" dort waren, und daß nur Juden eine ständige Präsenz im Land beanspruchen können. Deshalb müssen wir uns folgende Frage stellen: Woher kamen die 381.500 Flüchtlinge von 1948, wenn nicht aus dem Land selbst?

Bevor wir versuchen, diese Frage zu beantworten, sollten wir uns einer Problematik im Hinblick auf die arabischen Flüchtlinge zuwenden, die in Kapitel 6 nicht erwähnt wurde. Das Flüchtlingsproblem kennen wir seit unvordenklichen Zeiten, und es wird uns zweifellos bis zum Ende der Tage beschäftigen. Die Menschenmassen, die dazu getrieben werden, Kriegen, Hungersnöten und anderen Katastrophen zu entrinnen, belaufen sich auf unzählige Millionen. Aber für die arabischen Flüchtlinge des Krieges von 1948 änderten die Vereinten Nationen die allgemeine Definition der Kriterien, die einen Flüchtling ausmachten[81] und erweiterten sie, so daß „als 'Flüchtlinge' auch alle bezeichnet werden konnten, die in 'Palästina' nur zwei Jahre lang vor der Staatsgründung Israels im Jahr 1948 lebten."[82] Den Vereinten Nationen war bekannt, daß die Araber in Palästina weder feste noch regelmäßig aufgesuchte Wohnsitze hatten, und aus diesem Grund wurde es erforderlich, die Kriterien für arabische Flüchtlinge zu ändern. In der Antwort auf die Frage, woher die arabischen Flüchtlinge kamen, liegt auch die Ursache für die Änderung der Kriterien durch die Vereinten Nationen.

Palästina war nicht das Kulturland, das von den Arabern seit „Jahrtausenden" bebaut wurde, sondern eine Wüstenei. Bedeutende Autoren und Pilger im Heiligen Land haben über Jahrhunderte eine Vielzahl von schriftlichen Berichten über die leere, unfruchtbare Wildnis hinterlassen. Und ein Historiker nach dem anderen berichtet über die gleichen Tatsachen:

> „In den zwölfeinhalb Jahrhunderten zwischen der Eroberung durch die Araber im siebten Jahrhundert und den Anfängen der Rückkehr der Juden um 1880, war Palästina verwüstet. Seine antiken Kanalisations- und Bewässerungssysteme waren demontiert und die wunderbare Fruchtbarkeit, von der die Bibel sprach, verschwand in Wüstensand und Zerstörung."[83]

Im späten 16. Jahrhundert schrieb ein „einfacher Besucher aus England" folgendes über Jerusalem:

> „Es ist hier nichts zu sehen als ein Überrest der alten Mauern, die noch übriggeblieben sind, und alles andere ist von Gras, Moos und Unkraut überwuchert, wie auf einem Stück feuchtem, üppig bewachsenem Land."[84]

Andere Teile Palästinas wurden zu dieser Zeit folgendermaßen beschrieben: „Wir sahen nichts, das noch steiniger, noch dichter mit Dornen überwuchert und mehr einer Wüstenei glich ... eine riesige und weitläufige Ruine."[85] Im 18. Jahrhundert beschrieb ein französischer Autor und Historiker Palästina als „das zerstörte und verwüstete Land ... Der Reisende trifft auf nichts anderes als auf Häuser in Trümmern, nutzlos gemachte Zisternen und verlassene Felder.“[86] Und ein britischer Archäologe schrieb, daß Palästina „keine Menschen hatte, um seine fruchtbare Erde zu bebauen.“[87]

Ein deutschsprachiges Nachschlagewerk, das zu Beginn des 19. Jahrhunderts veröffentlicht wurde, beschrieb Palästina als „verwüstet und durchzogen von arabischen Räuberbanden.“[88] Einige Jahre später brachte der französische Poet Alphonse de Lamartine folgende Beschreibung zu Papier:

> „Außerhalb der Tore Jerusalems sahen wir tatsächlich kein lebendes Wesen, hörten keinen Ton eines Lebewesens. Wir fanden die gleiche Leere, die gleiche Stille, die wir vor den vergrabenen Toren von Pompeji oder Hercualaneum finden könnten ... eine völlige, ewige Stille herrscht in der Stadt, auf den Straßen, im ganzen Land.“[89]

Um die Mitte des 19. Jahrhunderts schrieb der britische Konsul von Palästina folgendes: „Das Land ist zu einem Großteil unbesiedelt, und daher braucht es dringend eine Bevölkerung.“[90]

Und Mark Twain, der berühmte amerikanische Schriftsteller, der im Jahr 1867 durch Palästina reiste, schrieb:

> „Kommen Sie nach Galiläa ... diese unbevölkerten Wüsten, diese rostfarbenen Hügel der Unfruchtbarkeit, die niemals, niemals, niemals das grelle Licht von ihren scharfkantigen Umrissen abschütteln können ... diese melancholische Ruine von Kapernaum ... Wir kamen sicher auf dem Tabor an ... wir sahen auf der ganzen Strecke kein einziges menschliches Wesen.
>
> Bethlehem und Bethanien, in ihrer Armut und Erniedrigung, haben heute überhaupt nichts mehr an sich ... der geheiligte Ort, an dem die Hirten ihre Herden in der Nacht hüteten, und an dem die Engel sangen ‘Friede auf Erden und den Menschen ein Wohlgefallen’, ist völlig unbewohnt von irgendeinem Lebewesen ... Bethsaida und Chorazin sind vom Erdboden verschwunden, und die ‘wüsten Plätze’ rund um sie ... schlummern in einer Stille, die nur von Raubvögeln und dahinschleichenden Füchsen bewohnt ist.

> Aufrüttelnde Szenen ... finden in der Ebene Jesreel nicht mehr statt. Es gibt in ihrer ganzen Ausdehnung nicht ein einziges Dorf - nicht innerhalb von dreißig Meilen in jeder Richtung.
>
> Palästina sitzt in Sack und Asche ... verwüstet und häßlich ... es ist ein unwirkliches Land."[91]

Andere Autoren aus derselben Zeit malten ähnlich düstere Bilder wie Twain: „Wie melancholisch ist diese völlige Verwüstung! Nicht ein Haus, nicht eine Spur von Einwohnern, noch nicht einmal Hirten ... um die dumpfe Monotonie aufzulockern."[92]

„Jericho, einst gerühmt ob seiner berühmten Palmen- und Balsampflanzungen, war im Jahr 1850 baumlos und verlassen. Brunnen waren mit Müll zugeschüttet und die Erosion griff um sich."[93] Und gegen Ende des 19. Jahrhunderts schrieben Besucher des Landes noch immer über dessen Verwüstung:

> „Ich reiste im Frühling durch ein trauriges Galiläa, und ich fand es still ... Wie an anderen Orten, wie überall in Palästina, sind Stadt und Palast zum Staub zurückgekehrt ... Diese Melancholie der Verlassenheit ... liegt schwer auf dem ganzen Heiligen Land."[94]

Immer wieder werden in allen Zeitaltern die gleichen Worte gebraucht, um Palästina zu beschreiben - leer, still, unfruchtbar, verlassen, verwüstet, melancholisch, wüst, ruiniert, häßlich, unbewohnt und unbrauchbar. Im Vergleich dazu nun Jassir Arafats Rede vor den Vereinten Nationen im November 1974:

> „Die jüdische Invasion begann 1881 ... Palästina war zu dieser Zeit ein grünendes und blühendes Land, in der Mehrheit bewohnt von einem arabischen Volk, das dabei war, sich sein Leben aufzubauen und auf dynamische Weise seine einheimische Kultur zu bereichern."[95]

Die Beschreibung Palästinas durch Historiker, Schriftsteller und Pilger zeigt das genaue Gegenteil von Arafats grünendem, blühendem, bewaldetem und fruchtbarem Land. Und die einzige einheimische Kultur, mit der die Araber Palästina bereicherten, bestand offensichtlich aus Raubüberfällen, Diebstählen und Mord. Die wenigen arabischen Bauern, die tatsächlich das Land kultivierten, waren den Nomaden - den beduinischen Zeltbewohnern - auf Gedeih und Verderb ausgeliefert. Mit den Beduinen „kam Gesetzlosigkeit und die Entwurzelung aller Autorität,“[96] und die Beduinen „versuchten immer neue Vorstöße in besiedelte Gebiete, indem sie die Dorfbewohner terrorisierten, ausbeuteten und schließlich zwangen, den Ackerbau aufzugeben und zu fliehen.“[97]

Die unfruchtbare Leere des Landes, das nur wenige arabische Bauern bewohnten, führt uns zu der unvermeidlichen Schlußfolgerung, daß die 140.000 Araber, die in den jüdisch besetzten Gebieten blieben, nachdem Israel 1948 die Staatsgründung erklärte, in Wirklichkeit die einzigen Araber waren, die dauerhafte Wurzeln im Land hatten.

Es gab immer kleine jüdische Gemeinwesen in ganz Palästina, aber um 1880 begannen die Juden, als Einwanderer ins Land zurückzukehren. Ansprüche, daß Araber stets die Bevölkerungsmehrheit stellten, enthalten so viel Wahrheit wie Arafats Anspruch, Palästina sei ein unter arabischer Herrschaft fruchtbares, blühendes, kulturell reiches Land gewesen.

Juden begannen etwa 250 n.Chr. aufs neue, nach Jerusalem zu reisen, und kurz danach wurde ihnen gestattet, sich dort anzusiedeln. Wie in früheren Zeiten wurde die Stadt bald zum Sitz religiöser Gelehrsamkeit, und der Zauber Jerusalems, ihrer uralten, heiligen Stadt, zog fromme Juden magisch an. Die amerikanische Zeitung *The Pittsburgh Dispatch* vom 15. Juli 1889 berichtete: „Dreißigtausend von vierzigtausend Menschen in Jerusalem sind Juden.“[98] Und wir sollten nicht vergessen, daß die große Mehrheit der 10.000 Nichtjuden aus Christen und Armeniern bestand, aber nicht aus Moslems.

In dem Gebiet, in dem die organisierte jüdische Ansiedlung begann, und in dem 98 Prozent der Juden bis zur Unabhängigkeit Israels leben sollten, belief sich die Zahl der gesamten nichtjüdischen Bevölkerung, d.h. Moslems, Christen und „andere“ im Jahr 1893 auf „wenig mehr als 92.000“[99], von denen „fast 38.000 Christen waren.“[100] Trotz der seit Jahren von der türkischen Regierung verübten Einschränkungen in Bezug auf die jüdische Einwanderung belief sich die Zahl der jüdischen Bevölkerung auf fast 60.000. Diese Zahlen werden bestätigt von Vital Cuinets Volkszählung, die eine Zahl von 93.600 Nichtjuden (37.853 Christen und 55.823 Moslems) ergab, gegenüber 59.431 Juden in den jüdisch besiedelten Gebieten.[101]

Auf diese Weise haben wir verläßliche Zahlen, die während der Zeit begrenzter jüdischer Einwanderung eine kleine jüdische Mehrheit ausweisen, und in einer Zeit, als Araber aus anderen Gebieten fast freien Zugang genossen, durch den ihre Zahl erhöht wurde. Dies ist eine Bestätigung dessen, was ich an anderer Stelle geschrieben habe,[102] nämlich daß es, mit Ausnahme der arabischen Eroberung im siebten Jahrhundert, umstritten ist, ob die Araber in Palästina jemals die Bevölkerungsmehrheit gebildet haben.

Ein phänomenaler Anstieg bei der Anzahl der Araber war zu verzeichnen, als die Besiedlung durch Juden zunahm, und die Zahl der arabischen Bevölkerung in Palästina stieg weitaus stärker an als die der jüdischen Siedler. Araber umschwärmten die jüdischen Siedler wie die sprichwörtlichen Bienen den Honigtopf. Die Araber in Palästina und den Nachbarländern waren arm, und sie waren auf der Suche nach Arbeitsplätzen, die von der jüdischen Landwirtschaft und Industrie geschaffen wurden. So groß war der Zustrom der Araber nach Palästina, daß im Mai 1939 der amerikanische Präsident Franklin D. Roosevelt in einer Notiz an seinen Außenminister schreiben mußte: „Die Zuwanderung der Araber nach Palästina seit 1921 **hat die Gesamtzahl der jüdischen Einwanderer während des gesamten Zeitraums bei weitem übertroffen.**“[103]

Dieser spektakuläre Anstieg der arabischen Bevölkerung zwischen 1893 und 1947 - ein Zuwachs um 400 Prozent[104] - wurde als „natürlicher Anstieg“ beansprucht. Wenn das stimmt, dann wäre dies die größte Bevölkerungsexplosion der Welt, aber dieser Anspruch kann völlig außer acht gelassen werden. Wie die Zahl der Araber in direktem Verhältnis zur jüdischen Ansiedlung stieg, so stand der Prozentsatz des Anstiegs in direkter Beziehung zur räumlichen Nähe jüdischer Siedlungen. Ein Anstieg von 400 Prozent bei der arabischen Bevölkerung wurde **innerhalb** jüdisch besiedelter Gebiet festgestellt, während die Bevölkerungszahlen um 150 Prozent **in der Nähe** und um 100 Prozent **außerhalb** jüdisch besiedelter Gebiete stiegen. Araber strömten nach Palästina, und die meisten von ihnen suchten Arbeit bei den Juden.

Ein Beispiel der gewaltigen Zuwanderungswelle nach Palästina, mit dem Bestreben, von jüdischem Fachwissen Vorteile zu erzielen, ist in der jüdischen Siedlung Rischon le-Zion (Erste in Zion) zu finden, die 1882 gegründet wurde. Gegen Ende des Jahres 1889 hatten „die ‘vierzig jüdischen Familien’, die sich hier angesiedelt hatten,

'mehr als vierhundert arabische Familien' angezogen,"[105] die sich um die ursprüngliche Siedlung herumgruppierten. Viele andere arabische Dörfer schossen auf ähnliche Weise wie Pilze aus dem Boden. Die jüdische Ansiedlung vollzog sich in „einem Verhältnis von zehn zu eins von arabischen Wanderarbeitern oder Einwanderern im Vergleich zu den Juden in den jüdisch besiedelten Gebieten."[106] Ferner sollte betont werden, daß der mehr als dramatische Anstieg bei der arabischen Bevölkerung **lange vor der Volkszählung von 1893** stattfand, die sogar dann eine jüdische Mehrheit in jüdisch besiedelten Gebieten aufzeigte. Die Juden verdrängten keine fest angesiedelte arabische Bevölkerung - das genaue Gegenteil geschah, indem Araber die Juden verdrängten. Wenn den Juden irgendeine Schuld zugeschoben werden könnte, dann höchstens dafür, Araber nach Palästina **hineingebracht** zu haben.

Die Juden kauften Land von den wenigen Arabern, die tatsächlich Landbesitzer waren, und nur drei Prozent der Fläche Palästinas war 1948 in arabischem Besitz - neun Prozent waren Eigentum von Juden, 17 Prozent bestanden aus verlassenen Flächen, und die übrigen 71 Prozent waren leeres Kron- oder Staatsland im Eigentum der britischen Mandatsregierung.[107] Oft zahlten die Juden riesige Summen für Land, das als nutzlos angesehen wurde, so zum Beispiel malariaverseuchte Sümpfe. Die wilde Entschlossenheit der jüdischen Siedler überwand jedes Hindernis und verwurzelte sie immer fester mit ihrem uralten Heimatland. Die dramatische Veränderung, die die Juden an Palästina bewirkten, zwang ein bedeutendes biblisches Nachschlagewerk zu folgender beifälliger Äußerung:

> „In ihrer Gesamtheit haben diese entschlossenen Siedler **den seit römischer Zeit bedeutendsten Fortschritt in der Kultivierung von verwüstetem Land herbeigeführt** und überbrückten auf diese Weise Jahrhunderte von Mißbrauch und Vernachlässigung."[108]

Die Entwicklung im Bereich der Landwirtschaft, zusammen mit dem Zustrom jüdischer Industrie und Handelstätigkeit, bewirkte einen riesigen Anstieg arabischer Einkommen, der keinem Vergleich mit anderen arabischen Nachbarländern standhält. Der Lohn eines arabischen Arbeiters in Haifa war beispielsweise „doppelt so hoch wie der seines Landsmanns in Nablus, wo es keine jüdische Präsenz gab."[109]

Aus dieser immensen Zuwanderung von Arabern aus Westpalästina (wo es keine jüdische Besiedlung gab), aus Syrien, Ägypten und Libyen rekrutierten sich die Flüchtlinge, die 1948 das Land wieder verließen. Die große Mehrheit der Flüchtlinge bestand in Wirklichkeit aus Neuankömmlingen, die Vorteile zogen aus dem Wohlstand, den die Juden nach Palästina brachten. Aus diesem Grund mußten die Vereinten Nationen die Begriffsbestimmung für einen arabischen Flüchtling dahingehend abändern, daß jede Person darunter fiel, die seit zwei oder mehr Jahren im Land war.

Die Beschäftigung von Arabern durch Juden geht bis heute weiter, obwohl viele Araber entweder ihre Arbeitgeber oder andere unschuldige, wehrlose Personen angreifen, ermorden oder verstümmeln. Die israelische Regierung erlaubt zehntausenden von Arabern, täglich als Arbeitnehmer in den jüdischen Staat einzureisen, und am 17. Juli 1994 kam es zu Unruhen am israelischen Kontrollpunkt Erez in der Nähe des Gazastreifens, in die 10.000 Araber verwickelt waren. Die israelischen Behörden hatten die neuen „palästinensischen Polizisten" gewarnt, daß sie bei der Kontrolle der arabischen Pässe und Arbeitsgenehmigungen zu lange brauchten, bevor sie die Arbeiter zu ihrer täglichen Arbeit in Israel passieren ließen. Die Araber waren verärgert über diese Verzögerungen und warfen mit Steinen auf die Grenzpolizisten auf der israelischen Seite des Kontrollpunktes, verletzten 18 der israelischen Grenzpolizisten, einen davon lebensgefährlich. Dann stürmten sie durch den Kontrollpunkt, plünderten, setzten eine Tankstelle in Brand, zerstörten 152 neue an einem Busparkplatz stehende Autobusse und verursachten Sachschäden in Millionenhöhe.[110]

Am nächsten Tag war der Kontrollpunkt für alle arabischen Arbeiter bis auf eine unbestimmte Zeit gesperrt. Die Araber murrten, weil sie nun gezwungen waren, unter ihren arabischen Brüdern auf Arbeitssuche zu gehen - in Israel hatten die Araber „kürzere Arbeitszeiten und verdienten dreimal so hohe Löhne."[111]

Jüdische Wurzeln in Palästina

Wie wir bereits früher in Artikel 20 der PLO-Charta, der PNC (Palestine National Covenant) sahen, wird jede historische oder religiöse Bindung von Juden an Palästina geleugnet. Und wir haben soeben erkannt, daß selbst einige palästinensisch-arabische Christen, Menschen, die an ein biblisches, historisches oder religiöses Recht der Juden auf Besitz ihres uralten Landes glauben, als Ungläubige oder Ketzer bezeichnen, „die Gott und Christus leugnen".

Für viele mag die Erkenntnis schockierend sein, daß die Juden nicht nur Wurzeln in Palästina haben, die Jahrtausende vor denen der Arabern existierten, sondern auch in Arabien, lange vor der Zeit der Araber, und zwar in Medina, der zweitheiligsten Stadt des Islams! Die Araber prahlen über ihre „rein arabischen Länder", aber in Wirklichkeit „besiedelten die Juden ursprünglich die Stadt Medina, oder Yathrib, wie sie in vorislamischer Zeit hieß."[112] Mohammeds Invasion in Medina, etwa 450 Kilometer nördlich von Mekka gelegen, war der Beginn der „arabischen Eroberung Arabiens"[113] im siebten Jahrhundert; die Juden wurden überrannt und völlig vernichtet.

Der arabische Anspruch, die Juden hätten keine historischen oder religiösen Bindungen an Palästina, ist fast zu lächerlich, um ihn in Worte zu fassen. Wenn mehr Menschen (auch evangelikale Christen) mehr in der Bibel lesen würden, dann wäre ein geringerer Teil der großen Masse falsch informiert. Vor fast 4.000 Jahren kaufte Abraham die Höhle Machpela in Kirjat Arba - Hebron (1. Mose 23,2) für 400 Silberschekel (1. Mose 23,15-16). Er kaufte die Höhle als Begräbnisstätte, und in ihr begrub er seine Frau Sara. Abraham wurde später dort auch begraben, wie auch Isaak, Rebekka, Jakob und Lea - alle jüdischen Glaubensväter und -mütter.[114]

Zur Zeit der Eroberung Kanaans erhielt Kaleb, einer der beiden gläubigen Kundschafter, das gesamte Gebiet von Kirjat Arba, weil er Gott die Treue gehalten hatte (Josua 14,14). Die Stadt wurde später Hebron genannt, nach dem Ururenkel von Kaleb. Und von Hebron aus regierte David das Königreich Juda „sieben Jahre und sechs Monate" lang (2. Samuel 5,5). Um 1000 v. Chr. nahm David die Festung von Zion (die Stadt Davids, 2. Samuel 5,7) in Jerusalem ein, und von dort regierte er ganz Israel 33 Jahre lang (2. Samuel 5,5). Jerusalem blieb die Hauptstadt Israels bis zur Vertreibung der Juden im Jahr 135 n.Chr. - nach über 1.100 Jahren souveräner Herrschaft. Aber die von Arabern revidierte Geschichte will die Welt zu der Überzeugung bringen, daß Jerusalem „seit ihrer Gründung bis heute"[115] unter arabischer Herrschaft geblieben ist.

Hebron ist immer ein besonders heiliger Ort für Juden gewesen, weil sich in der Stadt das Grab der Patriarchen - die Höhle von Machpela - befindet. Seit 700 Jahren erlaubten die Moslems den Juden nicht, weiter als bis zur siebten Stufe zum Grab zu gehen.

Erst, als Hebron im Krieg von 1967 von Israel eingenommen wurde, konnten Juden die Höhle wieder betreten und dort beten wie vorher.

Die Moslems heben immer wieder hervor, wie viel ihnen Hebron oder Jerusalem als „Wiege des Islams“ bedeuten. Aber weder Hebron noch Jerusalem waren jemals Hauptstädte irgendeines arabischen Staatsgebildes, und Mohammed gab den beiden Städten keine Bedeutung innerhalb des Islams, da keine von ihnen nur einer einzigen Erwähnung im Koran für wert geachtet wurde.

Hanan Aschrawi hat der Welt erzählt, daß Bethlehem eine palästinensisch-arabische Stadt ist. Aber Bethlehem gehörte dem Enkel von Kaleb, der dem Ephrata geboren wurde (1. Chronik 4,4). Aus dieser Verbindung erhalten wir die Prophezeiung von Micha:

*„Und du, **Bethlehem Ephrata**, die du klein bist unter den Städten in Juda, aus dir soll mir der kommen, der in Israel Herr sei, dessen Ausgang von Anfang und von Ewigkeit her gewesen ist.“* (Micha 5,1)

Es war Bethlehem, der die Stadt gründete, die auch heute noch seinen Namen trägt. Wir könnten ein Beispiel nach dem anderen erwähnen, aber man muß nur in der Bibel lesen, dann löst sich eine Menge anderer arabischer Mythen in Wohlgefallen auf.

Neugeschriebene Geschichte

Arabische Mythen halten die gebildeten Massen in ihrem Bann. So viel unberechtigte Publizität ist Arafat und anderen ranghohen PLO-Funktionären zugestanden worden, daß die ganze Welt zu ihrem Betätigungsfeld geworden ist. Aber fast alles, was sie zu jedem Thema zu sagen haben, ist eine Lüge, auch die Wörter „und“ bzw. „aber“.[116] Arafat behauptet, er stamme von den Philistern ab; Aschrawi schwört, sie stamme von den ersten Christen ab, und Feisal al-Husseini, der höchste Funktionär in Jerusalem und ein weiteres Mitglied des PLO-Verhandlungsteams, bekundet, Saladin sei sein Vorfahr.[117] Alle beschwören, sie seien „reine Araber“, aber keiner von ihnen beansprucht arabische Abstammung für sich! Die Philister waren Nichtsemiten, die ersten Christen waren Juden, und Saladin war ein Kurde!

Feisal al-Husseinis Familie lebt tatsächlich schon eine ganze Reihe von Jahren in Palästina. Die al-Husseinis gehörten zur herrschenden Elite, die mit dazu beigetragen hat, die Bauern durch die

Auferlegung überhöhter Mieten, Abgaben und Zinsen auszubeuten. Die Bauern im 19. Jahrhundert zahlten bis zu 200 oder 300 Prozent Zinsen![118] Joan Peters beschreibt die Familie al-Husseini als Mitglieder der „parasitenhaften Großgrundbesitzer-Klasse."[119] Feisal al-Husseini ist ein naher Verwandter von Haj al-Husseini, dem ehemaligen moslemischen Mufti von Jerusalem und Vertrauten Adolf Hitlers. Feisal ist ein Cousin von Jassir Arafat.

Wie andere hohe PLO-Funktionäre verbreitet al-Husseini mythische palästinensisch-arabische Geschichte. Seine Palestine Academic Society for the Study of International Affairs (Palästinensische Akademische Gesellschaft für internationale Studien) - Passia - ist lediglich eine Fassade für eine großangelegte Verbreitung von PLO-Propaganda. Ein Beispiel für Passias „akademischen" Beitrag zu einer Geschichtsrevision findet sich in einem Terminkalender, der hauptsächlich an Journalisten, Politiker und andere einflußreiche Mitglieder der Gesellschaft verteilt wird. Es folgen kurze Ausschnitte aus der PLO-Version der Geschichte der Araber in Palästina, wie sie erscheint (Rechtschreibfehler inbegriffen) in *The Land, its People and History* (Das Land, sein Volk und seine Geschichte):

> „In der Mitte des Dritten Jahrtausends (3000 v.Chr.), nach der Dürre- und Trockenheitsperiode, die die arabische Halbinsel getroffen hatte, kamen die Kanaaniter, Stämme arabischer Semiten, in die Gebiete östlich des Mittelmeeres, die die heutigen Länder Syrien, Libanon, Jordanien und Palästina umfassen, und siedelten sich dort an."
>
> „Ungefähr 4000 v.Chr. gründeten die Jebusiter, eine Untergruppierung der Kanaaniter, Jebus - Jerusalem ..."
>
> „Die Philister gaben [dem Land Kanaan] den Namen Philistin oder 'Palästina'."
>
> „Um das Jahr 1900 v.Chr. siedelte sich Abraham (Ibrahim) ... irgendwo im Jordantal an."
>
> „Um das vierzehnte Jahrhundert v.Chr. flohen die zwölf Söhne Jakobs (Israels) nach Ägypten ... sie vermehrten sich und nahmen an Macht zu während 500 Jahren in Ägypten ..."
>
> „Mose, gemeinsam mit seinem Volk (Banu Israel) verließ Ägypten um das dreizehnte Jahrhundert v.Chr. (1290 v.Chr.)."

> „Um 330 n.Chr. ... riß die Verbindung, die die Juden zu der Stadt und dem Tempel hatten, ab.“
>
> „Aber obwohl Palästina zu einem Teil der byzantinischen und hellenischen Kulturen wurde, war arabisches Leben niemals von ihm oder Jerusalem getrennt ... „
>
> „Im siebten Jahrhundert n.Chr. traten Palästina und der Rest von Syrien (das Land Kanaan) aus dem Schatten der römischen Herrschaft und begaben sich in die Sphäre des arabisch-islamischen Reiches.“[120]

Die mythischen Araber werden auf raffinierte Weise in Gestalt der Kanaaniter eingeführt - als Araber aus Arabien! Und arabisches Leben in Jerusalem wurde in der Tat im ganzen uralten Heimatland Israels niemals durch die Römer unterbrochen! Das ist wahr - etwas, das gar nicht existiert, kann nicht unterbrochen werden, selbst wenn die Welt selbst aufhörte, zu existieren! Und al-Husseinis Akademische Gesellschaft beschönigt die moslemische Invasion und Ermordung fast aller Juden und Christen im Land im 7. Jahrhundert mit den einfachen Worten: „...traten ... aus dem Schatten der römischen Herrschaft und begaben sich in die Sphäre des arabisch-islamischen Reiches.“

Es ist auch interessant, daß die Kanaaniter im Jahr 3000 v.Chr. ankamen - hier wird behauptet, dieses Ereignis hätte in der „Mitte des 3. Jahrtausends“ stattgefunden - aber die Jebusiter, eine Untergruppierung der Kanaaniter, kam bereits mehr als 1.000 Jahre früher!

Abraham kam im 19. Jahrhundert v.Chr. an; seine Urenkel flohen nach Ägypten im 14. Jahrhundert, blieben dort 500 Jahre lang, und verließen das Land im 13. Jahrhundert - 60 Jahre nach ihrer Ankunft! Es ist eine rührende Geschichte, die mehr Löcher hat als ein feinmaschiges Sieb. Dies ist nur ein Beispiel, wie arabische Akademiker die Geschichte des uralten jüdischen Landes umschreiben.

Namhafte Nachschlagewerke

Die reiche arabische Propagandamaschinerie hat der wahren, uralten Geschichte des jüdischen Volkes einen ungeheuren Schaden zugefügt. Aber langfristiger, fast irreparabler Schaden wird von der zusätzlichen Unterstützung verursacht, die die Araber von seiten der akademischen Welt erhalten. Eine Vielzahl von Standardwerken enthält irreführende oder verfälschte Informationen über jüdische

Geschichte, und aus diesen Werken beziehen viele Nationen die Daten für ihre Erziehungssysteme.

Privatpersonen, die viel Geld für teure Nachschlagewerke ausgeben, um sie für ihre privaten Bibliotheken zu erwerben, ersetzen diese gewöhnlich erst nach Jahrzehnten oder überhaupt nicht. Es kommt häufig vor, daß 20 oder 30 Jahre alte Ausgaben der *Encyclopædia Britannica* im Anzeigenteil von Zeitungen zum Verkauf angeboten werden. Falsche Informationen, die wissentlich oder unwissentlich in ein Nachschlagewerk eingebaut sind, werden noch mehrere Generationen nach dessen Erstveröffentlichung ihre Wirkung auf den menschlichen Geist ausüben. Araber sind sich dieser Tatsache sehr wohl bewußt und bringen mit Nachdruck und Erfolg ihre verdrehte Version der Geschichte in einige der bedeutendsten Nachschlagewerke der Welt ein. Viele Artikel in den heutigen Enzyklopädien, und zwar diejenigen, die sich mit der Geschichte der Juden und ihrer Präsenz im uralten Land befassen, sind unglaublicherweise von Arabern geschrieben worden! Jemand hat darauf hingewiesen, daß diese Verfahrensweise so ist wie bei einem Cricketspiel, in dem nur die Punkte einer der beiden Mannschaften gezählt werden.

Aus Platzmangel können wir keine umfassenden Ausführungen zu verfälschten oder unrichtigen Informationen in Nachschlagewerken, Wörterbüchern und Lehrbüchern machen. Informationen in Artikeln über ein und dasselbe Thema in ein und demselben Werk weichen je nach Autor bzw. Autoren stark voneinander ab. Es werden hier nur ein paar ausgewählte Beispiele aus den bekanntesten englischsprachigen Veröffentlichungen vorgestellt.

In aller Kürze wird die Geschichte von Israel und Palästina in einem Auszug aus einem Artikel in *The Random House Encyclopædia* folgendermaßen dargestellt:

> „Einst das Land Kanaan, dann Israel, dann Palästina, wurde der moderne Staat Israel am 14. Mai 1948 ins Leben gerufen, nach 2.000 Jahren jüdischer Staatenlosigkeit und einem halben Jahrhundert zionistischer Bestrebungen."[121]

Wir wissen zumindest, daß meine bereits am Anfang getroffene Feststellung korrekt ist - Palästina wurde ursprünglich Kanaan genannt, bevor es als Israel bekannt wurde, und nur danach wurde es zu Palästina. In einem anderen Abschnitt aus einem anderen Artikel in derselben Enzyklopädie lesen wir folgendes: „Mose führte die Juden aus Ägypten nach **Palästina.**“[122] Was geschah mit Kanaan? Es wird weggelassen und somit wird die arabische Geschichtsversion unterstützt.

Ein anderes Fragment aus derselben Quelle liest sich folgendermaßen: „Die Philister, ein Volk von Händlern, eroberten die Juden, die sich in **Palästina** angesiedelt hatten.“[123] Wieder wird Kanaan nicht erwähnt, und die arabische Version wird aufrechterhalten.

Noch etwas aus der gleichen Quelle:

> „Gaza ... Eine der fünf Stadtstaaten der Philister, litt unter ständigen Angriffen wegen seiner strategischen Lage zwischen **Palästina** und Ägypten.“[124]

Wieder fehlt Kanaan - die arabische Version wird erneut gestützt. Und in einem weiteren Auszug aus derselben Quelle, diesmal aus einem Artikel über Sanherib, den König von Assyrien (704 - 681 v.Chr.), steht folgendes: „Er führte einen weiteren bedeutenden Feldzug gegen Phönizien, **Palästina** und **Philistia** im Jahr 701.“[125] Die simple Tatsache, daß der Name Palästina sich von Philistia - dem Land der Philister - herleitet, scheint keinerlei Bedeutung zu haben für diesen „Historiker“, er hat einfach „Israel“ durch „Palästina“ ersetzt. Es ist völlig unmöglich, Palästina und Philistia zur selben Zeit existieren zu lassen - hat vielleich Arafat selbst diesen Artikel geschrieben?

Das Nachschlagewerk *Groliers Illustrated Encyclopedia* enthält fast die gleichen Verdrehungen wie das vorherige. In einem Artikel über die Philister finden wir folgendes: „Die Philister waren eines von vielen Seevölkern, die während der Zeit von 1225 bis 1050 v.Chr. in die Küstengebiete Ägyptens und **Syro-Palästinas** eindrangen.“[126] Hier haben wir eine modernisierte Version des römischen Namens für das Land Israel - etwa 1.200 Jahre, bevor die Römer diesen Namen tatsächlich benutzten! Ein anderer Auszug aus dem Werk liest sich folgendermaßen:

> „Obwohl einige Wissenschaftler die Ankunft der Hebräer früher datieren, geschah die Hauptzuwanderung von hebräischen Stämmen (s. auch JUDEN) aus der Wüste nach **Palästina** zwischen dem 14. und dem 12. Jahrhundert v.Chr.“[127]

Dieselbe alte Geschichte. Die Juden kamen aus Ägypten, wanderten in der Wüste herum, bevor sie direkt nach Palästina gingen. *Groliers* ist ein weiteres bedeutendes Nachschlagewerk, das die arabische Version palästinensischer Geschichte unterstützt.

Wir befaßten uns vorher mit drei Zitaten über die Philister. Nur *Random House* vermittelte vollständig korrekte Informationen: „Philister, ein nichtsemitisches Volk, das etwa im 12. Jahrhundert v. Chr. wahrscheinlich von Kreta nach **Philistia** kam.“[128] Die Philister waren eines der Seevölker, und ihr Name leitet sich von ihrer Ansiedlung in Philistia her.

Das englischsprachige Wörterbuch *Webster's Unabridged Dictionary* schwimmt mit dem Strom und definiert „Philister“ folgendermaßen: „ein Mitglied eines nichtsemitischen Volkes, das von etwa 1200 v.Chr. im südwestlichen **Palästina** lebte.“[129] Ein revidiertes Geschichtsbild wird durchgesetzt, indem die Philister mehr als 1.300 Jahre vor dessen Existenz nach Palästina versetzt werden.

Die bedeutende *Encyclopædia Britannica* verbreitet ebenfalls falsche Informationen mit ihrem Artikel über die Philister:

> „Philister, ein Volk ägäischen Ursprungs, das sich an der Südküste **Palästinas** kurz vor der Ankunft der Israeliten im 12. Jahrhundert ansiedelte ... sie bewohnten die Küstenebene von **Palästina**.“[130]

Hier unterstützt die *Britannica* wiederum das revisionistische Geschichtsbild der Araber und entzieht jüdischen Ansprüchen auf ihr Heimatland die Grundlage, indem sie Palästina 1.250 Jahre vor der Ankunft der Israeliten existieren läßt. Ich habe das Vorrecht, eine ziemlich große und umfassende Privatbibliothek zu besitzen (die auch die *Britannica* und fünf andere bedeutende Enzyklopädien enthält), aber nicht ein einziges von mir konsultiertes Buch bzw. Artikel bestätigt das 12. Jahrhundert als Datum für den Einzug der Juden nach Kanaan. Die zuverlässigsten Quellen setzen das Datum zwischen dem Anfang und der Mitte des 15. Jahrhunderts v.Chr. an.

In dem Text über die neuere Geschichte Palästinas nimmt die *Britannica* einen offensichtlich pro-arabischen Standpunkt ein, indem sie Israel als rassistisch, aggressiv und expansionistisch darstellt. Ein Beispiel:

> „1950 annektierte das Königreich Jordanien das Westufer des Jordans; dieses wurde 1967 von Israel eingenommen und

besetzt, zusammen mit dem Gazastreifen, der Sinaihalbinsel (ägyptisch) und den Golanhöhen (syrisch)."[131]

Im gesamten Artikel wird nicht einmal die arabische Blockade der Meerenge von Tiran erwähnt, auch nicht die Mobilisierung von arabischen Truppen an allen Landesgrenzen Israels, und auch nicht arabische Pläne, „keine jüdischen Überlebenden" übrigzulassen in dem unvermeidlichen Krieg, der darauf folgen mußte. Und überhaupt nicht erwähnt wird der Sechstagekrieg und Israels wundersamer Sieg über fünf arabische Nationen - jede von ihnen hatte größere und besser ausgerüstete Armeen als der jüdische Staat. Israel hatte absolut ohne Grund und ohne jede Provokation jordanisches, ägyptisches und syrisches Territorium einfach so „eingenommen und besetzt". Ist es dann ein Wunder, daß die Welt auf der Seite der „unterdrückten" Araber steht?

Die *Encyclopædia Britannica* wurde kürzlich zur Rede gestellt, und zwar von besser informierten Lesern, die die Veröffentlichung von radikal einseitigen, die jüdische Geschichte völlig neu definierenden Informationen in der Ausgabe von 1992 beanstandeten. Es ist anzuerkennen, daß der heutige Herausgeber Robert McHenry sich einverstanden erklärte, einige Änderungen vorzunehmen, aber die Ausgabe von 1992 wird bis zum Jahr 2025 noch in ständigem Gebrauch sein und so noch immer unschätzbaren Schaden anrichten. Araber von der Amerikanischen Universität in Beirut leisteten Beiträge zu den Artikeln über „Israel" und das moderne „Palästina."[132] Und Walid Kahlidi, ein Mitglied des Palästinensischen Nationalrats (der PNC ist die „Regierung" der PLO) ist einer der Mitverfasser des Artikels über „Palästina nach 1900".[133] Der „Blitzkrieg" arabischer Propagandabestrebungen zahlt sich aus, denn durch das Umschreiben der Geschichte im Nahen Osten wird dieser schließlich die Existenz des modernen Staates Israel selbst bedrohen.

Die berühmte *Encyclopædia Britannica* - wohl das hervorragendste Nachschlagewerk der Welt - könnte in Wirklichkeit den Maßstab gesetzt haben für den weitverbreiteten Revisionismus, der heute in anderen, bedeutenden wie unbedeutenden, Nachschlagewerken so modern ist. Wenn wir z. B. den Eintrag „Palästina" in dem Nachschlagewerk *Webster's New World Encyclopedia* aufschlagen, finden wir folgendes: *Palästina*

„war im Altertum zeitweise von Ägypten, Assyrien, Babylon, Persien, Mazedonien, den Ptolemäern, den Seleukiden, und den Römischen und Byzantinischen Reichen beherrscht. Heute ist es ein Teil von Israel. Das palästinensische Volk ... stammt von den Kanaanitern ab."[134]

Ganze 3.000 Jahre jüdischer Herrschaft und Präsenz werden absichtlich ausgelassen, und die letzte Zeile ist ein deutlicher Hinweis auf erneutes Einwirken von arabischer Seite - eine verfälschte Geschichte des Nahen Ostens mit einem ebenso verfälschten Anspruch der Araber auf Abstammung von den Kanaanitern. Aber das ist noch nicht alles. *Webster's* nahm unter dem Eintrag „Palästina" eine historische Chronologie auf, die nicht mit den Kanaanitern beginnt, sondern mit der islamischen Eroberung im 7. Jahrhundert n.Chr. Dies ermöglicht dem „Historiker", Jahrtausende jüdischer Geschichte auszublenden, ohne dabei rot zu werden. Und im Eintrag über das Jahr 1948 werden die Leser informiert, daß eine Serie arabisch-israelischer Kriege „in dem völligen Verlust des palästinensischen Staates endete."[135] Seit der Zeit von Adam und Eva bis zum heutigen Tage hat es niemals einen palästinensischen Staat gegeben. Aber woher wollen Zehntausende ahnungsloser Menschen, die in *Webster's New World Encyclopedia* nachschlagen, das wissen?

Colliers Encyclopedia hat sich mit der *Britannica* und *Webster's* dem Rennen um die Darstellung einseitiger und verfälschter Berichte über die jüdische und israelische Geschichte angeschlossen. In *Colliers* Eintragung „Palästina, heutiges", beginnt Raschid Khalidi, ein weiterer arabischer „Historiker", mit einem Abschnitt, in dem er die vorherige Existenz eines „souveränen palästinensischen Staates"[136] als Tatsache hinstellt. Ein Rezensent des Werkes schreibt dazu: „Khalidi stellt Tatsachen schlicht und einfach falsch dar."[137] Ich frage mich, warum er dies wohl tat.

Der amerikanische Verlag *Heritage Publishing Company* ist auch durchdrungen von falschen Darstellungen. Die Beschreibung der Stadt Bethlehem in dem Wörterbuch *The American Heritage Dictionary* ist schon etwas Besonderes:

> „Eine Stadt im **israelisch besetzten Jordanien**, fünf Meilen südlich von Jerusalem, und das **palästinensische Dorf** aus biblischen Zeiten, in dem David lebte und Jesus geboren wurde."[138]

Die Annektierung des Westjordanlands durch Jordanien im Jahr 1950 wurde weder von den Vereinten Nationen noch durch die

Arabische Liga jemals anerkannt. Und in biblischen Zeiten gab es niemals auch nur irgendeinen Hinweis auf irgendetwas Palästinensisches. David Bar-Ilan meint, das oben erwähnte Zitat erinnere ihn an den alten Witz darüber, wie der Name Noah (im Hebräischen ein Wort mit zwei Buchstaben) mit sieben Fehlern geschrieben wird.[139]

Im Juni 1992 veröffentlichte das ehrwürdige Magazin *National Geographic* einen Bericht mit dem Titel *Wer sind die Palästinenser?* In dem Artikel, geschrieben von Ted Szulc, wurde behauptet, daß die heutigen palästinensischen Araber von den alten Kanaanitern abstammen und daß die Juden lediglich eine von vielen Wellen regionaler Invasoren waren, die ihnen Leid zugefügt hatten. Es gab eine große Zahl wütender Proteste gegen den Artikel, der vollgepfropft war mit Fehlinformationen. Diejenigen, die gegen die von *National Geographic* veröffentlichte Geschichtsfälschung protestierten, wurden an einen Mann namens Phillip Mattar verwiesen, Mitherausgeber des Magazins *The Journal of Palestine Studies*, das von Hischam Scharabi, einem Freund und Berater von Jassir Arafat, geleitet wird.[140]

Die umgeschriebene Geschichte Israels fließt sogar in christliche Bibeln ein. Ein Beispiel: Die englischsprachige *New King James*-Bibelübersetzung, veröffentlicht vom Verlag Thomas Nelson, wohl der größte christliche Verlag der Welt (die Eigentümer sind zwei libanesische Araber), beschreibt die Braut *Sulamith* aus dem Hohelied Salomos als „eine junge Palästinenserin."[141]

Unglücklicherweise werden Bibliotheken, Schulen und Heime bald mit dieser Art von vergiftender Geschichtsrevidierung angefüllt sein. Diese ist darauf ausgerichtet, die Welt gegen die Juden aufzuwiegeln, und zwar auf der Grundlage unmoralischer Beschuldigungen, die Araber von Palästina schlecht behandelt und auf heimtückische Weise das Land gestohlen zu haben, in dem diese seit Jahrtausenden gelebt haben. Aber diese Revidierung der Geschichte ist eine Lüge. Und eine Lüge bleibt eine Lüge, gleichgültig, von welchem bedeutenden Werk sie gedruckt wird. Und die traurige Tatsache besteht darin, daß Verfälschungen ganz bewußt veröffentlicht werden. Schande über Amerika, denn dort werden die am stärksten verdrehten und offenkundig falschen Informationen gedruckt, und das ohne Gewissensbisse. Wenn die revidierte Geschichte zu ihrem logischen Schluß gebracht wird, haben wir die Bühne vorbereitet für den Endkampf der Welt - Harmagedon, *„den großen*

Tag Gottes, des Allmächtigen" (Offenbarung 16,14.16). Alle Könige der Erde - die ganze Welt zieht aus gegen die Juden im Tal Megiddo in Nordisrael. Wenn *„die Städte der Nationen fallen"* - zerstört in einem nuklearen Holocaust - wer wird dann überleben, um über die Lügen zu trauern, die sie zerstörten?

8

Die Vereinten Nationen

Die arabisch-islamische Front greift Israel über alle Kanäle, jedes Medium, in jeder Versammlung und von jedem Podium aus an. Und die zynische Veränderung der Geschichte kann sogar verglichen werden mit einer weiteren starken Waffe, die der arabischen Sache zur Verfügung steht - die Vereinten Nationen. Die Vereinten Nationen waren einst eine glaubwürdige und respektierte Organisation, die das Vertrauen einer riesigen Zahl von Menschen in der ganzen Welt genoß. Heute verbringt dieselbe Einrichtung, die mit ihrer Hilfe und Unterstützung die Geburt des Staates Israel ermöglichte, viel Zeit beim Versuch, diesen zu zerstören. David Bar-Ilan schreibt: „Ein Besucher von einem anderen Planeten könnte kaum getadelt werden für die Annahme, daß diese Organisation zu keinem anderen Zweck gegründet wurde als zur Verurteilung Israels."[1] Das Hauptquartier der Vereinten Nationen in Israel befindet sich in Jerusalem, und zwar an dem Ort, der bekannt ist als „Berg des bösen Rates" - dort, wo Ahitophel dem Absalom Ratschläge gab, wie er dem David das Königreich entreißen könnte (2. Samuel 16,21; 17,2). Es ist zweifelhaft, ob dieser Standort ein Produkt des Zufalls ist.

Die Vereinten Nationen sind zutiefst durchdrungen von den Arabern und ihrer Propaganda. Die Organisation ist zu einem eifrigen Verbündeten der Araber geworden - zu einem Werkzeug, das beträchtlichen Druck auf Israel ausübt und es oft unter Androhung von Sanktionen zwingt, arabischen Forderungen nachzugeben. Die vereinte Macht der arabischen und sowjetischen Blöcke (ein ehemals mächtiger, bösartig antisemitischer Gegner Israels) verlieh ihnen „völlige Kontrolle über die Vereinten Nationen, ihre Mikrophone und ihre Druckerpressen."[2] Es wurde einst behauptet, daß, wenn die Araber eine UN-Resolution beantragt hätten, daß die Erde flach sei, diese verabschiedet worden wäre."[3]

Antisemitismus und zweierlei Maß

Ein Antisemit ist „jemand, der den Juden feindlich oder ablehnend gegenübersteht"[4] - jemand, der „Juden diskriminiert."[5] Eine antisemitische Haltung bedeutet „Vorurteile gegen Juden zu haben bzw. diese zu zeigen.“[6] Und Antisemitismus wird folgendermaßen definiert: „der Haß auf Juden und die Anwendung von zweierlei Maß bei der Behandlung von Juden.“[7] Und es wurde behauptet, daß „nirgends der Antisemitismus in seiner schlimmsten Form ausgeprägter ist als bei den Vereinten Nationen selbst“[8] - die Wahrheit dieser Behauptung wird schnell deutlich, wenn einige Tatsachen näher beleuchtet werden. Die Vereinten Nationen behaupten von sich selbst, sie seien „unparteiisch“ in ihrer Vermittlerrolle gegenüber Israel, aber das Ausmaß ihres antisemitischen Giftes wird sichtbar in den Handlungen ihrer Mitarbeiter und Mitglieder. So erlebte zum Beispiel im März 1993 ein hochrangiger Mitarbeiter der UN in Gaza den Mord an Rabbi Yehoschua Weissbrod durch Steinigung mit. Araber warfen Steine auf Weissbrods Auto, so daß er die Kontrolle über den Wagen verlor und an eine Mauer prallte. Dann schlug ein arabischer Mob auf ihn „mit Eisen-stangen und Bausteinen ein, und später feuerten Schützen mit einer Kalaschnikov-Maschinenpistole einige Schüsse auf ihn ab.“[9] Danach wurde Weissbrods Auto angezündet. Katharine Striker,[10] die UN-Mitarbeiterin, „tat gar nichts - weder versuchte sie, die Steinigung aufzuhalten noch meldete sie den Vorfall den Militärbehörden.“[11]

Die Zeit, die die Vereinten Nationen damit verbringen, über den jüdischen Staat zu diskutieren und ihn zu verurteilen, ist unglaublich. In der Tat hat der Sicherheitsrat Israel zu seinem Angriffsziel erklärt und verbringt „dreißig Prozent seiner Sitzungen damit und widmet ein volles Drittel aller seiner Resolutionen“[12] einem Land, das „weniger als ein Tausendstel der Weltbevölkerung“[13] enthält. Und das geschieht in „einer Ära von totalitärer Unterdrückung, Massenmorden, Vertreibungen von riesigen Bevölkerungsgruppen, einer Ausbreitung der Sklaverei und unaussprechlichen Akten von Völkermord.“[14] Der Sicherheitsrat hat „31 Äußerungen von Betroffenheit, sieben Warnungen und 49 Verurteilungen gegen Israel“[15] ausgesprochen. Aber nicht eher, bis Saddam Hussein in Kuwait einmarschierte, wurde jemals eine Resolution gegen ein arabisches Land verabschiedet, noch nicht einmal im Jahr 1982, als Hafez Assad von Syrien persönlich die Ermordung von 20.000 Menschen aus einer rivalisierenden Sekte in der Stadt Hama anordnete. Syrische Soldaten versiegelten systematisch die Häuser der Einwohner und pumpten Zyanidgas[16] hinein, bevor sie die Stadt unter einem Haufen Schutt[17] niederwalzten. Viele Kriege, unbeschreibliche Grausamkeiten und hunderte von Terrorakten, die tausende Menschenleben forderten, gehen auf das Konto arabischer Staaten, aber bis zur Zeit des Golfkriegs hat der UN-Sicherheitsrat nicht einmal eine Warnung, einen Verweis oder eine Verurteilung gegen einen einzigen arabischen Staat ausgesprochen.[18] Die Vereinten Nationen schauten weg, als Syrien im Jahr 1983 Zyanidgas gegen seine eigene Zivilbevölkerung verwandte, und sie taten das gleiche bei Ägypten, als es 1966 Senfgas[19] gegen den Jemen einsetzte. Mit starrem Blick sahen sie in die entgegengesetzte Richtung, als der Iran und der Irak während ihres acht Jahre dauernden Krieges etwa 1.000 Tonnen Nervengas[20] gegeneinander einsetzten, und auch dann, als der Irak tausende von Kurden im Jahr 1988 mit chemischen Waffen tötete.[21] Chemische Waffen und Giftgas sind für den Fall des Krieges geächtet, aber dieselben Vereinten Nationen, die diese Ächtung[22] aussprachen, erlauben den arabischen Staaten ohne weiteres, diese zu mißachten, ohne einen einzigen Protest zu äußern.

Im Juni 1981 unternahm die israelische Luftwaffe eine gefährliche Reise über feindlichem Luftraum - die Maschinen wurden während des Fluges aufgetankt - und machte mit chirurgischer Präzision den irakischen Atomreaktor Osiraq zu einem Trümmerhaufen. Die Irakis benutzten den Reaktor für die Herstellung einer Atombombe, und die Operation brachte dem irakischen Nuklearprogramm einen Rückschritt von einem Jahrzehnt oder mehr. Der israelische Angriff auf ein feindliches Ziel (der Irak befindet sich in einem erklärten Kriegszustand gegen Israel) brachte vehemente Verurteilungen durch die Weltpresse und eine weitere Verurteilung durch die Vereinten Nationen mit sich. Der Einsatz von Giftgas gegen unbewaffnete Zivilisten ist offenbar erlaubt, wenn es um arabische Staaten geht, aber Juden dürfen sogar ein feindliches Ziel nicht angreifen, besonders wenn es sich um ein arabisches Ziel handelt. Als direkte Auswirkung des Golfkriegs von 1991 geben die Vereinten Nationen selbst heute Millionenbeträge aus, indem sie Einsatzteams zur Zerstörung aller chemischen und nuklearen Anlagen im Irak aussenden! Aber die Verurteilung Israels ist noch heute gültig.

Kurz vor dem Golfkrieg marschierte Syrien in die christliche Enklave im Libanon mit etwa 2.000 Panzern und 40.000 Soldaten ein und löschte diese praktisch aus. Die Leichen von etwa 600 christlichen Offizieren wurden im israelischen Fernsehen gezeigt, und die

Fotos wurden auch in der israelischen Presse veröffentlicht - die Männer waren an Händen und Füßen gefesselt und mit Genickschüssen getötet worden.[23] Das Weiße Haus übersah die Aktivitäten seines neuesten Verbündeten absichtlich, die amerikanischen Medien vermieden jede Erwähnung dieser Grausamkeit, und die Vereinten Nationen blieben sich selbst treu, indem sie nicht einen Muckser des Protests von sich gaben. Als Israel Anfang Januar 1992 zwölf palästinensische Terroristen deportierte, sprachen die Vereinten Nationen eine „strenge Verurteilung" gegen Israel aus. Eine verurteilende Resolution durch die PLO wurde von dem amerikanischen UN-Delegierten Thomas Pickering[24] als nicht streng genug angesehen, und so schlug er eine viel bösartigere Version vor, nämlich die „strenge Verurteilung", die dann auch erlassen wurde. Ein politischer Berater in Washington sagte zu dem Ausdruck „strenge Verurteilung" folgendes:

> „Dieser Ausdruck, der strengste unter den diplomatischen Redewendungen, wurde nicht gegen totalitäre Staaten verwendet, die den internationalen Terrorismus unterstützen und auch nicht gegen eine gesetzlose Nation, die in ein Nachbarland einmarschierte und es plünderte, auch nicht gegen arabische Terroristen, die Juden, seien es Israelis oder andere Staatsangehörige, ermorden, und zwar ohne jede Rücksicht in Flughäfen, Schulen oder mitten auf der Straße."[25]

Die syrische Armee kann in ein Nachbarland einmarschieren, tausende von Menschen umbringen und hunderte von hilflosen, gefesselten Gefangenen hinrichten, ohne einen einzigen Protest von seiten der Amerikaner oder der Vereinten Nationen. Aber als Israel lediglich zwölf Terroristen deportierte, wurde eine „strenge Verurteilung" von denselben Heuchlern ausgesprochen, die Stillschweigen bewahren über von ihren „Freunden" verübte Grausamkeiten. Es war vielleicht ausgleichende Gerechtigkeit, daß Pickering in Ungnade fiel und einen Monat später seinen Posten verlor.

Die stärkste und strengste politische Verurteilung, die überhaupt möglich ist, wurde von den Vereinten Nationen gegen Israel ausgesprochen, und zwar wegen der Deportierung von zwölf Terroristen, die Morde an unschuldigen Israelis planten. Und trotzdem waren die Vereinten Nationen lediglich „äußerst beunruhigt“[26], als die Sowjetunion 1993 ein ziviles koreanisches Flugzeug abschoß und alle 269 Passagiere tötete.

Der Sturm, der über zwölf deportierte Terroristen entfacht wurde, war eine Totenstille im Vergleich zu dem Wirbelsturm, der losging über 400 Terroristen von Hamas und dem Islamischen Heiligen Krieg, die Israel mit der gleichen Begründung deportierte, nämlich der Hauptverantwortung für Morde an unschuldigen Israelis, darunter Frauen und Kinder. Die Terroristen sollten nach dem Libanon abgeschoben werden, und zwar für eine Zeit von höchstens zwei Jahren; danach wäre ihnen die Rückkehr nach Israel wieder erlaubt worden. Die Medien in der Welt machten aus den Mördern Helden und, wie es ihrer Natur entspricht, „ignorierten praktisch die Gründe der Ausweisung und konzentrierten sich auf Bilder von 400 Männern, die in ‘ein weiteres Flüchtlingslager’ in den kalten libanesischen Bergen getrieben wurden.“[27]

Die Vereinten Nationen waren wütend - wahrscheinlich deshalb, weil „15 Prozent der deportierten Terroristen bezahlte Mitarbeiter der Organisation waren.“[28] Zusammen mit der „sofortigen und einstimmigen Verurteilung“[29] erhielt Israel „unverhüllte Drohungen im Hinblick auf die Durchsetzung von Sanktionen“[30] vom Generalsekretär persönlich. Die Darstellung der Medien über die Terroristen als „leidende“ Helden der palästinensischen Sache, die Verurteilung durch die Vereinten Nationen, zusammen mit den angedrohten Sanktionen (die die volle Unterstützung der Regierung Clinton hatten), zwangen Israel schließlich, die Mörder zurück nach Israel zu bringen, wo sie sofort mit ihren Greueltaten weitermachten. Das Bild der Medien über die Terroristen, die so schrecklich in ihrem Lager in den kalten libanesischen Bergen „litten“, bewegte eine libanesische Zeitung zu folgender satirischer Darstellung in einem ihrer Leitartikel:

> „Jeder Besucher in ihrem Lager im Südlibanon bemerkt schnell die reichliche Vielfalt an Getränken und anderen Luxusgütern, die sie genießen, im Gegensatz zu den meisten Libanesen.
>
> Es geht ihnen viel besser als vielen Libanesen und sicherlich auch einigen Palästinensern in den besetzten Gebieten.
>
> Sie haben Frischfleisch und alle möglichen Frucht- und Gemüsesorten, Gasherde, Fernsehgeräte und Telefone, während die Mehrheit der Libanesen seit den letzten 20 Jahren davon träumt, zu Hause das Klingeln eines Telefons zu hören.

Darüber hinaus erhalten diese Leute mehr öffentliche Aufmerksamkeit als der libanesische Ministerpräsident und seine Regierung. Ihr Sprecher Abdul-Aziz Rantisi gibt sich nicht mehr damit zufrieden, über die Bedingungen im Lager zu sprechen, sondern schickt Botschaften an den UN Sicherheitsrat, das Weiße Haus und die Arabische Liga."[31]

Die Zeitung erwähnte auch, daß die Deportierten im Libanon frei herumreisen konnten, mit dem Hinweis, einige von ihnen „machten Ferien in großer Entfernung von ihrem Lager."[32]

Die vorzeitige Rückkehr der Abgeschobenen war auch wieder ein gewaltiger politischer Erfolg der Araber. Dieser Erfolg wäre nicht möglich gewesen ohne die überaus großzügige Unterstützung der antisemitischen Vereinten Nationen und der ebenso antisemitischen Medien mit ihrer umfassenden, mitleidvollen Berichterstattung über die Deportierten - „Anstifter, Organisatoren und Ausführende terroristischer Taten"[33]. Aber als 300.000 Palästinenser - in ihrer großen Mehrheit „unschuldige Opfer niedriger, nachtragender Rache"[34] - nach dem Golfkrieg aus Kuwait abgeschoben wurden, weil Jassir Arafat sich auf die Seite von Saddam Hussein gestellt hatte, antworteten die Vereinten Nationen und die Medien mit einer „Stille, die laut war wie Donnergrollen."[35] In der Tat „hielten es" die Vereinten Nationen „nicht für erforderlich, über diesen Sachverhalt auch nur zu diskutieren"![36]

Am 11. April 1974 drangen drei Araber vom Libanon aus nach Israel ein und richteten eine „blutige Orgie"[37] in Kirjat Schmona an. Sie gingen von Wohnung zu Wohnung und töteten, wem auch immer sie begegneten - „es spielte keine Rolle, ob das unglückliche Opfer ein alter Mann war, der seinen Hund ausführte oder ein dreijähriges Mädchen, das auf der Treppe mit ihrer Puppe spielte - alle erhielten Kopfschüsse aus nächster Nähe mit Kugeln des Kalibers 7,62 mm."[38] Achtzehn Israelis wurden getötet und weitere 25 verletzt, bevor israelische Einsatztruppen zu Stelle waren und die Mörder töteten. Unter den Toten waren acht Kinder und fünf Frauen[39] und „eine ganze Familie wurde abgeschlachtet, als sie um den Frühstückstisch saß."[40] Der Anblick blutiger Kinderleichen ließ manche der Soldaten - erfahrene Veteranen, die in Israels härtesten Kämpfen dabei waren - in aller Öffentlichkeit in Tränen ausbrechen,[41] und viele „waren so angewidert, daß sie sich übergeben mußten".[42]

An dem Tag, als Israel die Opfer des Massakers beerdigte, unternahmen Einheiten der israelischen Armee Vergeltungsschläge, indem sie libanesische Basislager von Terroristen angriffen und einige Kämpfer umbrachten. Die Vereinten Nationen verurteilten Israel aufs neue, diesmal wegen „der Verletzung der territorialen Integrität und Souveränität des Libanon"[43], ohne das Massaker auch nur zu erwähnen oder eine Verurteilung des Terrorismus auszusprechen.[44] Einen Monat später drangen drei weitere Araber vom Libanon aus in Israel ein, besetzten ein Schulgebäude in Ma'alot und töteten 25 Menschen,[45] darunter 20 Schulkinder (hauptsächlich Mädchen) - 70 weitere wurden „lebensgefährlich verletzt."[46] Hunderte solcher Attacken gegen Israelis haben über viele Jahre bis heute stattgefunden, aber die Vereinten Nationen verurteilten niemals auch nur einen Angriff, bis die verletzten Gefühle der Israelis sie schließlich im April 1994 dazu zwangen. Die Vereinten Nationen haben immer wieder völlige Gleichgültigkeit gegenüber dem Vergießen jüdischen Blutes an den Tag gelegt, sei es durch arabische Armeen, die den Judenstaat angriffen oder durch staatlich geförderte Terroristen, die jüdische Ziele in Israel oder anderen Ländern attackierten.

1972 trauerte in Israel die ganze Nation über den Mord an elf Athleten aus ihrer Olympiamannschaft nach dem schrecklichen PLO-Massaker in der Nähe des olympischen Dorfes in München, aber die Vereinten Nationen bewahrten Stillschweigen, und die Olympischen Spiele gingen weiter. Ein weiteres Massaker im März 1978, das 37 israelische Männer, Frauen und Kinder das Leben kostete und weitere 87 Verletzte forderte, konnte ebenfalls die Tagesordnung der Vereinten Nationen nicht durcheinanderbringen oder etwa eine Debatte bewirken. Aber als ein über die Maßen provozierter Israeli im Februar 1994[47] neunundzwanzig Araber in der Höhle der jüdischen Patriarchen erschoß, verbrachten die Vereinten Nationen buchstäblich Wochen damit, um über den Fall zu diskutieren. Dann verurteilten sie die gesamte Nation wegen der Tat eines Einzelnen, forderten internationale Präsenz in den von Israel verwalteten Gebieten und „die Entwaffnung" aller Israelis, die in den verwalteten Gebieten leben.[48] Es war eine typische Äußerung des chronischen Anti-Israel-Reflexes bei den Vereinten Nationen. Die Verurteilung Israels für die Tat eines Einzelgängers war selbstverständlich, denn die Verurteilung Israels ist das einzige Thema, das die Vereinten Nationen jemals in Aufregung versetzt oder wirklich vereint.

Ein Kontingent von 120 UN-Mitarbeitern - Italiener, Norweger und Dänen - kam pünktlich in Israel an - alle in ihren strahlendweißen Uniformen. „Wenige Minuten“[49] nach ihrer Ankunft begannen Araber, im Blickfeld der brandneuen Beobachterteams, Steine auf israelische Soldaten zu werfen. Die israelischen Soldaten antworteten mit Tränengas, um die Menge zu zerstreuen, und der Koordinator der UN-Beobachter hielt die „vorurteilsfreie Haltung“ der UN hoch, indem er die Soldaten beschuldigte, „den Vorfall provoziert“[50] zu haben.

Innerhalb der Vereinten Nationen

In Einklang mit der Charta der Vereinten Nationen, Kapitel V, Artikel 23-1, soll der Sicherheitsrat aus 11 Mitgliedern der Vereinten Nationen bestehen, und zwar den Vereinigten Staaten, Großbritannien, der Sowjetunion (heute GUS), der Republik China und Frankreich. Dies sind die ständigen Mitglieder des Sicherheitsrates, und mit Ausnahme der Vereinigten Staaten haben sie alle eine aggressive, anti-israelische Haltung. Die Charta wurde günstigerweise außer acht gelassen, indem ein ständiger Vertreter der PLO ebenfalls ernannt wurde und seinen Platz neben den bedeutenden Weltmächten einnahm. Sechs vorübergehende Mitglieder werden von der Generalversammlung für eine Amtsperiode von jeweils zwei Jahren in den Sicherheitsrat gewählt.

Die Diskriminierung Israels durch die Vereinten Nationen spiegelt sich in der Zusammensetzung des Sicherheitsrates wider - Israel wurde noch nicht einmal hineingewählt, obwohl es sich bereits 1949 den Vereinten Nationen anschloß, als es nur etwa 50 Mitgliedsstaaten gab. Heute gibt es etwa 160 Mitgliedsstaaten, und mit einigen Ausnahmen sind alle „bereit, als Gegenleistung für Begünstigungen die arabische Sache zu unterstützen.“[51] Mindestens 15 arabische Staaten[52] waren bereits Mitglieder im Sicherheitsrat, und fast jedes Jahr werden weitere arabische Staaten hineingewählt - manchmal sind zur selben Zeit gleich zwei arabische Staaten vertreten. Boutros Boutros-Ghali, der heutige Generalsekretär, d.h. der führende Kopf der Vereinten Nationen, ist Araber, und der heutige Sicherheitsrat hat zwei arabische Mitglieder sowie einen PLO-Vertreter!

Und niemand sollte auch nur die geringsten Zweifel daran haben, wo die Interessen des UN-Generalsekretärs Boutros-Ghali wirklich liegen. Als Moslem lehnt er Israels Recht auf Selbstbestimmung, die Aufrechterhaltung seines jüdischen Charakters und die Entwicklung seiner politischen Orientierung völlig ab. Er hat klargestellt, daß er einen Frieden im Nahen Osten nur dann vorhersehen kann, wenn das jüdische Volk seinem Staat den Rücken gekehrt und den gemäß islamischer Tradition Status von Dhimmis akzeptiert hat. Während eines Symposiums ägyptischer Intellektueller sagte Boutros-Ghali: „Die Juden müssen ihren Status als Nation und Israel als Staat aufgeben und sich als Gemeinwesen in der arabischen Welt assimilieren.“[53] Die Alternative dazu sei nach seiner Ansicht „ein ständiger Kriegszustand.“[54]

U Thant, Burmas UN-Delegierter, der zur Position des Vizepräsidenten der Generalversammlung aufstieg, bevor er von 1962 bis 1971 als Generalsekretär tätig war, war ein Marxist. U Thant lobte Lenin, den Führer der bolschewistischen Revolution und Begründer der kommunistischen Ideologie, und sah die Ideale Lenins in vollem Einklang „mit den Zielen der UN-Charta.“[55] Kurt Waldheim war von 1972 bis 1982 Generalsekretär - in einer Zeit, als viele der schlimmsten Mordtaten an Israelis innerhalb und außerhalb Israels stattfanden. Waldheim, der später zum Staatspräsidenten Österreichs wurde, durfte 1987 nicht in die Vereinigten Staaten einreisen, als von der amerikanischen Regierung ein 3.000 Seiten[56] langer Dokumentarbericht über seine Aktivitäten als Nazi während des Krieges analysiert wurde. Darin wurde bewiesen, daß Waldheim an der „Todesmaschinerie der Nazis“[57], in der sechs Millionen Juden umkamen, beteiligt war.

Die PLO und die Vereinten Nationen

Ende Oktober 1974 beschloß die UN-Generalversammlung, „die Vorschriften der Charta außer acht zu lassen“[58] und Jassir Arafat, den Vorsitzenden der Terrororganisation PLO, zu einer Rede vor der Generalversammlung einzuladen. Der damalige gewählte „Präsident der Generalversammlung während der Sitzungsperiode, in der Arafat sprechen sollte, war selbst ein ehemaliger algerischer Terrorist.“[59]

> „Mit einem strahlenden Lächeln und einer Pistole im Gürtel wurde er am 13. November zur Rednertribüne der Generalversammlung geführt; der *Fatah*-Anführer machte sofort deutlich, **daß er einen Staat für ganz Palästina forderte und die bloße**

Existenz der israelischen Republik keinen Platz in seinem Programm hatte.“[60]

Er wurde „mit großer Begeisterung aufgenommen.“[61] In der Tat erhielt er stehenden Beifall, und „niemand schien Einwände gegen sein bewaffnetes Auftreten in der Versammlung zu haben.“[62]

Arafats „Status und der der PLO gewannen durch die Anerkennung der Vereinten Nationen größeres Gewicht.“[63] Die Vereinten Nationen erkannten nicht nur die Terrororganisation der PLO an, sondern auch die „Berechtigung des bewaffneten Kampfes gegen Israel.“[64] Und 1992 bestätigte die UN-Kommission für Menschenrechte „das Recht der Palästinenser, **der israelischen Besatzungsmacht mit allen Mitteln zu widerstehen.**“[65]

Die Vereinten Nationen im Libanon

Bedingt durch ständige Angriffe der PLO gegen Israel und die darauffolgenden israelischen Vergeltungsschläge wurde im Libanon eine „unparteiische“ UN-Streitmacht als Pufferzone stationiert, mit dem vorgeblichen Auftrag, den „Frieden“ zu erhalten. Diese „Friedenstruppe“ ist bekannt unter dem Namen UNIFIL (United Nations Interim Force in Lebanon). Die UNIFIL wurde anfänglich im April 1978 im Libanon stationiert und ist noch immer dort aktiv, und zwar mit einem jährlichen finanziellen Aufwand von vielen Millionen. Ihre Wirksamkeit entspricht der eines Regenschirms in einem Wirbelsturm der Windstärke 7. Major Saad Haddad, der die christliche Armee des Libanon anführt und ein Freund Israels ist, sagte folgendes über die UNIFIL-Truppen:

> Die Vereinten Nationen tun gar nichts. Sie sind nur zum Schein da. Schlimmer noch, manchmal decken sie die PLO. Das Gebiet, in das die UN-Truppen einzogen, war frei von der PLO, aber heute ist das nicht mehr der Fall. Die PLO zog dort ein, errichtete ihre Lager innerhalb des UN-Gebiets und verübt von dort aus ihre Terrorakte.“[66]

Bis zum Juni 1978 - nur zwei Monate nach der Stationierung der UNIFIL-Truppen - „hatten mindestens 300 PLO-Terroristen die von den Truppen kontrollierten Gebiete im Südlibanon wieder in Besitz genommen.“[67] Und innerhalb von sechs Monaten nach der Ankunft der Truppen „waren mehr als 700 PLO-Terroristen in dieses

Gebiet zurückgekehrt und hatten dort 42 Basislager errichtet."[68] Mosche Dayan, der damalige israelische Außenminister, beklagte sich, daß UNIFIL nicht nur den PLO-Terroristen erlaubte, den Südlibanon zu infiltrieren, sondern ihnen tatsächlich zugestand, die Terrorgruppen im Süden des Landes von ihren Basislagern in Nordlibanon aus mit Nachschub zu versorgen.

> „Dayans belastende Behauptung wurde von dem UN-Generalsekretär Kurt Waldheim zurückgewiesen mit der Aussage, er halte es nicht für verkehrt, daß die UNIFIL die Lieferung von 'Nachschub' an 'kleine Gruppen von Palästinensern in ihrem Gebiet' zulasse."[69]

Bis zum Juli offenbarten israelische Geheimdienstberichte aus dem Südlibanon, daß UNIFIL-Einheiten Abkommen direkt mit den PLO-Terroristen abschlossen - die PLO hatte die Erlaubnis, den Süden zu infiltrieren und dafür „Angriffe auf UNIFIL-Patrouillen zu unterlassen."[70] Die direkte Zusammenarbeit zwischen vielen UNIFIL-Einheiten und den PLO-Terroristen erleichterte ihnen das Überschreiten der nördlichen Grenze zu Israel. Die „unparteiischen" UN-Friedenstruppen „halfen nicht selten Palästinensern, die sich auf dem Weg nach Israel befanden."[71] Viele Soldaten der UNIFIL-Truppen wurden in Wirklichkeit als „operative Agenten"[72] angeworben, und ein „nigerianischer Major, der ein UNIFIL-Kontingent kommandiert hatte, wurde innerhalb Israels verhaftet, weil er im Kofferraum seines Wagens Waffen für terroristische Zellen in der West Bank transportiert hatte."[73] Ein Offizier einer Einheit aus dem Senegal wurde ebenfalls ertappt, als er versuchte, „eine große Menge Sprengstoff vom Libanon zu PLO-Zellen in Israel"[74] zu schmuggeln.

Soldaten der UNIFIL-Truppen wurden beobachtet, wie sie an einem Begräbnis und einer Versammlung zu Ehren eines Terroristen teilnahmen, der von israelischen Soldaten getötet worden war.[75] Mehr als 40 Soldaten „des iranischen UNIFIL-Kontingents desertierten von ihrer Einheit, um sich den Terroristen anzuschließen"![76] Und nepalesische UNIFIL-Soldaten wurden gesehen, wie sie 1992 für Fotografien mit Hisbollah-Terroristen Modell standen![77] Israelis wurden weiter umgebracht, weil die Terroristen ständig israelische Grenzstädte aufsuchten, und die Einwohner mancher Städte verbrachten mehrere Tage in Bunkern, unter ständigem Beschuß durch Katjuscha-Raketen, die innerhalb des UNIFIL-Territoriums abgefeuert wurden.[78]

Ein französischer UNIFIL-Offizier und ein schwedischer UNIFIL-Soldat wurden von den christlichen Einheiten der Libanesen verhaftet, weil sie „israelische Militäranlagen fotografierten."[79] Und ein gefangengenommener PLO-Terrorist enthüllte, daß die PLO einem hohen irischen UNIFIL-Offizier 25.000 Dollar gezahlt hatte, damit er Fotografien und Daten über israelische Militärposten in Nordisrael und Südlibanon besorgte.[80] Derselbe Terrorist gab auch zu, daß die PLO von der irischen Einheit Raketen gekauft hatte![81]

Im Juni 1982 marschierte Israel im Libanon ein mit der Absicht, den Südlibanon von der Präsenz der PLO-Terroristen zu befreien.[82] UNIFIL-Truppen kollaborierten fleißig mit der PLO gegen Israel und taten ihr bestes, den Vormarsch der Israelis und die Beseitigung der Terroristen zu verhindern. Die UNIFIL-Truppen sollten eine neutrale Streitmacht sein, aber die Holländer legten Hindernisse in den Weg einer israelischen Panzerkolonne, und die Iren schalteten die Nachtscheinwerfer aus, um PLO-Terrroristen bei ihrer Flucht vor den Israelis zu helfen.[83] Israelische Streitkräfte hatten Befehl, auf keinen Fall das Feuer zu eröffnen - auch nicht auf die PLO - wenn UNIFIL-Truppen in der Schußlinie waren. Aber eine Vielzahl von Israelis war in Nahkämpfe mit den multinationalen Streitkräften verwickelt, bevor sie mit der Operation „Frieden für Galiläa" fortfahren konnten. Die Israelis durchsuchten das Gebiet der UNIFIL und fanden PLO-Terroristen, die in Zelten der UNIFIL-Truppen Zuflucht erhalten hatten. Sie fanden darüber hinaus „ganze UN-Anlagen, die routinemäßig als PLO-Trainingslager benutzt wurden."[84] Eine **Schule** des UN-Hilfswerks UNRWA in Siblin wurde ebenfalls in ein terroristisches Trainingszentrum umgewandelt. Unter den Wandbildern befand sich das Bild von PLO-Chef Jassir Arafat sowie ein Hakenkreuz der Nazis:

> Es dauerte mehr als drei Tage, bis die Techniker der israelische Armee Bomben entschärft, Schreckladungen entfernt und die enormen Mengen von vorgefundenen Waffen auf Lastwagen geladen hatten: Kisten mit RPG-Abschußrampen und Raketen, hunderte von Kalaschnikov-Gewehren, Flieger- und Panzerabwehrraketen, Handgranaten und Minen. Die Schule hatte ein Internat für 600 Jungen und Mädchen im Alter von 18 bis 19 Jahren, die zu PLO-Offizieren ausgebildet wurden. Chemie-

und Elektroniklabors wurden zur Herstellung von Minen und Schreckladungen verwendet."[85]

Kein Mitarbeiter des Hilfswerks UNWRA war in der Lage, die jahrelange Verwendung der Schule durch die PLO zu erklären, aber wenn wir bedenken, daß das Personal der UNRWA zu 99 Prozent[86] aus palästinensischen Arabern besteht, erübrigen sich alle Erklärungen. Israel bezichtigte das UN-Hilfswerk, Rationshefte von „Flüchtlingen" zurückzuhalten, wenn bestimmte Männer sich nicht Terrororganisationen anschlossen, und UNWRA-Lastwagen für den Waffentransport eingesetzt zu haben.[87]

Bei dem Vormarsch der Israelis im Libanon kamen noch mehr Schätze ans Tageslicht. In einem beschlagnahmten PLO-Bunker innerhalb des UN-Gebietes machten die Israelis folgende Entdeckung:

> „Ein schriftliches Abkommen zwischen dem Befehlshaber der norwegischen UNIFIL-Einheit und der PLO, in dem die Norweger versprachen, sich in keine terroristischen Aktivitäten, die in ihrer Zone stattfanden, einzumischen."[88]

Der Stabschef der israelischen Armee verriet den Inhalt anderer beschlagnahmter Dokumente:

> „Geheimdienstberichte der PLO, die Quellen innerhalb der UNIFIL mit Schätzungen israelischer Truppenstärken und Truppenbewegungen zitierten - dies beweist, daß hohe UNIFIL-Offiziere geheime Informationen über die israelische Armee an die PLO weitergegeben haben."[89]

Die Präsenz und Infrastruktur der PLO im Südlibanon war enorm - sie umfaßte sogar Stützpunkte für Unterseeboote in Sidon.[90] Und so riesig waren die Waffenlager, daß Israel buchstäblich Monate brauchte, um die beschlagnahmten Waffen zurück nach Israel zu transportieren - „4.330 Lastwagenladungen - genug, um die Invasion von einer Million Mann nach Israel aufrechtzuerhalten."[91] Und die Vereinten Nationen waren angeblich da, um „den Frieden zu erhalten"!

Sicherheitsgarantien

Das gesamte Konzept der Vereinten Nationen oder Amerikas, Sicherheit für Israel gegen seine feindlichen Nachbarn zu gewährleisten, ist eine bloße Täuschung. Da Israel heutzutage mit gewaltigen territorialen Konzessionen an die Araber voranschreitet, indem es Territorium abgibt, von dem aus Araber bereits drei Invasionen nach Israel durchgeführt haben, verläßt sich die Regierung auf die Vereinten Nationen und die Vereinigten Staaten, „Garantien" abzugeben, daß die Abkommen auch eingehalten werden. Wenn man die vergangenen und gegenwärtigen Leistungen der Vereinten Nationen im Hinblick auf die Erfüllung ihrer Verpflichtungen berücksichtigt, dann ist jedes Vertrauen auf ihre „Garantien" die schlimmste Form der Naivität.

Die vielen tausend UNIFIL-Soldaten im Libanon sind nicht nur unfähig, die israelische Bevölkerung vor terroristischen Angriffen zu schützen, sondern sie sind auch gar nicht bereit, sie zu beschützen - sie haben die Partei der Terroristen gegen Israel ergriffen. Das Verhalten der UNIFIL-Truppen im Libanon ist nicht der Archetyp der Unfähigkeit einer multinationalen Truppe, Israel zu beschützen - die totale Vernachlässigung ihrer Verpflichtungen im Sinai bereitete den Weg zu dem Krieg im Juni 1967.

Der israelische Rückzug vom Sinai im Jahr 1957 geschah auf der Grundlage der Stationierung multinationaler UN-Streitkräfte und der „Garantie" eines freien Weges durch den Suezkanal und den Golf von Eilat. Israel zog sich aus dem Sinai zurück, die UN-Truppe UNEF (United Nations Emergency Force) nahm dessen Positionen ein, und Amerika übernahm die „Garantie", das Recht Israels auf freien Zugang durch den Suezkanal und den Golf von Eilat zu unterstützen. Im Mai 1967 entschloß sich Ägypten, „Israel durch einen Krieg herauszufordern."[92] Der ägyptische Stabschef sandte eine Nachricht an den Befehlshaber von UNEF, Generalmajor Rikhye von der indischen Armee, und verlangte den Rückzug aller UN-Truppen entlang der ägyptischen Grenzen. Als Grund wurde angegeben, daß „die ägyptischen Streitkräfte den Befehl haben, 'sich auf einen Angriff gegen Israel vorzubereiten.'"[93]

Der ägyptische Außenminister Mahmoud Riad äußerte in einem Brief an den UN-Generalsekretär U Thant, daß die ägyptische Regierung „entschlossen war, 'die Präsenz der UN-Sicherheitstruppen in Ägypten und dem Gaza-Streifen zu beenden.'"[94] U Thants Antwort auf diesen Brief **wurde innerhalb von 75 Minuten[95] nach dessen Empfang** zugestellt! Seine Antwort bestand aus einem Einverständnis im Hinblick auf einen „vollständigen Rückzug,"[96] und seine Entscheidung wurde vor einer Konsultierung mit Israel oder Regierungen, die Truppen für diese Streitkräfte stellten, getroffen.[97]

Amerikas Sündenregister bei der Erfüllung seiner Sicherheitsgarantien ist völlig schockierend und keinen Deut besser als das der Vereinten Nationen. Eine solche Äußerung mag manche Amerikaner erschrecken, aber es handelt sich trotzdem um die Wahrheit. Wenn nicht amerikanische Interessen im Bereich der Wirtschaft oder Politik bedroht werden, sind alle Garantien des Weißen Hauses praktisch wertlos, und zwar aus dem einfachen Grund, weil nachfolgende Regierungen sich nicht an Verpflichtungen gebunden fühlen, die von vorherigen Regierungen ausgesprochen wurden. Und Israel stand viele Male im Regen. Ein Amerikaner erklärt diesen Sachverhalt folgendermaßen:

> „Verpflichtungen, die in guter Absicht von einer Regierung eingegangen wurden, können ungültig werden, wenn eine andere Regierung, mit anderen Zielen und einer anderen Weltsicht, die Macht übernimmt. Die Geschichte **amerikanischer Garantien gegenüber seinen unbedeutenden Verbündeten ist kein Sündenregister mit Betrügereien**, sondern eine Ausdrucksform der harschen Realität, daß in einer Demokratie Wähler, Abgeordnete und Präsidenten oft ihre Meinung ändern im Hinblick auf von ihren Vorgängern eingegangene Verpflichtungen.“[98]

Aber ist es gerecht und ehrenhaft, eine Verpflichtung einzugehen, von der eine Regierung sowohl die Sicherheit ihres Landes als auch das nackte Leben ihrer Bürger abhängig macht und dann von dieser „Garantie“ zurückzutreten, wenn sie tatsächlich gebraucht wird? So war zum Beispiel die „Garantie“ der Regierung Eisenhower vom 20. Februar 1957[99], Israels Recht auf freie Durchfahrt durch den Suezkanal und den Golf von Eilat aufrechtzuerhalten, nur ein wertloses Stück Papier, als während der Regierung Johnson die Zeit gekommen war, sie einzulösen.

Die Vereinten Nationen hielten ihre Verpflichtung nicht ein, und so wurde die multinationale Streitkraft aus dem Sinai abgezogen; die Amerikaner hielten sich nicht an ihre Garantie (mit der lahmen Entschuldigung, sie „könnten kein Exemplar der Verpflichtung finden“[100]), und Israel wurde dadurch in einen militärischen Holocaust hineingezogen. Israel gewann auf der ganzen Linie, aber hunderte von israelischen und tausende von ägyptischen, syrischen, jordanischen, irakischen und libyschen Soldaten verloren ihr Leben, und noch viel mehr wurden verstümmelt und verletzt. Und wer in den Vereinten Nationen oder in der Regierung Johnson verbrachte wegen der Verluste auch nur eine schlaflose Nacht? Alle diese Todesfälle, Entstellungen, Schmerzen und Leiden hätten vermieden werden können, wenn die „Garantien" echte Garantien statt nutzlose Papierfetzen gewesen wären.

Die multinationalen UN-Streitkräfte sollen neutrale Stellen sein, die die Kriegsparteien auseinanderhalten und auf diese Weise den Frieden in der betreffenden Region aufrechterhalten. Aber wenn es sich um Israel handelt, schlagen sich die Vereinten Nationen entweder auf die Seite der Feinde Israels oder verhalten sich wie Feuerwehrleute, die „bei dem ersten Geruch von Rauch und dem ersten Anblick von Feuer"[101] die Flucht ergreifen. Und nachdem sie bei der ersten Rauchwolke weglaufen, erlassen die Vereinten Nationen sehr schnell Waffenstillstandsbeschlüsse, wenn sie „dazu bestimmt sind, den Vormarsch israelischer Truppen aufzuhalten."[102]

Die jetzige israelische Regierung ist so naiv, sich auf die Vereinten Nationen zu verlassen, wenn es darum geht, Garantien zu formulieren, die die Friedensabkommen mit der PLO aufrechterhalten. Aber die Vereinten Nationen sind ein „Sponsor der PLO"![103] Und die antisemitische Einstellung sowie deren rührende Geschichte als Friedenserhalter sprechen Bände. Die israelische Regierung würde wirklich gut daran tun, folgende Aussage des libanesischen Majors Haddad ernst zu nehmen: „Wenn wir den UN-Truppen vertraut hätten, uns zu beschützen, wären wir alle tot."[104]

9

Die Medien

Die vielleicht furchtbarste Waffe, die die Araber gegen Israel einsetzen können, sind die ausländischen Medien - besonders die amerikanischen. Der Antisemitismus hat sich vom „wandernden Juden" als Einzelperson zum jüdischen Staat als Ganzes verschoben. Durch die Beschimpfung Israels können die Medien ihr Mißfallen an allen Juden und allem Jüdischen ausdrücken.

Heute gibt es etwa 200 Pressebüros in Israel - das ist nunmehr die zweitgrößte Konzentration von Journalisten in der Welt. Israel ist kein westliches Land, sondern gehört zum Nahen Osten. Israelische Kultur und Denkweise wirken „fremdartig und aufreizend"[1] auf amerikanische und andere westliche Journalisten. Die meisten ausländischen Journalisten können nur wenig oder gar kein Neuhebräisch (die Amtssprache in Israel), und dies verstärkt nur ihren „Zorn"[2], ihre „Verwirrung, Enttäuschung und Orientierungslosigkeit."[3] Dies spiegelt sich auch in ihrer Berichterstattung wider, die „zum größten Teil vorurteilsbeladen und ungenau"[4] ist. Und manche Journalisten „berichten nicht über Israel, sondern sind im Kriegszustand mit Israel."[5]

> „Die meisten ausländischen Journalisten in Israel sind während der letzten zehn Jahre nicht bloß Gründungsmitglieder des Klubs mit dem Motto „gib Israel zuerst die Schuld" gewesen, sondern sie sind geistige Erben von Walter Duranty, dem ersten Gewinner des Pulitzer-Preises der Zeitung *New York Times*. Als einer der bedeutendsten Journalisten seiner Zeit bewirkte Duranty fast eigenhändig einen Meinungswechsel der westlichen Welt über die Sowjetunion durch seine Berichterstattung aus der UdSSR in den dreißiger Jahren. Seine Berichte waren ungeheure Lügen und betrügerische Halbwahrheiten, deren voller Umfang erst mit dem Fall des Sowjetreiches entdeckt wurde."[6]

Die Generation amerikanischer Reporter, die nach Israel gekommen sind, „wuchs während der Zeit des Bürgerrechtskonflikts in den Vereinigten Staaten heran."[7] In ihren Hinterköpfen sehen sie in den Arabern in den israelisch verwalteten Gebieten „die nahöstlichen Entsprechungen der Schwarzen in den Vereinigten Staaten,“[8] und die Reporter und Redakteure sind auf der Seite derjenigen, die sie als die Unterdrückten ansehen.

Es muß noch einmal betont werden, daß Israel kein westliches Land, aber eine Demokratie ist, die einzige Demokratie in einem sonst totalitären Nahen Osten. Aber es ist eine Demokratie im Kriegszustand. Da das Land jedoch eine Demokratie ist, stellt sich für den amerikanischen Reporter folgende zentrale Frage: „Wenn sie wie wir sind, warum verhalten sie sich dann nicht wie wir?“[9] Diejenigen, die sich diese Frage stellen, übersehen geflissentlich die beschämenden Tatsachen, daß Amerika in Friedenszeiten eine Kriminalitätsrate hat, die in der Welt ihresgleichen sucht und als Folge davon die weltweit höchste Zahl an Gefängnisinsassen, daß Amerika die größte pornographische Industrie der Welt hat, die größer ist als ihre Film- und Musikindustrie zusammen, und unzählige Millionen Menschen um den ganzen Globus verdirbt, und daß während der fünf Jahre, als Israel einen Krieg zur Niederschlagung der *Intifada* führte und etwa 350 Araber von israelischen Soldaten getötet wurden (wofür die amerikanischen Medien Israel öffentlich anprangerten), etwa 125.000 Amerikaner von ihren eigenen Landsleuten auf brutale Weise umgebracht wurden.[10] Offenbar ist das alles bei den Amerikanern völlig akzeptables, demokratisches Verhalten.

Die meisten ausländischen Journalisten wissen weniger über israelische Geschichte als ein durchschnittlicher Liftboy in einem Hotel im amerikanischen Westen. So schrieb Thomas Friedman, der Gewinner zweier Pulitzer-Preise, über Arafat und das „biblische Palästina.“[11] Es gibt kein „biblisches Palästina“, und es hat niemals eines gegeben, aber journalistische Ignoranz begeht einen ständigen Verrat an Israels Recht auf sein uraltes Land in den Gehirnen der Leser und Fernsehzuschauer in aller Welt.

Fehlende Hebräischkenntnisse zwingen die meisten ausländischen Journalisten, sich auf andere Mittel und Wege zu verlassen, um „Nachrichten“ zu erhalten. Das bedeutet, daß viele von ihnen nur „Fakten“ übermitteln, die ihnen direkt oder indirekt von Arabern zur Verfügung gestellt werden, seien es nun Unwahrheiten, Halbwahrheiten oder offene Lügen. Der arabische Erfindungsgeist ist einfach erstaunlich. Arabische „Augenzeugenberichte über israelische Grausamkeiten" können dem Bericht gleichen, der am 13. März 1992 über die Fernsehschirme flimmerte: „Ich sah es mit meinen eigenen Augen, mit meinen eigenen Augen, wie die drei [israelischen] Soldaten, die ihn getötet hatten, sich niederbeugten und sein Blut tranken."[12]

Eine andere bedeutende Informationsquelle für ausländische Journalisten sind die Mitarbeiter des UN-Hilfswerks UNWRA (United Nations Relief and Works Agency).[13] Wir erkannten bereits vorher, wie parteiisch und antisemitisch diese Organisation ist. Informationen, die Journalisten von UNWRA-Mitarbeitern erhalten, sind direkte arabische Propaganda. Aber es wird noch deutlich werden, daß die Medien sehr wohl in der Lage sind, ihre eigenen Lügen und Täuschungen zu erfinden, ohne auf Araber oder die Vereinten Nationen zurückgreifen zu müssen.

Die kostenlose Publizität, die der Terrororganisation der PLO von einem internationalen Heer von Kameramännern ermöglicht wurde, stellt für Arafat einen Wert in Milliardenhöhe dar. Die Videokamera, die VCR und die Satellitenschüssel sind nicht weniger machtvoll als Panzer, Gewehre und Kugeln. Jeder Angriff auf eine israelische Stadt, jeder Mord an einem israelischen Zivilisten, jeder Schauplatz eines Blutbads nach einem Anschlag auf einen Bus oder einer Autobombe war wie eine unbezahlte Fernsehwerbung für die arabische „Sache". Dadurch kam der arabisch-israelische Konflikt auf die Titelseiten in den bedeutendsten Zeitungen und Pressemagazinen und in die besten Sendezeiten bei den Fernsehnachrichten. Aber die Weltbevölkerung wird mit einer abgepackten, vorverdauten Diät aus Mahlzeiten namens „armer Araber, böser Israeli" gefüttert, und die Schlagzeile „tapferer David schlägt Goliath, den Philisterriesen" ist schon lange ersetzt worden durch „jüdischer Tyrann verprügelt arabisches Kind"!

Die Medien sind die wahren Sprachrohre der Welt, und sie manipulieren die Masse der Menschheit, indem sie bestimmen, welche Nahrung im Hinblick auf Informationen diese erhält, und dadurch bestimmen sie über menschliches Urteilsvermögen und Reaktionen. Die anti-israelisch eingestellten Medien spielen bei der arabischen Sache mit und geben in ihrer Berichterstattung dem arabisch-israelischen Konflikt ständig Raum in Übereinstimmung mit arabischen Vorgaben - dies hat in fast jeder Nation in der Welt eine Wirkung hinterlassen. Eine Nation nach der anderen distanzierte sich immer weiter von Israel, weil es offensichtlich war, daß Israel die Araber „enteignete" und „unterdrückte". Sie hatten das doch jeden Abend, jeden Monat und jedes Jahr im Fernsehen gesehen. Als die israelischen Behörden versuchten, dem Schaden, der während der *Intifada* angerichtet wurde, entgegenzuwirken, indem sie den Zutritt von Kamerateams in die verwalteten Gebiete einschränkten, verteilten die bedeutendsten amerikanischen Fernsehsender „dutzende"[14] von „Super-8 Videokameras"[15] an Araber, damit sie ihre eigenen Filme drehen konnten. Offensichtlich wurden weder Fakten noch ausgeglichene Sichtweisen in Millionen von Heimen rund um die Welt gesendet, sondern nur Meldungen, die Araber in einem guten und Israelis in einem schlechten Licht zeigten.

Die ausländische Presse, besonders das Fernsehen, trägt eine schwerwiegende Verantwortung bei der Unterstützung von Mordtaten gegen Israelis durch Terrororganisationen, indem Terroristen heimlich mit Kameras versorgt wurden. Die Mörder filmen ihre Anschläge und geben die Videos an Fernsehsender weiter, die auf sensationelle Erstmeldungen aus sind. Manchmal waren Kameraleute sogar an der Entstehung dieser heimtückischen Filme beteiligt. Und unter welchem zweifelhaften Ehrenkodex des Journalistenberufs arbeitet ein Kameramann, wenn er einer Einladung folgt, die öffentliche Ermordung eines Arabers durch einen Landsmann zu fotografieren, um die Bilder danach einer Presseagentur zum Verkauf anzubieten? Dies geschah im Dezember 1992, als Jassir Abu Samahdaneh fotografiert wurde, wie er ein Gewehr an den Kopf von Jamal Fadda hielt und auf den Abzug drückte. Der Kameramann fotografierte danach Abu Samahdaneh, wie er auf Faddas Leiche stand und „freudig seine Tat verkündete."[16] Jim Lederman, ein bedeutender amerikanischer Journalist mit einer über zwanzigjährigen Nahosterfahrung im Hinblick auf das dortige Leben und die Berichterstattung, schreibt folgendes:

> „Die Berichterstattung durch die Medien ist ein Marktplatz. Diejenigen, die dort arbeiten, verhalten sich nicht anders als Bauern, die jede Woche in die Stadt kommen, um ihre Produkte zu verkaufen oder als Börsenmakler, die auf der Wall Street

arbeiten. **Jeder ist darauf aus, zu kaufen, zu verkaufen, zu betteln, zu handeln, zu investieren oder zu stehlen, und das zum eigenen Schutz oder Vorteil.**“[17]

Die Zuschauer von Berichten über gewaltsame Auseinandersetzungen zwischen Arabern und Israelis sehen sich diese nicht sehr aufmerksam an, und so wird die große Zahl von Kindern, Jugendlichen, Frauen und älteren Leuten kaum wahrgenommen. Aber gerade diese ständige Beteiligung von Kindern, Jugendlichen und älteren Menschen hat den Arabern Sympathie und den Israelis Feindseligkeit eingebracht.

Eine aufmerksame amerikanische Fersehzuschauerin erzählte mir, sie hätte im Fernsehen gleich dreimal dieselbe Araberin gesehen! Die Ursache hierfür liegt darin, daß viele Fernsehteams sich nicht schämen, die Nachrichten der Welt als billige Show zu behandeln, indem sie allzu bereitwillige „Schauspieler und Schauspielerinnen“ dafür bezahlen, „Nachrichten“ für ihre Arbeitgeber zu produzieren. Reporter und Kameraleute produzieren und führen Regie bei ihren eigenen „Szenen des gewaltsamen Protests“:

> „Zuerst war es das Team der Sendung *60 Minutes* (60 Minuten) des Senders CBS, eine schlaue Truppe. In den siebziger Jahren, noch Jahre vor der *Intifada*, wurden sie von der israelischen Polizei beschuldigt, arabische Jugendliche bezahlt zu haben, damit sie vor laufenden Kameras Autoreifen anzündeten.“[18]

In Kapitel 5[19] sahen wir, wie 1982 amerikanische Fernsehsender im Libanon arabische Frauen bezahlten, damit sie demonstrierten und anti-israelische sowie anti-amerikanische Parolen schrien. Im selben Augenblick, als die Kameras abgestellt wurden, beendeten die Frauen ihr Geschrei und standen ruhig Schlange, um ihre Honorare einzukassieren.“ Während der Intifada „wurden japanische Fernsehteams dabei ertappt, wie sie eine Steinwurfattacke auf vorbeifahrende Jeeps inszenierten. Sie zahlten sogar mehr als die deutschen Teams in Judäa und Samaria.“[20] Die Mitarbeiter eines australischen Fernsehteams wurden ebenso beobachtet, wie sie junge Araber baten, mit dem Steinewerfen nicht eher anzufangen, bis sie ihre Kameras aufgestellt hätten.

Eine Vielzahl von Teams aus aller Welt ist in derselben Sache schuldig geworden. Das Erfinden anti-israelischer Nachrichten ist kein neues Phänomen. Wir haben bereits erkannt, wie die Agentur United Press International (UPI)[21] etwas so völlig Falsches veröffentlichte, daß es schon fast kriminell war, und diese Nachricht setzte auf wirkungsvolle Weise dem Versuch Israels, die Welt 1982 von der mörderischen PLO-Terrororganisation im Libanon zu befreien, ein Ende. Die Medien manipulieren die führenden Köpfe der Welt, ohne dabei rot zu werden, wie z.B. auch den Präsidenten der Vereinigten Staaten, den wohl mächtigsten Mann in der Welt.

Statistische Untersuchungen haben bewiesen, daß kein national-ethnischer Konflikt so intensiver Berichterstattung unterzogen wurde wie die *Intifada* in Israel.[22] Die Besessenheit im Hinblick auf Israel kann gemessen werden an der Art und Weise, wie die Medien über andere national-ethnische Streitigkeiten berichten. Als die Iraker im März 1988 5.000 Kurden durch Giftgas umbrachten, veröffentlichte zum Beispiel die amerikanische Zeitung *The Boston Globe* eine Titelgeschichte, drei Artikel auf der Innenseite, zwei Fotografien und einen Leitartikel.[23] Die Berichterstattung über Israel in derselben Zeitung und im selben Monat umfaßte dreizehn Titelgeschichten, sechzig Artikel auf der Innenseite, fünfzehn Fotografien und sechs Leitartikel![24] Fünftausend Menschen verloren im Irak ihr Leben, und nur eine Handvoll in Israel, aber über Israel wurde fünfzehnmal mehr berichtet! Die Berichterstattung der Medien über Israel stachelte die *Intifada* an und trieb die Flammen des Antisemitismus weltweit in die Höhe. Die Weltmeinung wurde manipuliert, während die Medien ihre Geldschränke mit Milliardenbeträgen füllten. Und Journalisten machten ihren latenten anitsemitischen Gefühlen Luft, während sie gleichzeitig ihr riesenhaftes Ego zufriedenstellten. Eine bekannte amerikanische Fernsehpersönlichkeit pflegte sogar vor seinen Sendungen zu verkünden: „Ich werde den Palästinenserstaat hier von diesem Studio aus erschaffen."[25]

Und so wie die Medien die Macht haben, Ereignisse wie die *Intifada* anzutreiben, haben sie auch die Macht, Ereignisse völlig auszublenden und vor den Augen der Welt zu verbergen, wenn es ihren Interessen dient. Die Vernichtung Tausender aus der christlichen Miliz von General Aoun im Libanon durch syrische Truppen kurz vor dem Golfkrieg (siehe dazu Seite 183) war nur ein Beispiel. Eine andere Ausblendung, wirksam seit 1993, verdeckt die ägyptische Invasion des Sudans. Ägypten marschierte in das im Sudan gelegene, strategisch wichtige, Hala'ib-Dreieck ein, mit dem Ziel, die Kontrolle über den Persischen Golf zu erlangen.[26] Ägypten versuchte, 1958 in den Sudan einzumarschieren, wurde aber von den Vereinten Nationen daran gehindert. Im Vertrauen auf seinen „amerikanischen Schirmherrn"[27] führte Ägypten 1993 die Invasion erfolgreich durch. Sudanesische Regierungsmitglieder berichteten, daß „Ägypten die Versorgung mit Elektrizität und Wasser sowie die Telefonverbindungen der sudanesischen Botschaft in Kairo abgeschnitten hätte."[28] Aber die Medien haben sich entschlossen, das alles von den Augen der Öffentlichkeit fernzuhalten.

In der Vergangenheit gab es viel Unterstützung für die Errichtung einer jüdischen nationalen Heimstätte. Aber mit dem größer werdenden erpresserischen Druck durch arabische Länder auf andere Nationen, entweder Israel zu boykottieren oder aber ihre Ölimporte aufzugeben, schwand die Unterstützung für Israel. Die Araber verboten nicht nur den Handel zwischen Israel und ihren eigenen Nationen, sondern setzten westliche Firmen mit Verbindungen nach Israel auf ihre schwarzen Listen, und manchmal sogar auch „Firmen, die Geschäftsverbindungen zu Firmen haben, die wiederum Geschäfte mit Israel machen."[29] Hunderte europäischer Firmen entsprechen regelmäßig Forderungen nach dem Abbruch jeder Verbindung mit Israel.[30] Europäische Firmen haben sich völlig erniedrigt mit ihren sklavischen Versuchen, die Araber versöhnlich zu stimmen. Hunderte von Firmen bestätigen regelmäßig, daß sie keine Juden beschäftigen![31] Und nicht nur Europa unterwirft sich arabischer Erpressung. Japanische Firmen haben in der Vergangenheit ebenfalls vor den Arabern kapituliert.[32] Amerikanische Firmen begehen einen Verstoß gegen bestehende Gesetze, wenn sie sich dem arabischen Boykott anschließen, aber manche tun es trotzdem. Und *Time* und *Newsweek*, die Giganten unter den Nachrichtenmagazinen, beschwichtigen die Araber direkt, indem sie Israel in ihren europäischen Ausgaben unterbringen, nicht aber in ihren nahöstlichen Ausgaben![33] Und dann drucken sie für Europa spezielle nicht-israelische Ausgaben (d.h. Ausgaben, die keine israelische Werbung zeigen und auch nicht in Israel vertrieben werden).[34] Diese Ausgaben

> „werben um Firmen, die den Makel vermeiden wollen, den sogar der Anblick von Bildern ihrer Produkte durch israelische Augen verursachen würde. Und, obwohl es unmöglich ist, genaue Zahlen zu nennen, hat dieser Boykott der israelischen

Wirtschaft Milliardenverluste im Hinblick auf verlorengegangene Handelsgeschäfte und ausländische Investitionen gebracht."[35]

Diese beiden Mediengiganten, die mächtigsten und einflußreichsten auf dem Markt der Nachrichtenmagazine, sind sich wie die großen Fernsehsender nicht zu schade, ihre Leser irrezuführen. Sowohl *Time* als auch *Newsweek* wurden ertappt, wie sie gefälschte Bilder veröffentlichten, um die israelische „Unterdrückung" der Araber in den verwalteten Gebieten zu illustrieren.[36] Bilder sind mächtige Waffen, die den Leser sofort falsch informieren können. Leser erhalten ihren ersten Eindruck über einen Bericht aus den Bildern, die den Text begleiten. Wie die Fernsehsender kennen *Time* und *Newsweek* sehr wohl die Macht der visuellen Darstellung, und sie wissen, daß „ein Bild tausend Worte wert ist."

Israels Würde wurde mehrfach von den ausländischen Medien verletzt. Die Frage, ob die Medien die Öffentlichkeit absichtlich irreführen, kann nur zustimmend beantwortet werden, und zwar folgendermaßen: Ja! Oft! Die Medien, besonders amerikanische Fernsehsender, wissen um und sind stolz auf ihre Macht, die Entscheidungen und politischen Prozesse bei der Regierung ihrer Nation zu beeinflussen. Riesige Geldmittel, hohe Gehälter (bedeutende amerikanische Fernsehreporter verdienen Gehälter, die vergleichbar sind mit Gagen von Filmschauspielern[37]) und ebenso stattliche Egos sind daran beteiligt - diese „abartig überbezahlten Superstars der amerikanischen Medien sind oft berühmter als die Politker, die sie interviewen."[38]

Diese „Schauspieler"manipulieren die Informationen, auf deren Basis die Welt ihre Entscheidungen trifft. Sowohl die Politiker als auch die einfachen Bürger werden manipuliert mit sorgfältig ausgewählten, unterschwelligen Hintergrundbildern, Licht- und Toneffekten, die zu Zeiten gezeigt werden, wenn die Menschen hungrig oder müde und nur noch teilweise aufnahmefähig sind. Ereignisse können geschaffen, manipuliert oder völlig verfälscht werden,[39] aber es gibt keine faktischen Irrtümer oder Lügen an sich in den einzelnen Ausschnitten, aus denen sich die Filme zusammensetzen. Deshalb ist es fast unmöglich, den Medien auf dem Rechtsweg beizukommen (diejenigen, die versuchen, eine Medienfirma zur Rechenschaft zu ziehen, können für diesen Versuch einige Jahre und Millionenbeträge verschwenden).[40] Aber wenn einzelne Ausschnitte, die manchmal einige Jahre auseinanderliegen, zusammengeschnitten und als ein Ganzes betrachtet werden, kann das Wahrnehmungsvermögen des Zuschauers derart manipuliert werden, daß er gefühlsmäßig so reagiert, wie es die Produzenten einer Sendung wollen.

So hat zum Beispiel die Berichterstattung von Dean Reynolds, dem Chefkorrespondenten des bedeutenden amerikanischen Fernsehsenders ABC-TV, über die „Tempelbergepisode" im Oktober 1990 dazu beigetragen, negative Auswirkungen für Israel sowohl vom Weißen Haus als auch den Vereinten Nationen herbeizuführen, und zwar durch die absichtliche Verbindung von zwei getrennt gefilmten Ereignissen, um sie als Einheit erscheinen zu lassen. Aufgrund einer falschen Sichtweise im Hinblick auf die Ereignisse und in diesem Fall einer ebenso falschen verbalen Berichterstattung, die den Bildern angepaßt wurde, reagierten die Zuschauer negativ auf Israel, und das war die Absicht, die dahinter steckte. Die Berichterstattung von Reynolds wurde in der israelischen Presse heftig kritisiert: „Platte, himmelschreiende Erfindungen ... Lügen ..."[41]

Der Zusammenschnitt von Filmen mit dem Ziel, die Sichtweise der Zuschauer über Ereignisse zu beeinflussen, ist ein alter Trick. Die Nazis machten davon Gebrauch in vielen ihrer 1.400 antisemitischen Propagandafilmen, die in den Jahren 1939 bis 1945 produziert wurden, um die Unterstützung für die „Endlösung", die Vernichtung des jüdischen Volkes, wachzuhalten.

Mike Wallace, der Star der Sendung *60 Minutes* (60 Minuten) des Senders CBS-TV (CBS ist ebenfalls einer der bedeutenden Sender in Amerika, und *60 Minutes* ist seit Jahren eine der beliebtesten Sendungen), berichtete ebenfalls über den „Vorfall auf dem Tempelberg" und verwendete dieselben Techniken, um Israel in den Augen der Amerikaner noch weiter zu diskreditieren. Wallace benutzte absichtlich einen Ausschnitt aus einer alten Pressekonferenz mit dem ehemaligen stellvertretenden Außenminister Benjamin Netanyahu und erweckte den Eindruck, als ob die Aufnahme aktuell sei. Er schnitt Teile aus einem Interview mit dem früheren Jerusalemer Bürgermeister Teddy Kollek, riß sie aus dem Zusammenhang und veränderte die ursprüngliche Reihenfolge. Wallace gab Kollek auch zu verstehen, daß er das Interview zu etwas ganz anderem verwenden wolle, und damit verstieß er gegen die Regeln des Fernsehens. Kollek legte bei CBS Protest ein und sagte unter anderem: „Mike Wallace hat mich absichtlich mißbraucht.“[42]

Der wichtigste Produktionsberater von Wallace war ein bekannter PLO-Propagandafachmann,[43] und mit ihrer gemeinsamen Arbeit vermittelten sie eine grob verfälschte und unwahre Version von Ereignissen, die nicht nur das Weiße Haus und amerikanische Fernsehzuschauer beeinflußten, sondern auch den Haß der Moslems gegen Israel weiter geschürt hatten. Im Hinblick auf diese Darstellung verurteilte ein bedeutender israelischer Zeitungsredakteur sowohl Wallace als auch den Sender CBS in einer Serie von drei Artikeln. Der dritte Artikel hatte einen Nachtrag, der folgendermaßen endete:

> „Unschuldige jüdische Opfer von islamischen Messerstechern haben für diese Lüge mit ihrem Leben bezahlt. Aber wir können kaum erwarten, daß Wallace und seine Kollegen so etwas bedenken, wenn sie dabei sind, eine sensationelle Fernsehshow zusammenzustellen.“[44]

Peter Jennings, der einflußreiche und beliebte Moderator beim amerikanischen Fernsehsender ABC-TV sagte in einem Interview: „Ich bin dagegen, daß in Israel ein jüdischer oder israelischer Korrespondent für ABC arbeitet.“[45] Jennings ist der Meinung, Juden und Israelis könnten in ihrer Berichterstattung über Israel nicht objektiv sein. Und doch liefert der Sender ABC weiterhin „von allen bedeutenden Fernsehsendern die verdrehteste Berichterstattung über den Nahen Osten, und als Chefredakteur und Moderator übt Peter Jennings direkten Einfluß aus auf den Inhalt, den Tonfall und die Bedeutung der gesendeten Berichte.“[46]

Hat diese „offensichtlich pro-arabische Neigung“[47] und die Tatsache, daß er „arabische Propaganda nachplappert“[48] vielleicht etwas damit zu tun, daß er im Libanon als Chef des Pressebüros für den Sender ABC arbeitete,[49] und mit einer Araberin verheiratet war?[50] Er traf sich auch oft mit Hanan Aschrawi, der PLO-Vertreterin und Sprecherin der Palästinenser.[51] Ein Beispiel für Jennigs' Auffassung von „objektiver“ Berichterstattung konnte am 14. Dezember 1990 gesehen werden, als er ganze 20 Sekunden brauchte, um über den Mord an drei Juden in einer Fabrik in Tel Aviv zu berichten. Er hielt es nicht für erforderlich, zu erwähnen, daß die arabischen Mörder „eines der Opfer vierteilten, das zweite köpften und dem dritten den Bauch aufschlitzten.“[52] Aber als Israel als Vergeltungsmaßnahme für die Morde vier Anführer von Terrorgruppen auswies, hielt es Jennings für gerechtfertigt, achtmal länger über deren Ausweisung zu berichten.[53]

Da Jennings der Meinung ist, Juden und Israelis könnten einfach nicht objektiv sein, wenn sie über Israel berichten, findet ABC wirklich „unparteiische“, „vorurteilsfreie“ und objektive Leute für Sendungen über Israel. So hatte zum Beispiel Dean Reynolds vom gleichen Sender, als er über das empfindliche Thema Jerusalem am 25. Juli 1991 berichtete, sorgfältig drei außerordentlich „unparteiische, vorurteilsfreie und objektive“ Leute dafür ausgewählt - „**einen Araber namens Mufid Khaladi, eine Araberin namens Hanan Aschrawi und einen Araber namens Unir Elyan**.“[54]

Der Fernsehsender Cable News Network (CNN) ist der einflußreichste Sender überhaupt, und Spitzenpolitiker in der Welt erhalten oft ihre Informationen von CNN, bevor ihre eigenen Geheimdienste sie liefern. Regierungschefs haben „bekanntlich Entscheidungen auf der Grundlage dieser Informationen getroffen.“[55] CNN und Peter Arnett verbreiten noch immer den Mythos, daß Arnett der einzige westliche Korrespondent war, der während des Golfkriegs in Bagdad bleiben durfte. Aber Alfonso Rojo von der Zeitung *El Mundo* war bereits dort, bevor der Konflikt begann und blieb, bis alle westlichen Korrespondenten, darunter auch Arnett, ausgewiesen wurden.[56] Rojo behauptet fest und steif, daß die „Milchpulverfabrik“, die Arnett auf dem Bildschirm von CNN zeigte, nachdem sie von Bomben der Aliierten zerstört worden war, in Wirklichkeit „ein Zentrum für die Erforschung und Entwicklung von Atomwaffen“[57] war. Ein Leitartikel in El Mundo behauptete weiter, „aus Arnetts Verhalten sei zu schließen, daß er mit Bagdad unter einer Decke gesteckt hätte.“[58] Und die Spitzenpolitiker in der Welt treffen tatsächlich Entscheidungen, die Auswirkungen auf ihre Nationen haben, auf der Grundlage dessen, was sie auf dem Bildschirm von CNN sehen!

Der Sender CNN ist so anti-israelisch wie andere Fernsehsender. So rammte zum Beispiel im November 1993 ein Araber einem israelischen Automechaniker ein Messer in den Rücken und zielte dann auf sein Herz. Der Mann konnte den Stich mit der Hand abwehren, verlor aber dabei einen Finger. Trotz seiner Verletzung konnte der Israeli seinen Revolver ziehen und den Täter erschießen.

In seiner Nachrichtensendung faßte CNN das Ereignis „auf faire Weise" so zusammen: „Letzte Woche wurde ein Palästinenser während einer Auseinandersetzung mit einem Israeli getötet."[59] Und am 4. März 1994, als bereits bekannt war, daß Araber die Hauptverdächtigen in dem Bombenanschlag auf das World Trade Center waren, entschied sich CNN für eine Einblendung von Arabern in Gaza, die verkündeten, sie wollten Juden töten, anstatt auch nur ein Wort darüber zu verlieren, daß Araber in New York ein Attentat verübt hatten.[60]

In allen Angelegenheiten, die in Beziehung zum arabisch-israelischen Konflikt stehen, hat der britische Sender British Broadcast Corporation (BBC) schon lange aufgehört, ein Übermittler von Nachrichten zu sein. Er ist zu einer Presseagentur im Dienste der PLO geworden. David Bar-Ilan, früherer Chefredakteur der Zeitung *The Jerusalem Post*, schreibt: „Wenn man darauf wartet, daß BBC eine Sendung aus israelischer Perspektive bringt, kann man solange warten, bis die Hölle zufriert."[61] Dr. Gerlad M. Steinberg, ein Politologe, der den Fachbereich Journalismus und Kommunikation an der Bar-Ilan-Universität leitet, schrieb Ende 1993 dem Generaldirektor des Radiosenders BBC folgende Zeilen zu dessen Berichterstattung über Israel:

> „Die Berichte von Tim Llewelyn, dem Nahostkorrespondenten von BBC, verstoßen gegen die Grundnormen der Berufsethik eines professionellen Journalisten. Tag für Tag füttert Herr Llewelyn die Zuhörer von BBC mit stark vereinfachter palästinensischer Propaganda und Slogans."[62]

Dr. Steinberg behauptet weiter, daß Llewelyns Berichte „rassistische Propaganda" enthalten und gibt zu verstehen, Llewelyn sei ein Komplize von Terror und Rassismus.[63] Fünf Wochen später erhielt Dr. Steinberg ein Antwortschreiben von einem Assistenten des Generaldirektors, in dem erklärt wurde, Llewelyn versuche, den „palästinensischen Standpunkt"[64] darzustellen.

Der „palästinensische Standpunkt" verbirgt sich auch hinter der Sichtweise des Senders BBC über Mordanschläge an Israelis. So wurde Ende 1993 ein israelischer Zivilist von zwei Arabern mit Äxten angegriffen. Sie schlugen so heftig auf seinen Kopf, seine Hände und Beine ein, daß er sich einer neunstündigen Operation unterziehen mußte. Während des Angriffs konnte er trotz seiner schweren Verletzungen seinen Revolver ziehen und einen der Angreifer erschießen, während der andere davonlief. Dieser Vorfall wurde von BBC folgendermaßen beschrieben: „Ein jüdischer Siedler erschoß im Westjordanland einen Palästinenser."[65]

Szenen der Erschießung von 29 Arabern durch Dr. Goldstein im Februar 1994 wurden im Fernsehsender BBC tagelang stündlich und zeitweise zwei volle Wochen lang gezeigt. Aber als moslemische Terroristen am 18. Juli 1994 das jüdische Kulturzentrum in Buenos Aires in die Luft jagten und dabei ein siebenstöckiges Gebäude zerstörten, mehr als 100 Menschen töteten und über 250 verletzten, hielt es BBC noch nicht einmal für nötig, diesen Vorfall während des ganzen Tages in seinen Nachrichtensendungen auch nur zu erwähnen. Dieser furchtbare Anschlag zerstörte praktisch jedes jüdische Kulturleben in der Stadt, aber er wurde „von den ausländischen Medien fast ignoriert."[66]

Die Vorurteile bei der Berichterstattung von BBC über Israel werden deutlich in der Art, wie der Sender die Kämpfer der IRA stets als „Terroristen" bezeichnete, aber PLO-Killer, die israelische Frauen und Kinder ermorden, sind „Sabotagetrupps" oder „Guerillas."[67] Und der pro-arabische, anti-israelische Standpunkt des Fernsehsenders BBC bei der Berichterstattung aus Israel wird ebenfalls deutlich in Vorfällen wie dem Interview mit maskierten Mitgliedern der Terrorgruppe Schwarze Adler Ende 1993. Als sie gefragt wurden, was sie über Israel denken, antwortete der Anführer der Mörderbande (die Schwarzen Adler sind eine Untergruppe von Arafats *Fatah*): „Für uns existiert Israel nicht."[68] Die Redakteure von BBC meinten offenbar, daß nur die Feinde Israels Arabisch verstehen, denn sie versahen die Antwort mit dem folgenden englischen Untertitel: „Wir haben nichts gegen die Juden."[69] Der britische Fernsehsender Channel 4 folgt den Fußstapfen des Patriarchen BBC mit seiner Serie *The Big Battalions* (Die großen Batallione) über religiöse Konflikte. In der Darstellung des arabisch-israelischen Konflikts wurde ein israelisches Schild mit der hebräischen Aufschrift „Willkommen an der Grenzstation Allenby-Brücke" umgedeutet als „Allenby-Brücke - Kontrollpunkt für Araber."[70] Aber eine noch härtere Speise für Israelis bestand in der Übersetzung der hebräischen Gedichtszeilen „es gibt Steine, Steine, Steine. Ich zeige dir, wie man sie wirft." Die englischen Untertitel gaben sie folgendermaßen wieder: „So gehen wir mit arabischem Abschaum um."[71]

Von allen britischen Zeitungen ist wohl *The Guardian* am bösartigsten gegenüber Israel. Im August 1992 erschien eine Besprechung der Fersehsendung *Heart of the Matter* (der Kern der Sache) über die Leiden von weiblichen Soldaten im Golfkrieg. Fast jeder in der ganzen Welt weiß, daß Israel auf die Bitte Amerikas hin sich aus dem Krieg heraushielt, aber das hinderte The Guardian nicht daran, den Inhalt der Sendung folgendermaßen wiederzugeben: „Die Geschichte einer tapferen Amerikanerin mit dem Rang eines Offiziers, die 'von israelischen Posten vergewaltigt' wurde."[72] Nach dreitägigen Protesten druckte die Zeitung tatsächlich eine Gegendarstellung - auf Seite 30: „Die Posten waren natürlich Iraker. Wir bitten, diesen Irrtum zu entschuldigen."[73]

Und welches Gift macht sich wohl im Herzen des *Guardian*-Reporters Edward Pearce breit, wenn er über israelische Zivilisten schreibt, sie seien „rassistisch, grausam und arrogant,"[74] „selbstherrliche, alles verdrängene Eindringlinge,"[75] „in Renommierautos herumfahrend und einheimische Araber einschüchternd."[76] Pearce beschreibt Israel selbst als „einen winzigen, häßlichen Ort ... garniert mit unwissendem Eifer, einer Zurschaustellung von Gebetsriemen, die am besten ins christliche Mittelalter paßt."[77] Daß eine Handvoll entschlossener Juden zehntausende britischer Soldaten aus dem Nahen Osten vertrieben haben, muß Pearce und seinen Freunden heute noch bitter aufstoßen.

Nach Derek Brown, dem Israel-Korrespondenten der Zeitung *The Guardian*, sind Araber aus Gaza nichts weiter als Zielscheiben auf einem israelischen Schießstand. Er erzählt, wie israelische Soldaten einfach einen Jungen niederschießen, der „gerade aus seinem Haus kommt",[78] wie sie einen anderen niederschießen, der „gerade in ein Auto steigt",[79] und wie Soldaten auf Dächern stationiert sind und „schießen, wann immer sie Lust darauf haben. Sie tun das jeden Tag. Es gibt keine Konfrontation. Sie schießen nur."[80] Die Kolumne, die Browns hinterhältigen Bericht enthält, trägt die Überschrift **„Augenzeuge"**. Aber Brown sah nicht ein einziges Ereignis, das er als die reine Wahrheit darstellt. Er bekam seine gesamte Information, **„indem er sich im Gesundheitszentrum der UN in Gaza Geschichten anhörte."**[81]

Nicht alle ausländischen Journalisten oder Nachrichtenredakteure sind ohne ethische Maßstäbe oder anti-israelisch eingestellt. Ein ehrlicher Reporter[82] sagte seine Meinung über das, was er

„unfaire" und „parteiische" Berichterstattung über Israel nannte. Sein Artikel enthielt eine korrekte Analyse über die Gründe der Medien für anti-israelische Darstellungen, und er stellte darin folgende Frage: „Und was ist die Ursache für dieses Vorurteil - Wertschätzung gegenüber jüdischer Ethik oder gegenüber arabischem Öl?"[83]

Es ist bekannt, daß diejenigen, die Eigentümer der Medien sind, bestimmen, wann und was die Medien senden oder drucken. 1988, als ich in Neuseeland im Dienste Gottes unterwegs war, wurde ich von der Person, die damals für eingehende Nachrichten für den staatlichen Sender New Zealand Broadcasting Corporation zuständig war, informiert, daß nur die Nachrichten, die Israel in einem schlechten Licht zeigten, in dem einzigen Fernsehprogramm gezeigt werden durften - alles andere landete im Mülleimer. Aber die amerikanischen Medien mit dem weltweit größten Einfluß haben Israel den größten Schaden zugefügt. Das amerikanische Fernsehen in seiner Gesamtheit „hat fast ein Monopol inne über die Darstellung und Verbreitung von bewegten Bildern über Ereignisse in anderen Ländern."[84] Und wenn die amerikanischen Medien so viel Macht ausüben, sollten wir uns die Frage stellen: „Wem gehören die amerikanischen Medien?" Man beachte folgendes:

> „Zehn Finanz- und Handelsunternehmen steuern drei der vier bedeutenden Fernseh- und Radiosender, 59 Nachrichtenmagazine, darunter auch Time und Newsweek, 58 Zeitungen, darunter, die New York Times, die Washington Post und die Los Angeles Times. Drei Viertel der größten Aktionäre der Sender ABC, CBS und NBC sind Banken wie die Chase Manhattan, Morgan Guarantee Trust, Citibank und Bank of America ... einige Firmen intervenieren als Eigentümer direkt, um die Nachrichten und die Information der Öffentlichkeit zu lenken."[85]

In dem obigen Zitat wurde jedoch nicht verdeutlicht, daß alle zehn Firmen und jede der vier Banken ihrerseits wieder nur einem einzigen Riesenunternehmen gehören, und zwar der Familie Rockefeller. Es ist erschreckend, daß die Rockefellers „jeden Bereich der Medienindustrie steuern, vom Fernsehen bis hin zum Bildungs- und Erziehungswesen."[86] Die Auffassung, die Juden steuerten die Medien, ist weit verbreitet und wird oft vertreten. Aber die Rockefellers sind keine Juden, und damit sollte diese Lüge endgültig zu

Grabe getragen werden. Die Rockefellers steuern nicht nur die Medienindustrie, sondern fast alle bekannten Persönlichkeiten im Medienbereich sind Mitglieder oder ehemalige Mitglieder des von den Rockefellers gelenkten Council on Foreign Relations (Rat für außenpolitische Beziehungen) und der Trilateral Commission[87] (trilateralen Kommission). Nach Gary H. Kah, einem früheren, hochrangingen Verbindungsmann zur Regierung, ist es nicht ungerechtfertigt, zu behaupten, daß der Rat für außenpolitische Beziehungen und die trilaterale Kommission in Wirklichkeit die Regierung der Vereinigten Staaten leiten.[88] Der Rat für außenpolitische Beziehungen ist auch die treibende Kraft hinter der Aufrichtung der Neuen Weltordnung (Weltregierung), die die gesamte Welt unter die Herrschaft Satans[89] bringen will.

Ferner ist es wahr, daß „Vertreter von Ölkonzernen in den Aufsichtsräten der mächtigsten Medien sitzen.“[90] Jedes Aufsichtsratsmitglied ist gesetzlich verpflichtet, die Interessen eines jeden Unternehmens zu vertreten, in dessen Aufsichtsrat es sitzt, und deshalb gilt folgendes:

> „Im arabisch-israelischen Konflikt, in dem hunderte Milliarden von Petrodollars eine Rolle spielen, benötigt man wenig Phantasie, um sich auszumalen, wo die Interessen der Aufsichtsratsmitglieder aus dem Öl-, Bank- und Investmentgeschäft liegen.“[91]

Und jetzt sollte es niemanden mehr überraschen, daß mindestens vier der sieben größten Ölkonzerne in der Welt bekanntlich von den Rockefellers beherrscht werden.[92] Und nur eine dieser Firmen, die von der Familie Rockefeller beherrscht wird, nämlich Standard Oil in New Jersey (Exxon), kontrolliert 321 andere Ölfirmen, von denen manche zu „den größten Konzernen der Welt gehören.“[93] Wir können daher deutlich einen zweifachen Vorstoß beim Anprangern Israels durch die Medien erkennen: Satan will den „Gott Israels“ vom Thron stoßen und strebt die Weltherrschaft von Jerusalem aus an, indem er *„sich in den Tempel Gottes setzt und vorgibt, er sei Gott.“* (2. Thess. 2,4); Israel hat keine Ölvorkommen, die in irgendeiner Weise einen Geldwert darstellen, während die Araber und der moslemische Iran zwei Drittel der Weltlieferungen im Griff haben. Und die leichteste und einfachste Art, weiterhin Milliarden von Petrodollars von arabischen und iranischen Öleigentümern in die Taschen der kommenden Weltregierung fließen zu lassen, besteht darin, diese Länder zu beschwichtigen, indem Israel schlechtgemacht wird. Die zweitgrößte Ansammlung von Journalisten in der ganzen Welt befindet sich in Jerusalem, und sie liegen alle auf der Lauer nach einer Nachricht, die ihre Arbeitgeber immer wieder zufriedenstellt. Darum sind viele Journalisten gezwungen, ihre persönlichen Moralvorstellungen zu opfern, um für sich selbst und ihre Familien sorgen zu können.

> „In dem normalen Prozeß der Einstellung und schnellen Kündigung von Reportern, Redakteuren, Autoren und Produzenten eliminieren die Eigentümer der Medien stillschweigend diejenigen, die den Firmenwünschen nicht entsprechen ... Jeder, der glaubt, daß Autoren völlige Freiheit haben, glaubt auch an Elfen und Kobolde."[94]

Gefälschte, betrügerische und parteiische Berichterstattung über Israel entspringt demselben dämonischen Geist und derselben dunklen Quelle, die wirtschaftliche und politische Vorurteile gegenüber Israel hervorbringt. Und der Kauf der Presseagentur United Press International (UPI) durch einen Saudi im Juni 1992 kann nur noch anti-israelische Gefühle in der ganzen Welt anheizen, und zwar noch schlimmer als in dem Vorfall mit dem sieben Monate alten Säugling im Libanon. United Press International ist eine der bedeutendsten Pressedienste der Welt, und die meisten lokalen Zeitungen im Westen erhalten ihre Nahostnachrichten von Pressediensten. Innerhalb weniger Wochen nachdem Walid Ibrahim, der Eigentümer des in London ansässigen Nachrichtenzentrums für den Nahen Osten (Middle East Broadcasting Center) die bankrotte Agentur UPI für vier Millionen US-Dollar kaufte, fühlte Israel den Stachel des neuen Eigentümers. Nach der Veröffentlichung eines anti-israelischen Artikels aus Jerusalem in der kanadischen Zeitung *The Toronto Sun* stellte David Bar-Ilan UPI zur Rede und klagte die Agentur öffentlich an, eine „vollendete, bösartige Lüge"[95] veröffentlicht zu haben.

Aber trotz ihrer Schwächen ist UPI nicht eine der schlimmsten Pressedienste. Reuters ist weitaus „bösartiger und ungeschminkt anti-israelisch,"[96] und kann nicht einen einzigen Bericht aus Israel vorweisen, der „im letzten Jahrzehnt auch nur im entferntesten den Staat in einem günstigen Licht zeigte."[97] Es gehört zur Geschäftspolitik von Reuters, niemals die israelische Sichtweise darzustellen."[98] Reuters beschäftigt Daoud Kuttab, den Propagandafachmann der PLO[99] (der bereits oben erwähnte Berater des Fernsehsenders CBS-TV) sowie PLO- und *Hamas*-Aktivisten.[100]

Ein Korrespondent von Reuters wurde verhaftet und saß im Gefängnis, weil er bei der Verteilung eines *Hamas*-Flugblattes mithalf, in dem zu Angriffen gegen Israelis aufgefordert wurde.[101] Vier weitere Journalisten von Reuters wurden verhaftet wegen der Verbreitung von Videofilmen, die einen maskierten *Hamas*-Terroristen mit einem gefesselten, entführten israelischen Soldaten zeigten, der um sein Leben flehte[102] - der Film wurde von einem Kameramann von Reuters aufgenommen.[103] Zwei Wochen später wurde wieder ein anderer Reuters-Korrespondent, der in der Vergangenheit sowohl von israelischer als auch arabischer Polizei verhaftet wurde, „gemeinsam mit seinem Bruder, der für den Sender CBS arbeitet"[104] festgenommen, nachdem ein anderer Reuters-Kameramann „einen maskierten Mann in Gaza gefilmt hatte, der die Lösegeldforderung von *Hamas* verlas"[105], und zwar für die Freilassung des entführten Soldaten. Der Soldat, Feldwebel Nachschon Wachsman, wurde später ermordet, mit einem Kopfschuß aus nächster Nähe, während er noch immer an Händen und Füßen gefesselt war. Mit so vielen Terroristen und Sympathisanten von Terroristen in ihren Diensten wird es dem Leser jetzt wohl verständlich, warum, wie bei BBC, Reuters-Korrespondenten arabische Mörder als „Guerillas," „Freiheitskämpfer" oder „militante Aktivisten" porträtieren, anstatt sie bei ihrem richtigen Namen zu nennen, nämlich Terroristen und Mörder. So schrieb der Reuters-Reporter Jack Reddon im Februar 1993: „Des einen Terrorist ist des anderen Freiheitskämpfer."[106] Und wir können auch besser verstehen, warum Arafat, der für Morde an Tausenden verantwortlich ist, glorifiziert wird als das „Symbol des Kampfes"[107]: „,... als heimlicher Guerillaführer und charismatischer Politiker stieg er zum Staatsmann auf und teilte schließlich die Bühne mit Präsident Clinton ... ."[108]

Reuters-Berichte, die aus Israel rund um die Welt gesandt werden, enthalten einseitige und unkorrekte Informationen. In dem Bericht über den Aufruhr am Kontrollpunkt Erez im Juli 1994, der beispielsweise in der bedeutendsten Zeitung Neuseelands gedruckt wurde, wurde behauptet, daß „Arbeiter eine Tankstelle und einen Busbahnhof anzündeten ... Zwanzig Autobusse wurde zerstört."[109] Rasende Araber plünderten sowohl die Tankstelle als auch den

Busbahnhof, bevor sie beide Gebäude anzündeten, und es waren nicht bloß 22 Autobusse, die zerstört wurden, sondern „152 neue Autobusse."[110]

Aus Platzgründen konnten wir nur einige kurze Beispiele aus vielen hundert auswählen - haßerfüllte Berichte, Erfindungen und Fehlinformationen über Israel. Es reicht aus, wenn wir sagen, daß in der ganzen Welt - vom Osten bis zum Westen, vom Norden bis zum Süden, von Nord- und Südamerika bis nach Europa, vom Fernen Osten bis nach Australien und Neuseeland, Fernsehsender, Radiosender, Zeitungen und Magazine Israel und das jüdische Volk schlechtmachen.

Von der Aussicht auf Belohnung verführt, war der korrupte Prophet Bileam bereit, das jüdische Volk zu verfluchen (3. Mose 22,5 bis 24,25). Heute sind viele aus demselben Grund bereit, diejenigen zu verfluchen, die Gott gesegnet hat. Das sowjetische Volk wußte aus Erfahrung, daß alles, was in der Zeitung *Prawda* veröffentlicht wurde, zunächst als Lüge zu behandeln war, bis der Gegenbeweis erfolgte. Es wäre gut für uns alle, diesem Beispiel der ehemaligen Sowjets zu folgen und die gleiche Einstellung gegenüber den westlichen Medien zu haben.

10

Die Israel-Connection

Israel ist eine einzigartige Nation: Der „Schöpfer Israels" ist sein *„König - der HERR der Heerscharen, der Heilige Israels"* (Jes. 43,15; 45,11; 54,5). Und *„der HERR"* erwählte Israel zur Adoption als Sohn - *„Israel ist mein Sohn, mein Erstgeborener"* (2. Mose 4,22). Israel wurde geschaffen und auserwählt zur Erfüllung der Absichten Gottes, und alle Versuche, seine eigenen Absichten durchzusetzen, führten zur Erkenntnis der schrecklichen Wahrheit, daß Gottes Name *„Eifersüchtig"* ist, und daß er *„ein eifersüchtiger Gott" und „ein verzehrendes Feuer"* ist (2. Mose 34,14; 5. Mose 4,24).

Israel hat eine sehr lange Geschichte, die von wundersamen Eingriffen des allmächtigen Gottes begleitet wurde, und die es zu einer Stellung unübertroffenen Ruhmes erhob, wenn Israel über die Wege Gottes nachdachte und entsprechend handelte. Im Gegensatz dazu wurde es in die tiefsten Tiefen des Elends und der Verzweiflung geworfen, in Zerstörung und Sklaverei, wenn es sich entschloß, den Weg der Nationen zu gehen. Und die Aussage des verstorbenen Jitzhak Rabin bei der Unterzeichnungszeremonie in Kairo im Mai 1994, daß Israel nur „wie die anderen Nationen sein"[1] will, läßt für das heutige Volk Israel Schlimmes ahnen.

Die schrecklichen Leiden, die Israel in der Vergangenheit erleben mußte, hatten ihre Ursache allein im Vergessen Gottes. Israel vergaß Gott, aber konnte ihm nicht entrinnen. Die Planung einer sicheren und friedlichen Zukunft für das Israel des 21. Jahrhunderts muß die Gegenwart Gottes berücksichtigen, wenn weiteres Leid katastrophalen Ausmaßes vermieden werden soll - eine Vision, die Gott außer acht läßt, ist praktisch Blindheit. Das Abkommen zwischen Israel und der PLO ist mehr als ein Schritt hin zu weiterem Leid, es ist ein riesiger Sprung dorthin. Während Israel sich in dem Beifall der Nationen für seinen „Frieden" mit seinen Feinden sonnt, erklärt ein Israeli stolz, wie ein scheinbar so großer Fortschritt erreicht werden konnte: **„Wir hatten Erfolg, weil die Regierung zum ersten Mal die Rechnung ohne Gott machte."**[2]

Der moderne, wiedererrichtete Staat Israel ist eine direkte Erfüllung biblischer Prophezeiung über das alte Israel, so wie die Sammlung des auserwählten Volkes Gottes von den vier Enden der Erde. Die Staatsmänner des heutigen Israel gehören vom Wesen her zu Gottes Volk, aber sind nicht sein Eigentum. Und hier liegt der Kern des Problems.

Die ehemalige Regierung Israels (angeführt von Ministerpräsident Shimon Peres nach dem Attentat auf Jitzhak Rabin) war eine humanistische Regierung - vielleicht die gottloseste Regierung, die jemals während der gesamten, viertausendjährigen Geschichte Israels an der Macht war. Diese Regierung hatte keinen Glauben an Gott, keinen Glauben an sein Wort, keinen Glauben an seine Bündnisse und keinen Glauben an das Kommen des Messias. Ihr Glaube gründete sich auf den Menschen und dessen Fähigkeiten. Mitglieder dieser Regierung zitierten sogar gelegentlich die Bibel und das Gebetbuch, aber dies änderte nichts an der Tatsache, daß sie nicht daran glaubten. Shulamit Aloni (Erziehungs- und Kulturministerin unter Rabin, danach Kommunikationsministerin bis zu ihrem Rückzug aus der Politik im Mai 1996) beispielsweise sprach über die „Schönheit der Bibel“[3], betonte aber gleichzeitig, daß „die Bibel kein religiöses Buch ist.“[4] Sie schlug auch vor, das Wort „Gott“ aus dem *Jizkor*-Gebet bei militärischen Zeremonien[5] zu streichen, um es für Israelis „akzeptabel“ zu machen. Die Bibel hatte für die frühere Regierung Israels etwa den gleichen Stellenwert wie Shakespeare für die Engländer.

Die Wahlen vom Juni 1992

Jitzhak Rabin entzog seinem Erzrivalen Shimon Peres erfolgreich die Leitung der Arbeitspartei und führte diese nach den Wahlen vom Juni 1992 in die Machtzentren Israels. Die Arbeitspartei brandmarkte in ihrem Wahlkampf den regierenden Likudblock als korrupt. Der Likud war seit 15 Jahren an der Regierung, und seine Entmachtung wurde von einigen als „erdrutschartiger“[6] Sieg für die Arbeitspartei angesehen und dargestellt. Aber in Wirklichkeit errang die Arbeitspartei einen „äußerst knappen Sieg“[7] und konnte lediglich eine Mehrheit von 61 Sitzen gewinnen.

Abba Eban, ein ehemaliger israelischer Außenminister und, wie die meisten Mitglieder der Arbeitspartei, ein Humanist, schrieb folgendes: „Ich war begeisterter über den Fall von Likud als über den Aufstieg meiner eigenen Partei.“[8] Aber als es wieder ruhiger wurde, konnte man genau erkennen, wie knapp ein äußerst knapper

Sieg eigentlich ist - „eine Verschiebung von weniger als 100 Stimmen“[9] hätte ein Mehrheitsverhältnis von 60 zu 60 Sitzen geschaffen und schließlich dazu geführt, daß Likud an der Macht geblieben wäre. Schlimmer noch, es wäre wohl zu einer großen Koalition von Likud und Arbeitspartei gekommen.

Sieben Monate nach den Wahlen, nachdem die Arbeitspartei bereits im Amt war, veröffentlichte jedoch der staatliche Rechnungshof die Ergebnisse einer Untersuchung über die Art, wie die Wahlkämpfe geführt wurden. Die Arbeitspartei, die „ein Geschrei wegen 'Korruption' erhoben und den Likud mit Dreck beworfen hatte“[10] wurde „wegen schmutziger Geschäfte angeklagt wie noch keine andere Partei in diesem Land.“[11] Zum Vorschein kam „eine schlimme Verschwörung auf höchster Ebene der Arbeitspartei, mit dem Ziel, die Regierung Shamir zu stürzen.“[12]

Eine gesetzwidrige Handlung der Arbeitspartei bestand darin, riesige Summen aus Steuergeldern an Leiter bedeutender Organisationen zu zahlen, damit diese ihre Mitglieder „überzeugten“, für die Arbeitspartei zu stimmen. Noch größere Summen wurden gezahlt, um andere politische Parteien dazu zu bringen, die Arbeitspartei in jeder Koalition, die für eine Regierungsbildung erforderlich wäre, zu unterstützen. Der Rechnungshof verurteilte die Arbeitspartei zu einer Zahlung von NIS 844.236 (DM 420.000)[13] wegen ihrer gesetzwidrigen und hinterhältigen Aktivitäten. Die religiöse Shas-Partei wurde durch einen „Transfer von NIS 1,5 Millionen (DM 750.000)[14] in ihre Kassen begünstigt, und gab prompt Rabin und der folgenden Koalition unter der Arbeitspartei ihre Unterstützung. Aber der Rechnungshof fand heraus, daß die Shas-Partei sogar noch korrupter in ihrem Geschäftsgebaren war als die Arbeitspartei, und als Folge davon mußte sie NIS 3 Millionen (DM 1,5 Millionen)[15] Schadenersatz zahlen. Fünf andere politische Parteien mußten eine Gesamtsumme von „mehr als NIS 900.000 (DM 450.000)“[16] Schadenersatz leisten.

In der Zwischenzeit ging die Likud-Partei, die nach mehr als 15 Jahren Amtszeit durch eine Schmutzkampagne hinausgestoßen wurde „aus der Untersuchung des Rechnungshofes ohne Fehl und Tadel hervor.“[17] Die Partei, die als „korrupt“ bezeichnet wurde, war in Wirklichkeit „fleckenlos.“[18] Nachdem der Bericht des Rechnungshofes veröffentlicht wurde, sagte der Leiter des Kontrollausschusses der Knesset (des israelischen Parlaments) folgendes: „Dies stellt die Ergebnisse der Juniwahlen in Frage ... der Likud verlor die Wahlen, weil er sich die Hände nicht schmutzig machte und sich die Macht nicht erkaufte."[19] Der Leiter der Tsomet-Partei, Raphael Eitan, dessen eigene Partei ebenfalls ohne Fehlverhalten aus der Untersuchung hervorging, sagte, der Bericht des Rechnungshofes „demaskiert das wahre, häßliche Gesicht der Arbeitspartei. Sie ist eine korrupte Partei mit korrupten Normen, die vor keinem schmutzigen Geschäft zurückschreckte, um die Macht zu erlangen und an ihr festzuhalten."[20]

Im März 1995 kam ein anderer Skandal in Bezug auf den Wahlkampf der Arbeitspartei im Jahr 1992 in die Schlagzeilen. Durch Polizeirecherchen wurde herausgefunden, daß Millionenbeträge gesetzwidrig von dem riesigen, finanzschwachen, von der Arbeitspartei beherrschten Gewerkschaftsverband Histadrut abgezogen wurden, um 1992 die Wahlkampagnen bedeutender Politiker der Arbeitspartei zu finanzieren.[21] Ein israelischer Journalist beschrieb die von der Arbeitspartei gestellte Regierung Israels treffend als „die beste Regierung, die mit Geld zu kaufen ist."[22]

Kein Mandat

In Wahrheit hatten Rabin und seine Koalitionsregierung überhaupt kein Mandat vom Volk, ihre Politik „Land für Frieden" durchzuziehen, weil diese Regierung durch eine Wahl an die Macht kam, die nicht demokratisch im wahren Sinn dieses Wortes war. Die Arbeitspartei benutzte riesige Beträge aus Steuergeldern, um Schmiergelder an hochrangige Persönlichkeiten zu zahlen; mit anderen Taschenspielertricks gewann sie genug Stimmen arabischer Bürger, um sich „vier oder fünf Sitze in der Knesset"[23] zu sichern. Es gibt ferner „Hinweise darauf, daß die Entscheidung, Jordanien zu verraten und die PLO anzuerkennen, von Shimon Peres vor der Wahl von 1992 in Israel getroffen wurde, **als Gegenleistung für ein Versprechen Arafats, die arabischen Wähler für die Arbeitspartei und ihre potentiellen Koalitionspartner zu mobilisieren.**"[24]

Und zum großen Kummer vieler Israelis verließen sich Rabin und Peres tatsächlich auf Araber, und zwar nicht nur, um die Regierung vor dem Sturz zu bewahren, sondern auch, um die umstrittenen Abkommen im Friedensprozeß durchzubringen. Einer der wichtigsten Koalitionspartner der damaligen Regierung, Abdul Wahab Darawsche, der Vorsitzende der Demokratischen Arabischen Partei, sprach „zustimmend über die *Intifada*,"[25] die auf brutale Weise so viele Israelis das Leben kostete. Um die Unterstützung Darawsches für seine Koalition zu gewinnen, versprach Rabin 1,7 Milliarden NIS (850 Millionen DM) pro Jahr aus Mitteln der staatlichen Sozialversicherung[26] denjenigen Arabern, die die israelische Staatsbürgerschaft haben, aber den Dienst in der israelischen Armee verweigern, und stellte sie so denen gleich, die ihren Militärdienst leisten. Ein weiterer arabischer Abgeordneter, Haschem Mahamid von der Demokratischen Front für Frieden und Gleichheit (ein verharmlosender Ausdruck für die Kommunistische Partei) wurde vom israelischen Fernsehen gefilmt, als er Araber zur Gewalt gegen Israel aufrief und zum „bewaffneten Kampf gegen die Nation“[27] aufforderte. Ihm wurde zugejubelt, als er seinen Zuhörern in Gaza, zu denen auch maskierte *Intifada*-„Aktivisten“ gehörten, folgendes mitteilte: „Solange die Besatzung weitergeht, wird der Kampf weitergehen, und mit Kampf meinen wir nicht nur Steine, sondern auch eine Schlacht mit allen uns zur Verfügung stehenden Mitteln.“[28] Später verdeutlichte er seinen Standpunkt in einem Interview mit der israelischen Zeitung *Yediot Aharonot*, indem er sagte, im Kampf gegen Israel seien „alle Waffen gerechtfertigt.“[29] Der ehemalige Oberrabbiner Shlomo Goren erklärte:

> „Solange die Regierung nicht auf eine jüdische Mehrheit baut, sondern eher auf arabische Knessetabgeordnete - unter ihnen Araber, die Zion hassen und bereit sind, sich für die Zerstörung des Landes herzugeben, und die unsere historischen und nationalen Anrechte auf *Eretz Israel* leugnen - haben die Entscheidungen einer solchen Regierung keine Gültigkeit.“[30]

Rabin, der Jongleur

Rabin hatte gleichzeitig die Posten des Ministerpräsidenten, des Verteidigungs-, des Religions- und des Innenministers inne. Es wäre für jedermann unmöglich, vier äußerst wichtige Regierungsposten in der rechten Weise auszuüben, und so litt jedes der vier Ministerien - für jeden Geschäftsbereich ist normalerweise je ein Minister erforderlich. Rabin war stolz auf seine militärischen Fähigkeiten und lehnte den Gedanken kategorisch ab, ein anderer könne die Zügel des Verteidigungsministeriums ergreifen, obwohl er wußte, daß er diesem Ministerium nicht die so dringend benötigte volle Aufmerksamkeit schenken konnte. Aber Rabin hatte das Religions- und Innenministerium aus völlig anderen Gründen inne. Der Köder, für den die Shas-Partei veranlaßt wurde, sich der Koalition Rabins anzuschließen, bestand für sie in der Erlangung der beiden einflußreichen Geschäftsbereiche Religion und Inneres. Diese Posten waren seit vielen Jahren die traditionelle Domäne der Nationalreligiösen Partei, aber die NRP weigerte sich, sich der Koalition Rabins anzuschließen. Ariyeh Deri, der Vorsitzende der Shas-Partei, wurde absprachegemäß Religions- und auch Innenminister. Deri wurde jedoch im September 1994 zum Rücktritt gezwungen, aufgrund vielfältiger Anklagen wegen Betrug, Diebstahl, Korruption, Verletzung des öffentlichen Vertrauens etc., die der Staat gegen ihn vorbrachte. Seine Gerichtsverhandlung, die als „Israels spektakulärste Verhandlung"[31] angekündigt wurde, erregte viel Aufmerksamkeit durch den gewaltigen Berg des von der Polizei gegen Deri vorgelegten Beweismaterials - „2.500 Kassetten und 115.000 maschinengeschriebene Seiten."[32] Die Verhandlung soll bis 1998 andauern.

Rabin versuchte ohne Erfolg, Deris erzwungenen Rücktritt zu verhindern und erschien sogar vor Gericht, um für ihn auszusagen. Nachdem Deri zurückgetreten war, übernahm Rabin dessen Geschäftsbereiche, um die Ministerposten offenzuhalten und dadurch zu gewährleisten, daß Shas bei wichtigen Fragen nicht gegen die Koalition stimmen und so die Regierung stürzen könnte. Rabin bot sogar an, persönlich für die Kosten von Deris Verteidigung aufzukommen.[33] Rabin brachte es irgendwie fertig, sein unsicheres Kartenhaus zusammenzuhalten, das in Gestalt einer Koalitionsregierung aus Arbeitspartei, der Linken und Arabern existierte - zum großen Leidwesen der meisten Israelis.

Lug und Trug

Nach einer nur kurzen Amtszeit wurde es deutlich, daß das Duo Rabin-Peres kaum Gewissensbisse in bezug auf Lügen hatte, und zwar weder gegenüber der Öffentlichkeit noch der Knesset. Beide logen bei so vielen Gelegenheiten, daß Israelis ihren Worten keinen Glauben mehr schenkten. Zehntausende Israelis hatten für Rabin gestimmt, und zwar auf der Grundlage von Versprechen, die er vor den Wahlen gegeben hatte, aber über die er „seine Meinung änderte",[34] sobald er im Amt war. Themen, die heute eine bedrohliche Spaltung in der Nation bis hin zum Bürgerkrieg bewirken könnten, so wie z.B. der Rückzug von den Golanhöhen, waren entscheidend für den Ausgang der Wahlen von 1992. Rabin wußte das nur zu gut. Er hielt hervorragende Reden, vermischt mit vielen festen, eindeutigen Versprechen und beruhigte damit die Ängste in den Herzen tausender, wenn nicht Millionen Israelis. Am 10. Juni 1992, genau 13 Tage, bevor die Bürger ihre Stimmen abgaben, besuchte Rabin die Golanhöhen und versicherte den dort lebenden Menschen (und dadurch der ganzen Nation), daß er im Falle eines Wahlsieges unter keinen Umständen den Golan aufgeben würde. Zeit und Ort dieser Rede waren dramatisch, denn es war der 25. Jahrestag der Eroberung der Golanhöhen während des Sechstagekrieges. Rabin sprach über den „schrecklichen Alptraum“[35], den mörderischen Bombenregen auf die Städte Nordgaliläas von den syrisch besetzten Golanhöhen aus, der vor dem Krieg ganz normal war. (Im Jahr 1966 fielen an einem einzigen Tag 300 Katjuscha-Raketen[36]).

Rabin erinnerte an die hohen Verluste, die die israelische Armee erlitten hatte, um die alles überragenden Höhen einzunehmen, aber deren Eroberung setzte der Bedrohung durch syrische Raketen „für immer“ ein Ende, „für immer,“[37] sagte er. Er überschüttete diejenigen, die in den 32 Siedlungen auf dem Golan lebten und Jahre ihres Lebens für den Aufbau von Städten und Dörfern investiert hatten, mit Lob. Er erwähnte stolz, daß die Stadt Katzrin, in der die Veranstaltung stattfand, während seiner früheren Amtszeit als Ministerpräsident gegründet wurde. Er behauptete, er sei „voller Hoffnung, daß Katzrin eine bedeutende israelische Stadt werden würde,“[38] und rief aus:

> „Wir alle wollen immer wieder investieren, hier in Katzrin, in den Dörfern und Kibbutzim, wir wollen ihnen helfen, in Würde zu leben, ihre Familien zu ernähren, Einwanderer und Siedler aufzunehmen.“[39]

Und er sprach besonders über die Zukunft:

> „Und im Hinblick auf die Zukunft ist es **unvorstellbar**, daß wir sogar in Friedenszeiten vom Golan weggehen. **Wer auch nur daran denkt, den Golan zu verlassen, gibt leichtsinnig, ich wiederhole, gibt leichtsinnig die Sicherheit Israels preis.**“[40]

Weniger als zwei Wochen später „stimmten 71 Prozent der 13.500 Einwohner auf den Golanhöhen für Rabins Arbeitspartei“[41], und zwar aufgrund dieser beruhigenden Rede. Ohne diese Stimmen wären Rabin und Peres nicht an die Macht gekommen. Aber innerhalb weniger Wochen nach seinem Amtsantritt ließ Rabin durchblicken, er sei zu „Kompromissen“ bereit in der Frage, ob das gesamte Gebiet der Golanhöhen behalten werden sollte. Und als die Monate vergingen, rüstete sich Israel für Rabins wirklichen „Kompromiß“. Obwohl er die Gerüchte zigmal dementiert hatte, wurde sein „Kompromiß“ schließlich in der Öffentlichkeit bekannt: „Israel wäre bereit, sich völlig und bedingungslos von den Golanhöhen zurückzuziehen.“[42] Israel würde „jeden Zentimenter des Golan aufgeben.“[43] Rabin glaubte nicht, daß eine Lüge gegenüber der Öffentlichkeit mit dem Ziel, die Wahl zu gewinnen, ein Verbrechen war. Im Gegenteil, er gab auch noch damit an.[44]

Die große Mehrheit der Bürger auf den Golanhöhen war und ist noch immer erschüttert über Rabins Betrug - die völlige Mißachtung seiner eindeutigen Zusagen. Nachdem sie ermutigt wurden, Siedlungen auf den strategisch wichtigen, früher leeren Golanhöhen aus dem Boden zu stampfen, nachdem sie 25 Jahre ihres Lebens investierten, um Wohnhäuser, Schulen, Synagogen und Gemeindezentren zu bauen, nachdem sie Israels angesehenste Weingüter gegründet haben, wird ihnen unverblümt gesagt, daß sie bald entwurzelt und ihre Städte, Dörfer und Weingüter dem Erdboden gleichgemacht werden.

Die Menschen reagierten darauf. Dieselben Einwohner der Golanhöhen, die Rabin während seines Wahlkampfs zugejubelt hatten, verbrannten Autoreifen und demonstrierten gegen die Regierung - gemeinsam mit Zehntausenden anderer Israelis. Ein Jahr später sagte derselbe Rabin, der die Bewohner des Golan mit Lob überschüttete und versprach, die Golanhöhen würden niemals geräumt, über die Menschen, die er getäuscht hatte: „Die Golansiedler können sich bei ihren Demonstrationen wie Propeller drehen. Es wird ihnen nichts nützen.“[45] Völlig unbeeindruckt von ihren Massendemonstrationen gingen 12 Einwohner des Golan in einen zeitlich unbegrenzten Hungerstreik. 200.000 Israelis machten eine „Pilgerfahrt“ zum Golan, „in einer massiven Solidaritätskundgebung für die Hungerstreikenden.“[46] Rabin wurde darauf aufmerksam. Er „griff die Hungerstreikenden auf dem Golan heftig an“[47] und erklärte: „**Ich toleriere Hungerstreiks nicht als angemessene Verhaltensweise in einer Demokratie**“![48]

Opposition in Israel

Der Ausdruck „Friedensabkommen zwischen Israel und der PLO“ wird oft ersetzt durch „Rabin-Arafat-Pakt,“ und „**Umfragen**

haben ergeben, daß die meisten Israelis gegen das Abkommen sind"[49] und die Auslieferung von mehr als „130.000[50] ihrer Mitbürger an die schlimmsten Feinde der Nation"[51] ablehnen. Demonstrationen fanden überall statt - Protestierende setzten sich in die Mitte von verkehrsreichen Kreuzungen und legten den Verkehr lahm, um die Regierung wissen zu lassen, daß sie gegen ihre Politik opponieren. Massive Demonstrationen haben stattgefunden, die größten politischen Proteste in der Geschichte des neugeschaffenen Staates und möglicherweise in der der gesamten Geschichte Israels. In den Tagen seiner Macht ignorierte Rabin das ganze Chaos und behandelte diese gewaltigen Demonstrationen wie „eine Belästigung, die ignoriert werden muß."[52] Andere Siedler, aus Judäa und Samaria, dem Kernland des biblischen Israel, demonstrierten auch. Sie wurden ebenfalls ermutigt, ihre Existenz unter Pionierbedingungen aufzubauen, und waren „geduldig wie Hiob während der letzten sechs Jahre unaufhörlicher Steinwerfereien, Bombenanschläge, Messerstechereien und Schießereien durch arabische Terroristen jeder Couleur."[53] Wie die Siedler vom Golan fühlen sie sich verlassen und haben ebenfalls Angst um ihre Zukunft. Rabin nannte sie „Schreihälse"[54] und sagte, sie seien „keine echten Israelis"[55] und „ihr Schicksal rührt mich nicht."[56]

Am 8. Dezember 1993, als Shimon Peres in einem Jerusalemer Hotel eintraf, um an einem Bankett der Shas-Partei teilzunehmen, wurde er von etwa einem Dutzend Demonstranten begrüßt. Peres wandte sich an die Sprecherin der Gruppe, eine in Österreich geborene Überlebende des Holocaust, die vor 18 Jahren mit ihrem Mann und vier Kindern kam, um in Jerusalem zu bleiben, und fragte zornig:

„Wo wohnen Sie?"

„Jerusalem", sagte sie auf Hebräisch.

Offensichtlich fiel ihm ihr Akzent auf, und so antwortete Peres auf beleidigende Art und Weise in seinem polnisch gefärbten Englisch: „Sie gehören nicht hierher! Gehen Sie dorthin zurück, wo Sie herkommen!"[57]

„Gebt es ihnen"

Eine Politik der Härte wurde gegen jene vertreten, die mit der Regierunspolitik nicht einverstanden waren. Der ultralinke Umweltminister Yossi Sarid wird zitiert in einer Ermahnung an die Sicherheitskräfte, „ **'die Siedler nicht mehr länger mit Samthandschuhen anzufassen. Gebt es ihnen'**, drängte er."[58]

Am 6. September 1993 versammelte sich fast eine Viertelmillion Protestierender. Sie kamen in hunderten von Fahrzeugen (darunter 2.000 Busse[59]) und zu Fuß. Es sollte eine passive Demonstration sein, mit einer symbolischen Belagerung des Machtsitzes, des Gebäudekomplexes der Knesset. Die „Politik der Härte“ und verächtliche Haltung der Regierung gegenüber der Meinung der Menschen wurden von Polizeichef Rafi Peled demonstriert, der „**übermäßige Gewalt anordnete,** um die Menge zu zerstreuen, da die Gefängnisse zu voll waren, um Massenverhaftungen durchführen zu können.“[60] Polizisten schlugen auf Demonstranten mit Schlagstöcken ein, zerrten, traten und schlugen Menschen. Nach 45 Minuten war das Gebiet geräumt. Dutzende wurden in Krankenwagen abtransportiert ... .“[61]

Die Siedler waren einst die Helden Israels, heute werden ihnen von ihrer eigenen Regierung sämtliche Rechte abgesprochen. Und das „gebt es ihnen“ von Yossi Sarid wurde ernstgenommen. Netty Gross, ein Journalist mit einem Büro in Jerusalem, war zufällig in der Aufnahme des Shaare Zedek-Krankenhauses, an dem Abend, als Anat Cohen von „einem Kontingent von mindestens fünf Polizisten unterschiedlichen Ranges, darunter einer kräftig gebauten Polizistin,“[62] hereingeführt wurde. Cohen, eine Mutter von acht Kindern, hatte „sich der Verhaftung widersetzt“ und wurde nach Schilderungen anderer Siedler „von der Polizei brutal behandelt.“[63] Gross schrieb, daß das Gesicht der Frau offensichtlich geschwollen war; sie konnte kaum noch sprechen und gehen.“[64] Die Polizei nannte als Grund ihrer Version des Einsatzes „von Gewalt in Maßen,“[65] gegen Cohen, um sie zum Mitgehen aufzufordern, „ihre Sturheit, da sie ihren zwei Monate alten Säugling zum Stillen mitnehmen wollte.“[66] Gross war bestürzt über den Zustand, in dem sich Cohen befand, und sagte: „Ich weiß nicht, welche Art von Gewalt gegen diese Mutter von acht Kindern eingesetzt wurde wegen des Verbrechens, ihr Kind stillen zu wollen. Aber was es auch war, es war wohl alles andere als ‘maßvoll’ ... es war kein schöner Anblick.“[67]

Und diese Polizeigewalt beschränkt sich nicht nur auf „gefährliche“ stillende Mütter, sondern dehnt sich auf andere Frauen aus, die eine große Sicherheitsgefahr für Israel darstellen, wie zum Beispiel die „behinderte sechzigjährige Frau,“[68] die „grob behandelt wurde“[69] und die verhaftete „zweiundachtzigjährige Gewinnerin des Jerusalemer Preises für freiwillige Hilfsdienste.“[70] Die Polizisten verstoßen gegen Vorschriften, indem sie ihre Namensschilder nicht tragen,[71] eine wirkungsvolle Maßnahme, um von ihren Opfern nicht identifiziert zu werden. Die Polizeischergen werfen auch „Frauen zu Boden“[72] und bringen „Hausfrauen ohne Grund ins Gefängnis.“[73]

Das ganze Land kochte vor Wut über die Handlungsweise der damaligen Regierung. Sogar das Gebet für das Wohlergehen des Staates, das am Sabbat und am Morgen von Feiertagen gesprochen wird, wurde zu einem Streitpunkt in vielen israelischen Synagogen. Der Frieden von Sabbatgottesdiensten wurde „durch hitzige Wortwechsel“[74] gestört, und zwar darüber, ob die Regierung das Gebet überhaupt verdiente. Der ehemalige Oberrabbiner Shlomo Goren sagte: „Es ist nicht erforderlich, für eine Regierung zu beten, die die Hälfte des Landes an den Rädelsführer von Mördern übergibt.“[75] Und während des jüdischen Neujahrsgottesdienstes in einer Synagoge, als der Kantor mit der Rezitierung der Bitte an Gott für die Erleuchtung von Regierungsmitgliedern begann, rief ein Mann aus: „Es ist eine Schande, daß wir den göttlichen Segen für Leute wie Shulamit Aloni erflehen.“[76] Ein anderer schrie laut: „Wir sollten die Regierung verfluchen.“[77] Und so war es in ganz Israel.

Eine israelische Besucherin der Gedenkstätte für Mordechai Lipkin, eines der Opfer „auf dem Altar eines falschen Friedens“[78], der von arabischen Terroristen auf brutale Weise ermordet wurde, wurde gefragt, ob sie die Unterzeichnung des Friedensabkommens in Kairo angesehen hätte. Sie antwortete: „Ich habe mir die Unterzeichnung angesehen, in der Hoffnung, ich könnte die Ermordung dieser Männer mitansehen.“[79]

Als er zu Gesprächen mit Präsident Clinton in Washington war, wurde Rabin von den amerikanischen Medien über die weitverbreitete Opposition der Israelis gegenüber seiner Regierung angesprochen. Er antwortete fröhlich: „Mir ist es gleichgültig, was sie denken; wenn ich mich für einen bestimmten Weg entscheide, dann gehe ich ihn einfach.“[80] Rabins Minderheitsregierung wurde angeklagt wegen „Lippenbekenntnissen, beleidigenden Bemerkungen und offenen Lügen,“[81], und Abgeordnete der Opposition brachten Gesetzesentwürfe in die Knesset ein, um zu verhindern, daß Rabin die Golanhöhen und Jerusalem durch eine einfache Mehrheit seiner Koalition aus Arbeitspartei, Linken und Arabern zurückgeben konnte. Wenn diese Entwürfe Gesetzeskraft erhalten hätten, dann wäre eine Mehrheit von 80 Stimmen bei einer Gesamtzahl von 120 Abgeordneten erforderlich gewesen, um die Golanhöhen und auch Jerusalem ganz oder teilweise zurückzugeben. Aber aufgrund der knappen Mehrheit von einem Sitz in der Regierung Rabin kamen diese Entwürfe nicht durch.

Rabin versprach, er würde „keinen Friedensvertrag unterzeichnen, ohne vorher Neuwahlen auszurufen oder sich in der Form eines Volksentscheids an das Volk zu wenden,“[82] aber er ignorierte die öffentliche Meinung völlig und unterzeichnete einfach das Abkommen mit der PLO. Danach glaubten nur noch wenige, er würde sein Wort im Hinblick auf einen Volksentscheid halten, und die Unglaubwürdigkeit seines Versprechens, „sich an das Volk zu wenden“, wurde durch den Generalsekretär der Arbeitspartei, Nissim Zvilli, bestätigt: „Es gibt heutzutage überhaupt keinen Grund für die Arbeitspartei, das Volk zu fragen ... **die Arbeitspartei kann alle Territorien zurückgeben, die sie will, ohne jemanden zu fragen.**“[83]

Als er seinen Entwurf über eine Gesetzesänderung in Bezug auf die für die Rückgabe der Golanhöhen erforderliche Mehrheit einreichte, sagte Jitzhak Levy von der Nationalreligiösen Partei, dieser Entwurf sei nötig, „weil man Rabin nicht trauen könne, daß er sein Versprechen hält. Der Ministerpräsident ist der größte Büßer in der Nation - er bereut jede Erklärung, die er abgibt.“[84] Nur wenige vertrauten Rabin, weil er aufrichtig versprach, es werde kein Rückzug vom Golan erfolgen, und danach bereit war, sich von „jedem Zentimenter“ des Golan zurückzuziehen. Nur wenige vertrauten Rabin, weil er „gegen seine Verpflichtung gegenüber seinen Wählern verstieß, die PLO weder anzuerkennen noch mit ihr zu verhandeln.[85] Er verhandelte nicht nur mit der Terrororganisation, sondern legitimierte sie, unterschrieb ein Abkommen mit ihr und bereitete den Weg für einen unabhängigen Staat Palästina mit Arafat als Präsident, und zwar auf einem vollen Drittel von Israels Territorium.[86]

Rabin schwur wiederholt, Jerusalem bliebe für immer Israels ungeteilte Hauptstadt. Im Juli 1992 sagte er: „Das vereinte Jerusalem ist und wird für immer die Hauptstadt des jüdischen Volkes unter der Oberhoheit Israels bleiben, der Mittelpunkt der Träume und Sehnsüchte eines jeden Juden.“[87] Er bestätigte dies noch einmal im Juni 1994, als er erklärte: „Jerusalem, unsere ewige Hauptstadt, wird vereint bleiben, und niemand wird das ändern.“[88] Aber Rabin „verspottete“ jede Vorstellung, daß die Juden und Araber in der Stadt sich vermischen können, er sprach sogar von „völliger Trennung.“[89]

Abgeordnete der Arbeitspartei trafen sich bereits mit führenden

Persönlichkeiten der PLO, um über die Aufteilung der Stadtverwaltung untereinander zu sprechen,[90] und Rabin war „strikt gegen den Landau-Gesetzesentwurf,“[91] in dem das bestehende Gesetz geändert werden sollte, um eine Mehrheit von 80 Stimmen für die Abtretung auch nur eines Teils von Jerusalem erforderlich zu machen. Dieser Gesetzesentwurf hätte Konzessionen der Regierung in Bezug auf die Stadt erschwert, aber Rabin sagte, damit „würden Vorbedingungen für die Verhandlungen geschaffen.“[92]

Aber wenn Jerusalem „nicht verkäuflich“[93] ist, „nicht zur Verhandlung steht,“[94] wie frühere Regierungschefs wiederholt erklärt hatten, dann sind Vorbedingungen natürlich erforderlich, wenn nicht bereits „Geheimpläne“ erstellt wurden, nach denen die Stadt geteilt und der Ostteil an die PLO abgetreten werden soll. Es ist sehr offensichtlich, daß des Kaisers neue Kleider nicht vorhanden sind, sogar in den Augen israelischer Schüler. Eine Schülerin äußerte ihre Skepsis im Hinblick auf Absichten der Regierung in folgender Frage: „Wie kann der Status von Jerusalem dauerhaft sein, wenn das Abkommen [zwischen Israel und der PLO] besagt, daß dieser zu einem späteren Zeitpunkt zur Diskussion steht? Warum muß über etwas Unveränderliches diskutiert werden?“[95]

In einem Zeitraum von mehreren Monaten erwähnte Arafat in seinen Reden einen Brief über den Status von Jerusalem, den er angeblich erhalten haben sollte. Rabins Regierung leugnete ebenso lautstark die Existenz dieses Briefes wie Arafat sie betonte. Schließlich gab jedoch die Regierung im Juni 1994 dem wachsenden Druck nach, und Rabin gab zu, daß Peres mit seinem Einverständnis tatsächlich einen Brief geschrieben hatte, in dem er PLO-Einrichtungen in Jerusalem „förderte“ und „sich verpflichtete,“ sie beizubehalten.[96] Feisal al-Husseini, ein hoher PLO-Funktionär, behauptete in einem Interview, die PLO hätte im Februar 1994[97] weitere Briefe erhalten - Rabin stritt dies ebenfalls ab.

Während einer Knessetsitzung im August 1994 protestierte ein Abgeordneter, daß die Regierung der PLO die Errichtung „eines Freizeitzentrums am Ufer des Toten Meeres“[98] versprochen hätte, und auf diese Weise das Gebiet für arabischen Terrorismus öffnen würde, der bisher für jeden Ort, in dem sie Fuß gefaßt hätten, zur Plage geworden sei. Rabin nannte diesen Abgeordneten „einen Lügner,“ und behauptete, es gäbe keine derartige Absprache. Der Abgeordnete zeigte daraufhin die Kopie eines Briefes, in dem der

PLO die Genehmigung für ein Freizeitzentrum am Toten Meer erteilt wurde - der Brief war von Shimon Peres unterzeichnet.[99] Rafael Eitan, der Vorsitzende der Tsomet-Partei, sagte: „Rabin und Peres sind Lügner; sie haben das Volk angelogen; sie haben ihre Wähler angelogen, und sie haben ein Abkommen mit dem größten Judenmörder seit Hitler unterzeichnet."[100] Arafat, der Mann, der hier gemeint ist, wird von Shimon Peres als **„unser Verbündeter**"[101] bezeichnet.

Die Regierung von Rabin und Peres hatte versucht, die Welt glauben zu machen, daß der Friedensprozeß der Wille des israelischen Volkes ist. Nichts könnte von der Wahrheit weiter entfernt sein. Die Mehrheit des israelischen Volkes stand vor dem Attentat nicht hinter Rabin, und sie stand auch nicht hinter Peres, obwohl die Regierung mittels Gehirnwäsche versuchte, die Bevölkerung dazu zu bringen, ihre katastrophalen Entscheidungen zu akzeptieren. Riesige Beträge aus Steuergeldern wurden ausgegeben für Werbeflächen auf hunderten von Straßenschildern, Bushaltestellen und Gebäuden, um für das Friedensabkommen zu werben.

Es gab weiterhin ein abgekartetes Spiel der Täuschung zwischen der israelischen Regierung und der überwältigenden Mehrheit unter den israelischen und ausländischen Medien. Völlig verfälschte Teilnehmerzahlen wurden über Demonstrationen veröffentlicht, um das Ausmaß der öffentlichen Opposition herunterzuspielen. So wurde die gewaltige Menge von mehr als 200.000 Israelis, die gegen das Abkommen mit Arafat im September 1993 protestierte, in den ausländischen Medien als „eine ungeordnete Gruppe Protestierender vor dem Büro des Ministerpräsidenten"[102] dargestellt. Und als etwa 100.000 Israelis nach Jerusalem strömten, um gegen die Ankunft Arafats im Juli 1994 zu protestieren, veröffentlichten die Medien eine Zahl von 5.000 für die Menschenmassen, die durch die Straßen und Fußgängerzonen im Innenstadtbereich zogen.

Im Gegenzug war die Berichterstattung der Medien äußerst umfassend, als sich 300 Aktivisten der Bewegung „Frieden Jetzt" zur Unterstützung des Rabin-Arafat-Abkommens versammelten. Sie waren offensichtlich verzweifelt darum bemüht, irgendetwas zu drucken, denn in einem Artikel wurde **ein sechzehnjähriger** Israeli erwähnt, der folgendes über die Unterzeichnung des Abkommens sagte: **„Dies ist der Höhepunkt meines bisherigen politischen Lebens.**"[103] Der Schüler wurde als „schon immer politisch aktiv"[104] dargestellt. Die bedeutende Wirtschaftszeitung *Wall Street Journal* veröffentlichte eine ähnliche Darstellung „repräsentativer Meinung von Israelis" über das Thema der Teilung Jerusalems, als sie ein den Frieden unterstützendes Interview mit einer israelischen Mutter und ihrem siebzehnjährigen Sohn[105] druckte.

Als Forscher aus den Fakultäten Erziehung und Psychologie der Hebräischen Universität tatsächlich eine Meinungsumfrage unter israelischen Jugendlichen durchführten, fanden sie jedoch heraus, daß 70 Prozent[106] gegen das Abkommen mit der PLO und 78 Prozent[107] gegen den Rückzug von den Golanhöhen waren. Und an dieser Stelle sollte daran gedacht werden, daß die Befragten zu denen gehören, die ihr Land verteidigen müssen, wenn sich Rabins „Friede" als das erweist, was er ist - ein schlechter Scherz.

Gemäß einer Gallup-Umfrage will die Mehrheit der Israelis sogar hohe PLO-Funktionäre wegen Mordes vor Gericht sehen! Weit davon entfernt, das Abkommen zwischen Israel und der PLO freudig anzunehmen, wollen fast 66 Prozent der Bevölkerung - darunter 59 Prozent aus der Wählerschaft der Arbeitspartei[108] - die PLO-Funktionäre vor Gericht stellen. In einer ähnlichen, vom Dahaf-Institut durchgeführten Umfrage, waren 63 Prozent[109] der israelischen Öffentlichkeit gegen weitere Verhandlungen mit der PLO, und 27 Prozent der Befragten sagten, sie hätten sich von der Unterstützung des Friedensprozesses hin zu „offener Opposition"[110] wegbewegt. Das Ergebnis einer weiteren Gallup-Umfrage lautete, daß sogar im Falle eines von Syrien angestrebten völligen Friedens, d.h. Ende der Feindseligkeiten, offene Grenzen, Errichtung diplomatischer Vertretungen, etc. - 57 Prozent[111] aller Israelis trotzdem gegen einen völligen Rückzug von den Golanhöhen seien. Und über die Jerusalemfrage ergab eine weitere Gallup-Umfrage eine umwerfende Zahl von 89 Prozent[112] aller Israelis, die gegen jede „Änderung des Status auch nur eines Teils von Jerusalem"[113] sind.

Ein echter, greifbarer Ausdruck der Opposition im israelischen Volk gegen das Rabin-Arafat-Abkommen war spürbar am 2. November 1993, als in Israel Kommunalwahlen stattfanden. Kommunalwahlen haben zwar nichts mit der nationalen Politik zu tun, aber Rabin machte sie zu einem nationalpolitischen Ereignis, als er für den Abgeordneten Avigdor Kahalani bei der Bürgermeisterwahl in Tel Aviv Wahlkampf betrieb und folgende Erklärung abgab: „Die Welt wird die Ergebnisse der nächste Woche stattfindenden Bürgermeisterwahl in Tel Aviv als einen Gradmesser für Israels Unterstützung im Friedensprozeß ansehen."[114] Rabin ging dann nach Jerusalem, um Jerusalems amtierenden, allseits beliebten Bürgermeister Teddy Kollek zu unterstützen, ein Mitglied der Arbeitspartei und bereits seit 28 Jahren Bürgermeister. Rabin sagte: „Ich bin hierhergekommen, um zu betonen, daß das jüdische Volk, der Staat Israel, die Einwohner Israels und Jerusalems in der Schuld eines großen Mannes stehen, der seit 1966 Bürgermeister in Jerusalem ist."[115] Ohne Zweifel war Kollek einer der berühmtesten und beliebtesten Bürgermeister der Welt, aber Rabin machte Kolleks Wiederwahl zu „einem Referendum für das Einverständnis mit der PLO."[116] Ein Kandidat des Likud, Ehud Olmert, war mit dem Kandidaten der Shas-Partei, Nissim Ze'ev, als Gegenkandidat aufgetreten. Olmerts Sieg war „überwältigend in seiner Größenordnung, der neue Bürgermeister konnte 56,8 Prozent der Stimmen auf sich vereinigen."[117] Kolleks Niederlage wurde als „traurig und erschreckend"[118] dargestellt, aber die Wähler in Jerusalem ließen Rabin deutlich erkennen, wo er stand. Und das gleiche taten die Wähler in anderen Städten. In Tel Aviv „hatte Kahalani keine Chance,"[119] und der Likud-Kandidat Ronni Milo kam an die Macht. Bis auf zwei oder drei Ausnahmen wurden die Kandidaten der Arbeitspartei in ganz Israel vom Likud vernichtend geschlagen. Und Anfang Januar 1995 veröffentlichte das Nachrichtenmagazin *Time* einen Bericht über eine geheime Umfrage, die von der Arbeitspartei selbst durchgeführt wurde. Die Ergebnisse der Umfrage lauteten, daß „die Arbeitspartei vernichtend geschlagen würde,"[120] wenn zu dieser Zeit Wahlen stattgefunden hätten. Der Bericht verursachte großen Wirbel in der Arbeitspartei, und die Partei „deutete an, sie würde *Time* wegen Verleumdung verklagen."[121]

Ein Maulkorb für die Medien

Als öffentliche Demonstrationen gegen die „Friedensinitiative" der Regierung begannen, war die Berichterstattung des israelischen Fernsehens im Einklang mit ihrer Bedeutung. Rabin war jedoch wütend und „wies die Kommunikationsministerin Shulamit Aloni zurecht, weil sie nicht in der Lage wäre, das Fernsehen im Griff zu haben."[122] Die Botschaft wurde weitergegeben, und der Leiter der Nachrichtenbehörde „verstand die Signale nur zu gut"[123] - die Radio- und Fernsehnachrichten in Israel folgen nunmehr den Direktiven der Regierung. So wurden bald nach der Zurechtweisung durch Rabin in einer Sendung über den Golan zwei Einwohner gezeigt, die „eifrig zustimmten, sie würden den Golan sofort verlassen,“[124] und eine Frau „gestand sogar freiwillig ein, sie würde in der nächsten Wahl für Rabin stimmen.“[125] Von den „90 Prozent der Einwohner der Golanhöhen, die bei Umfragen regelmäßig ihren Widerstand gegen einen Rückzug zum Ausdruck bringen“[126] wurde niemand interviewt. Fast die gesamte Medienlandschaft hatte sich dem Willen der Regierung gebeugt, das Abkommen zwischen Israel und der PLO als den Willen des Volkes zu präsentieren. Aber die Zeitung *The Jerusalem Post* entsprach nicht den Direktiven der Regierung und vertrat im Hinblick auf die politischen Entscheidungen der Regierung einen kritischen Standpunkt, obwohl sie mehr als Fairneß bewiesen hatte, indem sie sowohl dem linken als auch dem rechten Lager im Friedensprozeß den gleichen Raum einräumte. Im Dezember 1993 veröffentlichte sie jedoch einen Bericht von Steve Rodan mit der Überschrift „Regierung plant Rückzug zu den Grenzen von 1967,“ und dafür wurde sie bestraft; die Regierung bestellte sofort 1.100 Exemplare der englisch- und französischsprachigen Auslandsausgaben ab, die für Vertretungen des israelischen Außenministeriums im Ausland bestimmt waren.[127]

Fast zur gleichen Zeit verdoppelte die Regierung ihre Käufe einer spanischen Zeitung (*Aurora*) zur Verteilung in spanischsprachigen Ländern. Der Herausgeber der Aurora ist „eine Super-Taube und ein enthusiastischer Vertreter der Regierungspolitik.“[128] Die Regierung nannte „finanzielle Gründe“ für die Stornierung der *Jerusalem Post*, aber Yehuda Levy, der Verleger der Zeitung, beschuldigte die Regierung der „Lüge“[129], nicht nur wegen der verdoppelten Käufe von Aurora, sondern auch wegen seines Angebots, weiterhin Exemplare der *Jerusalem Post* kostenlos zu liefern; dies wurde aber von der Regierung „glattweg abgelehnt.“[130]

Shimon Peres war angeblich „wütend“[131] auf die *Jerusalem Post* und „erzürnt über die antagonistische Haltung, die das Blatt gegen das Abkommen Israels mit der Palästinensischen Befreiungsorganisation einnahm.“[132] Und ein Nachrichtenredakteur des israelischen Rundfunks, Eliyahu Ben-On, wurde sogar seines Postens enthoben, weil er aus dem Bericht der *Jerusalem Post* zitierte![133]

Niemand durfte den Rabin-Arafat/Peres-Assad-Friedensprozeß kritisieren. Widerspruch gegenüber der Regierung war unrechtmäßig. Wenn Israelis die Regierung uneingeschränkt unterstützten, dann waren sie „für den Frieden.“[134] Aber wenn sie Vorbehalte hatten, wenn sie meinten, die Regierung garantiere einen weiteren Krieg unter den ungünstigsten Umständen, dann waren sie „gegen den Frieden.“[135]

Nachdem sie ihr Bestes getan hatte, den Medien einen Maulkorb zu verpassen und das Land mit friedensfördernden Symbolen und Plakaten zu überziehen, verabschiedete die Regierung auch noch ein Gesetz gegen „unnötiges Hupen“, in einem offensichtlichen Versuch, vorbeifahrende Autofahrer davon abzuhalten, ihr Einverständnis mit gegen die Regierung gerichteten Demonstrationen durch Hupen zum Ausdruck zu bringen.[136] Ein großes Aufgebot an Polizisten stand bei Demonstrationen bereit, um Autofahrer zu ergreifen, die „es wagen, ihre Solidarität durch Hupen auszudrücken,“[137] und ein Bußgeld in Höhe von NIS 160 (DM 80,—) zu erheben.[138]

Der Likud reichte beim staatlichen Rechnungsprüfer Beschwerden ein, weil die Arbeitspartei sogar so weit ging, Menschen zu bezahlen, damit sie bei Kundgebungen in Tel Aviv und am Ben-Gurion-Flughafen teilnahmen, um Rabin nach der feierlichen Unterzeichnung in Kairo zu begrüßen. Es wurden auch Leute bezahlt, damit sie an Straßenecken mit Plakaten standen, um Rabin zu unterstützen.[139] Nicht wenige, die sich an private Vermittlungsagenturen wandten, um eine Arbeitsstelle zu finden, erhielten das Angebot, „an vorher zugewiesenen Straßenecken und wichtigen Kreuzungen mit Plakaten zu stehen, für einen Stundenlohn von NIS 11 (DM 5,50) plus Fahrtkostenerstattung.“[140] Sie erhielten Plakate mit der Aufschrift: „Rabin, wir stehen hinter dir.“[141]

Hochverrat

Die Täuschung, die die Regierungen von Rabin und Peres begangen haben, um die israelische Bevölkerung zum besten zu halten, könnte ein ganzes Buch füllen. Der Betrug begann lange vor den Wahlen von 1992 und hat seitdem an Schlagkraft zugenommen. Bis die Regierung Rabin abgestimmt hatte, den Bann über Treffen mit der PLO im Januar 1993 aufzuheben, galten Kontakte mit PLO-Funktionären als Hochverrat. Aber Mitglieder der Arbeitspartei und hohe Funktionäre trafen sich sich bereits seit zwei Jahrzehnten oder sogar länger mit ihnen! Sogar, als Rabin Mitte der siebziger Jahre Ministerpräsident war, erhielt er Berichte von Generalmajor (der

Reserve) Matityahu Peled über dessen private Zusammenkünfte mit Arafat![142] Und der stellvertretende Außenminister Jossi Beilin - ein Ziehsohn von Shimon Peres, der von Rabin einst als „Schoßhund von Peres"[143] bezeichnet wurde, der aber von anderen als der Architekt hinter den Kulissen des gesamten Friedensprozesses angesehen wird (es war eine feststehende Tatsache, daß Rabin es vorzog, „von Jossi Beilin beraten zu werden"[144]) - traf sich mit Nabil Sha'ath, heute ein hoher Gehilfe Arafats, in Kairo am 19. Januar 1992. Dort versprach er ihm, daß im Falle eines Wahlsiegs der Arbeitspartei „der Siedlungsbau gestoppt" und „der Bann über Zusammenkünfte mit der PLO aufgehoben"[145] würde. Beilin und Peres begannen bereits in der zweiten Hälfte der achtziger Jahre, eigene Kontakte mit der PLO zu knüpfen,[146] und eine weitere Abgeordnete der Arbeitspartei, Yael Dayan, traf sich mit der PLO in Tunis, Europa und den Vereinigten Staaten.[147]

Mitglieder der Arbeitspartei leugneten vehement ihre angeblichen Treffen mit der PLO, aber die Lügen wurden aufgedeckt, als Abu Mazen, der Verhandlungsführer der PLO bei den Osloer Abkommen, 1993 sein Buch *The Road to Oslo* (Der Weg nach Oslo) veröffentlichte. Darin erwähnte er Namen von Mitgliedern der Arbeitspartei, die sich mit der PLO trafen, die Termine dieser Treffen und die PLO-Funktionäre, die dabei waren. Schlimmer noch, Mazen behauptete, daß die Treffen vor den Wahlen von 1992 ein Versuch der Arbeitspartei waren, „die Friedensgespräche des Likud in Madrid zu torpedieren."[148] Nachdem der Sturm, den Mazen verursacht hatte, sich gelegt hatte, fragten gut unterrichtete Kreise innerhalb der Arbeitspartei: „Worin bestand das Verbrechen der Arbeitspartei?"[149] Der Likud bezeichnete dies als die „schrecklichste, verräterischste Verschwörung, die jemals stattfand."[150]

Es gab zu viele Dementis - zuerst die Kontakte zur PLO und später die Konzessionen - die sich alle als unecht erwiesen haben.

Und dann noch der geheime Brief an Jassir Arafat über Jerusalem und ein anderer über das Freizeitzentrum am Toten Meer - beide wurden dementiert, beide erwiesen sich als wahr. Und eine Behauptung des Tsomet-Abgeordneten Moshe Peled, daß es in Wahrheit „fünf geheime Zusätze"[151] zum Kairoer Abkommen mit der PLO gibt, kann auch nicht außer acht gelassen werden. Einer dieser Zusätze soll „ein Versprechen, Verhandlungen über das Schicksal Jerusalems zu beginnen" enthalten, „wie Arafat behauptet."[152]

Von Rabin wurde wiederholt behauptet, Berichte über Geheimverhandlungen mit Syrien und ein dort erreichtes Abkommen seien „ohne jede Grundlage“[153]. Aber Steve Rodan von der Zeitung *The Jerusalem Post* führte wiederum tiefgehende Recherchen durch, und ein dreieinhalbseitiger Bericht mit dem Titel „Hinter geschlossenen Türen“ war das Ergebnis. Gespräche wurden offensichtlich bereits „seit zwei Jahren“[154] geführt, und Rabin ist tatsächlich mit Syrien zu einer Übereinkunft über den Golan gekommen - natürlich zum Schaden Israels. Jossi Beilin war wiederum einer der Gesandten, und beunruhigend ist für viele das sichere Wissen, daß die Regierung „bereit ist, Siedlungen auszumerzen und zu demontieren.“[155]

Die ehemalige Kommunikationsministerin Shulamit Aloni verursachte einen weiteren Sturm im April 1994, als sie sagte: „Es wird Zeit, daß Israelis vom Golan Abschied nehmen ... Der Golan ist ein Teil Syriens und wird zurückgegeben werden.“[156] Und am 14. Juli 1994 sagte Peres selbst: „Die Regierung von Israel hat die syrische Oberhoheit über die Golanhöhen anerkannt.“[157] Nachdem das Magazin *Time* berichtete, die Arbeitspartei werde „eine schwere Niederlage erleiden,“ erklärte Beilin gegenüber der Arbeitspartei: „Die Arbeitspartei sollte den Friedensprozeß betreiben, als ob ihr weniger als zwei Jahre blieben, um ihre Ziele zu verwirklichen ... Wir dürfen nicht vergessen, daß wir vielleicht nicht viel Zeit haben, um unsere Ziele voranzutreiben ... .“[158]

Die Opposition in der Knesset wurde auf wirkungsvolle Weise bei ihrer Arbeit behindert durch die blockierende Mehrheit der Regierungskoalition aus Arbeitspartei, Linken und Arabern. Und als sie im Forum der Knesset lautstark ihre Einwände gegen Rabins Politik äußerte, verließ Rabin einfach das Podium, ohne seine Rede zu beenden oder stand von seinem Sitz auf und verließ den Saal.

Die Armee und die Politik

Generalleutnant Ehud Barak, der 14. Generalstabschef Israels, beendete seine vierjährige Dienstzeit am 31. Dezember 1994. Während dieser vier Jahre sprach er sich oft öffentlich gegen den Rückzug vom Golan aus, und dies brachte Zurechtweisungen durch Rabin mit sich. Im Juni 1993 sagte Barak: „Solange wir uns noch immer in einer Situation befinden, in der ein Krieg zwischen uns und Syrien möglich ist, benötigen wir jeden Meter der Golanhöhen.“[159] Nur vier Monate vor dem Ende seiner Dienstzeit - lange, nachdem Rabin verkündet hatte, daß Israel bereit sei, „jeden Zentimeter des Golan aufzugeben", erklärte Barak: „Vom militärischen Standpunkt aus muß die israelische Armee die Kontrolle über die Golanhöhen behalten, **sogar während eines Friedens**."[160] Und im Juni 1993 behauptete der Chefunterhändler mit Syrien, Itamar Rabinovitch: „Israel begründet seine Ansprüche auf die Golanhöhen nicht mit der Bibel. Die israelischen Ansprüche auf die Zukunft der Golanhöhen gründen sich einzig und allein auf das Bedürfnis nach Sicherheit."[161]

Israels derzeitiger Generalstabschef, Generalmajor Amnon Lipkin-Shahak, meint jedoch, Israel könne auch ohne den Golan überleben. Shahak wurde von Rabin zum Nachfolger Baraks bestimmt, weil Shahak der Chefunterhändler des Kairoer Abkommens mit der PLO war.[162] Die Position des Generalstabschefs ist das höchste Amt in der israelischen Armee, aber Shahak ist ein linksgerichteter, für den Frieden engagierter Zögling Rabins, der für eine Armee verantwortlich ist, die möglicherweise den Befehl erhalten wird, jüdische Siedlungen zu zerstören. Und das aus politischen Gründen ausgesuchte Oberkommando der Armee „distanziert sich absichtlich von der Mehrheit der Soldaten sowie von Offizieren der unteren und mittleren Ränge."[163]

Die politischen Maßnahmen der Regierung Rabin schufen bürgerkriegsähnliche Zustände. Viele Israelis - besonders die 140.000 Siedler - „fühlten sich zunehmend verraten von einer Regierung, für die Versprechen und sogar Gerichtsurteile keine Bedeutung hatten."[164] Viele Siedler sagten, sie würden gegen eine zwangsweise Umsiedlung durch die Armee Widerstand leisten, und dies könnte die Ursache für die distanzierte Haltung des Oberkommandos gegenüber den Soldaten sein. Es ist ferner äußerst beunruhigend zu wissen, daß die israelische Armee bereit war, Krieg gegen die Siedler zu führen:

> „Eine Sondereinheit für die Evakuierung von Siedlern erhielt eine Ausbildung im Scharfschießen und in Kämpfen von Haus zu Haus. **Bewerber mußten nachweisen, daß sie keine religiösen Freunde oder Verwandte hatten, keine Freunde oder Verwandte in jüdischen Siedlungen in Judäa und Samaria, dem Gazastreifen oder den Golanhöhen, und daß ihre politsche Ausrichtung dem linken Flügel zuzuordnen war.**"[165]

Die voreilige Veröffentlichung dieser Maßnahme verursachte einen weiteren Sturm der Entrüstung und brachte die unvermeidlichen Dementi der Verantwortlichen mit sich. Aber es ist erschreckend, wenn man erkennt, daß die Juden, Gottes auserwähltes Volk, jemals die Bildung einer antireligiösen Eliteeinheit mit dem ausdrücklichen Ziel, ihre Brüder, die das Land im Einklang mit dem Willen Gottes und der Hilfe und Unterstützung früherer Regierungen besiedelt haben, auch nur in Erwägung ziehen konnten. Es war Jitzhak Rabin selbst, als Ministerpräsident von Israel im Jahr 1976, „der den Grundstein legte für die erste dauerhafte Siedlung in Gush Etzion (dem Gebiet zwischen Bethlehem und Hebron)."[166]

Nehmt Abschied!

Da bereits so viele betrügerische und geheime Abkommen ans Licht kommen, wird es keine große Überraschung sein, wenn weitere Geheimabkommen mit der PLO, Syrien und anderen auf die Vernichtung Israels eingeschworenen Feinden ans Tageslicht kämen. Aufgrund der von dem Trio Rabin, Peres und Beilin bereits eingeschlagenen Richtung (die drei gehörten wirklich zusammen - 1988 unterzeichnete Beilin ein Dokument hinter dem Rücken von Rabin und der Arbeitspartei[167]) müssen andere Pläne bereits ausgebrütet worden sein, während wieder andere vom Duo Peres und Beilin noch im Entwicklungsstadium sind. So schrieb zum Beispiel im Mai 1994 Yael Dayan (eine Abgeordnete der Arbeitspartei, die mit Arafat und anderen PLO-Funktionären zu einem Zeitpunkt zusammentraf, als dies noch als Hochverrat galt) einen Artikel für die Zeitung *The Jerusalem Post* mit folgender Überschrift: „Endlich sind wir Gaza los." In ihrem Artikel steht unter anderem:

> „Abschied von Gaza und Umgebung, und von Jericho - und der übrigen besetzten West Bank, die in der auf das erste Abkommen folgenden Zwischenvereinbarung enthalten sein wird ... Abschied und schmerzlose Trennung ... jeder weiß, daß es unmöglich ist, Gaza ohne Jericho und ohne das übrige Westjordanland zurückzugeben."[168]

Dayan, eine ultrahumanistische Abgeordnete, die sich mit ihrer ganzen Kraft für Homosexuelle einsetzt, sagte den Israelis, was sie bereits befürchteten. Nach Gaza und Jericho will die Regierung der PLO alle von Israel im Krieg von 1967 eroberten Gebiete zurückgeben - dieselben strategischen Gebiete, von denen aus die Araber ihre schrecklichen Kriege begonnen hatten. Aber die Regierung dementierte natürlich ihre Pläne einer völligen Rückgabe. Die israelische Bevölkerung wurde jedoch durch Psychoterror unter Druck gesetzt, die Pläne der Regierung zu akzeptieren, indem einzelne Minister ihnen nahelegten, mit dem „Abschied" von den Golanhöhen, Gaza, Jericho und dem gesamten Westjordanland zu beginnen.

Gleichzeitig verstrickte sich Peres in offene Lügen, um die Pläne für Jerusalem zu verschleiern. Ein enger Freund von Peres, der französische Intellektuelle Mark Halter, berichtete dem israelischen Wochenmagazin *Shishi*, daß er im Mai 1993 persönlich einen Brief von Peres über seine Pläne für Jerusalem an den Papst übergab. Peres machte darin das Angebot, die Souveränität über Jerusalem an den Vatikan zu übergeben. Halter erwähnte weiterhin: „Die Stadt wird die Hauptstadt von Israel bleiben, aber unter der Verwaltung des Vatikans. Die Stadt wird einen israelischen und einen palästinensischen Bürgermeister haben, und beide werden dem Heiligen Stuhl unterstellt sein."[169] Heute wissen wir, daß nach 46 Jahren der Weigerung, den jüdischen Staat auch nur anzuerkennen, der Vatikan am 15. Juni 1994 ein Abkommen zwischen ihm und Israel verkündete, nach dem „volle diplomatische Beziehungen aufgenommen werden **und die katholische Kirche die Erlaubnis erhält, sich an Bemühungen um die Regelung der Zukunft Jerusalems zu beteiligen.**"[170]

Henry Kissinger schrieb vor etwa 30 Jahren folgendes (nicht im Hinblick auf Israel, aber auf schmerzliche Weise zutreffend): „Die Epochen, die im Rückblick am friedlichsten zu sein scheinen, strebten am wenigsten nach Frieden."[171] Deshalb ist in der Epoche, in der wir leben, wenn nur ein militärisch starkes Israel innerhalb sicherer, leicht zu verteidigender Grenzen von weiterer arabischer Aggression abschrecken kann, die Frage berechtigt, von welchen Geistesmächten Rabin und heute noch Menschen wie Peres und Beilin getrieben werden. Was zwingt Männer wie diese, übereilt „Friedens" abkommen mit Feinden abzuschließen, die die Vernichtung des jüdischen Staates planen? Welcher Wahnsinn treibt sie in die Annahme des Status einer besiegten Nation - Israel, der Sieger in Verteidigungskriegen aus offener arabischer Aggression, als Bittsteller um Frieden, während die besiegten Aggressoren bedingungslose Kapitulation fordern? Was treibt sie, die Warnungen „aller Geheimdienste“[172] zu mißachten und sich blind in eine Rückgabe der für Israels Verteidigung strategisch wichtigen Gebiete zu stürzen? Woher kam Rabins Überzeugung, daß er im Alter von 70 Jahren klüger war als die Generäle der israelischen Armee, und nicht nur diese, sondern auch Generäle anderer Nationen?

Der amerikanische Oberst a.D. Irving Kett schrieb zum Beispiel im Namen von 100 amerikanischen Admiralen und Generälen in einer gemeinsamen Erklärung mit dem Oberkommando aller Stabschefs:

> „Unter dem Gesichtspunkt der militärischen Sicherheit **ist Israel das einzige Land in der Welt das in einem größeren Krieg keinen Spielraum für Fehlentscheidungen hat**; der kleinste Fehler würde seinen Untergang verursachen und eine Katastrophe herbeiführen.“[173]

Peres und Beilin gaben sich alle Mühe, ein Abkommen über einen schnellen Abzug der israelischen Armee aus Gaza und Jericho zu erreichen, aber die „Vorbehalte der israelischen Armee wegen der Sicherheit“[174] verzögerte die Unterzeichnung. Und obwohl er es dementierte, soll Peres in den Vereinigten Staaten gesagt haben, daß „das Militär ständig die Verhandlungen über den Haufen wirft.“[175]

Ein weiterer heller Wahnsinn bestand in der Absicht, die Kontrolle über mehr als 80 Prozent, jawohl, mehr als 80 Prozent von Israels ohnehin mangelhafter Wasserversorgung aus den Händen zu geben! Vierzig Prozent der Wasservorräte für Israel kommen aus Quellen, die sich „ganz oder teilweise unter Judäa und Samaria“[176] befinden - den Gebieten, die an die PLO übergeben werden sollen! Weitere 40 Prozent kommen von den Golanhöhen, „die die Hauptquellen des Jordan und des Sees Genezareth speisen.“[177] Und als ob das noch nicht genug wäre, erklärte sich die Regierung Rabin in ihrem am 26. Oktober 1994 unterzeichneten Friedensvertrag mit Jordanien bereit, jährlich 150 Millionen Kubikmeter von Israels bestem Wasser nach Jordanien zu leiten![178]

Die Folgen sind beträchtlich. Sogar wenn alle heutigen Wasservorräte intakt sind, wird für Israel ein jährliches Defizit von etwa 400 Millionen Kubikmetern innerhalb von etwas mehr als zehn Jahren vorhergesagt. Und doch waren die Regierungen Rabin und Peres bereit, mehr als 80 Prozent aller Wasservorräte Israels aufzugeben, und das kommt einem nationalen Selbstmord nahe. Die geheimnisumwitterten Worte des Propheten finden ihre Erfüllung in den Handlungen der ehemaligen Regierung Israels: *„Wir haben mit dem Tod einen Bund geschlossen und mit dem Totenreich einen Vertrag gemacht ... wir haben die Lüge zu unserer Zuflucht und Trug zu unserem Schutz gemacht“* (Jes. 28,15).

Angst und Stolz

Angst und Stolz waren maßgeblich beteiligt bei der Steuerung des von der Regierung eingeschlagenen Friedenskurses. Stolz, weil Rabin sich „für kompetenter hielt, arabische Absichten zu bewerten als Geheimdienstoffiziere, die vom Alter her seine Kinder sein könnten.“[179] Angst, weil Shulamit Aloni genau diese zum Ausdruck brachte, als sie sagte: „Der Gott der Moslems hat mehr Truppen als der Gott der Juden.“[180] Der Humanismus erkennt nur die menschliche Kraft an und spottet über den bloßen Gedanken einer Existenz Gottes und gar eines göttlichen Eingreifens bei den israelischen Siegen in sechs schrecklichen Kriegen mit den arabischen Nachbarstaaten. Die 13. Knesset wurde am 13. Juli 1992 vereidigt, und Jitzhak Rabin wurde offiziell in sein Amt als israelischer Ministerpräsident eingeführt. Weniger als eine Woche später gab Syrien auf unmißverständliche Weise seine Absichten bekannt, indem es einen Teststart von zwei in Nordkorea erworbenen Scud-C-Raketen durchführte.[181] Die Scud-C-Rakete „kann jedes Ziel in Israel mit der doppelten Zielgenauigkeit treffen als die älteren Scud-B-Raketen [die der Irak während des Golfkriegs gegen Israel einsetzte].“[182]

Der Zeitpunkt des Raketenabschusses sprach Bände für die neue Regierung. Zwei Wochen später sagte Shimon Peres: „Weder Israel noch die Araber haben eine bessere Alternative, als einen Frieden zu erreichen. Wenn wir jetzt mit dem Wettrüsten weitermachen würden, wäre der ganze Nahe Osten in Gefahr.“[183] Und danach bereitete Jitzhak Rabin die Nation auf einen Rückzug vom Golan vor, indem er erklärte: „Wer nicht bereit ist, mit Syrien Frieden zu schließen, könnte innerhalb der nächsten fünf bis acht Jahre einen Krieg erwarten.“[184] Ja, die Angst war ein bedeutender Faktor in dem Drängen der Regierung, ihre tödlichsten Feinde zu beschwichtigen - die Angst, daß Israel im Zeitalter der technologischen Kriegsführung nicht überleben könnte.

Rabin, der Krieger

Rabin wurde gewöhnlich als Soldat dargestellt, als ungewöhlich scharfsinniger Militär, und oft wurde er liebevoll als „alter Krieger“[185] bezeichnet. Aber paßt diese Charakterisierung zu seiner Laufbahn? Es wurde bereits erwähnt, daß Rabin schon einmal Ministerpräsident war, und zwar hatte er dieses Amt zuerst im Jahr 1974 inne. Drei Jahre nach seiner Amtseinführung wurde er „aufgrund von Skandalen zum Rücktritt gezwungen,“[186] nachdem bekannt wurde, daß seine Frau (mit seinem Wissen) ein illegales Bankkonto in den Vereinigten Staaten unterhielt,[187] und die heftige Reaktion darauf verursachte die Niederlage seiner Partei in den folgenden Wahlen.[188]

Rabins frühere militärische Laufbahn wird tatsächlich von weiten Kreisen lobend erwähnt, und sogar Rabin selbst versäumte selten, diese zu erwähnen, wenn er zu seinem Publikum, sei es nun jüdisch oder christlich, sprach. Und in fast jedem biographischen Abriß seines Lebens wird erwähnt, daß er „Befehlshaber der Harel Brigade“[189] während des Unabhängigkeitskrieges von 1948 war. Aber nicht erwähnt wird die nicht gerade ehrenhafte Tatsache, daß er am 17. Mai 1948, erst 33 Tage nach Übernahme des Kommandos,[190] und nur zwei Tage, nachdem die arabischen Nationen ihren konzentrierten, koordinierten Angriff auf Israel durchführten, vom Dienst suspendiert wurde. Bekannt ist auch, daß Joseph Tabenkin die Stelle Rabins einnahm; dieser wurde zur Zielscheibe des Zornes innerhalb der Harel Brigade, und zwar wegen der ungewöhnlich hohen Zahl der Verluste - 220 Gefallene und weitere 617 Verwundete - mehr als „die Hälfte der 1.500 Mann starken Brigade.“[191]

Rabin war der Generalstabschef der israelischen Armee während des Sechstagekrieges, eines Krieges, der als Klassiker in die Annalen der Geschichte eingegangen ist, und dessen Taktiken heute von Kriegsexperten in allen Nationen studiert werden. Aber wer weiß denn schon, daß aufgrund des wachsenden Drucks, der zu diesem Krieg führte, Rabin **„einen Nervenzusammenbruch erlitt,“**[192] und zwar wenige Tage vor dem Ausbruch der Feindseligkeiten? Um ihn in dieser kritischen Zeit zu schützen, wurde sein Zusammenbruch „barmherzigerweise als Nikotinvergiftung ausgegeben.“[193] General Ezer Weizmann (der heutige Staatspräsident von Israel) schrieb in seinem Buch *On Eagles' Wings* („Auf Adlers Flügeln“), daß „am 23. Mai 1967, während der Krise vor dem Ausbruch des Sechstagekrieges, dieser Mann [Rabin] gebrochen und depressiv war und um

Suspendierung vom Dienst bat."[194] Rabin sagte zu Weizmann: „Ich habe Israel durch eine Reihe von Fehlern, die ich begangen habe, in diese Sache verwickelt ... ich will zurücktreten. Sie sollten die Funktion des Stabschefs übernehmen."[195]

Der damalige Verteidigungsminister Moshe Dayan erhielt das volle Lob für den Erfolg der Armee, und als Folge davon wurde er berühmt. Abba Eban, zu dieser Zeit Außenminister Israels, schreibt folgendes über Dayan:

> „Die nackte Wahrheit lautet: Er war nicht der Architekt des israelischen Sieges. Er kam aus der Verborgenheit der parlamentarischen Opposition ein paar Tage vor dem Krieg, und zwar zu einer Zeit, als die Kampfpläne bereits formuliert, die Befehlshaber ernannt und die Ausrüstungsgegenstände auf effiziente Weise zusammengestellt waren.
>
> Ministerpräsident Eshkol war zutiefst verbittert über das seiner Meinung nach erfolgreiche Bestreben, ihm die Ehre des Sieges zu stehlen. Denn es war schließlich Eshkol, der die gesamte Verteidigung auf die bevorstehende Feuerprobe vorbereitet und den Zeitplan unseres Kampfes festgelegt hatte."[196]

Im Oktober 1973, am Jom Kippur (dem Versöhnungstag), dem heiligsten und feierlichsten Tag des jüdischen Kalenders, begannen Ägypten und Syrien gemeinsam einen Krieg gegen Israel, der heute als „das größte Trauma, das Israel jemals getroffen hat"[197] angesehen wird. Der Jom-Kippur-Krieg war neben dem Unabhängigkeitskrieg von 1948 „der blutigste Krieg in der Geschichte Israels."[198] Bis sechs Stunden vor Ausbruch des Krieges am 6. Oktober, hatten führende Köpfe in Militär und Politik „die Einschätzung geteilt, die als 'das Konzept' bezeichnet wurde, nach der die Araber keinen Krieg gegen Israel beginnen würden."[199]

Rabin war zu dieser Zeit Generalleutnant (der Reserve), nachdem er seine Amtszeit als Stabschef beendet hatte. Am 13. Juli 1973, drei Monate, bevor Ägypten und Syrien mit ihrem katastrophalen Krieg begannen, schrieb Rabin einen Artikel, der in der israelischen Zeitung *Ma'ariv* erschien. In diesem Artikel machte er folgende Aussagen: **„Es ist nicht erforderlich, unsere Streitkräfte in Alarmbereitschaft zu versetzen, auch wenn der Feind Drohungen ausspricht und seine Streitkräfte entlang der Waffenstillstands-**

linie stationiert.“[200] Und vor demselben Krieg schrieb er: **„Die Fähigkeit der arabischen Staaten, ihre diplomatischen oder militärischen Schachzüge zu koordinieren, hat sich verringert. Auch vorher war diese Fähigkeit nicht besonders ausgeprägt - heute hat sie eher noch mehr abgenommen.“**[201]

Israel wurde fast völlig überrascht, als tausende ägyptische Panzer über Brücken rollten, die über den Suezkanal gebaut worden waren, und tausende syrische Panzer die Golanhöhen niederwalzten. Fast eine Million arabische Soldaten waren bei dem ersten Angriff beteiligt - tausende Israelis starben. Durch eine Reihe göttlicher Wunder trug Israel den Sieg davon, obwohl es im Einklang mit Rabins Rat keine Truppen mobilisiert hatte.

Rabin hatte mit dem Abkommen zwischen Israel und der PLO bereits bewiesen, daß er nach wie vor genauso unfähig war, arabische Absichten richtig einzuschätzen wie vor dem katastrophalen Krieg von 1973. Für viele Israelis war die Erkenntnis schmerzhaft, daß nicht nur dieselbe Partei mit den meisten Persönlichkeiten wie damals an der Macht war, sondern daß diese auch dieselben tragischen Fehler beging. So hatte der syrische Präsident Hafez Assad „Rabin richtig eingeschätzt als einen schwachen Mann in der Hand Washingtons.“[202]

„Mene, mene, tekel upharsin“

Während des Golfkriegs von 1991 war Shimon Peres alles andere als erfolgreich. Während die alliierten Truppen unter dem Oberkommando der Vereinigten Staaten auf den Irak einschlugen, schoß Saddam Hussein 39 Scud-Raketen auf Israel ab und konnte 31 Treffer auf israelische Ballungszentren verzeichnen. Etwa 5.000 Häuser und Wohnungen wurden beschädigt oder zerstört, und die Reparaturkosten beliefen sich auf etwa 2 Milliarden US-Dollar (ca. 3 Milliarden DM). Die irakischen Raketen waren nur mit konventionellen Sprengköpfen ausgestattet, aber sie erinnerten die Israelis daran, „daß es Peres war, der gegen die Entscheidung Menachem Begins, im Juni 1981 den irakischen Atomreaktor zerstören zu lassen, opponierte.“[203] Wenn damals der Rat von Peres befolgt worden wäre, so wie Rabins Rat im Jahr 1973, gäbe es vielleicht heute keinen jüdischen Staat mehr.

Shimon Peres, dessen urspünglicher Name Perski lautete, wurde in Polen geboren und wanderte 1934 nach Palästina aus. Eine biographische Skizze aus dem Jahr 1991 macht folgende Aussage:

„Während seine Talente nicht angezweifelt werden können, sehen ihn viele als **verschlagenen Politiker** und haben kein Vertrauen zu ihm."[204] Und in seiner Autobiographie beschrieb Rabin ihn als „unermüdlichen Komplizen."[205] Bei weitem belastender ist ein Auszug aus dem persönlichen Tagebuch von Moshe Sharett, einem früheren Außenminister unter Ministerpräsident David Ben Gurion und Ben Gurions Amtsnachfolger: „Ich habe erklärt, **daß ich Peres total ablehne und seinen Aufstieg zu politischer Bedeutung als eine bösartige, unmoralische Schande ansehe**. Ich werde meine Kleider in Trauer um den Staat zerreißen, wenn ich jemals miterleben muß, wie er in der israelischen Regierung zum Minister gemacht wird."[206] Der Autor dieses Buches wurde darüber hinaus aus gut unterrichteten Kreisen, die den Vater von Peres kannten, informiert, daß das Ausnutzen von Umständen in der Familie lag - der Vater von Peres traf während der Mandatszeit geheime Abkommen mit den Briten!

Nach der Unterzeichnung des Abkommens mit der PLO auf dem Rasen des Weißen Hauses sagte Henry Kissinger im britischen Fernsehen: „Peres befindet sich auf einer emotionalen Sauftour. Er glaubt, das Millenium wäre angebrochen und daß Palästinenser und Israelis friedlich zusammenleben werden wie Belgien und Holland."[207] Die knallharten Tatsachen sehen aber folgendermaßen aus: Seit der Unterzeichnung des Abkommens in Oslo am 13. September 1993 hat der Terrorismus immer mehr Israelis das Leben gekostet - mehr als in den schlimmsten Jahren der *Intifada*.[208] Das folgende Jahr (1994) wurde „das schlimmste Jahr des Terrors **seit der Staatsgründung von 1948**."[209] Und dann wurde 1995 das schlimmste Jahr des Terrors, und 1996 wurde noch schlimmer.

Nachdem Rabin und Arafat das „Friedensabkommen" zwischen Israel und der PLO am 4. Mai 1994 in Kairo unterzeichnet hatten, rief Peres (noch immer auf seiner „emotionalen Sauftour") bei der Zeremonie aus: „Heute haben wir den arabisch-israelischen Konflikt beendet - Utopia hat begonnen."[210] Vielleicht sollte ihn jemand darauf aufmerksam machen, daß das Wort „Utopia" von zwei griechischen Wörtern stammt, nämlich *ou* (nicht, kein) und *topos* (Ort).[211] Die wörtliche Bedeutung von Utopia lautet daher: „kein Ort." Es handelt sich hierbei um „**einen Ort oder eine Situation, der bzw. die nur in der Vorstellung vorhanden ist**."[212] Und diese wissenschaftlich belegte Definition beschreibt genau die von Shimon Peres geglaubte Phantasie eines nahöstlichen Utopia.

Im 6. Jahrhundert v. Chr., als Belsazar, der König von Babylon, den HERRN verspottete und seine Heiligtümer lästerte (Daniel 5,3-4), erschienen die Finger einer menschlichen Hand und schrieben auf die Wand *mene, mene, tekel, u-parsin* (Daniel 5,25). Die Übersetzung dieser Worte findet sich in Daniel 5,26-28: *mene* („*Gott hat dein Königtum gezählt und beendet*"); *tekel* („*man hat dich auf der Waage gewogen und zu leicht befunden*"); *peres* - die Einzahl von parsin; *u* heißt „und" - („*dein Reich ist zerteilt und den Medern und Persern gegeben*"). Wie Shimon Peres die treibende Kraft hinter den Abkommen mit Arafat und der PLO ist, ist es kein Zufall, daß sein Name „Peres" ist, denn er hat tatsächlich das „Reich" Israels „geteilt" und es seinen Feinden gegeben. Und die Tage von Peres' Reich und seiner Regierung waren tatsächlich gezählt. Seine Verschlagenheit verhinderte seine Wiederwahl.

Ein Platz in der Geschichte

Bei Rabin war offensichtlich der Wunsch vorhanden, die Anerkennung der Welt als „Friedensstifter" zu erlangen, genauso wie bei Peres. Und das Bestreben von Peres, in die Geschichtsbücher aufgenommen zu werden, war deutlich. Das „Friedens-"Abkommen funktioniert zwar nicht, aber Rabin und Peres verteidigten ständig sowohl Arafat als auch die PLO gegen Mahnungen, sie würden sich nicht an das Osloer Abkommen halten, und fanden sogar Entschuldigungen für dessen Nichteinhaltung. Es steht ohne jeden Zweifel fest, daß seit Unterzeichnung des Abkommens Arafats eigene *Fatah*-Kämpfer an einer Vielzahl von Morden an Israelis beteiligt waren, aber Rabin und auch Peres waren stets bereit, Arafat wieder und wieder in Schutz zu nehmen. Und als der Likud-Abgeordnete Benny Begin forderte, daß die Regierung „einen Bericht über Verstöße gegen die Osloer Abkommen freigeben sollte"[213], leugnete Peres die Existenz eines solchen Berichtes. Begin „zog sofort eine Kopie aus seinem Aktenkoffer und beschuldigte die Regierung des Versuches, diesen Bericht sowie Geheimklauseln über Jerusalem zu verbergen."[214]

Bekannte Mitautoren wie Uri Dan und Dennis Eisenberg des Buches *The Mossad: Secrets of the Israeli Secret Service* (Der Mossad: Geheimnisse des israelischen Geheimdienstes) und anderer Bücher über den Nahen Osten, stellten fest: „Rabin hat die Nichteinhaltung eines jeden von der PLO in Oslo geäußerten Versprechens geschluckt."[215] Und über Peres schrieben sie folgendes: „Arafat ist wie ein Marionettenspieler, der Peres geschickt manipuliert, seine Ambitionen, Rabin aus dem Amt des Ministerpräsidenten zu drängen und seinen Traum, den Friedensnobelpreis zu erhalten ... ."[216] Es ist eine traurige Tatsache, daß Arafat von der Rivalität zwischen Peres und Rabin wußte und ihre Schwächen voll ausnutzte.

Als Hauptakteur der Friedensinitiative meinte Peres, er sollte das Abkommen im Namen Israels vor dem Weißen Haus unterzeichnen, um auf diese Weise den Ruhm zu genießen und ins Rampenlicht der Weltbühne treten zu können. Aber in Israel kamen Berichte in Umlauf, nach denen Peres den Rücktritt erwog, weil er in einer Radiosendung von Rabins geplanter Reise nach Washington gehört hatte. Und gut unterrichtete Kreise im Büro des Ministerpräsidenten ließen verlauten, daß, „obwohl es Spannungen zwischen den beiden gegeben hatte, alle Meinungsverschiedenheiten zwischen ihnen beseitigt worden wären."[217] Diese „Beseitigung" endete in der Unterzeichnung des Abkommens durch Peres und im Handschlag zwischen Rabin und Arafat!

Der Washingtoner Gipfel mit dem jordanischen König Hussein brachte einen weiteren Eklat mit sich. Die Medien berichteten über „Spannung und sogar Feindseligkeit"[218] zwischen Peres und Rabin. In einem Fernsehinterview nach seiner Rückkehr gab Peres zu, „verletzt zu sein über seine Behandlung durch Rabin in Washington."[219] Koalitionsminister versuchten, die Spannung abzumildern, und der Polizeiminister Moshe Shahal erzählte später, wie er sich an beide Männer wandte und zu ihnen sagte: „ ... diese Spannung sei völlig überflüssig **und daß in der Geschichte für beide genug Raum ist, für ihre Taten und Talente**."[220]

Rabin, Peres und Arafat flogen durch die Welt, erhielten den Beifall der Nationen und ihre „Friedenspreise" in Paris, Hollywood, Madrid und Oslo. Peres konnte seine Ambition, den Friedensnobelpreis zu bekommen, nicht ganz erfüllen - er mußte ihn mit Rabin, seinem Rivalen und Arafat, dem Terroristen, teilen. Und am selben Tag, als sie mit ihren Ehefrauen in Oslo ihre jeweiligen Anteile an dem prestigeträchtigen Preis erhielten (auch in Gegenwart protestierender Israelis), wurde dem Mann, der aus Protest vom Nobelpreiskomitee zurückgetreten war, in Jerusalem ein begeisterter Empfang bereitet.

Kaare Kristiansen, ehemaliger norwegischer Energieminister und Parlamentssprecher, trat vom Komitee zurück, weil er nicht zustimmen konnte, Arafat mit dem Preis zu ehren. Kristiansen wurde zu einem Empfang zu seinen Ehren von der Internationalen Koalition für Vermißte Israelische Soldaten eingeladen. Er erhielt ein silbernes Ehrenabzeichen im Namen der Familien der Soldaten, und ihm wurde ein Preis verliehen für „hervorragendes Führungsverhalten."[221] In derselben Stunde, als Rabin, Peres und Arafat den Nobelpreis erhielten, ehrten Israelis den Mann, den sie für den wahren Gewinner des Preises hielten und hatten das Vorrecht, ihn sprechen zu hören.

Etwas mehr als 2.000 Menschen füllten in einem Hotel den Ballsaal, der für etwa die Hälfte dieser Zahl gebaut war, und hunderte „drängten sich im Foyer und stiegen fast die Wände hoch - es hatte in Israel noch ein nie ein derartiges Ereignis gegeben."[222] Nur die Zeitung *The Jerusalem Post* berichtete darüber - keine anderen Vertreter der Medienwelt waren anwesend! Zwei Fernsehteams betraten das Hotel, und die Mitarbeiter des Hotels führten sie spontan zum Ballsaal - die Kameramänner antworteten, sie **„hätten ausdrückliche Weisung erhalten, die Veranstaltung von Kristiansen nicht zu filmen."**[223]

Viele Israelis meinen, Rabin und Peres hätten niemals den Preis akzeptieren sollen, als bekannt wurde, daß Arafat zu den Preisträgern gehörte. Ein Autor[224] empfahl, sie sollten den Friedensnobelpreis „im Namen der Wahrheit und der Selbstachtung" ablehnen, und zwar aus zwei Gründen: „Erstens sollen sie ihn mit einem Mann teilen, dessen einziger Erfolg darin bestand, den Mord an Juden zu inszenieren," und zweitens „gibt es keinen Frieden" zu feiern. Kristiansen stimmte damit offensichtlich überein, wie auch mindestens fünf Mitglieder des norwegischen Parlaments, die ebenfalls vorhatten, die Preisverleihung zu boykottieren.[225]

Kristiansen meinte, er bewerte „das Osloer Abkommen eher realistisch und weniger enthusiastisch als viele andere Politiker in Norwegen und Israel."[226] Weiter sagte er, das Osloer Abkommen „verdrehe völlig"[227] die Friedensinitiative, die von der Regierung des Likud in Madrid begonnen wurde. Er sagte weiter, es gebe in den Richtlinien für die Verleihung des Nobelpreises keine Regelung für die Verleihung des prestigeträchtigen Preises an Terroristen - „bis zu diesem Jahr, es tut mir leid, das sagen zu müssen."[228] Und er sprach über Arafat, über „den Terrorismus und die blinde Gewalt dieses Mannes über so viele Jahre,"[229] und daß „die Argumente für die Verleihung des Preises an ihn in Wirklichkeit bedeuten, daß seine einzige Qualifikation darin bestand, daß er im Moment nicht so viele Menschen umbringt wie vorher!"[230] Anstatt den Frieden zu fördern, wäre nach Meinung Kristiansens die Ehrung Arafats „ein Anreiz zu noch mehr Blutvergießen in der Welt."[231] Wahre Beifallsstürme brachen nach Kristiansens Rede über Ehre und Integrität aus.

Kaare Kristiansen, ein wiedergeborener Christ, nahm an den Freitagsabendgottesdiensten in der Großen Synagoge in Jerusalem teil, bevor er an dem folgenden Abend sprach. Am Ende des Gottesdienstes wurde er von der Kanzel aus herzlich willkommen geheißen. Und dann geschah etwas Unerwartetes - „zum ersten Mal in der Geschichte der Synagoge brach spontaner Beifall aus."[232]

Kristiansen trat vom Nobelpreiskomitee zurück, indem er seinen Antrag auf Rücktritt aus dem Parlament, das ihn gewählt hatte, einreichte. Und die Israelis ehrten einen Mann, in dessen Person sie Ehre, Integrität und andere verwandte Eigenschaften erblickten.

Gottlose Politiker

Die Politiker in Israel sind Opfer einer Täuschung geworden. Und ihre eigene Gottlosigkeit hat sowohl diese Täuschung verursacht als auch ihre Ängste genährt. Angst oder Furcht können nur dann von Vorteil sein, wenn sie sich auf Gott beziehen - *„sondern fürchtet den HERRN, euren Gott; der wird euch erretten von allen euren Feinden"* (2. Könige 17,39). Die Antwort auf die Frage, von welcher Art von Wahnsinn Rabin getrieben wurde und auch Männer wie Peres und Beilin, sich blind in etwas hineinzustürzen, wo selbst weniger intelligente Menschen sich nur ängstlich vorwagen, liegt in ihrer erklärten Gottlosigkeit. Wir tun gut daran, wenn wir daran denken, daß Gott die Geschichte fest in der Hand hat, und daß Geschichte und Prophetie für ihn identisch sind. Und auch während der viertausendjährigen Geschichte Israels hat Gott oft gottlose Herrscher als Medien der Erfüllung von Prophezeiungen über unaussprechliches Leid benutzt. Es sollte uns daher nicht überraschen, wenn Gott heutige Politiker benutzt, um die jüdische Nation auf einen gewaltigen Krieg und die weitere Erfüllung von Prophezeiungen vorzubereiten.

Im Januar 1995 beendete die Regierung alle Projekte für die Erweiterung jüdischer Trabantenstädte, die in den Stadtbereich von Großjerusalem eingegliedert werden sollten. Später sprach Peres über die Grenzen von 1967, und dies deutet darauf hin, daß die Regierung vorhatte, zumindest den Ostteil von Jerusalem aufzugeben und möglicherweise die Trabantenstädte, die zehntausenden von Israelis zur Heimat wurden, zu zerstören. Er sagte, „Großjerusalem sei ein 'literarischer' und kein politischer Ausdruck."[233] Hierbei wird in keinster Weise berücksichtigt, daß seit 3.000 ununterbrochenen Jahren Juden täglich für Jerusalem, ihre heilige Stadt und das Symbol des Judentums schlechthin, gebetet haben. Es wird nicht berücksichtigt, daß im September 1995 die gewaltigen Feiern zur Erinnerung an den dreitausendsten Jahrestag der Gründung Jerusalems als Hauptstadt Israels unter König David anfingen. Das alles wird nicht berücksichtigt, weil ihre Herzen nicht für das Judentum, sondern für den Humanismus schlagen.

Aus dem gleichen Grund war sich weder Rabin vor seiner Ermordung noch Peres oder die Mehrheit in der Regierung der Arbeitspartei in irgendeiner Weise bewußt, daß Hebron der Ort ist, an dem sich die Höhle von Machpelah befindet, die Begräbnisstätte der Patriarchen wie Abraham, Isaak, Jakob, Sara, Rebekka und Lea und das zweitwichtigste Heiligtum und somit auch Pilgerstätte für das Judentum. In einer Kabinettsitzung im März 1994 waren nur zwei Minister gegen die sofortige Zwangsevakuierung aller in Hebron lebenden Juden.[234] Technische Probleme haben bisher diese „Evakuierung" verhindert. Aus diesen Städten kamen die Juden, diese Orte waren der Mittelpunkt ihrer Träume, und in diese Städte kehrten sie zurück. Und gottlose jüdische Politiker wollen sie jetzt daran hindern, dort zu leben?

Peres glaubte, er erschaffe einen „neuen Nahen Osten", aber Gewalttätigkeiten nahmen rapide zu, und eine große Zahl von Israelis ist erstochen, erschlagen oder erschossen worden. Weitere israelische Bürger wurden in die Luft gesprengt - ihre Gehirne werden von einhundert Meter vom Ort der Explosion entfernten Wänden abgekratzt. Der Friede von Rabin und Peres hatte „letztendlich eine Trennung zwischen Israelis und Palästinensern zum Ziel."[235] Und als er noch lebte, sprach Rabin über „die Errichtung eines Zaunes, der Juden von Palästinensern trennen würde."[236] Dieser Plan wurde Schritt für Schritt in die Tat umgesetzt.

Die Errichtung eines Sicherheitszaunes um Israel ist jedem Friedenskonzept diametral entgegengesetzt. Sogar in zwanzig Jahren grausamer Terroranschläge, die während eines Kriegszustandes stattfanden, benötigte Israel keinen Zaun! Und in einer Rede vom

November 1994 vor der türkischen Ministerpräsidentin Tansu Ciller machte Peres klar, daß in seinem „neuen Nahen Osten“ eine „Integration Israels in den moslemischen Nahen Osten“[237] vorgesehen ist. Rabins Vision eines „friedlichen“ Nahen Ostens und Peres’ Vision eines „neuen Nahen Ostens“ sind durch die Vision der Propheten ersetzt worden. Wie wir bereits vorher erklärten, ist eine Vision, die Gott außer acht läßt, praktisch mit Blindheit gleichzusetzen.

Während Peres und Beilin damit beschäftigt waren, die letzten Details der Friedensabkommen auszuarbeiten, befinden sich die Moslems in Wartestellung, um zur rechten Zeit einen Strich durch alle Wörter zu ziehen. Rabin spielte die Musik, die die Moslems hören wollen. Er befahl der Rüstungsindustrie, ihre Waffen zu Pflugscharen umzuschmieden: „Das Land muß Rüstungsbetriebe in Handelsunternehmen umwandeln.“[238] Und es wurde auch folgende Erklärung abgegeben: „Der Militärdienst für Männer könnte Ende 1996 um sechs Monate verkürzt, und der Reservedienst auf die Hälfte reduziert werden.“[239] Und das alles, weil Arafat versprach ... Assad sagte ... Mubarak lächelte ... .

Die Geschichte wiederholt sich. Wir haben heute israelische Chamberlains, die „Frieden in unserer Zeit“ predigen. Wie Chamberlain im Jahr 1939 kamen nun Rabin und Peres und winkten mit sinnlosen Papierfetzen, die von Israels Feinden nach Gutdünken zerfetzt werden. Am 22. Januar 1995, nach einem weiteren Terroranschlag, bei dem 21 Israelis in die Luft gesprengt und mehr als 60 verletzt wurden,[240] erklärte der israelische Präsident Ezer Weizman gegenüber der Nation: „Wir können so nicht weitermachen,“[241] und riet Rabin, die Friedensverhandlungen mit der PLO auszusetzen. Am selben Tag erklärte Rabin gegenüber der Nation: „Unser Weg ist der einzig richtige,“[242] und „machte deutlich, daß er Präsident Ezer Weizmans Rat nicht annehmen werde.“[243] Wie vollkommen fand folgender Bibeltext in den Regierungen Rabin und Peres seine Erfüllung: *„und heilen den Schaden meines Volks nur obenhin, indem sie sagen: »Friede! Friede!«, und ist doch nicht Friede!“* (Jeremia 6,14)

Rabin wünschte sich, wegen seiner politischen Erfolge niemals vergessen zu werden, und Peres hatte den gleichen Wunsch. Und wie Neville Chamberlain werden beide wirklich ihren Platz in den Annalen historischer Schande finden. Man wird sie nicht wie die meisten Toten vergessen. Über ihre Taten und das daraus entstandene Leid werden kommende Generationen sprechen und die Erinnerung an diese Männer wachhalten.

11

Frieden - der Weg, der zum Krieg führt

Israels ehemalige Koalitionsregierung aus Arbeitspartei, anderen linksgerichteten sowie arabischen Parteien nannte ihre Kapitulation vor ihren Feinden „den Friedensprozeß". Die Regierungen der Nationen und die Medien bezeichnen diesen Vorgang als „den Nahost-Friedensprozeß". Aber für diejenigen, die die Zeichen der Zeit erkennen, ist es ein „stückweiser Unfriedens-Prozeß". Denn er ist in der Tat ein Angriffsplan, entwickelt von den wiederholt Besiegten, die aber heute bedeutsame Fortschritte im Kampf um die Zerstörung Israels machen - Stück für Stück.

Das Fundament des „Friedens" zwischen der PLO und Israel besteht aus dem Treibsand israelischer Gottlosigkeit, auf dem die PLO und andere unversöhnliche moslemische Feinde ein festes Haus der Täuschung als Vorspiel zum Krieg bauen. Ein vielzitierter Spruch von Mohammed lautet: „Krieg ist Täuschung."[1] Und in seinem Buch *Protracted Warfare* (Hinhaltende Kriegsführung) schrieb der Meister des Kommunismus, Mao Tse-tung: „Es kann im Krieg niemals zuviel Täuschung geben." Ein beliebtes Motto der PLO ist auch folgende Doktrin Maos: „Gerechtigkeit und Frieden kommen aus der Mündung von Kanonen."[2]

Die Ingenieure, Planer und Kontrolleure des „Friedenshauses" gehören zu den bedeutendsten Staatsmännern der Welt - es sind Berufspolitiker, die nach Prestige für sich selbst streben, nach größerer Popularität in Meinungsumfragen und nach Überlegenheit für ihre Nation. Aber das, was durch ihre Hilfe entstehen soll - ein Gebäude der Illusion und Täuschung mit einer Friedensfassade - wird unter dem ersten Wind der Realität zusammenbrechen, unter der Flut der Wahrheit, die mit dem Rollen der Panzer und dem Abschießen von Raketen herankommen wird.

Sechsmal war Israel in blutige Kriege mutwilliger Aggression von seiten seiner arabischen Nachbarn verwickelt. Die heutige israelische Präsenz in Südlibanon dient einzig und allein dazu, die im Norden Israels gelegenen Städte vor ständigen Raketen- und

Terrorangriffen zu schützen. Jeder Krieg nahm an Intensität zu, und jeder Krieg ließ Israel als Sieger und letztendlich gestärkt hervorgehen aufgrund der Eroberung höhergelegener und besser zu verteidigender Gebiete. Wir wollen uns folgende politische Philosophie genauer ansehen:

> „Ein Volk, das angegriffen wurde, sich verteidigt und Kriege gewonnen hat, hat eine heilige Verpflichtung, für sich eine dauerhafte politische Lage zu schaffen, in der die Beseitigung der Ursachen der Aggression sichergestellt wird. Es hat ein Recht darauf, diese Lage aufrechtzuerhalten, solange die Gefahr der Aggression nicht aufhört.
>
> Eine Nation, die auf Kosten zahlreicher Opfer Sicherheit erlangt hat, wird niemals mit der Wiederherstellung früherer Grenzen einverstanden sein. Gebiete sollen nicht zurückgegeben werden, solange die Gefahr der Aggression noch immer besteht.“[3]

Diese Philosophie wurde nicht etwa von Israel formuliert, um die Besetzung von 1967 eroberten Gebieten zu rechtfertigen, sondern vom Obersten Sowjet und in der Zeitung *Prawda* etwa drei Jahre vor dem Sechstagekrieg veröffentlicht. Die „Friedenstauben“ in Israel sind jedoch bereit, die Sicherheit ihrer Nation auf der Grundlage von Versprechungen zu opfern - Versprechungen von Menschen, die nicht die geringste Absicht haben, sie einzuhalten oder von Nationen, die sie zwar einhalten wollen, deren Geschichte aber das Gegenteil beweist.

Es ist wahr, daß es in Israel ein echtes Streben nach Frieden gibt, nach der Beendigung von fünfzig Jahren des Krieges und der Terroranschläge, aber die arabischen Nationen sehen in diesem Wunsch nach Frieden nur eine Schwäche, die es auszunutzen gilt. Vor dreißig Jahren sagte der tunesische Präsident Habib Bourgiba: „Der einzige Weg zur Zerstörung Israels geht über den ‘Frieden’.“[4] Was sie mit Israel auf dem Schlachtfeld nicht erreicht haben, wollen die arabischen Nationen jetzt bei „Friedensgesprächen“ erlangen, und zwar durch Täuschung und die bereitwillige Hilfe selbstsüchtiger, machthungriger Politiker und Nationen.

Die beiden „Unterhändler“ im Friedensprozeß sind die Vereinigten Staaten und Rußland. Die ehemalige Sowjetunion hat mehr

Waffen an den Nahen Osten geliefert als irgendeine andere Nation in der Welt. Knapp dahinter lagen die Vereinigten Staaten, die seit dem Zusammenbruch der Sowjetunion nicht nur den ersten Platz eingenommen, sondern auch ihren Einfluß vergrößert haben. Rußland will nun wieder die Position der früheren Sowjetunion als einflußreiche Macht im Nahen Osten[5] einnehmen und verstärkt sein Engagement.

Sowohl die Sowjetunion als auch die Vereinigten Staaten bereicherten sich an den Milliardenerträgen aus Waffenverkäufen an die arabischen Staaten, und diese Waffen wurden dann gegen Israel eingesetzt. Heute engagieren sich beide Nationen als „Unterhändler" im „Friedensprozeß", indem sie Israel zu selbstmörderischen Abkommen zwingen, während sie ihre eigenen Waffenverkäufe an das Utopia von Shimon Peres, den „neuen Nahen Osten", erhöhen.

In Rabins „Neuem Nahen Osten" sollten Juden und Araber völlig voneinander getrennt werden. In Peres' „Neuem Nahen Osten" sollte der jüdische Staat „in den moslemischen Nahen Osten" integriert werden. Aber der „neue Nahe Osten" des arabischen Traums ist ein Naher Osten, der von jeder souveränen Präsenz der Juden gereinigt ist. Die einzige Veränderung in arabischen Herzen besteht aus einem erneuerten Glauben „an die Erfüllung ihrer beständigen Hoffnung, das Verschwinden Israels am Horizont zu erblicken."[6]

In den zehn Jahren zwischen 1984 und 1994 gab Saudi-Arabien allein die gewaltige Summe von 130 Milliarden[7] US-Dollar (etwa 200 Milliarden DM, Anm. d. Übers.) für Kriegswaffen aus, von denen einige an Syrien und andere arabische Staaten weiterverkauft wurden. Heute, während jedermann über „Frieden" spricht, betreiben die „arabischen Länder eine Aufrüstung mit unglaublicher Geschwindigkeit. In einem Zeitraum von dreißig Monaten - vom Januar 1991 bis zum Juli 1993 - häuften sie konventionelle Waffen im Wert von 58 Milliarden US-Dollar (etwa 90 Milliarden DM, Anm. d. Übers.) an."[8] Und in diesem Zeitalter des „Friedens" hat sich auch nicht ein einziges Land, einschließlich der an Israel grenzenden Staaten, von den ständig stattfindenden islamischen Konferenzen distanziert, in denen viele Nationen einstimmig ihre Absicht kundtun, Israel zu vernichten. Die letzte dreitägige Konferenz begann am 30. März 1995 in Khartoum, Sudan, und die dort versammelten **Delegierten aus mehr als 80 Ländern** „faßten den Beschluß, den bewaffneten Kampf gegen Israel zu unterstützen."[9] Die arabischen Staaten bewaffnen sich für einen weiteren massiven Krieg gegen Israel, und trotz der heutigen Friedensverhandlungen und dreier unterzeichneter Abkommen mit Ägypten, Jordanien und der PLO, sagte Ja'akov Ami Dror, der Leiter der Forschungsabteilung für den militärischen Geheimdienst bei den israelischen Streitkräften, im September 1994: „**Nicht ein arabischer Spitzenpolitiker** hat das Konzept eines Friedens mit Israel akzeptiert[10] ... **nicht einer der Regierenden, weder Arafat noch Assad, haben den Frieden akzeptiert**."[11] Es war Ami Dror, der seinen Vorgesetzten einige Stunden vor dem Jom-Kippur-Krieg im Oktober 1973 vor einem bevorstehenden arabischen Angriff gewarnt hatte - aber damals wie heute wurde seine Warnung ignoriert.[12]

Ami Drors fachliche Meinung, auf der Grundlage der von seinen Geheimdienstoffizieren gesammelten Informationen, steht in direktem Widerspruch zu dem, was Politiker und Medien der Welt erzählen. Wem sollen wir glauben - den Politikern, den Fernsehnachrichten oder dem Leiter des militärischen Geheimdienstes? Wir wollen uns aktuelle Informationen über Handlungen, Äußerungen und Situationen bei den Unterzeichnern von Friedensabkommen mit Israel ansehen, aber auch bei denjenigen, die kurz vor der Unterzeichnung stehen könnten, anderen arabischen Staaten sowie dem Iran und auch den beiden „Unterhändlern".

Ägypten

Ägyptens sechzehn Jahre altes Friedensabkommen mit Israel wird als Vorbild für alle anderen arabisch-israelischen Abkommen hervorgehoben. Ohne einen einzigen Schuß abzufeuern erhielt Ägypten die riesige Sinai-Halbinsel, in die Israel zehn Milliarden US-Dollar (etwa 15 Milliarden DM, Anm. d. Übers.) für den Bau von aufstrebenden Städten, von Militär- und Marineanlagen sowie für die Entwicklung von Ölfeldern, die das Land in absehbarer Zeit von Importen unabhängig gemacht hätten, investiert hatte. Darüber hinaus erhält Ägypten bis heute etwa 40 Milliarden US-Dollar (etwa 60 Milliarden DM, Anm. d. Übers.) als direkte Finanzhilfe der Vereinigten Staaten, während Israel nach wie vor jedes Jahr Millionenbeträge an die USA zurückzahlen muß, und zwar an Zinsen aus den Krediten für die Erschließung und anschließende Demontierung des Sinais!

Als Gegenleistung für das, was an Ägypten zurückgegeben wurde, erhielt Israel von Ägypten einen „Friedensvertrag", ein Stück

Papier mit etwa 50 Punkten über „normale Beziehungen zwischen Staaten."[13] Seitdem dieses Stück Papier vor sechzehn Jahren unterzeichnet wurde, hat Ägypten „**nicht eines der Abkommen umgesetzt, bis auf diejenigen, gegen die ein aktiver Verstoß begangen werden könnte.**"[14] Das gesamte Abkommen wird nach einer Aussage des ägyptischen Präsidenten Hosni Mubarak „**auseinanderfallen, und zwar bei Beginn eines weiteren Krieges** zwischen Israel und einem arabischen Land."[15] Mubarak hat sich auch **verpflichtet, „jeden arabischen Staat in einem Krieg gegen Israel zu unterstützen**."[16] Der ägyptische Präsident hatte „sich selbst einen Bann über Besuche in Israel auferlegt"[17] - er wollte niemals israelischen Boden betreten, obwohl israelische Ministerpräsidenten einige Male in Ägypten waren. Nach Präsident Weizmans Besuch in Kairo im Dezember 1994 erklärte der ägyptische Außenminister Amr Moussa, daß ein Gegenbesuch von Mubarak in Jerusalem „indiskutabel"[18] sei. Nach dem Attentat auf Rabin im November 1995 kamen die führenden Köpfe der Nationen, die ihn gedrängt hatten, mit Israels traditionellen Feinden „Frieden" zu schließen, nach Jerusalem zu seiner Beerdigung. Amerika übte Druck auf Mubarak aus, seinen Bann zu brechen und an der Trauerfeier teilzunehmen. Mubarak wußte sehr gut, daß er im Falle einer Nichtteilnahme seine wahren Absichten verraten würde, und so kam er unwillig in die Hauptstadt des verachteten jüdischen Staates und verließ sie so schnell, wie er kam.

Der ägyptisch-israelische Friedensvertrag ist nicht das Wunderwerk, das er zu sein scheint. Es ist „kein Frieden,"[19] sagt der Generaldirektor des israelischen Verteidigungsministeriums, Generalmajor David Ivri, „es ist in Wirklichkeit ein Waffenstillstand,"[20] der seit sechzehn Jahren andauert. Viele Israelis sind an der Grenze oder in Ägypten selbst getötet worden, und ein ägyptischer Polizeibeamter mähte sieben israelische Touristen, darunter vier Kinder, mit seinem Maschinengewehr um. Die von der ägyptischen Regierung beherrschten Medien haben den Mörder als „einen Nationalhelden"[21] gefeiert. Israelis wurden von der ägyptischen Polizei verhaftet und gefoltert. Ein siebzehnjähriges israelisch-arabisches Mädchen beschrieb ihre schlimme Behandlung: „Sie schlugen mich, steckten mir Elektroschocks in den Mund. Sie sagten: '**Es gibt keinen Frieden zwischen Israel und Ägypten, und ihr seid Juden und deshalb nicht besser als Dreck.**"[22]

Der israelische Botschafter in Kairo wird „isoliert und steht auf schwarzen Listen; er darf auch nicht an offiziellen Veranstaltungen der ägyptischen Regierung teilnehmen.“[23] Israelische Wissenschaftler, die an einer im Jahr 1994 durchgeführten „Internationalen Konferenz über Mathematische Analysis und Signalverarbeitung“ in Kairo hätten teilnehmen sollen, wurden von den ägyptischen Organisatoren „ausgeladen.“[24] Seit Jahren (bis 1996) haben ägyptische Regierungsbeamte Israel an der Teilnahme bei der Internationalen Buchmesse gehindert, die jährlich in Kairo stattfindet. Und ägyptische Delegierte bei der Weltkonferenz für Fluglotsen, die im März 1995 in Jerusalem stattfand, sagten ihre Teilnahme ab, weil diese Veranstaltung in Jerusalem stattfinden sollte.[25] Ein Sprecher der israelischen Regierung sagt: „Die Haltung der Ägypter bei jedem internationalem Forum ist weit entfernt von jedem Gefühl für Anstand.“[26] Bei der Casablanca-Konferenz, die als der Beginn des „Neuen Nahen Ostens“ angekündigt wurde, „war auf Landkarten des Nahen Ostens, die eine offizielle ägyptische Agentur verteilte, weder der Name Israels noch dessen Grenzen verzeichnet.“[27]

Ägyptens Beziehungen zu Israel sind seit der Zeit Moses und Pharaos feindselig gewesen, und nach sechzehn Jahren des kältesten Friedens überhaupt hat noch keine Normalisierung der Beziehungen stattgefunden. Im Dezember 1994 wurde sogar berichtet, der ägyptische Finanzminister „hätte angeordnet, die Normalisierung der Beziehungen zu Israel **zu verlangsamen**.“[28] Auch hat sich der Minister „geweigert, Israel einen Besuch abzustatten.“[29]

Nicht zufrieden mit seiner eigenen Weigerung, seine Beziehungen zu Israel zu normalisieren, unternimmt Ägypten aktive Bestrebungen, Israel an „der Aufnahme von Beziehungen zu mehr Ländern“[30] zu hindern. Und kürzlich verhinderte ägyptischer Druck erfolgreich die Aufnahme diplomatischer Beziehungen zwischen den Komoren (einer Inselgruppe im Indischen Ozean, bekannt unter dem offiziellen Namen Islamische Bundesrepublik der Komoren) und Israel.[31] Ägypten war ebenfalls „erzürnt über die Unterzeichnung des Friedensvertrags zwischen Israel und Jordanien.“[32]

Eines der zwischen Israel und Ägypten geschlossenen Abkommen umfaßt den Bann über „feindselige Propaganda.“ Die von der Regierung beherrschte Kairoer Presse ist das Sprachrohr der Regierungspartei und druckt nichts, was Mubarak nicht haben will. Die Kairoer Presse ist „voll von anti-israelischem und anti-jüdischem Gift und predigt Haß und Vorurteile."[33] Der äußerst reale Haß wird deutlich in der Art und Weise, in der der ehemalige israelische Ministerpräsident Jitzhak Shamir in der Kairoer Zeitung *Al Mussawar* dargestellt wird. Offensichtlich geschmeichelt durch israelische Proteste gegen vorherige Beleidigungen gegenüber Shamir veröffentlichte die Zeitung eine Entschuldigung, aber nicht gegenüber Shamir, sondern gegenüber Menschen und Tieren, die „sich dadurch beleidigt fühlen, daß sie mit dem israelischen Politiker in Verbindung gebracht wurden."[34] Der Autor, Mahmud a-Sa'adani, bekannte, er habe Shamir nur unzureichend beschrieben. Indem er ihn als Metzger bezeichnete, schrieb Sa'adani, hätte er „alle Metzger beleidigt."[35] Sa'adani fährt fort: „Shamir regt sich auch darüber auf, daß ich ihn einen Affen genannt habe, und ich muß mich bei allen Affen entschuldigen, vom Gorilla bis hin zu den kleinsten Arten, denn Affen sind hübsche Tiere und amüsant für Menschen ... Der Affe kann auch nützlich sein: Sein Haar wird zu Bürsten und Decken verarbeitet, sein Fleisch ergibt eine köstliche Mahlzeit, und sein Gehirn wird als Heilmittel für Gedächtnisschwund gegessen."[36] Aber Shamir ist offensichtlich nur gut dafür, „die Bäuche schwangerer Frauen aufzuschlitzen ... und ihren Embryos freudestrahlend die Haut abzuziehen, als ob er auf einem Donauschiff mit einem schönen Mädchen tanzen würde."[37] Andere Beispiele anti-israelischer „Freundlichkeiten" würden ein ganzes Buch füllen.

Vergleichsweise wenige Ägypter haben während des sechzehn Jahre dauernden Friedens Israel besucht. Diejenigen, die nach Israel reisen wollen, müssen sich langwierigen Befragungen durch die Sicherheitspolizei unterziehen.[38] Ein prominenter Ägypter, der Israel doch besuchte, machte folgende Aussage: „Um nach Israel zu reisen und einen Visumsstempel in meinem Paß zu erhalten, muß ich eine Erklärung abgeben, daß ich kein anderes arabisches Land besuchen werde, solange der Paß gültig ist."[39]

Eine Meinungsumfrage, die erste ihrer Art in Ägypten, durchgeführt Ende 1994 von der massenweise verbreiteten Wochenzeitung *Al-Ahram*, zeigte nach fast sechzehn Jahren Frieden mit Israel folgendes Ergebnis: 71 Prozent der Befragten sagten, sie wollten keine israelischen Waren kaufen, 75 Prozent wollten keine israelischen Fabriken in Ägypten, 63 Prozent wollten Israel nicht besuchen, und 53 wollten keine israelischen Besucher in Ägypten.[40] In einer öffentlichen Meinungsumfrage vom Mai 1995 waren 98

Prozent der Befragten[41] gegen volle diplomatische Beziehungen zu Israel, und 91 Prozent[42] wollen, daß Ägypten ausreichende nukleare Schlagkraft hat, „um Israel zu konfrontieren."[43]

Nach einem mehr als anderthalb Jahrzehnte dauernden Frieden mit Israel zeigt das ägyptische Fernsehen jeden Abend vor Programmschluß Filmberichte über den Zenith ägyptischer Militärmacht - die ersten Stunden der verräterischen Invasion Israels am Jom Kippur im Jahr 1973. Man sollte auch daran denken, daß Ägypten der Initiator aller drei bedeutenden arabisch-israelischen Kriege war, und zwar des Unabhängigkeitskrieges von 1948, des Sechstagekrieges von 1967 und des Jom-Kippur-Krieges von 1973. Das heutige Ägypten „ist dabei, seine Armee zu modernisieren, die westliche Militärdoktrin einzuführen und riesige Mengen westlicher Rüstungsgüter zu integrieren."[44] „Finanzhilfen sowie die Genehmigung der Vereinigten Staaten, an Ägypten die besten Waffentechnologien zu liefern, haben das ägyptische Militär, das eine überwiegend sowjetische Kriegsmaschinerie war, umgewandelt."[45] Der ägyptische Außenminister Amr Moussa gibt zu, daß das Ziel Ägyptens darin besteht, „militärische Parität mit Israel zu erreichen."[46] Der israelische Luftwaffengeneral a.D. Avihu Bin-Nun schrieb folgendes:

> „... die Ägypter erhalten von den Amerikanern jedes Waffensystem, das auch Israel bekommt. ... Schlimmer noch, Israel verweigert manchmal die Bestellung eines bestimmten Waffensystems, damit die Araber es nicht auch noch erhalten ... Das ganze Gerede der Amerikaner über 'Aufrechterhaltung der qualitativen militärischen Überlegenheit Israels' ist Unsinn ... ."[47]

Ein bedeutender israelischer Geheimdienstoffizier behauptet: „Die Ägypter rüsten ihre Streitkräfte mit Zielrichtung gegen Israel auf - daran besteht kein Zweifel."[48] Viele Generäle der israelischen Armee „finden die Beweise, daß Ägypten sich gegen Israel rüstet, überwältigend."[49] Die israelische Sorge über diese Aufrüstung hat zu einer Verringerung des Informationsaustausches bei der militärischen Zusammenarbeit mit den Vereinigten Staaten geführt. Die israelische Luftwaffe hat zum Beispiel mehrere Angebote der Amerikaner im Hinblick auf gemeinsame Manöver abgelehnt, und zwar mit der Begründung, daß eine „Weitergabe israelischer Strategien an die Ägypter"[50] durch die Amerikaner nicht erwünscht ist.

Wie Syrien war auch Ägypten beeindruckt von den irakischen Raketenangriffen auf israelische Ballungszentren - „das Leben in Israel kam zum Stillstand."[51] Ägypten bereitet sich zur Zeit darauf vor, die verbesserte Scud-C-Rakete von Nordkorea zu kaufen und auch zu produzieren.[52] Darüber hinaus befindet sich ein Atomreaktor chinesischer Bauart mit einer Kapazität von 300 Megawatt im Bau, mit dessen Hilfe, „wenn er eingeschaltet ist, vier Atomsprengköpfe pro Monat hergestellt werden können."[53] Es gibt auch viele Spekulationen über die Themen, die Ägyptens Mubarak und Syriens Assad bei ihren vielen Gesprächen diskutieren - oft „finden diese in einem Düsenjäger außerhalb der Reichweite von Israels elektronischen 'Ohren' statt."[54]

Ägypten fordert ebenfalls, daß Israel das Abkommen über die nukleare Abrüstung (NPT) unterzeichnet und alle seine Atomkraftwerke und Fabriken für internationale Inspektoren öffnet. Ägypten hat das größte Arsenal an chemischen Waffen im Nahen Osten und „weigert sich mit Händen und Füßen gegen die Unterzeichnung eines Abkommens über den Abbau nicht-konventioneller biologischer und chemischer Waffen [deren Einsatz im Kriegsfall geächtet ist]. Der bloße Gedanke einer internationalen Inspektion wird abgelehnt."[55] Ägypten hat niemals Iraks Einsatz von Giftgas gegen die Kurden oder Syriens Einsatz von Giftgas in Hama verurteilt, und es hat selbst im Jahr 1966 Giftgas gegen den Jemen eingesetzt. Es hat auch nicht gegen die Entwicklung von Atomwaffen durch den Irak, den Iran oder Pakistan protestiert - Mubarak will nur Israels Verteidigung schwächen, indem er es „seines nuklearen Abschreckungspotentials"[56] beraubt. Experten auf politischem und militärischem Gebiet betonen: „Die militärische Bedrohung Israels durch Ägypten ist niemals größer gewesen."[57] „Ägypten ist Israels gefährlichster potentieller Gegner."[58] Ägypten wird beschuldigt, „eine riskante Doppelrolle zu spielen - indem es auf der einen Seite über den Frieden spricht und gleichzeitig eine 'beschleunigte und gefährliche Rüstungspolitik verfolgt.'"[59] Ein Abgeordneter der Opposition warnte die Regierung davor, „die Signale eines Krieges mit Ägypten zu verfehlen oder zu ignorieren, so wie es 1973 schon einmal geschah."[60]

Nach sechzehn Jahren Frieden mit Israel wurde Ägyptens Brigadegeneral Morad Dessouki, ein Militärexperte im Al-Ahram-Zentrum für Politische und Strategische Studien, gefragt, warum

Ägypten eine so große Armee benötigt, und wer denn überhaupt der Feind sei. Er antwortete: „**Die Israelis ... sie sind unser Feind**."[61] Und in der Ausgabe vom 29. Januar 1995 des ägyptischen Wochenblattes *Rous el Yusef*, dessen Inhalt direkt von Mubaraks Büro aus diktiert wird, wurde der ehemalige Verteidigungsminister Amin el-Huwaidi folgendermaßen zitiert: „**Der Krieg gegen Israel ist so gut wie sicher, und wir sind darauf vorbereitet.**"[62] In derselben Ausgabe wurde der derzeitige Verteidigungsminister, Feldmarschall Ani Tantawi, ebenfalls zitiert: „Obwohl Israel über Atomwaffen verfügt, **wird Ägypten wissen, wie es den Arm des Feindes abschneidet, wenn er kommt.**"[63] Und so sieht also das Vorbild für alle Nahost-Friedenskommen aus.

Die PLO

Im Januar 1995, sechzehn Monate nach der Unterzeichnung des Osloer Abkommens und genau acht Monate nach der Unterzeichnung des Friedensabkommens in Kairo, hielt Jassir Arafat eine Rede anläßlich des „*Fatah-Tages*", der Jahresfeier der PLO zum Gedenken an den Beginn ihres dreißig Jahre dauernden Krieges gegen Israel. Arafat sagte folgendes:

> „Und ich sage zu den Märtyrern, die gestorben sind, im Namen der noch lebenden Märtyrer: Wir bleiben unserem Eid treu und halten uns an unsere Verpflichtung ... mit der Revolution ... weiterzumachen."[64]

Er sprach auch wieder über Mohammeds zeitlich begrenztes Abkommen mit den Mitgliedern des Stammes Kuraisch in Mekka aus dem Jahr 627 n.Chr.,[65] und, indem er auf Israel und das arabische Sprichwort „wir können die Gegenwart nur mit den Heilmitteln der Vergangenheit heilen"[66] anspielte, sagte er weiter: „Aber es gibt Menschen, **die aus der Geschichte nichts lernen. Für uns ist die Geschichte der beste Lehrmeister**."[67]

Arafat nimmt in seinen Erklärungen kein Blatt vor den Mund, indem er verkündet, daß der Krieg gegen Israel weitergehen wird. Er ist auch arrogant genug, zu erklären, daß das Friedensabkommen zeitlich begrenzt ist bis zu einem Zeitpunkt, zu dem er wie sein Mentor Mohammed sicher ist, stark genug zu sein, um ein geschwächtes Israel zu zerstören. Aber Arafat kann es sich auch leisten, arrogant zu sein. Er weiß, daß Rabin und Peres, zusammen mit der damaligen israelischen Koalitionsregierung, Gefangene des Friedensprozesses waren - Gefangene ihrer eigenen Politik. Eine Umkehrung des Friedensprozesses heute wird genauso katastrophal sein wie seine Fortführung. Der Phasenplan der PLO schreitet über alle Erwartungen hinaus voran. Vor der Unterzeichnung der Osloer Abkommen sagte Arafats „Außenminister" Farouk Khadoumi:

> **„Wir werden unser Zelt in Reichweite unserer Kugeln aufschlagen ... Dieses Zelt wird dann die Basis sein, von der aus wir später die nächste Phase einleiten.**"[68]

Und 1994 sagte Khadoumi nach der Unterzeichnung des Kairoer Friedensabkommens:

> „Jeder in der Welt sollte wissen, daß wir keineswegs auch nur ein Sandkorn palästinensischen Landes aufgeben werden. **Wir tragen unsere Waffen, und werden niemals aufhören ... Wir werden keine Ruhe geben, bis die Besatzungsmacht hinausgeworfen ist.**"[69]

Terroranschläge gegen Israelis nehmen an Häufigkeit und Gewalttätigkeit zu. Nur die verlängerte Aussperrung arabischer Arbeiter im Jahr 1996 als Folge einer Serie moslemischer Selbstmordattentate, die mehr als 60 Israelis das Leben kosteten und mehr als 200 verstümmelt oder verletzt hinterließen, hat weitere Anschläge verhindert. Nach einem Selbstmordattentat im Jahr 1995, in dem 21 Israelis starben und mehr als 60 verletzt wurden, stellte sich bei einer Meinungsumfrage unter Arabern heraus, daß 53 Prozent der palästinensischen Araber „noch mehr **'Militäraktionen'** sehen wollten"[70], und zwar gegen Israelis. Eine ähnliche Umfrage, die der Radiosender *The Voice of Israel Radio* durchgeführt hatte, ergab, daß 60 Prozent mehr Anschläge wünschten.[71] Eine „wissenschaftliche"[72] Umfrage, die am 17. November 1994 unter Arabern durchgeführt wurde, ergab, daß „mehr als zwei Drittel weitere Anschläge auf Juden unterstützten."[73] Arabische Terror- bzw. „Militäraktionen" bestehen in ihrer Mehrheit aus Angriffen auf Unschuldige - auf Zivilisten, Frauen, Kinder und Schulen. Ein Araber aus Gaza erklärte, daß solche Angriffe „legitime Operationen gegen militärische Ziele"[74] seien: „Natürlich **gibt es auf der anderen Seite keine Zivilisten, Israel ist ein Militärstaat**."[75] Und Arafat hat geschworen, „im Namen der noch lebenden Märtyrer," daß dieser blutige Krieg weitergehen wird, und verkündet oft seine Absicht, „den Frieden der Tapferen“[76] zu errichten - den gleichen Frieden, den Mohammed mit dem Stamm der Kuraisch geschlossen hatte, bevor er ihn vernichtete.

Jordanien

Von allen Arabern, die um Israel herum leben, bildet der jordanische König Hussein die Ausnahme - er wollte schon seit Jahren wirklich mit Israel zusammenarbeiten. Aber der König erinnert sich daran, wie sein Großvater, König Abdullah, erste Schritte zum Frieden mit Israel machte und im Juli 1951 auf dem Tempelberg in Jerusalem ermordet wurde. Seit dem Sechstagekrieg von 1967 traf sich Hussein heimlich mit jedem israelischen Politiker, beginnend mit Golda Meir, und zweimal versorgte er den ehemaligen Ministerpräsidenten Jitzhak Shamir mit koscherem Sabbatessen in einem seiner Häuser in England, in denen Shamir übernachtete.[77] Der König braucht den Frieden mit Israel, um die Kosten für die Aufrechterhaltung einer großen und der unbestritten besten arabischen Kampftruppe radikal zu kürzen. Die jordanische Armee und Luftwaffe verbraucht einen Großteil des mageren Jahresbudgets im Königreich, und das Militär existiert hauptsächlich für eine Konfrontation mit Israel.

König Hussein erkennt Israels bedeutende Militär- und Wirtschaftsmacht und wünscht in beiden Bereichen eine Zusammenarbeit. Nach dem vernichtenden Sechstagekrieg, in dem es Jordanien schlimmer erging als allen anderen arabischen Invasoren, hat Jordanien sich aus den nachfolgenden arabisch-israelischen Konflikten weitgehend herausgehalten. Über den Sechstagekrieg, in den er nach eigener Aussage hineingezwungen wurde, sagte Hussein folgendes: „Ich glaube, ich bin verflucht, wenn ich es tue und ebenso verflucht, wenn ich es nicht tue - aber ich bin mehr verflucht, wenn ich es nicht tue.“[78] Dies war eine Anspielung darauf, daß er mehr Angst vor dem Irak und Saddam Hussein hatte, seinem riesigen Nachbarn, der „ihn zum Frühstück verspeisen könnte“[79] und er wollte damit sagen, daß er „die Hälfte seines Königreiches, aber sonst seinen Thron verloren hätte.“[80] Dies ist auch der Grund, warum er sich im Golfkrieg auf die Seite des Iraks stellte.

Israel und Jordanien arbeiteten jedoch nicht nur gemeinsam gegen die PLO in der Operation Inferno von 1968,[81] sondern es gab bereits seit Jahren eine Zusammenarbeit auf den Gebieten der

Bewässerungstechnologie, der Landwirtschaft, dem Abbau von Mineralien aus dem Toten Meer etc., und ihr „de facto Frieden" ist wirkungsvoller und vorteilhafter für beide Seiten als Israels formeller Frieden, der mit Ägypten 1979 geschlossen wurde.

Nach der Unterzeichnung des Abkommens zwischen Israel und der PLO ergriff Hussein die Gelegenheit beim Schopf und unterzeichnete einen formellen Friedensvertrag mit Israel. Die PLO protestierte jedoch und erzwang einen Generalstreik in allen von Israel verwalteten Gebieten![82] Arafat und die PLO planen die Zerstörung Israels und unterzeichneten ein unechtes Friedensabkommen, um diesen Plan durchzuführen. Der jordanische König Hussein kam und unterzeichnete nicht nur ein echtes Abkommen, sondern öffnete sofort seine Grenzen für Israelis und eröffnete etablierte eine jordanische Botschaft in Tel Aviv.

König Hussein schlug mehr als die sprichwörtlichen zwei Fliegen mit einer Klappe. Er schloß einen formellen Frieden mit Israel und beendete den offiziellen Kriegszustand zwischen beiden Staaten; damit erreichte er das, wovor er sich seit mehr als vierzig Jahren fürchtete. Und als Entschädigung für das, was er nur zu gerne tat, schrieb das amerikanische Repräsentantenhaus sofort 220 Millionen US-Dollar an jordanischen Schulden gegenüber den Vereinigten Staaten ab, und der verbliebene Gesamtbetrag von 474 Millionen US-Dollar wird wohl innerhalb der nächsten drei Jahre auch noch abgeschrieben.[83] Darüber hinaus brachten durch die Grenzöffnung zehntausende israelische Touristen innerhalb weniger Wochen mehrere hunderttausend Dollar nach Jordanien; sie sahen sich die Sehenswürdigkeiten an, probierten das Essen und kauften die Andenken, die ihnen seit etwa 50 Jahren verboten waren. Die Zukunft wird jedoch nicht ohne Leid sein - die Tage von Husseins haschemitischem Königreich sind gezählt.

Hussein kämpft seit längerer Zeit mit dem Krebs, und arabische Kreise um den König behaupten, er sei noch immer schwer krank und „hat nur noch etwa ein Jahr zu leben."[84]

Der König ist Haschemit, der Nachkomme arabischer Herrscher, die um 1920 von der Sippe der Saud vertrieben wurden. Die Vorfahren des Königs, bis hin zu seinem Großvater Abdullah Ibn Hussein, wurden in Mekka geboren, und von dort aus verwalteten die Haschemiten auch die islamischen Heiligtümer in Jerusalem. (Der

König beansprucht die direkte Nachkommenschaft von Mohammed, aber verursachte Aufruhr in den Herzen vieler Moslems, weil er Elizabeth Halaby heiratete, eine Amerikanerin,die 1978 den Namen Nur el Hussein annahm und weil er ein Freimaurer im 33. Grad ist - das ist der höchste Grad bei den Freimaurern.) Sein Urgroßvater, Sharif Hussein Ibn 'Ali, war unter den türkischen Ottomanen Emir von Mekka und verursachte die von den Briten unterstützte arabische Revolte im Juni 1916. Die Rebellion war erfolgreich, und Sharif Hussein nahm den Titel eines Königs von Hijaz an. Sein Sohn Abdullah war sein politischer Berater und Außenminister.

1921 sammelte Abdullah Truppen und marschierte gegen Syrien, um die arabisch-haschemitische Herrschaft von den Franzosen wiederzuerlangen. Er marschierte im Juni in Amman ein, aber die Briten, die das Mandat erhalten hatten, in Palästina eine jüdische nationale Heimstätte zu errichten, wollten einen Konflikt zwischen ihren haschemitischen Verbündeten und den Franzosen vermeiden. Die Briten schlugen vor, ganze 77 Prozent des geplanten jüdischen Landes abzutrennen und es zur Beschwichtigung an Abdullah abzutreten. Abdullah akzeptierte das Angebot der Briten und wurde zum Emir von Transjordanien. Später nahm er den Titel eines Königs an und nannte sein Gebiet das haschemitische Königreich von Jordanien. Heute ist die Fläche Jordaniens ohne das Westjordanland dreieinhalbmal größer als Israel mit dem Westjordanland. In Jordanien leben inklusive der 1993 geschätzten 960.200 „palästinensischen Flüchtlinge“[85] lediglich etwas mehr als 60 Prozent der heutigen Bevölkerung Israels mit 5,5 Millionen Einwohnern, ohne die arabische Bevölkerung des Westjordanlands.

Zum Unglück für den heutigen König Hussein gehört nur eine winzige Minderheit der Jordanier zu den Haschemiten. Seine „Untertanen“ sind zu etwa 75 Prozent Palästinenser (denken wir daran: „Palästina ist Jordanien, und Jordanien ist Palästina“[86]), und die anderen Teile der Bevölkerung sind in ihrer Mehrheit nomadische Beduinen. Viele Jordanier betrachten deshalb den König als Ausländer, schulden ihm keine Loyalität und sehen ihn lediglich als undemokratisch gewählten Herrscher. Als er in Eile einen formellen Friedensvertrag mit Israel unterzeichnete, „wurde es den Jordaniern vor Schreck schwindlig.“[87]

Im Gegensatz zur überwältigenden Mehrheit zugunsten des Friedensvertrages bei der Abstimmung in der israelischen Knesset -

105 Stimmen dafür, 3 dagegen und 6 Enthaltungen - wurde der Vertrag vom jordanischen Parlament mit einem Ergebnis von 55 Stimmen dafür, 23 dagegen und 2 Enthaltungen ratifiziert. Und diese Abstimmung kam nur zustande, „nachdem viele Abgeordnete das Abkommen als völligen Ausverkauf der arabisch-moslemischen Sache attackierten."[88] Und auch im Gegensatz zu den vielen tausend israelischen Flaggen, mit denen die Israelis mit Begeisterung winkten, als Ausdruck eines herzlichen Willkommensgrußes beim Besuch König Husseins, des zweiten arabischen Regierenden, der nach Israel kam, (der ägyptische Präsident Sadat kam im November 1977 - er wurde dafür im Oktober 1981 ermordet), war keine einzige Flagge zu sehen, als die israelischen Politiker zu ihrem Gegenbesuch im Haschemiyeh-Palast in Amman antraten.[89] Und tausende[90] von Jordaniern widersetzten sich einem Demonstrationsverbot der Regierung und demonstrierten im Zentrum der jordanischen Hauptstadt - „die gepanzerten Fahrzeuge des Königs patroullierten, um Ruhe zu gewährleisten."[91]

Israelischen Journalisten war es zum ersten Mal erlaubt, von Amman aus zu arbeiten, aber sie berichteten über weitverbreitete Opposition gegen die Annahme des vom König ausgehandelten Friedens. Am Tag, als die Grenzübergänge geöffnet wurden, wurde eine Frau, die vom Radiosender *Voice of Israel Radio* (Stimme Israels) interviewt wurde, zum Sprachrohr für viele andere: „Der König hat uns einen Befehl gegeben, das ist es, was er wünscht. Soll ich jetzt aufhören, euch zu hassen? Sollen meine Söhne jetzt aufhören, euch zu hassen?"[92] Jordanische Sicherheitskräfte begleiteten die israelischen Reisebusse, und „die Polizei ging sogar so weit, alle Straßenkreuzungen, durch die die Busse fuhren, abzusperren!"[93] Ein jüdischer Besucher wurde in einem Bus in der Nähe von Amman mit einem Messer leicht verletzt, und jordanische Terrorgruppen schworen, noch mehr Angriffe auf die „unwillkommenen Zionisten"[94] vorzunehmen.

Im Dezember 1994 wurden elf Jordanier zum Tode verurteilt für ihre Beteiligung an einem Putschversuch.[95] Und, obwohl die Jordanier ihre Botschaft fast sofort öffneten, konnte Israel seine eigene Botschaft in Jordanien nicht eröffnen; die Büroräume befanden sich zur Zeit, als diese Zeilen geschrieben wurden, noch in einem Hotel in Amman. Mitarbeiter der israelischen Botschaft fanden bereits einige passende Gebäude, aber die „Eigentümer weigern sich, Israel ihre Anwesen zur Verfügung zu stellen."[96] Im Februar 1995 begrüßte König Hussein eine Gruppe von israelischen Abgeordneten in seinem Palast, aber es war für die Israelis schwierig, einen Leitartikel in der Zeitung Jordan Times zu übersehen, in dem behauptet wurde, dieser Besuch „verletzte die Gefühle der Jordanier, die **die Feinde der Nation, die Besatzungsmacht und Kriegsverbrecher in ihrem Land sehen müssen**."[97] Der König hofft, daß Israel irgendwie zu einer verlängerten Regierungszeit des haschemitischen Königreiches beitragen wird. Der fundamentalistische Islam wächst in Jordanien ebenso schnell wie in anderen arabischen Staaten, und der König weiß, daß die Israelis daran interessiert sind, die Regierung der Haschemiten in Jordanien bis über seinen bevorstehenden Tod hinaus zu verlängern. Aber ein nicht genannter „äußerst bedeutender Informant"[98] sagte in einem Interview: „Die Entwicklung in Jordanien wird 'früher oder später das Ende' des haschemitischen Regimes mit sich bringen. Ich behaupte nicht, daß Jordanien als Staat verschwinden wird. Aber Jordanien als Königreich, als Land mit einem König an der Spitze, [wird verschwinden] ... 'die Stimmung auf der Straße ist unumkehrbar.'"[99]

Früher oder später werden islamisch-fundamentalistische Palästinenser die Regierung Husseins oder seines Erben und Bruders, des Kronprinzen Hassan, stürzen. Wenn dies geschieht, dann wird Israel mit einem islamischen Staat der PLO konfrontiert werden, der viermal größer und bereit ist, bei der ersten sich bietenden Gelegenheit in den Krieg zu ziehen. Arafat hat bereits die haschemitische Verwaltung der islamischen Heiligtümer in Jerusalem abgelehnt, obwohl er in Jerusalem überhaupt keine Machtbefugnisse hat. Als Jerusalems bedeutendster moslemischer Geistlicher, der Mufti Suliman Jabari, im Oktober 1994 verstarb, ernannte König Hussein in Eile einen Nachfolger. Aber Arafat wies Husseins Entscheidung zurück und ernannte Ikrema Sabri, einen der PLO nahestehenden Mufti, der auf dem Tempelberg vor 10.000 moslemischen Betern sagte: „**Moslems, ich bin sicher, daß Israel am Ende zerstört wird und die Siedlungen eure Kriegsbeute sein werden.**"[100] Und im Mai 1995 rief Sabri zum *Jihad* auf und verkündete, Jerusalem müsse „von der israelischen Besatzung befreit und in Jerusalem, die Hauptstadt von Palästina, umgewandelt werden."[101] Zur Zeit ist die Situation zwischen Hussein und Arafat unentschieden. Jerusalem hat heute zwei moslemische Muftis, und die moslemischen Heiligtümer haben zwei Verwaltungsbehörden.

Syrien

Seit vielen Monaten haben die Medien über „einen Stimmungswechsel“[102] unter den Syrern berichtet. Der ägyptische Präsident Hosni Mubarak sagte, Syrien sei nun „interessiert am Frieden.“[103] Der amerikanische Außenminister Warren Christopher behauptete auch, Präsident Hafez Assad „sei bereit zu einer ‘Normalisierung der Beziehungen zu Israel.’“[104] Sogar Präsident Clinton erwähnte, Assad sei bereit, „die Beziehungen zu Israel zu normalisieren.“[105] Neben „normalen Beziehungen,“ meint der syrische Außenminister Farouk Sha'ara, will Syrien einen „umfassenden, gerechten und dauerhaften Frieden.“[106] Aber nach einem zweistündigen Gespräch mit dem amerikanischen Senator Hank Brown lehnte es Sha'ara ab, Syrien zu einem tatsächlichen Friedensvertrag mit Israel nach Rückgabe der Golanhöhen zu verpflichten. Er sagte nur, daß „Syrien alle Gebiete zurückerhalten muß, **und danach werden wir weitersehen**.“[107] Ein einem vorher noch nie dagewesenen Interview im israelischen Fernsehen wurde von Sha'ara im Oktober 1994 sogar „**das Existenzrecht Israels bestritten**.“[108] Und als Präsident Clinton von Syriens Präsident Hafez Assad eine Klarstellung verlangte, was er denn unter dem „vollständigen Frieden“ verstehe, den er mit Israel zu schließen bereit sei, „verweigerte er Clinton eine Antwort.“[109] Sechs Monate später erklärte Assad, er biete Israel wie die PLO den „**Frieden des Tapferen**“[110] an.

Menschen aus westlichen Ländern scheinen nicht zu verstehen, daß Araber verschlüsselte Sätze verwenden, die eher eine diplomatische als eine wörtliche Bedeutung haben. So ist unter „normalen Beziehungen“ zu Israel praktisch eine Weiterführung des bestehenden Kriegszustands zu verstehen. Ein „gerechter Frieden“ bedeutet die Durchsetzung aller arabischen Forderungen. Ein „umfassender Frieden“ ist die Beseitigung Israels aus dem Nahen Osten. Deshalb, als Clinton sich im Januar 1994 mit Assad in Genf traf, malte Clinton ein rosiges Bild seiner Deutung des gemeinsamen Gesprächs. Er meinte, Assad „hätte die Bereitschaft zu einer Normalisierung der Beziehungen“ mit Israel ausgedrückt, und Clinton verstand darunter offensichtlich „einen Austauch von Botschaftern, offene Grenzen mit Bewegungsfreiheit für Personen und Güter, und alle Bestandteile nachbarlicher Beziehungen.“[111] Aber Assad meinte nichts von dieser Art, und als er von einem CNN-Korrespondenten mit der Frage unter Druck gesetzt wurde, ob Clinton ihn denn richtig zitiere, „**ver-**

weigerte Assad jede Antwort".[112] Angeblich kam Assad „lächelnd"[113] aus dem Gespräch heraus. Der mangelnde Fortschritt zwischen Syrien und Israel beim Erreichen eines „vollständigen und umfassenden Friedens" ist nach Meinung Syriens zurückzuführen auf „**die ungerechtfertigten Forderungen Israels**, wie zum Beispiel **normale Beziehungen zwischen beiden Ländern, offene Grenzen und die Beendigung des arabischen Wirtschaftsboykotts**."[114]

Assad kann es sich leisten, zu „lächeln" - die Welt glaubt wirklich, daß ein Mohr seine Haut und ein Panther seine Flecken wandeln kann (Jeremia 13,23). Einer der israelischen Panzerkommandeure, dessen Divisionen 1967 die Syrer von den Golanhöhen vertrieben hatten, meint: „Ich glaube nicht, daß Assad seine Haut gewandelt hat. Er kann zwar ihre Farbe, aber nicht ihr Wesen ändern."[115] Und Assads Haut ist berüchtigt für ihr brutales, sadistisches Wesen, aber nun finden diese Wesenszüge wohl Gefallen vor den Regierenden der Neuen Weltordnung. Der amerikanische Präsident Clinton war „fasziniert, diese berühmt-berüchtigte Figur zu treffen."[116]

Clinton, wie andere prominente Politiker aus westlichen Ländern, läßt die Tatsache außer acht, daß Assad einer der grausamsten Diktatoren der Welt ist und daß sein Regime sich teuflischer Foltermethoden bedient, um an der Macht zu bleiben. Assads Geheimpolizei verwendet routinemäßig schreckliche Foltermethoden, von denen viele einfach zu grauenhaft sind, um hier erwähnt zu werden. Vielleicht fällt es den Lesern dieses Buches schwer, sich vorzustellen, daß in den letzten Tagen des 20. Jahrhunderts Folterinstrumente wie der *al-khursi al-almani* - der Deutsche Stuhl - in Syrien noch in Gebrauch sind. Dieses Instrument bewirkt unerträgliche Schmerzen, wie „Messer im Fleisch des Opfers, wenn der Stuhl gedreht wird."[117] Und können Menschen aus westlichen Ländern wirklich verstehen, warum das syrische Regime al-abd al-aswad - den Schwarzen Sklaven - benutzt, bei dem „ein Häftling angeschnallt wird, während ein erhitzter Metallspieß von hinten in den After gestoßen wird"?[118] Diese und viele andere sind normale „Befragungsmethoden" von Assads Polizei.

Die Methode, die Assad verwendet, um die Presse daran zu hindern, Berichte zu veröffentlichen, die von Damaskus als „unfreundlich gegenüber Syrien"[119] angesehen werden, besteht in der Erschießung der Journalisten.[120] Der Reuters-Korrespondent Bernd

Debusman wurde auf dem Heimweg in Beirut mit vier Schüssen in den Rücken niedergestreckt. Sein Verbrechen bestand darin, daß er erwähnt hatte, Assad gehöre zu der moslemischen Minderheitengruppe der Alawiten. Die Alawiten stellen lediglich zwölf Prozent der syrischen Bevölkerung, aber haben 100 Prozent der Macht. Syrische Journalisten wie zum Beispiel Salim Lawzi, Ali Jundi, Riyad Taha, Salah Bitar und Michel Nimri, die als Auslandskorrespondenten tätig sind, schrieben über Assads engmaschiges Netz der Kontrolle und die herrschende Minderheit der Alawiten. Sie wurden **„alle nacheinander** in Beirut, Paris und Athen **umgebracht**."[121] Die Regierenden in der Welt, die Vereinten Nationen und die Medien, übersehen ebenfalls den Mord der syrischen Armee an den 20.000 Bürgern von Hama mit Zyanidgas, bevor die Stadt unter einem Haufen Schutt niedergewalzt wurde.[122] Sie entschieden sich auch, die syrischen Exekutionsmorde an hunderten gefesselter Offiziere der christlichen Armee im Libanon zu ignorieren.[123] Und sie übersahen willentlich, daß Syrien zehn Terrorgruppen beherbergt, die die Erlaubnis haben, offen und frei zu operieren. Ahmed Jibril, „der Vater des Techno-Terrorismus"[124] und „Befehlshaber einer der tödlichsten Terrororganisationen auf der internationalen Szene,"[125] „ist Offizier in der syrischen Armee und gehört zum syrischen Geheimdienst, einem Teilbereich von Assads Präsidium."[126] Jibrils Büro ist in Damaskus nicht weit entfernt von dem Büro des Islamischen Heiligen Krieges, der Terrorgruppe, die verantwortlich war für die katastrophalen Bombenanschläge auf israelische Zivilisten. Nach dem letzten Anschlag im Januar 1995, in dem 21 Israelis starben und mehr als 60 verletzt wurden, gab Damaskus zu, daß der Islamische Heilige Krieg eine Basis in Syrien habe, aber die Absicht dieser Gruppe bestehe **„lediglich darin, ein bißchen Dampf abzulassen**."[127]

Übersehen wird auch der syrische Stellvertreterkrieg gegen Israel. Über seinen Stellvertreter, die Hisbollah, gemeinsam mit anderen Terrorgruppen, führt Syrien vom Libanon aus Krieg gegen Israel. Die Terrorgruppen „sind fast völlig abhängig von ihrem syrischen 'Gastgeber', der Ausbildung, Logistik und Waffen zur Verfügung stellt."[128] Syrien, das auch iranischen Waffen den Zugang über den Flughafen von Damaskus auf ihrem Weg zu Terrorgruppen im Libanon ermöglicht, sagt: „Bewaffneter Widerstand gegen Israel ist ein legitimer Akt, der weitergehen wird, bis Israel sich aus allen besetzten arabischen Gebieten zurückzieht."[129] Und Assad erklärte gegenüber Israel im Januar 1995, daß Rabins Plan, „einen Zaun um die besetzten Gebiete zu bauen, die Gewalt nicht beenden wird, genausowenig wie einzelne Friedensverträge mit arabischen Staaten - sie sind Zeitbomben, die nur darauf warten, gezündet zu werden."[130] Syrien „lehnte Ägyptens Friedensvertrag mit Israel völlig ab,"[131] und „hatte heftige Einwände"[132] gegen das Abkommen mit Jordanien.

Ebenfalls übersehen wird Syriens Drogenhandel in der Größenordnung von vielen Milliarden. Ein Bericht des Unterausschusses für Verbrechen und Verbrechensbekämpfung des amerikanischen Repräsentantenhauses aus dem Jahr 1992 brachte Details über das syrische Drogenkartell. Unter der Militärherrschaft Syriens stieg die Fläche der Anbaugebiete für Drogen in der libanesischen Beka'a-Ebene **von 10 auf 90 Prozent an.**[133] **„Fast zwanzig Prozent des in Amerika konsumierten Heroins kommt ursprünglich aus dem Libanon.**"[134] Kokain und rohes Heroin „werden über den Flughafen von Damaskus zur Beka'a-Ebene verfrachtet, wo Raffinerien wie Pilze aus dem Boden geschossen sind."[135] Mindestens „vier Tonnen Heroin und große Mengen Kokain fanden im letzten Jahr [1991] ihren Weg von diesen Raffinerien nach Europa und fügten dadurch **Milliardenbeträge** für die Unterstützung des Terrorismus hinzu."[136] Assads eigener Bruder Rifaat „hat enge Verbindungen zu Drogenhändlern,"[137] wie auch Assads „Verteidigungsminister Mustafa Tlass, General Ali Dubah, der Befehlshaber des syrischen Militärgeheimdienstes und General Ghazi Kenaan, der Befehlshaber des syrischen Militärgeheimdienstes im Libanon."[138] Assads Drogenproduktion ist direkt verantwortlich für den Tod von „mehr als 35.000 amerikanischen Jugendlichen pro Jahr,"[139] aber Präsident Clinton, der diese Tatsachen sehr wohl kennt, war „**fasziniert**, diese **berühmt-berüchtigte Figur** zu treffen."

Syriens Präsident Hafez Assad behauptet, er wolle Frieden mit Israel, aber gewährt zehn Terrorgruppen Zuflucht, die alles für die Zerstörung Israels einsetzen. Assad will den Frieden, aber er beherrscht eine der größten Drogenorganisationen der Welt, und stellt dadurch Mittel für den internationalen, gegen Juden gerichteten Terrorismus zur Verfügung. Assad will den Frieden, aber ist dabei, tausende von chemischen Sprengköpfen zu produzieren.[140] Assad will den Frieden, aber läßt in einer Fabrik in der Nähe von Haleb[141] biologische Waffen *en masse* herstellen. Assad will den Frieden, läßt aber Fabriken bauen für die Produktion und Montage seiner eigenen verbesserten Scud-Raketen.[142] Assad will den Frieden, hat aber ein „strategisches Abkommen über die Zusammenarbeit mit dem Iran unterzeichnet, und zwar für die Entwicklung und Produktion von Atomwaffen."[143] Assad will den Frieden, aber parallel zu seinen „Friedensgesprächen" mit Israel baut er eine gewaltige Militärmaschinerie auf.

Generalmajor Jitzhak Mordechai, der Oberbefehlshaber im Nordkommando der israelischen Armee, merkt an, daß Syrien „seine Panzer-, Artillerie- und Hubschraubertruppen verdoppelt und in manchen Fällen sogar verdreifacht"[144] hat seit seinem Überraschungsangriff auf Israel am Jom Kippur 1973. Mordechai hat auch folgendes erwähnt: „Assads Armee ist dreimal größer" als zur Zeit des Angriffs von 1973. Er sagte weiter: „Assad hat über 4.000 Panzer im Vergleich zu 1.680 Stück zur Zeit des Jom-Kippur-Krieges angesammelt, und heute verfügt er über einen gewaltigen Vorrat an Raketen wie zum Beispiel verbesserte Scud-Raketen, die Ziele weit im Landesinneren von Israel mit chemischen Sprengköpfen treffen können."[145] Er fügte hinzu, daß Assad seit 1982 moderne Kampfflugzeuge und Luftabwehrsysteme erworben hat, die zu den höchstentwickelten Systemen in der Welt gehören.[146]

Will Assad wahren Frieden? Niemals! Assad bietet den Frieden Mohammeds an, um die strategisch wichtigen Golanhöhen zurückzuerhalten. Ist dieses Ziel erreicht, kommt der Krieg. Brigadegeneral Ja'akov Ami Dror, der Leiter der Forschungsabteilung des israelischen Militärgeheimdienstes, bestätigt dies, wenn er sagt, daß Assad „die Friedensoption einsetzt, um die Golanhöhen zurückzubekommen, während er sich durch erneute Aufrüstung auf einen schließlich stattfindenden Krieg vorbereitet."[147] Generalmajor Jitzhak Mordechai, der Oberbefehlshaber des Nordkommandos der israelischen Streitkräfte, befürchtet auch, Assad könnte „vom Frieden reden, während er sich auf den Krieg vorbereitet."[148]

Assad deckt seine Karten auf, wenn er sagt, sein Krieg gegen den jüdischen Staat werde so lange dauern „wie die Zeit besteht,"[149] und wenn Israel sich einmal von den Golanhöhen zurückgezogen hat, darf es keine „Beobachtungsposten auf dem strategisch wichtigen Plateau"[150] geben. Wie bei Ägypten, dem Irak und dem Iran besteht Syriens Langzeitstrategie darin, die bedeutendste Macht im Nahen

Osten zu werden, und Israel steht dabei im Weg. Die Vernichtung Israels ist notwendig, sowohl für die moslemische Sache als auch für Assads Verwirklichung eines Groß-Syrien. Nur ein im moslemischen Stil geschlossener, vorübergehender Frieden mit Israel kann ihm jede Art von Erfolg gewährleisten.

In Diktaturen werden politische Entscheidungen auf der Basis von ehrgeizigen Plänen und nicht von unterzeichneten Verträgen getroffen. Assad hat nicht mehr Respekt vor Verträgen als Jassir Arafat. Neben dem Verstoß gegen jedes Abkommen mit Israel in der Vergangenheit wurde Syrien auch wortbrüchig gegenüber den Saudis und der Regierung Reagan im Hinblick auf die Einhaltung des Abkommens zwischen Israel und dem Libanon vom Mai 1983.[151] Ferner wurde das innerarabische Abkommen von Taif über den Abzug syrischer Truppen aus dem Libanon bis September 1993[152] von Syrien mißachtet, und ebenso wurde jedes Versprechen im Hinblick auf Unabhängigkeit für die Regierung in Beirut gebrochen.[153] Assad hat auch **„gegen achtzehn mit der Türkei unterzeichnete Abkommen von 1993 und 1994 verstoßen**."[154] Einige mögen einwenden, daß die syrisch-israelische Grenze auf den Golanhöhen die ruhigste von allen Grenzen Israels ist. Aber diejenigen, die dieses Argument ins Feld führen, vergessen, daß israelische Panzer und Flugzeuge auf dem Golan weniger als 75 Kilometer von Damaskus entfernt stationiert sind, mit dem Ziel, diese Grenze ruhig zu halten.

Der verstorbene Präsident Anwar Sadat, der bestimmt ein Experte im Hinblick auf seine arabischen Brüder war, „überhäufte den amerikanischen Präsidenten Jimmy Carter mit Hohn und Spott, weil er meinte, auf Assads Wort könne vertraut werden."[155] In seinem nach seinem Tod veröffentlichten Buch *Those I Have Known* (Menschen, die ich kannte) schrieb Sadat: „Er [Carter] glaubte, sie würden sich an ihr Wort halten und war überrascht, als er herausfand, daß das Wort eines Syrers in Wirklichkeit aus 1.001 Worten bestand, und was an einem Tag ihre Zustimmung fand, wurde am nächsten abgelehnt und am übernächsten wieder akzeptiert."[156] Der ehemalige Ministerpräsident Michel Aoun, ein weiterer Experte im Hinblick auf seine arabischen Brüder, warnte ebenfalls davor, den Syrern Glauben zu schenken: „Sie respektieren ihr Wort nicht. Sie sind Intriganten, sie versprechen eine Sache und handeln nebenher anders.

Sie machten in der Vergangenheit Versprechungen, aber **sie hielten sich an kein einziges Abkommen**."[157] Arabische Führer setzen ihr Vertrauen nicht in Assads Wort, und auch nicht der israelische Geheimdienst. In einem Bericht vom November 1994 an den Knesset-Ausschuß für Außenpolitik und Verteidigung behauptete ein hoher Geheimdienstoffizier: „**Die Darstellung Assads als Mann, der sich an Vereinbarungen hält, ist ein Mythos, ohne jede reale Grundlage**."[158]

Israel steht unter Druck, den Golan aufzugeben und somit die strategische Verteidigungsgrundlage gegen Syrien. Israelis erinnern sich noch gut an die traumatische Erfahrung, in Schußweite syrischer Gewehre zu leben, und leiden noch heute unter den Nachwirkungen von „zwanzig Jahren unter Beschuß von Raketen, Gewehrschüssen und Bomben."[159] Sie erinnern sich daran, wie „Syrien die Höhenlage nutzte, um wahllos auf die tiefergelegenen israelischen Dörfer und Städte zu schießen. Bauern wurden in ihren Traktoren erschossen, und Kinder verbrachten Monate in engen Bunkern, wenn die Artilleriegeschosse über sie hinwegdonnerten."[160] Aber, wie Charles Krauthammer, ein Kolumnist der amerikanischen Zeitung *Washington Post*, schrieb: „Warum sollten sich die Israelis Sorgen machen? Assad verspricht, ein guter Nachbar zu sein. Sie haben Bill Clintons Wort dafür."[161]

Der Irak

„Israel ist umgeben von Diktatoren, die Verträge aus taktischen Gründen unterzeichnen, und diese Verträge dann nicht einhalten, wann immer es für sie von Vorteil ist."[162] Saddam Husseins Regime, mit seinem Hauptquartier in Bagdad, schloß 1962 Frieden mit Kuwait und erkannte das Land offiziell an. Im August 1992 änderte Hussein seine Meinung und schickte seine Panzer über die Grenze; in nur wenigen Stunden fiel Kuwait ihm in die Hände. Die Regierenden in der Welt taten, was sie besonders gut können - sie redeten. Aber als sich das irakische Heer auf die Grenze Kuwaits zu Saudi-Arabien zubewegte, schickte eine Allianz von Nationen eine ungeheure Zahl an Truppen und ein riesiges Aufgebot an Material in den Wüstensand von Saudi-Arabien, um den Großteil der Öllieferungen an den Westen zu verteidigen. Mehr als 500.000 Soldaten, tausende Kampfflugzeuge, Hubschrauber, Panzer, gepanzerte Fahrzeuge, Haubitzen und sogar Kriegsschiffe und Flugzeugträger kamen in das nahöstliche Königreich - zur Verteidigung der

Öllieferungen, nicht des reichen arabischen Landes. Wenn Kuwait und Saudi-Arabien Karotten anstelle von Öl angebaut hätten, dann würde Saddam heute über das gesamte Gebiet herrschen.

Die Allianz wurde von Amerika angeführt, die stärkste Unterstützung kam von Großbritannien und Frankreich. Die Sowjetunion und China schickten „Unterhändler" in einem Versuch, Hussein zum Abzug aus Kuwait zu bewegen. Jeder der erwähnten Alliierten, gemeinsam mit den beiden Friedensunterhändlern, gehörte zu den Nationen, deren gewissenlose Habsucht sie dazu trieb, die gewaltige Ansammlung von Waffensystemen für Saddams massive Kriegsmaschinerie zu verkaufen. Die Milliardenerträge aus den Waffenverkäufen an den Irak waren nichts im Vergleich zu den Milliarden, die für deren Zerstörung ausgegeben wurden. Die Waffenhersteller lachten sich auf dem Weg zur Bank ins Fäustchen - sie profitierten beide Male. Die vielen tausend Toten in den Städten und auf den Schlachtfeldern stören weder ihre Nachtruhe, noch werden sie bei ihren Verhandlungen mit dem nächsten Kunden eine Rolle spielen - sei es Mubarak, Assad oder Arafat.

Saddam Hussein sieht sich selbst als „ein neuer Nebukadnezar, dessen Bestimmung darin liegt, den Irak zu derselben Größe zu führen, die einst das alte Babylon besaß."[163] Nebukadnezars Reich umfaßte die Gebiete des Iraks, Kuwait, Syrien, Jordanien, Israel und Teile des Irans, und seine größte Ruhmestat bestand in der Zerstörung Israels im 6. Jahrhundert v.Chr. Seit Beginn der siebziger Jahre investiert Saddam Hussein Millionenbeträge für den Wiederaufbau der antiken Stadt Babylon und des Palastes von Nebukadnezar mit 700 Gemächern.[164] Saddam meint, es sei seine Bestimmung, den modernen Staat Israel zu zerstören und damit seinen Ruhm für die Nachwelt zu begründen.

In einem Versuch, die Aufhebung der UN-Sanktionen gegen den Irak zu erreichen, hat Saddam Hussein wieder einmal angeboten, die Souveränität Kuwaits offiziell anzuerkennen. Aber dies ist nicht gleichbedeutend mit einem Gesinnungswandel im Hinblick auf den Besitz dieses Landes. Der irakische Diktator hat folgende Erklärung abgegeben: „Kuwait gehört zum Irak, und wir werden es niemals aufgeben, auch wenn wir tausend Jahre lang darum kämpfen müssen."[165] Trotz der Niederlage des Iraks im Golfkrieg und der andauernden UN-Operationen in bezug auf das Aufspüren und die Zerstörung seiner übriggebliebenen Raketen sowie der Anlagen für

Chemie- und Atomwaffen stellt dieses Land weiterhin in der gesamten Region eine schwere Bedrohung dar. Über sein heutiges, bedeutendes stehendes Heer hinaus verfügt der Irak nach Meinung der Vereinten Nationen „noch immer über ungefähr 100 Raketen, die mit beweglichen Abschußrampen in unterirdische Verstecke transportiert wurden.“[166] Schätzungen des amerikanischen Geheimdienstes CIA über vorhandene irakische Raketen sind sogar noch viel höher, „ihre Zahl soll sich auf 200 belaufen.“[167] Und in einem Bericht vom russischen Geheimdienst wird behauptet, daß „die Ukraine den Irak mit taktischen Atomwaffen versorgt. Die Waffen wurden als ‘nuklearer Brennstoff’ zum Verkauf angeboten ... der Irak kaufte ferner von der Ukraine einen alten, kleineren Atomreaktor.“[168] Der Irak mißachtet Anweisungen der Vereinten Nationen, indem er sich weiter mit chemischen Waffen ausrüstet. Fünfunddreißig Tonnen Ammoniumperchlorat (ein Stoff für die Herstellung chemischer Waffen) wurden auf einem deutschen Schiff, der *Senator Asiens*, Anfang Februar 1994 beschlagnahmt. Das Schiff war auf dem Weg nach Beirut, Libanon, von wo aus die Fracht auf dem Landweg nach dem Irak transportiert werden sollte.[169] Der Irak finanziert seine Waffenkäufe, indem er gegen UN-Sanktionen verstößt, die den Verkauf von Öl aus den riesigen Ressourcen des Landes verbieten. Der Irak darf 75.000 Faß pro Tag an Jordanien verkaufen, um davon die Kosten für Lebensmittel und Medikamente zu finanzieren. Die Sanktion soll wirksam bleiben, bis Saddam Hussein die Bedingungen des Waffenstillstands aus dem Golfkrieg erfüllt.

Nach der amerikanischen Zeitung *New York Times* belaufen sich die Ölverkäufe des Iraks auf 200.000 Faß pro Tag. Die Preise sind vergünstigt - statt 14 US-Dollar pro Faß verlangt er nur 8 US-Dollar[170], und sogar die PLO steht in Verhandlungen, 25.000 Faß pro Tag abzunehmen![171] Der irakische Ölminister erklärte jedoch bei einer OPEC-Sitzung in Indonesien, daß der Irak über 2 Millionen Faß Öl pro Tag produziere. Der Tagesbedarf des Landes liegt jedoch unter 450.000 Faß pro Tag, und das bedeutet, daß etwa 1,5 Millionen Faß pro Tag auf den Schwarzmarkt exportiert werden.[172] Das Öl wird auf dem Landweg durch kurdisches Gebiet in die Türkei und den Iran mit hunderten von Lastwagen, und dann auf dem Seeweg mit dutzenden kleinerer Tanker transportiert. Die Kurden lassen die Lastwagen in Ruhe, weil sie für den Transit Steuern kassieren.[173]

Der Irak hat weiter ein Auge auf Kuwait geworfen, und pflegt auch weiter seinen Traum von der Zerstörung Israels. Während einer Rede auf einem Empfang für die führenden Köpfe seiner Armee am 5. Januar 1995 sagte Saddam (indem er auf die 39 auf Israel im Jahr 1991 abgefeuerten Scud-Raketen anspielte): „Die arabischen Länder sollten sich fragen: 'Wer wird die vierzigste Rakete auf Israel abschießen?'"[174]

Der Iran

Zu verschiedenen Zeitpunkten während des Krieges zwischen Iran und Irak von 1980 bis 1988 erhoben beide Seiten den Anspruch, sie würden nach Jerusalem marschieren, sobald sie den Krieg gewonnen hätten. Nach acht Jahren erbitterten Kampfes ging keine Seite als Sieger hervor, aber die Kassen dieser beiden ölproduzierenden Nationen waren leer. Öl ist jedoch ein profitabler Exportartikel, und beide Länder füllten die Haushaltslöcher und bauten ihre Kriegsmaschinerien wieder auf. Beide Seiten halten an der Hoffnung fest, dem jüdischen Staat einen tödlichen Schlag versetzen zu können.

Die Regierung des Irans hängt einem radikalen und fundamentalistischen Islam an. Sie hat ebenfalls das Bestreben, zur bedeutendsten Macht im Nahen Osten zu werden, um ihre islamisch-fundamentalistische Doktrin zu verbreiten. Ihr Haß auf Israel ist rein religiös und betrachtet die jüdische Präsenz in einem sonst islamischen Nahen Osten als Affront gegen Allah. Der Iran will die Vernichtung Israels, und zu diesem Zweck unterzeichneten 140 Mitglieder des iranischen Parlaments im März 1994 ein Dokument, in dem sie die Zerstörung Israels forderten.[175] Syrien mag Terrorgruppen Zuflucht bieten, aber der Iran ist der Hauptanstifter und Finanzier des internationalen Terrorismus. Der Großteil des von diesem Land finanzierten Terrorismus ist gegen Israel oder jüdische Gemeinwesen im Ausland gerichtet, und der Iran „versorgt Terroristen mit „lebenswichtiger Unterstützung in bezug auf Logistik, Finanzierung und Taktiken."[176]

Der Iran ist manchmal direkt an Terrorismus gegen jüdische Ziele im Ausland beteiligt, wie bei dem Bombenanschlag auf das wichtigste jüdische Gemeindezentrum Argentiniens am 18. Juli 1994. Vier Iraner von der iranischen Botschaft in Buenos Aires wurden im Zusammenhang mit dem Anschlag verhaftet, bei dem ein siebenstöckiges Gebäude dem Erdboden gleichgemacht, etwa 120 Todesopfer und fast 250 Verletzte zu beklagen waren. Der Bombenanschlag war fast identisch mit dem Anschlag auf die israelische Botschaft in Buenos Aires zwei Jahre zuvor. Er wurde als Vergeltungsaktion für Operationen der israelischen Armee gegen die vom Iran geförderten Hisbollah-Terroristen im Libanon angesehen. Ein Sprecher der *Hisbollah*-Terroristen (Partei Allahs), die vom Libanon aus operieren, behauptete, sie erhielten jährlich 60 Millionen US-Dollar (etwa 100 Millionen DM, Anm. d. Übers.) vom Iran. Er sagte weiter: „Wir werden gnadenlos gegen alle vorgehen. Mit der Existenz Israels kann es keinen Frieden geben.“[177] In einem Zeitungsinterview vom Juli 1994 meinte Subhi Al-Tufeyli, ein ehemaliger Sekretär der Hisbollah-Bewegung: „Und wenn die ganze Welt mit Israel Frieden schließt, wird die Hisbollah die Juden weiter bekämpfen.“[178]

Die iranische Nachrichtenagentur ließ verlauten, daß der syrische Außenminister Farouk Sha'ara im Januar 1995 in den Iran flog, um „strategische Maßnahmen zu koordinieren.“[179] Beide Regime haben sich des internationalen Terrorismus schuldig gemacht, und vielleicht koordinierten sie weitere Anschläge. Aber es ist wahrscheinlicher, daß sie ihr aggressives Streben nach Nuklearkapazitäten koordiniert haben. Es wurde bereits vorher erwähnt, wie Syrien ein „strategisches Kooperationsabkommen mit dem Iran für die Entwicklung und Produktion von Atomwaffen“ unterzeichnet hatte.

Herbert Krosney, ein amerikanischer Experte auf dem Gebiet der Waffenverkäufe und -technologie, behauptet, der Iran „**verfüge über etwa 5.000 Menschen, die an seinem Atomprogramm mitarbeiten**.“[180] Krosney meint, der Iran sei nur „ein paar Jahre von der Entwicklung von Atomwaffen entfernt.“[181] Während der Iran behauptet, sein Atomprogramm diene lediglich der Produktion von Energie, sagt Robert Gates, der Direktor des amerikanischen Geheimdienstes CIA von 1991 bis 1993: „Die Iraner wollen Reaktoren, die für die Produktion von Plutonium statt von Atomenergie umgerüstet sind.“[182] Israelische Regierungskreise bestätigen Gates' Argument, daß der Iran nach dem Besitz von Atomwaffen und nicht nach mehr Energie strebt, und sie sind sich mit Krosney einig, daß das Land nur ein paar (vielleicht fünf) Jahre davon entfernt ist, zu einer Atommacht zu werden. Politische und militärische Analytiker in Israel haben darauf hingewiesen, daß die militärische Bedrohung durch Ägypten noch nie größer gewesen sei, und daß Ägypten der gefährlichste potentielle Gegner Israels auf dem Schlachtfeld ist, aber **bedeutende Kreise in der israelischen Regierung „halten das**

nukleare Potential des Irans für die ernsthafteste Bedrohung des Landes.“[183] Dieselben Kreise meinen, daß sie im Falle einer Nichtbeendigung des iranischen Atomprogramms „gezwungen wären, den Angriff auf die Atomreaktoren des Irans in Erwägung zu ziehen.“[184] Dies ist keine leere Drohung - Israel zerstörte den irakischen Osiraq-Reaktor mit chirurgischer Präzision am 7. Juni 1981. Aber das Wiederauftauchen vermißter russischer Atomsprengköpfe im Iran[185] würde Israel zur Zerstörung der iranischen Fabriken, die Raketen für den Verkauf herstellen, zwingen.

Libyen

Wie Ägypten, Syrien und die PLO lehnt Libyen den Friedensvertrag Jordaniens mit Israel strikt ab, weil es sich hierbei um einen wirkliches, rechtmäßiges Akommen handelt. Libyens Diktator Mu'ammar Qaddafi meint: „Die arabische Nation hat zu viele ihrer Söhne für Palästina geopfert, um eine Grenze zwischen dem sogenannten Israel und Jordanien festzuschreiben.“[186] Libyen, sagt Qaddafi, heißt die politischen Maßnahmen des Westens willkommen, denn „diese dienen dazu, die Araber in ihrem Haß auf den Westen zu bestärken, denn dieser Haß produziert die Bomben und den wahren Schrecken, der die Furcht erzeugt ... **Dieser Haß wird sich in eine Bombe verwandeln, die das sogenannte Israel zerstören wird**.“[187] Wie sein enger Verwandter Syrien finanziert und beherbergt Libyen internationale Terrorgruppen. Qaddafi meint: „Die Flotten der Amerikaner können Israel nicht vor einfachen Leuten mit Sprengstoffen schützen.“[188] Schließlich und endlich existieren Libyens Terrorgruppen einzig und allein für die Zerstörung Israels.

Unterhändler des Friedens?

An dieser Stelle muß ein Wort gesagt werden zu den beiden „Unterhändlern“ des arabisch-israelischen Friedensprozesses, nämlich zu Rußland und den Vereinigten Staaten. Keine dieser beiden Nationen hat sich zugunsten Israels eingesetzt, sondern lediglich zum Vorteil ihrer eigenen Nation und deren jeweiliger Ideologie. Beide sind bestrebt, ihr Prestige und ihre Dominanz unter den Nationen der Welt zu verstärken. Vor dem September 1991 war die Sowjetunion die bedeutendste Macht im Nahen Osten. Sie stellte sich auf die Seite der anti-westlich eingestellten arabischen Staaten gegen Israel, um deren Unterstützung und Kundschaft zu gewinnen. Die

Vereinigten Staaten verhätschelten Israel, um in der Region Fuß zu fassen und dort einen Verbündeten gegen die Sowjetunion zu haben. Die Sowjetunion blieb der arabischen Sache treu, aber die Vereinigten Staaten tanzten auf beiden Hochzeiten. Israel ist nichts weiter als eine Schachfigur im Spiel um die Macht zwischen dem Kreml und dem Weißen Haus. Wie Yossi Beilin, der ehemalige stellvertretende Außenminister Israels, am 15. Juli 1994 treffend sagte: „**Die Amerikaner und die Russen werden über die Zukunft des Nahen Ostens entscheiden.**“[189]

Rußland

Heute zeigt Rußland seine Stärke, und „die Zeichen, daß Rußland die Position der ehemaligen Sowjetunion als einflußreiche Macht im Nahen Osten wiedererlangen will, sind unmißverständlich.“[190] Rußland ist nicht nur bestrebt, diese Rolle zu spielen, sondern hat sich jetzt auch „bereiterklärt,“ diese Rolle durch sein aktives Eingreifen zu übernehmen. Wie Assad unfähig ist, aus seiner Haut herauszuschlüpfen, so können auch überzeugte Kommunisten nicht aufhören, Unruhe zu schüren in ihrem Bestreben um eine herausragende Stellung. Die Sowjetunion, „die subversive Aktivitäten und Krieg in aller Welt gefördert hatte, beschrieb sich selbst und ihre unterdrückten Satelliten als das ‘Friedenslager.’“[191] Heute hat Rußland den Ball der Sowjetunion aufgefangen und setzt das Spiel fort. Viktor Posuvaliuk, der Leiter der Nahostabteilung im russischen Außenministerium, kam im August 1994 in Jerusalem an und erklärte: „Rußland verdient **und fordert** ein Mitspracherecht im Hinblick auf den zukünftigen politischen Status der Heiligtümer in Jerusalem.“[192] Er sagte weiter: „Ich möchte betonen, daß Rußland die größte christlich-orthodoxe Gemeinschaft der Welt besitzt.“[193] Er vergaß ganz einfach, hinzuzufügen, daß das kommunistische Rußland diese Gemeinschaft jahrzehntelang verfolgt, ins Gefängnis geworfen und gefoltert sowie ihre Kirchen demoliert hat.

Neben der „Forderung“ nach einem Mitspracherecht über den Status von Jerusalem erklärte Posuvaliuk, Rußland werde weiter Waffen an Syrien verkaufen, und: „Wir beabsichtigen, unsere Beziehungen zu Syrien auf militärischem Gebiet zu vertiefen.“[194] Rußland vertieft in der Tat seine Beziehungen zu Syrien auf militärischem Gebiet - als Nordkorea im August 1993 eine Sendung mit Scud-C-Raketen nach Syrien schickte, erfolgte die Lieferung der Raketen freundlicherweise durch Rußland.[195] Rußland „arbeitet auch in militärischer Funktion an der Seite von Syrern im Libanon und von Irakis im Irak."[196] Ferner hat Rußland amerikanische und israelische Bitten ignoriert, keine Atomreaktoren an den Iran zu verkaufen, und vor kurzem wurde ein Vertrag über den Verkauf von einigen Reaktoren im Wert von einer Milliarde US-Dollar an Teheran abgeschlossen.[197] Darüber hinaus hat Rußland heute die „Führungsrolle bei der Entwicklung einer Atomindustrie im Iran"[198] voll und ganz übernommen. Nach einer kurzen Pause, die bedingt war durch den Zusammenbruch der Sowjetunion, sind die ersten Schüsse in der wiederaufgeflammten Schlacht um die Beherrschung der ölreichen arabischen Scheichtümer und der anti-westlichen arabischen Diktaturen bereits gefallen.

Die Vereinigten Staaten

Es wird oft gesagt, daß Politik ein schmutziges Geschäft sei, aber wie schmutzig es wirklich ist, erkennen nur wenige. Der Wunsch nach Ruhm und Macht ist oft das einzige, allumfassende Interesse dessen, der die politische Bühne betritt. Mit einem kurzen Federstrich eines Politikers können hunderte, tausende, hunderttausende, ja sogar Millionen Menschen nachteilig betroffen werden oder sogar zugrundegehen. Wenn es sich hierbei um eine Supermacht dreht, dann sind normalerweise Millionen betroffen.

Das Bestreben Amerikas, die Sowjetunion an Macht und Einfluß zu übertreffen, hat heute die Vereinigten Staaten zu der mächtigsten Nation auf dem Planeten Erde gemacht. Die Sowjetunion fiel unter dem Druck amerikanischer Konkurrenz zusammen, und ein prominenter russischer Physiker sagte im April 1992: „Unsere Wirtschaft befindet sich in völligem Chaos, unsere Armee ist auf dem Rückzug, unsere Union ist zerbrochen. Wir haben alles erlebt, außer einer militärischen Niederlage im klassischen Sinne."[199] Die Sowjetunion brach zusammen und existiert nicht mehr, aber die Vereinigten Staaten können ihre Rüstungsmaschinerie nicht verlangsamen - sie müssen weiter produzieren und verkaufen, und zwar an denjenigen, der die Milliarden dafür hat, denn die Arbeitsplätze und der Lebensstandard hunderttausender Amerikaner hängen davon ab. Israels Nachbarn haben die Lektion aus dem ägyptisch-israelischen Vertrag gut gelernt: Mache einen Vertrag mit Israel, und die Türen zu dem großen Waffenarsenal der Amerikaner sind offen. Ein unterzeichnetes, aber nicht eingehaltenes Abkommen gewährleistet noch immer, daß „die höchstentwickelten Angriffs- und Abwehrsysteme" in arabische Hände kommen.[200]

Wenn man alles auf einen Punkt bringt, sind dann die Motive der amerikanischen Regierung aufrichtiger als die der russischen Regierung? Will Amerika nicht eine Neue Weltordnung aufrechterhalten, die von Washington beherrscht wird? Wünscht Amerika sich nicht Überlegenheit und die Rolle des Polizisten in der Welt? Fast die ganze Welt weiß, daß amerikanische Interessen eher bei arabischem Öl und Waffenverkäufen zu finden sind als bei Israel. Unter der Maske eines „ehrlichen Unterhändlers" bei den arabisch-israelischen Friedensverhandlungen versprach der ehemalige amerikanische Außenminister James Baker nicht nur PLO-Anführern, daß sie ihren Staat bekommen würden,[201] sondern gut unterrichtete Kreise ließen auch verlauten, er habe einen obszönen Ausdruck gebraucht, der für empfindsamere Ohren etwa so übersetzt wurde: „Die Juden können zur Hölle fahren."[202] Zum Thema der Golanhöhen versprach Bakers Chef, Präsident Bush, „Assad die Rückgabe der Golanhöhen."[203] Nicht zufrieden mit der Zusage, Israels Land seinen Feinden zu geben, übte Bush auch noch direkten Einfluß auf die israelischen Wahlen von 1992 aus, indem er sich weigerte, der Regierung Shamir Darlehensgarantien in Höhe von 10 Milliarden US-Dollar zu gewähren, die die israelische Regierung dringend für die Integration hunderttausender jüdischer Einwanderer benötigte. Die Propagandamaschinerie der Regierung Bush übersteigerte und verdrehte die Bitte um „Garantien" und machte daraus „eine angebliche Bitte um eine 'Unterstützung' in Höhe von 10 Milliarden US-Dollar."[204] Neben dem korrupten Wahlkampf der Arbeitspartei mit Rabin an der Spitze war die Weigerung Bushs, der Regierung Shamir die Darlehensgarantien zu gewähren, der wichtigste Faktor für das Ende der Regierung Shamir im Juni 1992. George Bushs Ehrgeiz bestand darin, Präsident der ganzen Welt zu werden, und Shamirs Weigerung, sich vor ihm zu beugen, stachelte seinen Haß an, so wie Mordechai vor ihm den Haß Hamans verursachte (Esther 3,1-5). Als die Wahlen in Israel näherrückten, erschien sogar der damalige amerikanische Botschafter in Israel, William Harrop, zu den besten Sendezeiten im israelischen Fernsehen, um in einer offenen Parteinahme für die Arbeitspartei die Israelis gegen Shamir zu beeinflussen. Bush blieb jedoch nicht lange genug im Amt, um seinen Erfolg bei der Niederlage Shamirs richtig zu genießen. Ein paar Monate später wurde er selbst von amerikanischen Wählern beiseitegeschoben, wie auch James Baker.

Präsident Clinton tritt jedoch genau in die Fußstapfen seines Vorgängers Bush, er ist machthungrig und „unehrlich“ als „Unterhändler.“ Edward Djerejian, ein ehemaliger Abgesandter der Vereinigten Staaten in Syrien, wurde von Clinton im Juni 1993 zum Botschafter der Vereinigten Staaten in Israel ernannt. Djerejian wurde offensichtlich gesandt, „um die Rückgabe des Golan an Syrien und seinen alten Verbündeten, Hafez Assad zu ‘kontrollieren.’“[205] Djerejian trat im Mai 1994 von seinem Amt zurück, aber gab vor seiner Abreise ein Interview, in dem er „recht fröhlich“[206] sagte, daß „der Golan entweder ‘sehr, sehr bald’ oder innerhalb von drei Jahren zurückgegeben würde.“[207] Als er nach dem Grund dieses seltsamen Zeitplans gefragt wurde, lautete seine Antwort: „**Es hängt davon ab, ob diese Aktion nach Clintons Meinung seinen Wahlchancen schaden wird oder nicht**.“[208] „Wenn es zu riskant ist, wird er eine günstige Zeit abwarten, bis nach der nächsten Wahl.“[209]

Welches Recht hat ein amerikanischer Präsident, auf Israel Druck auszuüben, damit es für ein paar Wählerstimmen sich die Schlinge um den Hals legen läßt? Amerikanisches Prestige und die Macht des Präsidenten sind von herausragender Bedeutung, nicht die vielen Menschenleben, die durch eine Rückgabe des Golan geopfert werden. Diese Menschenleben sind nicht wichtiger als die mehr als 35.000 Amerikaner, die jährlich durch syrische Drogenproduktion ihr Leben verlieren - Clinton war „fasziniert“, die „berühmt-berüchtigte Figur“ zu treffen, die diese Menschen auf dem Gewissen hat.

Vor seinem Treffen mit Assad wurde Clinton von amerikanischen Kolumnisten über die Gesprächsthemen zwischen den Vereinigten Staaten und Syrien befragt. Clinton antwortete: „**Vergessen Sie die Gesprächsthemen zwischen uns und Syrien.** Wir wollen jetzt nur über den Friedensprozeß reden.“[210] Die Kolumnisten hätten darauf bestehen müssen, über die Probleme zwischen den Vereinigten Staaten und Syrien zu sprechen, nämlich über Terrorismus und Drogenproduktion. Die syrische Drogenproduktion allein tötet in einem einzigen Jahr mehr Amerikaner als die Summe aller in Krieg und Terrorismus getöteten Juden seit den Anfängen des Wiederaufbaus Israels im 19. Jahrhundert. Als Clinton die Knesset im Oktober 1994 besuchte, erzählte er dem israelischen Parlament, daß „es ohne ein Ende des Terrors keinen Frieden geben kann.“[211]

Diese Worte waren voller Heuchelei. Er war „fasziniert," einen der bedeutendsten Förderer des Terrorismus in der Welt zu treffen, ohne überhaupt ein Wort über dieses Thema zu verlieren. Schlimmer noch, er versucht, „den Kongreß zu überzeugen, Syrien von der vom Außenministerium geführten Liste der Länder, die den Terrorismus fördern, zu entfernen"![212]

Clinton erzählte, er wäre vor einigen Jahren ans Sterbebett eines Pastors seiner Baptistengemeinde gerufen worden. Der Pastor glaubte, Clinton würde eines Tages Präsident werden und erklärte feierlich: „Gott wird Ihnen niemals vergeben, wenn Sie zulassen, daß Israel Schaden zugefügt wird."[213] Clinton hat diesen Vorfall mit seinem „Pastor" gut vermarktet, und er hat auf diese Weise die Unterstützung vieler christlicher sowie jüdischer Wähler in Amerika gewonnen. Aber Clinton ist ein „politischer" und kein echter Christ. Seine Worte und Handlungen sind auf Wirkung ausgerichtet.

Clinton kam nach Israel, um an der Unterzeichnung des israelisch-jordanischen Friedensvertrages teilzunehmen, und nach den Worten eines israelischen Journalisten war das ganze „eher wie ein Besuch in Disney World als die Teilnahme an einer zeremoniellen Unterzeichnung eines historischen Friedensvertrages."[214] Der Journalist schrieb auch, es sei offensichtlich gewesen, daß die Flaggen und marschierenden Musikkapellen ein Schauspiel für „die Wähler in den USA waren, die die Festlichkeiten während des Frühstücks in den Fernsehsendungen *Today* (Heute) oder *Good Morning, America* (Guten Morgen, Amerika) sahen."[215] Bei der Unterzeichnungszeremonie kam Clintons politisches „Christentum" voll zur Geltung, als er die Bergpredigt Jesu falsch zitierte, und zwar einen der bekanntesten Texte im Neuen Testament. Clinton sagte: „Hier in dieser Region, die die Heimat nicht nur ihrer beiden Religionen, sondern auch der meinen ist, sage ich: 'Selig sind die Friedfertigen, denn sie werden das Erdreich besitzen.'"[216] Jesus sagte natürlich: „*Selig sind die Friedfertigen, denn sie werden Gottes Kinder heißen.*" (Matthäus 5,9)

Das amerikanische Außenministerium spielt ebenfalls mit bei der großangelegten Täuschung. In einem aktuellen Bericht über die Einhaltung der Osloer Abkommen durch die PLO kam es zu dem Schluß, daß die Terrororganisation „über einen Zeitraum von sechs Monaten 'ihr Streben nach einer friedlichen Verhandlungslösung' bewiesen habe."[217] Der Bericht stellte weiter fest, daß „die PLO in dieser Zeit nicht an terroristischen Aktivitäten beteiligt gewesen sei."[218] Man sollte an dieser Stelle festhalten, daß während des sechsmonatigen Berichtszeitraums wiederholt gegen die Osloer Abkommen verstoßen wurde:

a) Mindestens zwölf unbestreitbare Terroranschläge wurden von der PLO gegen Israelis durchgeführt, und mindestens elf arabische „Kollaborateure" wurden umgebracht.[219]
b) Es gab keine Zurechtweisung von Mitgliedern der PLO, die in terroristische Vorfälle verwickelt waren.[220]
c) Es gab keine strafrechtliche Verfolgung von Terroristen.[221]
d) Es gab keine Auslieferung von Verdächtigen an Israel.[222]
e) Die PLO stellte weiter flüchtige und gesuchte Straftäter als Polizisten ein.[223]
f) Die Falken der *Fatah* sind als Arafats Privatmiliz wiederbewaffnet worden.[224]
g) Die PLO benutzte noch immer Namen und Symbole für den „Staat Palästina" und den Titel des „Präsidenten von Palästina".[225]
h) Die PLO ignorierte noch immer die erforderliche Änderung der Passagen in der PLO-Charta, in denen die Zerstörung Israels gefordert wird.[226]

Die obige Liste führt nicht alle Verstöße auf, aber jemand sollte das amerikanische Außenministerium wenigstens darauf hinweisen, daß nicht jeder auf seine politischen Tricks hereinfällt.

Bei aller Fairneß gegenüber der amerikanischen Regierung muß man festhalten, daß sie angeboten hat, die Sicherheit Israels zu garantieren. Jedoch muß in diesem Zusammenhang folgendes bedacht werden: Die amerikanische Garantie von 1957, die Straße von Tiran im Angesicht einer arabischen Aggression offenzuhalten,[227] „**erwies sich bei ihrem ersten Test nur zehn Jahre später als wertlos**."[228] Und Präsident Johnsons „Versprechen einer entschiedenen amerikanischen Aktion mit einer multinationalen Flotte **stellte sich bald als ebenso leer heraus**."[229] Es war die ägyptische Blockade der Straße von Tiran im Jahr 1967, die zum Sechstagekrieg im Juni führte. Hätte Amerika zu seiner vor zehn Jahren ausgesprochenen Verpflichtung gestanden und die Blockade gebrochen, wäre der schreckliche Krieg mit seinen tausenden Opfern nicht geschehen. Auch hätte es das palästinensische Problem von heute und das dadurch verursachte Leid nicht gegeben. So, wie Großbritannien an dem blutigen Krieg von 1948 schuld war, trug Amerika die Verantwortung für den Krieg von 1967.

In Kapitel 8 wurde von einem Amerikaner darauf hingewiesen, daß Verpflichtungen, die von der einen amerikanischen Regierung eingegangen wurden, oft von der nächsten abgelehnt werden, und deshalb amerikanische Garantien einer „schwarzen Liste von Betrügereien“[230] ähneln. Nach der englischen Zeitung *London Sunday Times*[231] „verpflichtete“ sich Clinton gegenüber Rabin, daß die Vereinigten Staaten „Truppen in den evakuierten Gebieten stationieren“[232] würden, nachdem Israel sich von den Golanhöhen zurückgezogen hätte. Es ist jedoch Torheit in ihrer schlimmsten Form, sich auf amerikanische Truppen als Verteidigungspuffer zwischen einem aggressiven syrischen Regime und einem nicht mehr zu verteidigenden jüdischen Staat zu verlassen. Amerikanische Garantien gegenüber Israel haben sich bei vielen Gelegenheiten als so gut wie wertlos erwiesen, und amerikanische Truppen als Sicherheitsgaranten ebenso. Im August 1992 wurden amerikanische Truppen in den Libanon entsandt, als Teil einer mulitnationalen Streitmacht, die für die Regierung Gemayel Stabilität und für Israel Sicherheit gegen Terrorangriffe gewährleisten sollte. Die amerikanischen Truppen kamen unter intensiven Beschuß, so daß Präsident Reagan Marineeinheiten an die libanesische Küste schickte, und bald darauf feuerte das Kriegsschiff *Missouri* mit seinen riesigen Kanonen auf Stellungen der Terroristen. Im Oktober 1983 „tötete die Bombe eines Selbstmordattentäters 241 Soldaten aus der Einheit der Marines,“[233] und die Terroristen erreichten ihr Ziel - bis Februar des folgenden Jahres wurden alle amerikanischen Truppen aus dem Libanon abgezogen. Auszureißen und davonzulaufen im Angesicht von Aktionen, die Israel täglich bewältigen muß, war ein weiteres „größeres diplomatisches und militärisches Fiasko Amerikas.“[234]

Benjamin Netanyahu, der Vorsitzende der Likudpartei, behauptete, es sei erforderlich, alles Menschenmögliche zu tun, um die Amerikaner daran zu hindern, ihre Posten auf den Golanhöhen einzunehmen. Netanyahu, der seine Argumente auf Ereignisse in der Vergangenheit stützt, sagte, Israel könne niemals sicher sein, „daß die Vereinigten Staaten Israel mit echten nachrichtendienstlichen Informationen versorgen würden.“[235] Auf den ersten Blick scheint diese Aussage von einem der bedeutendsten israelischen Politiker ein schwerer Schlag ins Gesicht eines Verbündeten Israels zu sein, aber ist das wirklich so?

Bruce Brill, ein Nahost-Geheimdienstanalytiker, der im amerikanischen Sicherheitsdienst (NSA) in Fort Meade, Maryland, von 1971 bis 1974 tätig war, berichtete Israel über das „absichtliche Zurückhalten lebenswichtiger Informationen durch Amerika.“[236] Brill zitierte den katastrophalen Jom-Kippur-Krieg als Beispiel, den Krieg, der beschrieben wird als „das schlimmste Trauma, das Israel jemals getroffen hat.“[237] Er erwähnt folgendes:

> „Ich erfuhr von der für den 6. Oktober 1973 geplanten Invasion Israels durch Syrien und Ägypten - 30 Stunden, bevor die USA Israel informierten ... Mitarbeiter auf einer höheren Hierarchieebene wußten von dem geplanten Angriff Stunden, wenn nicht sogar Tage, davor. Die nicht rechtzeitige Weitergabe dieser Information endete in unnötigen Verlusten und Verstümmelungen tausender junger Israelis.“[238]

1986 wurde ein amerikanischer Jude namens Jonathan Pollard zu einer lebenslangen Haftstrafe verurteilt, weil er für Israel spioniert hatte. **Pollard wurde nicht des Hochverrats angeklagt**, sondern der **Spionage innerhalb der Vereinigten Staaten**.[239] Casper Weinberger, der selbst wegen vier Vergehen begnadigt wurde,[240] kämpfte hart und erfolgreich, wie er sagte, „um Pollard lebenslang hinter Gitter zu bringen, **damit er nie wieder das Tageslicht erblicken wird**.“[241] Unter dem Einfluß von Weinberger „verhängte der Richter eine noch nie dagewesene lebenslängliche Gefängnisstrafe. **Kein Spion eines befreundeten Landes ist in den Vereinigten Staaten jemals zu einer lebenslangen Gefängnisstrafe verurteilt worden.**“[242] **Noch nicht einmal „Spione der Sowjetunion, die die Sicherheit in Amerika gefährdeten, haben eine so strenge Strafe wie Pollard erhalten**.“[243] Pollard wurde zuerst „in eine psychiatrische Klinik eingeliefert, dann zur Einzelhaft in einer unterirdischen Zelle des Bundeszuchthauses in Marion, Illinois, des strengsten Gefängnisses in den Vereinigten Staaten.“[244] Wenn ähnliche Spionagefälle „mit Gefängnisstrafen von zwei bis fünf Jahren endeten,“[245] warum wurde dann Pollard so streng bestraft?

Jonathan Pollards Arbeit als ziviler Geheimdienstanalytiker für die Marine konfrontierte ihn mit der Tatsache, daß Amerika gegen

„das Abkommen von 1983 über die Weitergabe geheimdienstlicher Informationen zwischen den Vereinigten Staaten und Israel“[246] verstieß. Die Vereinigten Staaten hielten lebenswichtige Geheimdienstinformationen von Israel zurück. Schließlich meinte Pollard, er habe eine moralische Verpflichtung gegenüber dem israelischen Volk, und

> „gab an Israel Geheimdaten über **Waffensysteme und Kriegspotentiale arabischer Staaten, wie z.B. Irak, Syrien und Libyen weiter, darunter Beweismaterial über irakische Bestrebungen, chemische, biologische und nukleare Waffen zu produzieren und diese Massenvernichtungswaffen auf israelische Ballungszentren abzuschießen.**“[247]

Pollard hatte **75 nahe Verwandte** im Holocaust der Nazis verloren.[248] Aus seiner Gefängniszelle schrieb er folgendes:

> „Dasselbe Gas, das die Nazis benutzten, um unsere europäischen Brüder zu ermorden, könnte heute ebenso leicht von den Arabern eingesetzt werden, um die jüdische Bevölkerung Israels zu vernichten.“[249]

Er schrieb weiter:

> „Ich verschmachte lieber im Gefängnis als daß ich Schiwa [Trauer] erdulde für hunderttausende Israelis, die wegen meiner Feigheit tot sein könnten.“[250]

Pollard wurde zu der erniedrigendsten und strengsten Strafe überhaupt verurteilt. Er gefährdete niemals die Sicherheit der Vereinigten Staaten, er deckte nur die Verstöße gegen das Abkommen mit Israel auf. Darin bestand sein wirkliches Verbrechen, und dafür muß Pollard den Rest seines irdischen Lebens im Gefängnis verbringen. Über das, was unter dem Abschnitt über „Ägypten“ erwähnt wurde, hinaus (die Ablehnung der amerikanischen Angebote im Hinblick auf gemeinsame militärische Übungen, weil Israel nicht wollte, daß seine Strategien an die Ägypter weitergegeben wurden), macht das *Jerusalem Institute for Western Defense* (Jerusalemer Institut für westliche Verteidigung) folgende Aussage:

> „... die USA haben seit vielen Jahren Ägypten und Saudi-Arabien ständig mit Informationen über Israels militärische

Pläne und Verteidigungseinrichtungen versorgt - diese Informationen wurden zeitnah an Syrien, die PLO und möglicherweise Libyen weitergegeben."[251]

Amerika versorgt die Feinde Israels, seines eigentlichen „Verbündeten", mit Geheiminformationen über seine Verteidigung und Rüstung. Noch immer spielt Amerika ein Machtspiel, indem es seinem „Verbündeten" strategisch wichtige Informationen verweigert und eine gnadenlos strenge Gefängnisstrafe über den Mann verhängt, der dieses doppelte Spiel aufdeckte und versuchte, die Machtverhältnisse auszugleichen. Aber andere Autoren wie Brill werden Fakten aufdecken, und andere Männer wie Pollard werden weiter spionieren.

Das Versprechen Amerikas an die PLO und Syrien, daß diese das von Israel geforderte Land erhalten, die Verweigerung lebenswichtiger militärischer Informationen aus arabischen Ländern gegenüber Israel bei gleichzeitiger Weitergabe von Informationen über Israels Verteidigung und Rüstung an arabische Nationen sowie die Forderung gegenüber Israel, es solle den Atomsperrvertrag als „Geste des guten Willens"[252] gegenüber Ägypten unterzeichnen (und Israel dadurch auf wirkungsvolle Weise seines nuklearen Abschreckungspotentials zu berauben) - das alles beweist, daß die Vereinigten Staaten allein an der Beherrschung des Nahen Ostens interessiert sind und nicht am Überleben Israels.

Zusammenfassung

In diesen historischen Tagen, da Friedensverträge zwischen den ältesten Feinden der Welt fabriziert werden, sehen wir nur einen arabisch-moslemischen Herrscher, den jordanischen König Hussein, der den Frieden mit einer gewissen Aufrichtigkeit anstrebt. Er hat nicht mehr lange zu leben. Er wird entweder an Krebs oder durch die Kugel eines Attentäters sterben. Es wird nicht lange dauern, bis sein Königreich dem fundamentalistischen Islam zufallen wird, der sowohl seinen Frieden als auch Israels Existenzrecht ablehnt.

Ägypten hat seit mehr als fünfzehn Jahren einen kalten Frieden, in Wirklichkeit einen Waffenstillstand ist, zustandegebracht. Es lehnt den israelisch-jordanischen Friedensvertrag ab, und die Geheimpolizei des Landes erklärt, daß „es keinen Frieden zwischen Israel und Ägypten gibt." Das Land baut eine gewaltige militärische Streitkraft auf, mit dem Ziel einer Konfrontation mit Israel, und erklärt gleichzeitig, ein Krieg gegen Israel sei unvermeidlich und daß es bereit sei für einen Krieg. Und Israel selbst hält Ägypten für die größte militärische Bedrohung.

Die PLO schließt angeblich Frieden mit Israel und hält fast die ganze Welt zum Narren, auch das amerikanische Außenministerium und die Regierung Clinton. Arafat und die PLO lehnen ebenfalls den israelisch-jordanischen Friedensvertrag ab, und Arafats wiederholte Erklärung, das Friedensabkommen mit Israel sei ein „verachtenswerter Waffenstillstand,"[253] ist nach Meinung westlicher und linker israelischer Politiker lediglich „arabische Rhetorik". Sein Aufruf zum *Jihad*, dem heiligen Krieg, um die Befreiung Jerusalems ist nach Meinung derselben Experten lediglich ein Aufruf zu einem „friedlichen" *Jihad*.

Die brutalen Morde an Israelis nehmen an Zahl zu, und jedes Folgejahr seit der Unterzeichnung des „Friedens-"Abkommens von 1993 ist das schlimmste seit der Staatsgründung gewesen. Die wachsende Zahl der Zugeständnisse durch Israel führt zu einem Anstieg der Todesfälle.

Syrien lehnt sowohl den Vertrag zwischen Israel und Jordanien als auch den Vertrag zwischen Israel und Ägypten ab. Auf den Spuren Arafats versucht Syrien ebenfalls, Mohammeds Frieden zu errichten. Wenn es damit Erfolg hat, wird es die Golanhöhen bekommen, Israels Überlebenschance in dem kommenden arabisch-israelischen Krieg reduzieren und aus den Regalen des riesigen amerikanischen Arsenals die Waffen für diesen Krieg holen. Dieses Ziel ist erreichbar, denn der ehemalige Ministerpräsident Israels sieht den jüdischen Staat als „Bestandteil des moslemischen Nahen Ostens."[254] Syrien lehnt die Vorstellung, daß Israel innerhalb der arabischen Welt überhaupt existieren sollte, glattweg ab und erklärt: „Sollen wir künftigen Generationen israelische Eroberungen als Erbe hinterlassen?"[255]

Der Iran wird heute als größte Bedrohung Israels angesehen, und zwar nicht auf militärischem Gebiet, sondern durch sein nukleares Potential.

Der Irak ist dabei, seine gewaltige Militärmaschinerie wieder aufzubauen und unter den Augen der Vereinten Nationen ein Atomwaffenprogramm zu verfolgen. Saddam stellt sich auch die Frage: „Wer wird die vierzigste Rakete auf Israels Ballungszentren abschießen?"

Libyen behauptet, daß arabischer Haß allein sich in eine Bombe verwandeln werde, die Israel zerstört, und es begrüßt politische Maßnahmen westlicher Länder, die diesen Haß anheizen.

Rußland versucht, dort anzuknüpfen, wo die ehemalige Sowjetunion aufgehört hatte. Es steckt hinter dem Atomprogramm des Irans und beliefert ihn mit Waffen. Auch der Irak, Syrien und Libyen erhalten Waffen von Rußland.

Die Vereinigten Staaten werden als Israels bedeutender Verbündeter angesehen, aber in Wirklichkeit erstrebt Amerika nur noch mehr Prestige und Macht. Es hat schon oft andere Länder im Stich gelassen, nicht zuletzt auch Israel. Der Einfluß Amerikas in der Welt wird auf Kosten Israels vergrößert, und Israel ist nur eine Schachfigur in den Spielen der Supermächte. Washington gewinnt ausgegebene Petrodollars wieder, indem es riesige Mengen modernster militärischer Ausrüstung an arabische Staaten verkauft, die diese wiederum gegen Israel verwenden.

In diesem Kapitel haben wir den Schwerpunkt gelegt auf die Einstellungen der moslemischen und arabischen Staatsmänner und Anführer gegenüber dem israelisch-arabischen Friedensprozeß, aber wir haben auch erkannt, daß der Durchschnittsaraber in den israelisch verwalteten Gebieten genauso denkt wie der jordanische Durchschnittsbürger. Fast ausnahmslos wollen die führenden Köpfe und auch die Massen die Zerstörung Israels. Frieden, sogar unter den Unterzeichnern der Abkommen, wird lediglich als vorübergehender Zustand angesehen, bis ein günstigerer Zeitpunkt eintritt - Mohammed hat seine Anhänger gut belehrt.

In einer der umfassendsten, gründlichsten und weitreichendsten Umfrage unter Arabern, und zwar unter Libanesen, Syrern und ausgebürgerten Palästinensern, liefert uns der außerordentliche Professor für Politische Wissenschaften an der Amerikanischen Universität von Beirut weitere Beweise über die arabische Vorstellung von einem „Frieden“ mit Israel. Zu Beginn „nannte **nicht einer der Befragten,** die für den Friedensprozeß waren, eine sichere Rechtfertigung für den Frieden mit Israel.“[256] Sie sahen den Frieden als „die **zur Zeit** einzig mögliche Alternative.“[257] Die Befragten äußerten sich folgendermaßen: „Er ist **eine Chance, Territorium zurückzuerhalten**, das seit dem Sechstagekrieg von Israel besetzt ist.“[258] Die große Mehrheit der Befragten sah den Frieden „als eine vorläufige Maßnahme für Araber, um sich zu reorganisieren und später zuzuschlagen.“[259] Und „**mehr als 90 Prozent derer, die heute**

den Frieden unterstützen, würden einen Krieg unterstützen, falls Israel schwächer würde."[260]

Über drei Viertel aller moslemischen Araber, seien sie nun führende Köpfe oder deren Anhänger, sehen erwartungsvoll einem zukünftigen Krieg gegen Israel entgegen. Gleichgültig, was westliche und linkgsgerichtete, für den Frieden eintretende israelische Politiker sagen, die Zukunft Israels beinhaltet keinen dauerhaften Frieden - nur der Friedefürst des Propheten Jesaja (Jesaja 9,6) kann diesen bringen. Mit jedem Zugeständnis von seiten Israels (gewöhnlich auf eine Forderung amerikanischer und europäischer Politiker hin) wird die jüdische Nation strategisch schwächer. Der Weg des Friedens, den Israel eingeschlagen hat, ist im kalten Licht der Wirklichkeit der alte moslemische Weg, der zum Krieg führt.

12

Gericht über die Nationen

Mark Twain sagte einst: „Alle Dinge sind sterblich, nur der Jude nicht; andere Mächte vergehen, aber er bleibt. Worin besteht das Geheimnis seiner Unsterblichkeit?"[1] Es gibt kein Geheimnis in Bezug auf die Unsterblichkeit des Juden. Es ist eine bekannte biblische Tatsache, daß er aus den Nationen erwählt wurde, und zwar von dem allmächtigen Gott, der ihn für die Erfüllung einer ganz bestimmten Absicht bestimmt hat. Diese bestimmte Absicht ist in diesen letzten Tagen des 20. Jahrhunderts noch nicht erfüllt worden.

Kein anderes Volk ist auserwählt, ist aber auch die Zielscheibe für so viel Haß, hat so viel Verfolgung erlitten oder so viel Blutvergießen erlebt. Es wurde bereits erwähnt,[2] daß das große Leid, das über das Israel der antiken Welt kam, seinen Ursprung hatte in der Entscheidung Israels, den Weg der Nationen zu gehen und nicht den Weg seines Gottes: „Sie hätte nicht gemeint, daß es ihr zuletzt so gehen würde. Sie ist ja greulich heruntergestoßen ... (Klagelieder 1,9).

Israel ist in seiner Bestimmung gefangen, eine Rolle zu spielen in Gottes Plan der Welterlösung. Es ist unmöglich für Israel, zu sein „wie alle anderen Nationen," wie es die ehemalige israelische Regierung wünschte. Israel ist auch gefangen in biblischen Prophezeiungen, und die Risiken, daß die Prophezeiungen über Israel nicht erfüllt werden, sind etwa so groß wie das Risiko, daß die Sonne morgen nicht aufgeht. Es gibt eine feststehende Unvermeidlichkeit im Hinblick auf biblische Prophezeiungen und Geschichte; der Mensch kann das, was Gott durch seinen Willen entschieden hat, nicht verändern. Aber es gibt einiges, was Gott nicht tun wird, und dazu gehört die Tatsache, daß er seinem Wort niemals widersprechen wird.

Der Mensch rebellierte gegen Gott im Garten Eden und starb einen geistlichen Tod. Die Juden wurden von Gott als ein Volk erwählt, das als Werkzeug dienen sollte für die Rückführung des Menschen zu Gott. Durch sie kam der Messias , um die Menschen von ihrem geistlichen Tod ins Leben zurückzuführen. Die Berufung der Juden ist ganz offensichtlich spiritueller Natur. Und wie die satanische Macht im Garten Eden den geistlichen Tod des Menschen herbeiführte, so hat sie bis heute versucht, das jüdische Volk zu zerstören, um es an der Erfüllung seiner Bestimmung zu hindern. Satan haßt die Juden, und dies wird deutlich in der Behandlung, die er ihnen zukommen läßt, aber die Erfüllung der Pläne Gottes kann nicht verhindert werden. Gottes Pläne können bekämpft und sogar verzögert werden, aber sein Endziel kann niemals vereitelt werden.

Gott, der seinem Wort treu bleibt, hat das jüdische Volk über Jahrtausende hindurch bewahrt und sie durch alle Stürme und Wirbelwinde begleitet, die die Mächte der Hölle gegen dieses Volk losgelassen haben, auch durch den Holocaust der Nazis, der sechs Millionen Juden das Leben kostete. Gott hat das jüdische Volk nicht nur bewahrt, sondern hat, im Einklang mit seinem Wort, die Juden in ihr uraltes Land zurückgebracht und den jüdischen Staat wiedererstehen lassen.

Die arabischen Nationen, gemeinsam mit allen anderen islamischen Ländern, geben uns zu verstehen, daß die Unruhe im Nahen Osten nur deshalb so groß ist, weil die Juden arabisches Land gestohlen haben. Die Medien, die wirklichen Sprachrohre der Welt, stellen den langen arabisch-israelischen Konflikt ebenfalls als Streit um Land dar. Und die Spitzenpolitiker in den mächtigsten Nationen der Welt üben Druck auf Israel aus, um es zur Rückgabe von Land an seine arabischen Nachbarn zu bewegen, die seit über tausend Jahren gemeinsam etwa zehn Prozent der gesamten Erdoberfläche bewohnt haben, eine größere geographische Fläche als jede andere ethnische Gruppe. Indem sie auf Israel Druck ausüben, Land zurückzugeben, verwirklichen die führenden Köpfe der Welt ihre Vorstellung über einen territorialen Streit. Aber der Konflikt und das Blutvergießen im Gelobten Land ist kein Streit um Territorien, sondern ein spiritueller Kampf, der von einer satanischen Macht gegen das Volk und die Pläne Gottes ausgefochten wird. Ein Terrorist aus Gaza verdeutlicht mit seiner Aussage die Meinung aller Moslems:

> „Israel wird zerstört. Dies ist eine Tatsache, die im Koran steht. **Es handelt sich um einen religiösen Konflikt, nicht um einen arabisch-israelischen oder palästinensisch-israelischen Konflikt. Es ist ein religiöser Konflikt zwischen Moslems, die die wahren Eigentümer dieses Landes sind, und den Juden**, die den Zionismus und das Judentum benutzen, um einen säkularen Staat aufzubauen."[3]

Dem Terroristen wurde folgende Frage gestellt: „Aber was ist, wenn Israel den Islam besiegt?“ Er antwortete: „Wenn sie den Islam besiegen, wird das nicht die letzte Schlacht sein, aber es wird die letzte Schlacht sein, sobald die Moslems Israel besiegen.“[4]

Ich wiederhole: Es handelt sich um einen spirituellen Konflikt. Und der böse Geist, der durch den Islam, durch die Araber, durch den Iran und durch die PLO wirkt, hat seit unvordenklichen Zeiten in und um Israels Land gekämpft:

> *„Die **Nephilim** lebten damals auf Erden (und auch später noch), als **die Gottessöhne mit den Menschentöchtern verkehrten und diese ihnen Kinder gebaren**, jene Helden der Vorzeit, die berühmten“* (1. Mose 6,4, Jerusalemer Bibel).

Das Wort *Nephilim* wird in manchen Bibelübersetzungen oft fälschlicherweise mit „Riesen“ wiedergegeben, vielleicht deshalb, weil viele der *Nephilim* eine riesenhafte Statur hatten. Aber das hebräische Wort für „Riese“ ist *anak*, und die Mehrzahl *anakim. Nephilim* ist jedoch die Mehrzahl des hebräischen Wortes *nephil*, d.h. „Schurke“; seine Wurzel liegt im hebräischen Wort *naphal*, d.h. „fallen“. Die *Nephilim* waren im wahrsten Sinne des Wortes „gefallene Schurken.“ Sie waren in Wirklichkeit Nachkommen „gefallener Engel“, nämlich der „Gottessöhne“, die sich mit menschlichen Frauen paarten und Wesen hervorbrachten, die „zur Hälfte Menschen und zur anderen Hälfte Geistwesen“ waren. Diese wurden wiederum zu den *„Helden der Vorzeit, den berühmten“*. Ist es wirklich überraschend, daß diese „Wesen“ im Kampf siegreich waren?

Wir müssen jedoch daran denken, daß das „Fleisch“ stirbt, während der „Geist“ bestehen bleibt. Dieser böse Geist wird offenbar in brutalen Männern wie Hafez Assad, Saddam Hussein, Jassir Arafat, Abu Nidal, George Habasch, Ahmed Jibril; für sie sind Folter und brutaler Mord so natürlich wie das Atmen. Solche Männer finden ihre Anregung bei der Planung mörderischer Gewalttaten, wie z.B. des Bombenanschlags auf einen Jumbojet oder die Zerstörung eines Hochhauses und der darin arbeitenden Menschen.

Wie das Wort „Riesen“ wird in manchen Bibelübersetzungen auch das hebräische Wort *rephaim* falsch übersetzt. In diesem Fall mißverstanden die Übersetzer offensichtlich den hebräischen Text:

> *„Da sprach Jahwe zu mir: 'Moab sollst du nicht befehden und mit ihnen keinen Krieg anfangen; denn ich werde dir von*

seinem Lande nichts zum Besitze geben, weil ich Ar den Söhnen Lots als Besitz verliehen habe.' Vor Zeiten wohnten die Emiter darin, ein Volk, so groß, zahlreich und hochgewachsen wie die ***Enakiter****. Zu den* ***Rephaitern*** *zählen auch sie, wie die Enakiter; die Moabiter aber nennen sie Emiter"*

(5. Mose 2,9-11, Jerusalemer Bibel).

Anakim bedeutet „Riesen", Emim *bedeutet* „Schrecken". Und weil die *Emim* so groß waren wie die riesenhaften *Anakim*, ***wurden sie auch zu den Rephaitern (oder Rephaim) gezählt****. Rephaim* bedeutet jedoch **„Geister, Phantome, die Toten, die Totengeister**."[5] Die *nephilim* waren tatsächlich das physische Nebenprodukt einer Verbindung zwischen Fleisch und Geist. Und als Beweis dafür, daß die Geister dieser Wesen noch immer im Land leben, möchte ich erwähnen, daß ich selbst einen einheimischen moslemischen Araber kenne, der mit sechs Fingern an jeder Hand geboren wurde. Sein Sohn wurde auch mit sechs Fingern geboren, wie sein Vater und dessen Vorfahren. Nun wollen wir uns folgenden Text ansehen:

„Und es erhob sich noch ein Krieg bei Gat. Da war ***ein langer Mann, der hatte sechs Finger an seinen Händen und sechs Zehen an seinen Füßen****, das sind vierundzwanzig an der Zahl, und auch er war vom Geschlecht der Riesen"*

(2. Samuel 21,20).

In der Tat ist der Konflikt spiritueller Natur, und die Geister der Gegenseite sind mächtig und böse. Und in nur wenigen Jahren werden wir Kriege erleben, die unvorstellbar katastrophale Dimensionen haben werden. Wir könnten zuerst einen kleineren Krieg miterleben, aber dieser wird den Weg bereiten für die großen Kriege, und für Harmagedon.

Es ist jedem ernsthaften Bibelleser klar, daß Kriege mit großen Verlusten an Menschenleben einen wichtigen Platz am Ende dieses Zeitalters einnehmen. Es ist auch deutlich für den Bibelleser, daß das Reich Gottes durch Katastrophen und nicht durch Entwicklungen zustandekommt. Da ich hier in Jerusalem lebe und die englischen, hebräischen und arabischen Nachrichten über Israel intensiv verfolge, ist es offensichtlich, daß wir uns mitten im unumkehrbaren Countdown zum Krieg befinden, ob der „Friedensprozeß" nun weitergeht oder nicht.

Die ganze Absicht des „Friedensprozesses" für die PLO liegt darin, Israel genügend zu schwächen, um seine Vernichtung herbeizuführen, und deshalb ist Krieg ein unerläßlicher Bestandteil des Gesamtplans. Im Mai 1996 fanden in Israel Wahlen statt, und der linke Block um die Arbeitspartei wurde nicht wiedergewählt. Sie täuschten die Menschen nicht nur während des letzten Wahlkampfes, der sich als korrupt herausstellte, sondern haben sich die Zuneigung der Öffentlichkeit durch selbstmörderische Maßnahmen der Beschwichtigungspolitik an allen Fronten abspenstig gemacht. Benjamin Netanyahu, der neue Ministerpräsident, sagte, als er noch Oppositionsführer war, daß im Falle einer Machtübernahme „der Likud das von der jetzigen Regierung geschlossene Abkommen mit der PLO nicht einhalten wird."[6] Es bleibt abzuwarten, welche Teile er einhalten und gegen welche er sich sperren wird. Eine Aufgabe des Friedensprozesses und die erneute Machtübernahme in den an die PLO abgetretenen Gebieten wird den Zorn der ganzen Welt, nicht nur des Islams, erregen. Ein Krieg könnte das unvermeidliche Ergebnis einer solchen Aktion von jeder israelischen Regierung sein, und der ehemalige Oberbefehlshaber der israelischen Streitkräfte Generalleutnant Ehud Barak erklärte sogar noch während seiner Dienstzeit, daß „ein toter Punkt bei den Friedensverhandlungen zu einem bewaffneten Konflikt führen könnte."[7]

Israel stellt die Schlachtfelder für die großen biblischen Auseinandersetzungen der Zukunft bereit. Die schöne Stadt Jerusalem wird wieder erleben, wie Ströme von Blut durch ihre Straßen fließen, wenn Satan versucht, Gott in seiner eigenen Stadt vom Thron zu stoßen. Jerusalem ist ein Stein, der unbeweglich bleiben wird. Satan wird eine Vielzahl von Nationen anwerben in seinem Bestreben, diesen Stein zu bewegen, aber der Berg Zion bleibt ewig bestehen. Er kann nicht bewegt werden (Psalm 125,1). Das Gebet „für den Frieden von Jerusalem" (Psalm 122,6) wird in den kommenden Tagen so wenig ausrichten wie in der Vergangenheit. Für keine andere Stadt wurden so viele Gebete gesprochen, und keine andere Stadt hat mehr Blutvergießen erlebt! Wenn Blut unauslöschlich wäre, so wird behauptet, dann wäre Jerusalem rot - tiefrot. Im Gegensatz zu religiöser Tradition befiehlt uns der ursprüngliche hebräische Bibeltext niemals, „für den Frieden von Jerusalem zu beten" - dies ist eine falsche Übersetzung. Aber diese falsche Übersetzung ist zu einem der bekanntesten Bibelverse geworden, und heute traut sich kaum ein Verleger von Bibeln, eine Veränderung vorzunehmen. Der hebräische Text schreibt Reisenden, die zu den drei großen Festen des HERRN nach Jerusalem hinaufpilgern, vor, „Jerusalem zu grüßen, 'Guten Tag' zu sagen", und zwar zugunsten derjenigen, die sie auf ihrer Reise beherbergt hatten. Das hebräische Wort für „Guten Tag" ist *schalom*, das die gleiche Bedeutung wie „Frieden" hat. (Vollständige Ausführungen zu diesem Thema und zu anderen falsch übersetzten Wörtern in der Bibel sind in meinem Buch *Saga - Die wahre Geschichte von Israel und dem Fall der Nationen* zu finden.)

Obwohl der Konflikt spiritueller Natur ist, wird Israels Armee, die als „die viertstärkste Streitkraft der Welt beurteilt wird (gleich hinter Amerika, Rußland und China)"[8] auf eine Weise kämpfen müssen, als ob die Konfrontation sich auf irdischer Ebene abspielt. Aber während wir uns mit rasender Geschwindigkeit auf das Ende der Endzeit und die Erfüllung der göttlichen Absichten mit dem Menschen und seinem Planeten zubewegen, sollten wir uns einer knallharten Tatsache bewußt sein: Gott ist in keinem Konflikt der Verlierer.

Und wir sollten uns auch nicht nur einen Augenblick lang mit dem Gedanken tragen, der Gott Israels wünsche die Vernichtung der islamischen Nationen, denn nichts ist weiter von der Wahrheit entfernt. Die Moslems sind in Gottes Augen genauso wertvoll wie andere Menschen, aber er benutzt Menschen und Ereignisse, um seine Gesamtziele zu erreichen. Wenn wir anfangen wollen, die unparteiischen Eingriffe Gottes in ihrer Bedeutung zu erfassen, müssen wir zumindest den folgenden Bibeltext verstehen:

> *„Und es begab sich, als Josua bei Jericho war, daß er seine Augen aufhob und gewahr wurde, daß ein Mann ihm gegenüberstand und ein bloßes Schwert in seiner Hand hatte. Und Josua ging zu ihm und sprach zu ihm:* ***Gehörst du zu uns oder zu unseren Feinden? Er sprach: Nein, sondern ich bin der Fürst über das Heer des HERRN und bin jetzt gekommen****. Da fiel Josua auf sein Angesicht zur Erde nieder, betete an und sprach zu ihm: Was sagt mein Herr seinem Knecht? Und der Fürst über das Heer des HERRN sprach zu Josua: Zieh deine Schuhe von deinen Füßen; denn die Stätte, darauf du stehst, ist heilig. Und so tat Josua"* (Josua 5,13-15).

Es gibt nur noch einen weiteren Text in der Bibel, in dem ein Mensch die Weisung erhält, seine Schuhe auszuziehen:

„Als aber der HERR sah, daß er hinging, um zu sehen, rief Gott ihn aus dem Busch und sprach: Mose, Mose! Er antwortete: Hier bin ich. Gott sprach: Tritt nicht herzu, ***zieh deine Schuhe von deinen Füßen; denn der Ort, darauf du stehst, ist heiliges Land!*** (2. Mose 3,4-5)

Wie Mose stand auch Josua in der Gegenwart eines göttlichen Wesens. Aber der Befehlshaber der Armee Gottes hatte Josua, dem Befehlshaber der israelitischen Armee, nichts weiter zu sagen, als daß er seine Schuhe ausziehen sollte! Wir wissen aus der Bibel, daß der HERR verheißen hatte, die Bewohner des Landes hinauszutreiben und sie einer Niederlage durch die Kinder Israel preiszugeben (5. Mose 7,2.20.22-24). Doch, als Josua, der nicht wußte, wen er vor sich hatte, den Befehlshaber der Armee Gottes fragte, ob er auf der Seite Israels oder der Feinde stehe, sagte dieser: „Nein, sondern ..." (das hebräische Wort *lo* bedeutet „nein", wird manchmal aber auch mit „weder, noch" wiedergegeben), obwohl er gekommen war, um einen Sieg der Israeliten zu gewährleisten! Wir sehen hier die völlige Unparteilichkeit des HERRN in Situationen wie der Eroberung Kanaans und dem islamisch-israelischen Konflikt. Gott hatte die feste Absicht, den Israeliten bei der Eroberung Kanaans zu helfen, so wie er heute die feste Absicht hat, Israel bei dem Sieg über die moslemischen Aggressoren zu helfen. Aber wie damals hat er auch heute nichts gegen die andere Seite! Gott wird sicherlich den Haß des Islams auf Israel, den festverwurzelten Antisemitismus der Nationen, die Gier westlicher und östlicher Völker nach Profit und Macht und die spirituelle Pleite der ehemaligen israelischen Regierung benutzen, um die Bühne für die letzten Akte im Schauspiel dieses Zeitalters vorzubereiten.

Die kommenden, vom Islam inspirierten Konfrontationen mit Israel werden von bedeutendem Ausmaß sein. Der Geist des Islams ist die machtvollste Kraft des Bösen in unserer heutigen Welt. Der Gott Israels ist jedoch die größte Macht im gesamten Universum! Der Geist des Islams befindet sich auf Kollisionskurs mit dem *„Mächtigen Jakobs"* (Psalm 132,2.5), wie auch die Geister des Mammons und der Macht. Aber die Macht Gottes ist furchtbar. Im 8. Jahrhundert v.Chr. streckte er in einem Augenblick 185.000 Assyrer nieder (Jesaja 37,36). Wenn wir diese Macht mit der zerstörerischen Kraft der Atombombe, die von den Amerikanern im August 1948 auf Hiroshima abgeworfen wurde, vergleichen, dann stellen wir fest, daß diese nur halb so viele Menschen umbrachte. Durch die vom Islam inspirierte Konfrontation um Jerusalem werden die moslemische und die nicht-moslemische Welt sich schließlich und endlich auf Gottes Plan der Erlösung einlassen.

Die Erkenntnis, daß der islamisch-israelische Konflikt spiritueller und nicht territorialer Natur ist, erlaubt uns, die folgenden „Zufälle" in der richtigen Perspektive zu sehen. Diese wenigen Beispiele sollten den Regierenden der Nationen als Warnung dienen, sich weder in den „Friedensprozeß" einzumischen noch aus irgendeinem anderen Grund zu starken Druck auf Israel auszuüben.

a) Der „Friedensprozeß" begann unter der Schirmherrschaft der Regierung Bush. Der ehemalige amerikanische Präsident George Bush und sein Außenminister James Baker waren während ihrer Amtszeit offen anti-israelisch eingestellt. Sie führten UN-Verurteilungen gegen Israel herbei und drückten das Land bei mehreren Gelegenheiten an die Wand. Die Regierung Bush ist als die israelfeindlichste Regierung seit dem Eisenhower-Dulles-Duo der fünfziger Jahre[9] in die Geschichte eingegangen, und Bush kann zu Recht als der israelfeindlichste amerikanische Präsident in der Geschichte überhaupt angesehen werden.[10] Sowohl Bush als auch Baker behaupteten, sie seien bibelgläubige Christen, aber beide verspotteten den Anspruch der Juden, daß das Recht auf ihr Land gottgegeben sei. Und wo sind diese beiden Männer heute? Ihr anti-israelischer Standpunkt brachte die Vereinigten Staaten in eine schlimme Rezession, und sie selbst wurden wie Altpapier aus dem Weißen Haus geworfen.

b) Am selben Tag, als Mitglieder von Rabins Koalitionsregierung sich zum ersten Mal im August 1992 in Washington D.C. mit Vertretern der PLO trafen, kam der Wirbelsturm Andrew nach Florida und verursachte Schäden in Höhe von 22 Milliarden US-Dollar.

c) Johan Joergen Holst, der ehemalige norwegische Außenminister, war in Oslo Gastgeber bei vierzehn Geheimtreffen zwischen linken israelischen Politikern und Terroristenführern der PLO. Holst „starb plötzlich"[11] - auf den Tag genau vier Monate nach der Unterzeichnung des Osloer Abkommens, das durch seine Vermittlung zustandegekommen war. In den Nachrufen hieß es, er sei „auf dem Höhepunkt seiner Karriere"[12] gewesen.

d) Drei Tage nach Holsts Tod war Präsident Clinton „fasziniert“, sich händeschüttelnd mit der „berühmt-berüchtigten Figur“[13] zu treffen, nämlich mit dem Terroristenschützer und Drogenproduzenten, dem syrischen Präsidenten Hafez Assad. Dieser forderte vor der ganzen Welt, daß Israel „sich aus allen besetzten arabischen Gebieten zurückziehen“ solle. Am nächsten Tag wurde der amerikanische Bundesstaat Kalifornien von einem furchtbaren Erdbeben heimgesucht. Zweiundfünfzig Menschen starben, fünftausend wurden verletzt, 24.000 Menschen wurden obdachlos und die Schäden beliefen sich auf mehr als dreißig Milliarden US-Dollar, und so wurde dies „die kostspieligste Katastrophe in der amerikanischen Geschichte.“[14] Drei Tage nach dem Treffen der beiden forderte in Amerika ein Kälteeinbruch mit Rekordtemperaturen unter 40 Grad minus weitere 100 Todesopfer und schädigte weitere 75 Millionen Bürger.[15] Fünf Tage nach dem Treffen, das von den Medien als Assads größter Triumph gefeiert wurde, starb sein ältester Sohn, der einunddreißigjährige Basil, der bereits auf die Nachfolge des kranken syrischen Präsidenten vorbereitet wurde, in einem Autounfall. Assad „weinte laut beim Begräbnis seines Sohnes.“[16]

Neben den direkt am „Friedensprozeß“ Beteiligten sollte man nicht vergessen, daß das kriegsgeschüttelte Jugoslawien und das von Hungersnöten und Seuchen geplagte Somalia es waren, die „mehr anti-israelische Resolutionen in die Vereinten Nationen eingebracht haben als alle anderen Nationen.“[17]

Wem gehört das Land?

Zu Beginn des 19. Jahrhunderts v.Chr., in der wohl ältesten und am weitesten verbreiteten Besitzurkunde der Welt, verpflichtete sich Gott, das Land Kanaan dem Abraham zu geben und durch Abrahams Sohn Isaak seinen Nachkommen ***für alle Zeit*** (1. Mose 13,15; andere wichtige Bibelstexte sind 1. Mose 12,1.7; 13,14.15.17; 15,7.18-21; 17,8 usw.). Die moslemische Welt, gemeinsam mit vielen anderen Nationen, ist bestrebt, Israel seines gottgegebenen Erbes zu berauben, ignoriert dabei aber die Tatsache, daß der allmächtige Gott bereits das Besitzrecht Israels festgeschrieben hat. Er verpflichtete sich, dem jüdischen Volk ***das ganze Land Kanaan zu ewigem Besitz*** (1. Mose 17,8) zu geben.

Fast 500 Jahre später lagerte sich die israelitische Nation am Fluß Jordan und wartete auf den Befehl Josuas, den Fluß zu überqueren und ihr Land in Besitz zu nehmen. Dort, am Ufer des Jordans gegenüber von Jericho, wurde erneut erklärt, daß das Land ihnen ***für alle Zeit*** (5. Mose 4,40) gegeben wurde. Gott hat auch wiederholt erwähnt, das Land, das er Abraham gegeben hatte (und durch die Linie Isaaks dem gesamten jüdischen Volk), sei in Wirklichkeit sein Land (3. Mose 25,23; 2. Chronik 7,20; Jesaja 14,25; Jeremia 2,7; 16,8; Hesekiel 36,5; 38,16; Joel 1,6; 3,2). Gott ist noch immer der Eigentümer des Landes, auch heute, und die Juden haben noch immer das Besitzrecht. Es wäre gut, wenn wir uns daran erinnerten, daß der göttliche Ratschluß allein bestimmt, was richtig oder falsch ist , nicht menschliche Gefühle oder Argumente.

Ismael, von dem die Araber stammen, war auch ein Sohn Abrahams. Er wurde der Hagar, der ägyptischen Magd seiner Frau Sara, geboren (die alten Ägypter waren keine Araber[18]). Aber Ismael war nicht dazu bestimmt, das Erbe des Landes Kanaan zu teilen. Das Land wurde durch Isaak den Juden gegeben. Gott segnete Ismael und machte einen gesonderten Bund mit ihm (1. Mose 17,19-21), und ihm wurden andere Gebiete gegeben. Wie ich bereits weiter oben erwähnt habe, bewohnt die arabische Nation als ganzes ein größeres geographisches Gebiet als jede andere vergleichbare ethnische Gruppe in der Geschichte der Menschheit.

Land für Frieden?

Am 19. November 1977 machte der damalige ägyptische Präsident Anwar Sadat einen historischen Besuch in Jerusalem, um Frieden mit den Israelis zu schließen. Sadat steckte hinter der verräterischen Invasion Israels am heiligsten Tag des jüdischen Kalenders im Jahr 1973, am Jom Kippur, dem Versöhnungstag. Aber obwohl das Element der Überraschung auf seiner Seite war, erlitt Ägypten trotzdem große Verluste an Truppen, Ausrüstung und Territorium. Der Krieg vom Juni 1967, zu dem Sadats Vorgänger Gamal Abd el-Nasser angestiftet hatte, war noch viel katastrophaler, denn Ägypten verlor die gesamte Sinai-Halbinsel sowie zehntausende Soldaten. Sadat kam nach Jerusalem, weil er den ganzen Sinai als Gegenleistung für den Frieden zurückhaben wollte.

Israel war bereit, den Sinai zurückzugeben, trotz der Milliarden, die für die Erschließung des Gebietes investiert wurden. Israel war zur Rückgabe bereit, und zwar aus dem einfachen Grund, weil der Sinai nicht zu dem Land gehörte, das Gott dem jüdischen Volk vor

3.900 Jahren versprochen hatte. Und so zerstörte Israel die Städte, Dörfer und Installationen für Ölbohrungen im Sinai und gab ihn zurück - ein zweites Mal. Israel hatte den Sinai bereits vorher erobert, im November 1956, und gab ihn drei Monate später unter dem Druck der UN und der Vereinigten Staaten zurück. Dies ist ein Beweis, daß jeder Frieden, der durch die Rückgabe des von Israel eroberten Territoriums an die moslemischen Invasoren zustandekam, nur bis zum nächsten Jahr hält. Ich habe es bereits vorher gesagt und sage es wieder: Ein dauerhafter Frieden kann nur zustandekommen durch den *Friedefürst* des Propheten Jesaja (Jesaja 9,6).

Sadat war aufrichtig in seinem Streben nach Frieden. Er sagte, er sei „der 'nutzlosen Konfrontation' mit Israel müde."[19] Sadats Frieden brandmarkte ihn jedoch als Verräter des Islams, und er wurde von islamischen Fundamentalisten zum Tode verurteilt. Israels jetziger „Friedenspartner," der PLO-Terrorist Jassir Arafat, sagte im März 1979: „Sadat sollte erkennen, daß sein Tod bechlossen ist. Das ist seine Bestimmung."[20] Und so geschah es auch. Sadat starb im Kugelhagel der Moslemischen Bruderschaft am 19. Oktober 1981, während einer Militärparade im Gedenken an den Krieg von 1973. Zum ersten Mal seit Jahrtausenden ägyptischer Geschichte „hatte das Volk von Ägypten seinen Pharao ermordet."[21] Arafat wußte, daß Sadat umgebracht würde. Sadat hatte versucht, einen wahren Frieden zu schließen. Arafats Leben ist nicht in großer Gefahr, denn sein Frieden ist ein taktischer und kein echter Frieden. Er arbeitet mit den extremsten moslemischen Fundamentalisten im Gazastreifen und in Jericho eng zusammen und hat diesen Gruppierungen auch seinen Schutz zugesagt.

Der Sinai gehörte nicht zum verheißenen Land, aber Jericho, die Hälfte des Gazastreifens und das Kernland Israels gehören dazu, das biblische Judäa und Samaria, das heute „Westjordanland" genannt wird, um die Verbindung zu den Juden zu verschleiern. Gott griff nicht ein, als die Sinai-Halbinsel an Ägypten zurückgegeben wurde, aber er beabsichtigt ganz bestimmt, die Tatsachen richtigzustellen im Zusammenhang mit den Abkommen zwischen Israel und der PLO, Israel und Jordanien und allen künftigen Verträgen, wie z. B. zwischen Israel und Syrien. Wir müssen klar und deutlich verstehen, daß Gott meint, was er sagt. Die Bibel betont ausdrücklich, daß Gott sich an sein Wort hält: *„Gott ist nicht ein Mensch, daß er lüge"* (4.

Mose 23,19); „*Gott, der nicht lügt*“ (Titus 1,2); „*es ist unmöglich, daß Gott lügt*“ (Hebräer 6,18). Gott kann einfach nicht lügen. Es ist ihm unmöglich, etwas anderes zu sagen als die Wahrheit. Deshalb trifft alles ein, was er sagt, und was er verspricht, hält er so sicher wie der morgige Tag auf den heutigen folgt.

Im islamisch-israelischen Konflikt steht Gottes guter Ruf auf dem Spiel. Er versprach Israel ***für ewig, für alle Zeit,*** das Land Kanaan oberhalb des Sinais bis zum Fluß Euphrat im heutigen Irak. Alles, was darunter liegt, würde ihn zum Lügner machen, dem man in keiner Situation Vertrauen schenken kann. Wenn *für ewig* und für alle Zeit nur einen begrenzten Zeitraum umfassen, folgt daraus, daß das *ewige Leben* auch nur eine begrenzte Zeit andauert. Und wenn das der Fall wäre, dann würden viele Menschen ihre Bibeln ins Meer werfen oder sie für einen praktischen Zweck verwenden, wie z.B. zum Abstützen von Tischen. Aber Gott ist kein Lügner, und die Begriffe *ewig* und für alle Zeit sind wörtlich zu nehmen. Die Abkommen zwischen Israel und der PLO verlagern große Teile von Israels Territorium unter arabische Souveränität, aber diese Abkommen werden fehlschlagen, und zwar aus folgenden Gründen:

a) Das Land wurde Israel und nur Israel zum ewigen Besitz gegeben.

b) Israel ist der Besitzer, nicht der Eigentümer des Landes. Die Eigentumsurkunde verbleibt in den Händen des allmächtigen Gottes, und Israel kann nicht einfach sein Land an andere abgeben. Gott hat eine Verfügung über das Land erlassen, und selbst Israeliten konnten ihre Grundstücke nicht ***für unbegrenzte Zeit*** an andere verkaufen. Israel hat ewiges Besitzrecht, aber Gott hat absolutes Eigentümerrecht - ***„das Land ist mein“*** (3. Mose 25,23).

Die Gebiete des Gelobten Landes, die der Souveränität arabischer Nationen oder der PLO übergeben worden sind, werden zur rechten Zeit wieder in den Besitz des jüdischen Volkes übergehen, und somit schließt sich der Kreis. Der Preis für die Rückgabe wird in jüdischem und arabischem Blut bezahlt werden. Jeder arabisch-israelische Krieg der Vergangenheit endete damit, daß Israel mehr von seinem Land zurücknahm von denen, die gegen die Juden Krieg führen wollten. Und so wird es auch in der Zukunft sein.

Krieg!

Es gibt im Alten Testament drei Sammlungen von Prophezeiungen, die furchtbare, in der Zukunft liegende Kriege auf dem Land Israels beschreiben. Diese Kriege sind in den Büchern Hesekiel, Joel und Sacharja zu finden. Es gibt auch eine Prophezeiung im neutestamentlichen Buch der Offenbarung, das oft als Apokalypse bezeichnet wird, die einen anderen Krieg darstellt, die große und letzte Schlacht dieses Zeitalters, nämlich Harmagedon. Alle diese Kriege müssen vor dem Beginn des tausendjährigen messianischen Zeitalters stattfinden. Die künftigen Kriege sind in fünf separaten Prophezeiungen enthalten. Die Frage, auf die niemand eine annähernd befriedigende Antwort hat, lautet folgendermaßen: Sprechen die Propheten von fünf verschiedenen Kriegen, vier Kriegen, drei oder zwei, oder sogar nur von einem einzigen, katastrophalen Krieg, der auf drei Schlachtfeldern ausgetragen wird und zwei schreckliche große Schlachten beinhaltet? Es gibt eine große Zahl sehr guter exegetischer Gründe (zu viele und zu detaillierte, um sie hier auszuführen), die fünf Prophezeiungen maximal nur drei Kriegen zuzuordnen. Prophetische Texte lassen fast immer mehr weg als sie erwähnen, und es gibt keine volle Gewißheit, bis Prophezeiungen sich erfüllt haben oder sich schon auf dem Weg der Erfüllung befinden. Ich werde versuchen, einige der deutlicheren Hinweise aufzuzeigen, die einen Krieg mit dem anderen zu verbinden scheinen, und es dann dem Leser überlassen, zu eigenen Schlußfolgerungen zu kommen.

Die künftigen Kriege sind mit großer Sicherheit vom Islam inspiriert, haben ein großes Ausmaß und enden mit unglaublich hohen Verlusten an Menschenleben. Das Ende ist bereits bekannt, und als Erfüllung der biblischen Darstellung im Hinblick auf die Schrecken dieser Kriege wird Israel höchstwahrscheinlich als letzten Ausweg sein Nuklearpotential einsetzen. Israel besitzt bekanntlich hunderte von Raketen mit Atomsprengköpfen, eines der größten Arsenale der Welt. Seine Feinde werden in der vollständigen Gewalt der schrecklichsten, Menschen bekannten Waffen untergehen. Längst vergangen sind die Tage, als die Menschen noch Respekt hatten vor Rechtschaffenheit, Wahrheit und Gerechtigkeit. Heute haben sie Respekt vor Reichtum, Macht und militärischer Stärke. Gott wird die vom Islam inspirierten Kriege gegen Israel benutzen, um den Nationen Erlösung zu bringen. Er wird schließlich und endlich die Aufmerksamkeit der Welt auf sich selbst lenken, indem er Israel in die Mitte der Weltbühne bringt, und zwar durch das Medium unaussprechlich katastrophaler Kriege. Gott erwählte Israel als eine Nation, durch die er sich selbst einen Namen machen konnte, nämlich durch Wunder, Zeichen, wundersame Geschehnisse und militärische Eroberungen im Gelobten Land:

> *„Und wo ist ein Volk auf Erden* ***wie dein Volk Israel****, um dessentwillen Gott hingegangen ist, es zu erlösen, daß es sein Volk sei, und ihm einen Namen zu machen und so große und furchtbare Dinge zu tun, damit du Völker und ihre Götter vertriebest vor deinem Volk“* ... (2. Samuel 7,23)

> ***„... sich selbst einen Namen zu machen ... und Völker auszutreiben*** *vor deinem Volk her ...“* (1. Chronik 17,21)

> ***„ ... und Zeichen und Wunder getan ... und hast dir einen Namen gemacht ... „*** (Nehemia 9,10)

Wie Gott in der antiken Welt durch Israel wirkte, so hat er es in der modernen Welt getan durch die wundersamen Siege, die Israel auf dem Schlachtfeld errungen hat. Dies wird in den kommenden, verheerenden Konfrontationen noch stärker betont. Die Nationen der Welt werden sich fürchten:

> *„So spricht* ***der HERR Zebaoth****: Zu der Zeit werden zehn Männer aus allen Sprachen der Heiden* ***einen*** *jüdischen Mann beim Zipfel seines Gewandes ergreifen und sagen:* ***Wir wollen mit euch gehen, denn wir hören, daß Gott mit euch ist****“* (Sacharja 8,23).

In dem oben erwähnten Bibeltext gebraucht Gott seinen Namen HERR Zebaoth oder HERR der Heerscharen. Dieser Name taucht in der Bibel an 219 Stellen auf, und auf Hebräisch heißt er wörtlich *Jahwe der Armeen.* Es ist traurig, daß die meisten populären Bibelübersetzungen das Wort *Heerscharen* (oder *Zebaoth*, Anm. d. Übers.) anstelle von Armeen gebrauchen, da dies den Sinn des Textes stark verfälscht. Englische Bibelübersetzungen verwenden sogar das Wort „Herrscher“ oder „Allmächtiger“, und das ist nicht viel besser. Das hebräische Wort, das mit *Heerscharen* übersetzt wurde, lautet *tsava.* Dieses Wort kommt 458mal im Alten Testament vor, und nur neunmal wird es außerhalb eines militärischen Zusammenhangs gebraucht. Viermal bezieht es sich auf *die Sonne, den Mond und die Sterne,* und fünfmal auf die vielen Tausend Leviten, die im Tempel ihren Dienst tun. Gott ist in der Tat der Gott der Armeen. Er verfügt über ungeheure Streitkräfte von Kriegsengeln, die seinen Willen ausführen, und diese Streitkräfte werden gegen die Nationen kämpfen, die gegen Israel ziehen. Mehr als siebzigmal wird in der Bibel erwähnt, daß dieser Gott der Armeen der Gott Israels ist, so zum Beispiel in Jeremia 38,17: *So spricht der HERR, der Gott der Armeen, der Gott Israels ...*

Die alttestamentlichen Prophezeiungen über die großen Kriege wurden drei verschiedenen Personen innerhalb weniger Jahre gegeben. Es ist manchmal schwierig, den Zeitraum für den Dienst eines Propheten genau zu datieren, aber Hesekiel ging um 586 v.Chr. in die babylonische Gefangenschaft, als er etwa 25 Jahre alt war. Wissenschaftler sind sich auch einig, daß Sacharja seinen Dienst etwa um das Jahr 520 v.Chr. begann. Joel hat den Gelehrten jedoch die Datierung seines prophetischen Dienstes erschwert. Es wurden stark abweichende Daten vorgeschlagen, und zwar von 800 bis 400 v.Chr., von der Zeit vor bis in die Zeit nach dem Exil. Es gibt jedoch eine große Übereinstimmung der Datierung bei bedeutenden Wissenschaftlern wie z.B. Jacob M. Myers, Gösta W. Ahlström, Leslie C. Allen usw. Diese legen den Beginn seines Dienstes in die Zeit zwischen 520 und 500 v.Chr. und machen ihn damit zu einem Zeitgenossen Sacharjas. Hesekiel hätte während des Dienstes von Joel und Sacharja noch gelebt. Und so ist der Zeitraum zwischen dem Empfang des göttlichen Wortes über die großen, von diesen Propheten vorhergesagten Kriege ziemlich klein. Die Vision des Apostels Johannes über Harmagedon, die etwa 600 Jahre danach erfolgte, schildert mit großer Wahrscheinlichkeit die letzte Schlacht in einem schrecklichen Krieg, der von allen drei alttestamentlichen Propheten, d.h. Hesekiel, Joel und Sacharja, vorausgesagt wurde.

Im Hinblick auf die heutige Lage im Nahen Osten sollten wir die hohe Wahrscheinlichkeit eines Zusammenstoßes zwischen Israel und dem Islam in nächster Zukunft nicht ausschließen. Gleichzeitig könnte ein eng begrenzter arabisch-israelischer Krieg jederzeit stattfinden. Sollte ein begrenzter Zusammenstoß mit dem Einsatz von Raketen erfolgen, dann wäre dieser nur ein Vorläufer dessen, was noch kommen muß. Aber wir sollten uns bewußt sein, daß der

Countdown für Harmagedon bereits begonnen hat.

Am 13. September 1993 unterzeichnete Israel die DOP (Grundsatzerklärung) mit Jassir Arafat von der PLO. Arafat ist ein Moslem, der gemeinsam mit anderen moslemischen Anführern geschworen hat, Israel um Allahs willen zu liquidieren. Arafats geistiger Vater ist Mohammed, der Gründer des Islams, und Arafat übernimmt von seinem geistigen Vater die Methode der Täuschung in dem Krieg um die Zerstörung Israels. Die DOP und das Friedensabkommen, das Arafat in Kairo unterzeichnete, ist eine militärische Taktik, die im Arabischen als der Waffenstillstand von *Hudaybiyyah* bekannt ist. Mohammed verwendete diesen Waffenstillstand zuerst gegen die Bürger von Mekka im 7. Jahrhundert, und zwar zwei Jahre, bevor er sie auslöschte. Saladin, der berühmte Fürst aus dem 12. Jahrhundert, verwendete diesen Waffenstillstand ebenfalls und schloß „Frieden" mit den Kreuzrittern im Heiligen Land, bevor er sie angriff und besiegte. Der Waffenstillstand wurde zum Vorbild für alle Abkommen mit Nicht-Moslems (Ungläubigen). Er ist niemals von Dauer und umfaßt niemals mehr als zehn Jahre (mit der Möglichkeit einer Verlängerung um weitere zehn Jahre, aber niemals mehr). Nach Ablauf dieser Zeit muß der Islam seinen Krieg gegen Nicht-Moslems wieder aufnehmen. Der Countdown für Harmagedon begann deshalb im Dezember 1993, und der Krieg muß spätestens im September 2013 beginnen. Der tatsächliche Zeitplan für den Krieg wird voll und ganz abhängen von der islamischen Einschätzung der eigenen Stärke und der Schwäche Israels, die durch den Waffenstillstand herbeigeführt worden ist.

Der tatsächliche Zeitpunkt der zerstörerischen Kriege, von denen Harmagedon die letzte Schlacht sein wird, ist nur dann von Bedeutung, wenn unsere eigene Beziehung zu Gott betroffen ist. Die Schlacht ist der Endpunkt, denn sie leitet das messianische Zeitalter ein, und dann ist es zu spät, daran zu denken, die Beziehung zum *Friedefürst* zu pflegen. Wir sollten ihn suchen, solange er zu finden ist, und an die Worte des Psalmisten denken: *„Wenn ihr doch heute auf seine Stimme hören wolltet: Verstocket euer Herz nicht...*" (Psalm 95,7.8). Es wird nicht immer *heute* sein; Harmagedon leitet den Morgen ein. Wir sollten jetzt Frieden mit Gott schließen. Wenn wir auf eine günstigere Zeit warten, bedeutet das, daß wir unser Herz bereits verstockt haben.

Die Propheten

Im Alten Testament gibt es drei Prophezeiungen und im Neuen Testament eine über diese schreckliche Konfrontation. Wie erwartet schweigt die Bibel über viele Details, aber es gibt genügend Hinweise auf die Beantwortung der Fragen: Wann? Wo? Warum? Wer? (Wann und wo finden die Kämpfe statt, und wer ist daran beteiligt?)

Die Prophezeiung von Hesekiel lautet folgendermaßen:
„Du Menschenkind, richte dein Angesicht auf ***Gog, der im Lande Magog ist*** *und der Fürst von Rosch, Meschech und Tubal, und weissage gegen ihn und sprich: So spricht Gott der HERR: Siehe, ich will an dich, Gog, der du der Fürst bist von Rosch, Meschech und Tubal! Siehe, ich will dich herumlenken und dir einen Haken ins Maul legen und will dich ausziehen lassen mit deinem ganzen Heer, mit Roß und Mann, die alle vollgerüstet sind; und sie sind ein großer Heerhaufe, die alle kleine und große Schilde und Schwerter tragen. Du führst mit dir* ***Perser, Kuschiter und Libyer****, die alle Schild und Helm tragen, dazu* ***Gomer*** *und sein ganzes Heer, die* ***vom Hause Togarma, die im Norden wohnen****, mit ihrem ganzen Heer; ...* ***Nach langer Zeit sollst du aufgeboten werden****; am Ende der Zeiten sollst du in ein Land kommen, das dem Schwert entrissen ist und zu dem Volk, das aus vielen Völkern gesammelt ist, nämlich auf* ***die Berge Israels****, die lange Zeit verwüstet gewesen sind, und nun ist es* ***herausgeführt aus den Völkern*** *... Du wirst heraufziehen und daherkommen wie ein Sturmwetter und wirst sein wie eine Wolke, die das Land bedeckt, du und dein ganzes Heer und die vielen Völker mit dir ... Und wirst kommen aus deinem Ort,* ***vom äußersten Norden, du und viele Völker mit dir****, alle zu Roß, ein großer Heerhaufe und eine gewaltige Macht,* ***du wirst heraufziehen gegen mein Volk Israel wie eine Wolke, die das Land bedeckt. Am Ende der Zeit wird das geschehen. Ich will dich aber dazu über mein Land kommen lassen, daß die Heiden mich erkennen*** *... Und es wird geschehen zu der Zeit, wenn Gog kommen wird über das Land Israels, spricht Gott der HERR, wird mein Zorn in mir aufsteigen. ... Und ich will über ihn das Schwert herbeirufen auf* ***allen meinen Bergen****, spricht Gott der HERR, daß jeder sein Schwert gegen den anderen erhebt.*

Und ich will ihn richten mit Pest und Blutvergießen und will Platzregen mit Hagel, Feuer und Schwefel über ihn und sein Heer und über die vielen Völker kommen lassen, die mit ihm sind. So ***will ich mich herrlich und heilig erweisen und mich zu erkennen geben vor vielen Heiden, daß sie erfahren, daß ich der HERR bin****. Und du, Menschenkind, weissage gegen Gog und sprich: So spricht Gott der HERR: Siehe, ich will an dich ...* ***Auf den Bergen Israels sollst du fallen, du mit deinem ganzen Heer und mit den Völkern, die bei dir sind*** *...*"

(Hesekiel 38,1-6.8.9.15-16.18.21-39,1.4).

Einige Kommentatoren glauben, daß diese Prophezeiung (und auch Sacharja 14) sich im messianischen Zeitalter erfüllen wird. Viele andere, und ich auch, sind damit nicht einverstanden, und zwar aus mehreren Gründen; der wichtigste ist wohl, daß diese Prophezeiungen der biblischen Darstellung der messianischen Herrschaft völlig widersprechen, hier nur ein Beispiel: „*Da werden die Wölfe bei den Lämmern wohnen und die Panther bei den Böcken lagern.* ***Man wird nirgends Sünde tun noch freveln auf meinem ganzen heiligen Berge***" (s. Jesaja 11,6-9). Der Krieg ist eine Vorstufe zur messianischen Herrschaft, denn er kann nicht während eines Friedensreiches stattfinden.

Folgende Punkte aus der oben erwähnten Prophezeiung sind hervorzuheben:

a) Die Invasoren Israels. Seit Jahren glaubte man in evangelikalen Kreisen, daß die Prophezeiung von einer massiven Invasion Israels durch Rußland sprach. Dies hatte seinen Ursprung in einer mißverständlichen Annahme, daß „*Gog, aus dem Lande Magog*" in Wirklichkeit Rußland selbst war. Dies ist aber nicht der Fall. Es gibt nur wenige Hinweise, wer Gog wirklich ist, aber manche Kommentatoren stellen eine Verbindung zu den Skythen her, die ein Gebiet „nördlich des Schwarzen und Kaspischen Meeres"[22] bewohnten. Die Verwendung des Begriffes „Gog, aus dem Lande Magog" bedeutet wohl „der dämonische und geheimnisvolle Anführer von gottlosen Völkern in weiter Ferne von Israel."[23] Wir sind jedoch besser informiert über die Nationen, die im Angriff auf Israel namentlich genannt werden.

Der Name *Perser* steht für die radikal-islamische Nation Iran.

Die *Kuschiter* (in manchen Übersetzungen *Äthiopier* genannt, Anm. d. Übers.) befinden sich südlich von Israel, sind überwiegend kommunistische Nationen, aber mit einer moslemischen Bevölkerungsmehrheit. Im Osten grenzt diese Nation an den radikal-islamischen Sudan, und im Westen an das ebenfalls radikal-islamische Somalia.

Die *Libyer* (in manchen Übersetzungen als *Put* bezeichnet) sind engagierte Feinde Israels.

Gomer ist eine „barbarische Horde," die ihren Wohnort in Südrußland im 7. Jahrhundert v.Chr. verließ und „durch den Kaukasus in das westliche Asien strömte, indem sie den Assyrern und anderen Nationen ernsthafte Schwierigkeiten bereiteten."[24] Gomer war wohl auch unter dem Namen Kimmerer bekannt, und ihre Wanderungen endeten dort, wo heute die islamische Osttürkei liegt.[25]

Togarma wird heute allgemein als das „südöstliche Armenien"[26] angesehen. Große Gebiete Armeniens, wie z.B. der Nordosten, sind heute islamisch, und der südliche Nachbar Armeniens ist der radikale Iran. Seit dem Zusammenbruch der Sowjetunion sind die Armenier in bewaffnete Auseinandersetzungen mit ihrem östlichen Nachbarn, dem radikal-islamischen Aserbeidschan, verwickelt.

Nicht nur die sechs genannten Nationen sind an der Invasion Israels beteiligt, die Prophezeiung erwähnt zweimal „*viele* ***Völker***," d.h. viele verschiedene ethnische Gruppierungen oder Nationen. Alle Truppen von Gog und den *Völkern* werden auf den „*Bergen Israels*" fallen, und hier sollten wir festhalten, daß es sich um die „*Berge Israels*" handelt und nicht um die „Berge Palästinas."

Für einige Leser dieses Buches könnte es eine Überraschung sein, wenn sie erfahren, daß um das Jahr 2020 Moslems in der GUS „eine absolute Mehrheit"[27] bilden könnten. Und es könnte eine noch größere Überraschung für einige Leser sein, daß fünfzig Prozent der Einwohner Chinas nicht-chinesischer Abstammung sind, und in China heute mehr Moslems leben als in Saudi-Arabien, Kuwait und den Vereinigten Arabischen Emiraten zusammen![28]

b) Die Prophezeiung aus dem 5. Jahrhundert v.Chr. sagt aus, daß die schreckliche Schlacht *„am Ende der Zeiten,"* d.h. in der Endzeit, stattfinden wird, und zwar in den Tagen, in denen wir heute leben.

c) Der Krieg wird auf *„den Bergen Israels"* geführt, in Judäa und Samaria, dem sogenannten Westjordanland, einem großen und weiträumigen geographischen Gebiet, das sich über Beërscheba im Süden erstreckt und sich am südlichen Ende der Ebene Jesreel im Norden gabelt und einen Großteil der Ebene umfaßt. Ein beträchtlicher Teil dieses Gebietes ist bereits an die PLO abgegeben worden, und noch viel mehr soll in sehr naher Zukunft der Souveränität Arafats unterstellt werden. Gott sagt wieder, daß er der Eigentümer ist: ***„mein Land"*** (Vers 16), ***„meine Berge"*** (Vers 21).

d) ***Pest*** (Krankheit), ***Feuer und Schwefel*** wird auf den Feind regnen, die Verluste an Menschenleben werden ungeheuer groß sein, denn Israel wird sieben Monate brauchen, um die Leichname zu begraben (Hesekiel 39,12). Die Darstellung in Hesekiel 39,15 könnte ein Hinweis darauf sein, daß die Knochen entweder aufgrund einer Atomexplosion radioaktiv verstrahlt oder durch biologische Kampfstoffe verseucht sind. So ist zum Beispiel der Milzbrandvirus bekannt für seine bleibende tödliche Wirkung, auch mehrere Jahrzehnte nach einer Explosion.

e) Gott greift direkt zugunsten Israels ein - *„Siehe, ich will an dich ...* ***Auf den Bergen Israels sollst du fallen, du mit deinem ganzen Heer und mit den Völkern, die bei dir sind."***

f) Das alles überragende Ziel ist die Erlösung - *„ich will dich aber dazu über mein Land kommen lassen,* ***daß die Heiden mich erkennen,"*** usw.

Die Prophezeiung von Joel lautet folgendermaßen:
„Denn siehe, in jenen Tagen und zur selben Zeit, ***da ich das Geschick Judas und Jerusalems wenden werde****, will ich* ***alle Heiden*** *zusammenbringen und will sie ins Tal Joschafat hinabführen und* ***will dort mit ihnen rechten*** *wegen meines Volks und meines Erbteils Israel, weil sie es unter die Heiden zerstreut* ***und sich in mein Land geteilt haben****; ... Rufet dies aus unter den Heiden! Bereitet euch zum heiligen Krieg! Bietet*

die Starken auf! Laßt herzukommen und hinaufziehen alle Kriegsleute! Macht aus euren Pflugscharen Schwerter und aus euren Sicheln Spieße! Der Schwache spreche: Ich bin stark! Auf, alle Heiden ringsum, kommt und versammelt euch! - ***Dahin führe du hinab, HERR, deine Starken!*** - *Die Heiden sollen sich aufmachen und heraufkommen zum Tal Joschafat;* **denn dort will ich sitzen und richten alle Heiden ringsum.** *Greift zur Sichel, denn die Ernte ist reif! Kommt und tretet, denn die Kelter ist voll, die Kufen laufen über, denn ihre Bosheit ist groß!* ***Es werden Scharen über Scharen von Menschen sein im Tal der Entscheidung; denn des HERRN Tag ist nahe im Tal der Entscheidung.*** *... Und der HERR wird aus Zion brüllen und aus Jerusalem seine Stimme hören lassen,* ***daß Himmel und Erde erbeben werden.*** *Aber seinem Volk wird der HERR eine Zuflucht sein und eine Burg den Israeliten"* (Joel 4,1-2.9-14.16)

Wir wollen folgende Punkte festhalten:

a) Der Zeitrahmen ist aktuell - *„wenn ich die Gefangenschaft Judas und Jerusalems wenden werde"* (Elberfelder Übersetzung). Juden aus fast 150 Nationen sind seit 1948 in ein wiedererschaffenes Israel zurückgekehrt. Zehntausende, sogar hunderttausende zurückkehrender Juden strömen Jahr für Jahr ins Land. Diese Sammlung könnte noch ein weiteres oder zwei Jahrzehnte andauern, aber der Antisemitismus nimmt in der ganzen Welt rapide zu und wird deshalb die Rückkehr beschleunigen.

b) Das Schlachtfeld ist das *„Tal Joschafat."* Dieses große, an vielen Stellen tiefe Tal (heute als Kidrontal bekannt) beginnt in *„den Bergen Israels"* und verläuft entlang den Mauern der Altstadt Jerusalems bis zum Toten Meer.

c) Die Aggressoren könnten nicht nur auf islamische Völker begrenzt sein, sondern „alle Nationen," die an der Verfolgung von Juden während Israels Exil von seinem Land (arabische Nationen waren führend in ihrem Haß auf die Juden, aber dies trifft zum Beispiel auch auf Deutschland und andere zu), und alle Nationen, die an der Aufteilung von Gottes Land beteiligt waren. Dies könnte sogar heißen, daß die „Unterhändler," einige europäische und skandinavische Länder und möglicherweise eine Reihe von

Ländern aus den Vereinten Nationen an dem Konflikt teilhaben werden. Die PLO und die umliegenden arabischen Staaten sind in der Tat Gottes Nachbarn - ***„meine bösen Nachbarn, die das Erbteil anrühren, das ich meinem Volk Israel gegeben habe...***"

d) Es wird einen direkten Eingriff von Kriegsengeln geben: ***„Dahin führe du hinab, HERR, deine Starken"*** heißt aus dem Hebräischen wörtlich übersetzt „Schicke die Helden hinab!"

e) Das alles überragende Ziel ist die Erlösung: *„Es werden Scharen über Scharen von Menschen sein im Tal der Entscheidung; denn des HERRN Tag ist nahe im Tal der Entscheidung."* Hunderttausende Soldaten, möglicherweise Millionen, werden die volle Heftigkeit des Zornes Gottes zu spüren bekommen. Sie befinden sich im Tal der Entscheidung - werden sie auf ihrem verstockten, bösen Weg weitergehen oder werden sie umkehren und den König auf seinem heiligen Berg anbeten?

Die erste Prophezeiung von Sacharja lautet:
„Siehe, ***ich will Jerusalem zum Taumelbecher zurichten*** *für alle Völker ringsumher,* ***und auch Juda wird's gelten, wenn Jerusalem belagert wird****. Zur selben Zeit will ich Jerusalem machen zum Laststein für alle Völker. Alle, die ihn wegheben wollen, sollen sich daran wundreißen;* ***denn es werden sich alle Völker auf Erden gegen Jerusalem versammeln*** *... Zu der Zeit will ich die Fürsten Judas machen zum Feuerbecken mitten im Holz und zur Fackel im Stroh, daß sie* ***verzehren zur Rechten und zur Linken alle Völker ringsumher*** *... Zu der Zeit wird* ***der HERR die Bürger Jerusalems beschirmen, und es wird zu dieser Zeit geschehen, daß der Schwache unter ihnen sein wird wie David und das Haus David wie Gott, wie der Engel des HERRN vor ihnen her. Und zu der Zeit werde ich darauf bedacht sein, alle Heiden zu vertilgen, die gegen Jerusalem gezogen sind.*** *Aber über das Haus David und über die Bürger Jerusalems will ich ausgießen den Geist der Gnade und des Gebets. Und* ***sie werden mich ansehen, den sie durchbohrt haben****, und sie* ***werden um ihn klagen****, wie man klagt um ein einziges Kind, und werden sich um ihn betrüben, wie man sich betrübt um den Erstgeborenen"*

(Sacharja 12, 2-6.8-10).

Wir wollen folgende Punkte festhalten:

a) Die Ursache des Krieges ist Jerusalem selbst - *da werde ich* ***Jerusalem zu einem Laststein machen für alle Völker: alle, die ihn aufladen wollen, werden sich gewißlich daran verwunden***" (Elberfelder Übersetzung). Die PLO erklärt, daß Jerusalem die Hauptstadt ihres „Staates" sei, und Arafat hat zu einem *Jihad* (moslemischen heiligen Krieg) für die Befreiung der Stadt von den Juden aufgerufen. Die Stadt Jerusalem wurde vor 3.000 Jahren zur jüdischen Hauptstadt, und sie ist niemals eine islamische Hauptstadt von irgendetwas gewesen - sie wird noch nicht einmal im Koran erwähnt.

b) Eine überaus große Zahl von Ländern wird an der Belagerung Jerusalems und Judäas beteiligt sein - „*denn es werden sich* ***alle Völker auf Erden*** *gegen Jerusalem versammeln.*" Das bedeutet nicht, daß jede Nation dazu gebracht wird, gegen Israel zu kämpfen, aber die Wahrscheinlichkeit ist hoch aufgrund der großen Anzahl, die in den Konflikt verwickelt ist. Nicht nur die Stadt Jerusalem wird belagert, sondern auch das weite umliegende Gebiet, das heute bekannt ist als „Großjerusalem" oder das „Stadtgebiet" Jerusalems, das sich auch in „*den Bergen Israels*" befindet.

c) Es wird einen direkten Eingriff durch die mächtigen Kriegsengel Gottes geben - „***das Haus David wird wie Gott sein, wie der Engel des HERRN vor ihnen her.***"

d) Die israelische Armee wird die Aggressoren verschlingen - wie ein „***Feuerbecken mitten im Holz und zur Fackel im Stroh.***" Israel hat eine Anzahl furchtbarer Waffen entwickelt, weil das Land von aggressiven Nationen umringt ist, die auf seine Zerstörung aus sind. Israel entwickelt Waffen für sein Überleben, nicht für den Krieg, aber es wird nicht zögern, sein Arsenal bei einem Angriff auch einzusetzen.

e) Das alles überragende Ziel ist die Erlösung der jüdischen Nation - „und ich werde ***über das Haus Davids*** *und die Bewohner von Jerusalem den Geist der Gnade und des Flehens ausgießen: und* ***sie werden auf mich blicken, den sie durchbohrt haben****, und sie* ***werden über ihn wehklagen.***" Die Übersetzung des hebräischen Wortes *elai* mit „auf mich" ist nicht korrekt. *Eli* bedeutet *zu mir*, *auf mich* heißt im Hebräischen *'alai*. Deshalb wird das jüdische Volk „zu ihm“ blicken, *„den sie durchbohrt haben“*. Gott ist viele Male durchbohrt worden durch Israels wiederholten Unglauben. Die Juden werden „über ihn wehklagen,“ das heißt über ihren Messias, Jesajas *„Friedefürst“* (Jesaja 9,6). Sie werden wehklagen in einer tiefgehenden, heftigen und erlösenden Umkehr.

Die zweite Prophezeiung von Sacharja lautet:
„Denn ***ich werde alle Heiden sammeln zum Kampf gegen Jerusalem****. Und die Stadt wird erobert, die Häuser werden geplündert und die Frauen geschändet werden. Und die Hälfte der Stadt wird gefangen weggeführt werden, aber das übrige Volk wird nicht aus der Stadt ausgerottet werden. Und* ***der HERR wird ausziehen und kämpfen gegen diese Heiden, wie er zu kämpfen pflegt am Tage der Schlacht. Und seine Füße werden stehen zu der Zeit auf dem Ölberg, der vor Jerusalem liegt nach Osten hin. Und der Ölberg wird sich in der Mitte spalten, vom Osten bis zum Westen****, sehr weit auseinander, so daß die eine Hälfte des Berges nach Norden und die andere nach Süden weichen wird. ... Und dies wird die Plage sein, mit der der HERR alle Völker schlagen wird, die gegen Jerusalem in den Kampf gezogen sind:* ***ihr Fleisch wird verwesen, während sie noch auf ihren Füßen stehen, und ihre Augen werden in ihren Höhlen verwesen und ihre Zungen im Mund ... Und alle, die übriggeblieben sind von allen Heiden, die gegen Jerusalem zogen, werden jährlich heraufkommen, um anzubeten den König, den HERRN Zebaoth ...“*** (Sacharja 14,2-4.12.16).

Hier können wir folgende Punkte festhalten:

a) Diese Schlacht wird auch um Jerusalem geführt, die umstrittenste Stadt in der Welt.

b) Es werden ebenfalls viele Länder an dieser Schlacht um Jerusalem beteiligt sein - ***„alle Heiden“*** - möglicherweise nicht nur islamische Nationen.

c) Israel ist zahlenmäßig weit unterlegen, und die Schlacht scheint verloren zu sein - ***„die Stadt wird erobert, die Häuser werden***

geplündert und die Frauen geschändet werden. Und die Hälfte der Stadt wird gefangen weggeführt werden. " Gott muß Israel auf die Knie zwingen, um seinen Götzendienst, der in einer Anbetung ihrer Streitkräfte besteht, zu brechen. Er wird sie zu der Erkenntnis bringen, daß er es ist, der Schlachten gewinnt, nicht die Stärke der israelischen Armee. Deshalb muß Israel *„**zu mir sehen, den sie durchbohrt haben**"* bevor göttliche Hilfe (d) zum Vorschein kommt. Dies scheint auch ein Hinweis darauf zu sein, daß die Prophezeiungen des Sacharja von einem einzigen Krieg sprechen.

d) Es erfolgt ein direkter Eingriff der mächtigen Kriegsengel - ***„der HERR wird ausziehen und kämpfen gegen diese Heiden, wie er zu kämpfen pflegt am Tage der Schlacht."***

e) Israel wird sich möglicherweise entweder für seine nukleare Option entscheiden (die auch unter dem Namen „Simson-Option," bekannt ist wenn dadurch als letzter Ausweg das Land selbst und seine Feinde zerstört werden) oder für eine andere schreckliche, von ihm entwickelte Waffe - ***„ihr Fleisch wird verwesen, während sie noch auf ihren Füßen stehen, und ihre Augen werden in ihren Höhlen verwesen und ihre Zungen im Mund."***

f) Die Verluste sind unzählbar - ***„alle, die übriggeblieben sind von allen Heiden."***

g) Durch die Gegenwart Gottes wird ein welterschütterndes Erdbeben stattfinden - *„der HERR wird ausziehen und kämpfen ... am Tage der Schlacht.* ***Und seine Füße werden stehen zu der Zeit auf dem Ölberg, der vor Jerusalem liegt nach Osten hin. Und der Ölberg wird sich in der Mitte spalten."*** An diesem Punkt beginnt das messianische Zeitalter.

h) Das alles überragende Ziel ist die Erlösung - ***alle, die übriggeblieben sind von allen Heiden, die gegen Jerusalem zogen, werden jährlich heraufkommen, um anzubeten den König, den HERRN Zebaoth.***

Die Vision des Johannes im Buch der Offenbarung oder der Apokalypse lautet folgendermaßen:

„Und der sechste Engel goß aus seine Schale auf ***den großen Strom Euphrat****; und sein Wasser trocknete aus,* ***damit der Weg bereitet würde den Königen vom Aufgang der Sonne****. Und ich sah aus dem Rachen des Drachen und aus dem Rachen des Tieres und aus dem Munde des falschen Propheten drei unreine Geister kommen, gleich Fröschen;* ***es sind Geister von Teufeln****, die tun Zeichen und gehen aus zu den Königen der ganzen Welt,* ***sie zu versammeln zum Kampf am großen Tag Gottes, des Allmächtigen****. - Siehe,* ***ich komme wie ein Dieb. Selig ist, der da wacht*** *und seine Kleider bewahrt, damit er nicht nackt gehe und man seine Blöße sehe. - Und* ***er versammelte sie an einen Ort, der heißt auf hebräisch Harmagedon****. Und der siebente Engel goß aus seine Schale in die Luft; und es kam eine große Stimme aus dem Tempel vom Thron, die sprach:* ***Es ist geschehen!*** *Und es geschahen Blitze und Stimmen und Donner, und es geschah* ***ein großes Erdbeben, wie es noch nicht gewesen ist, seit Menschen auf Erden sind - ein solches Erdbeben, so groß****."*

(Offenbarung 16, 12-18)

Wir halten folgendes fest:

a) Der Fluß Euphrat entspringt in der Türkei und fließt durch Syrien in den Irak, wo er in den Tigris mündet. Dieser Fluß wird von den *„Königen vom Aufgang der Sonne"* überquert, höchstwahrscheinlich von *Gog* mit den *„vielen Völkern"*, die Hesekiel erwähnt.

b) Unter den *„Geistern von Teufeln"* ist der Islam zu verstehen.

c) Der letzte, verheerende Schlacht wird an einem Ort namens Harmagedon stattfinden. Das Wort Harmagedon kommt von den beiden hebräischen Wörtern *Har Megiddo*, das bedeutet Berg Megiddo. Der Berg Megiddo befindet sich am südwestlichen Ende der Ebene Jesreel (hebräisch *yizre'el*, das bedeutet „Gott zerstreut"), und dieses Tal war in biblischen Zeiten buchstäblich der Friedhof von Königreichen wegen der vielen großen Schlachten, die dort stattfanden. Das Tal ist auch bekannt unter dem Namen Tal von Megiddo, und als Napoleon es erblickte, nannte er es „das größte Schlachtfeld der Welt."[29] Die Ebene Jesreel liegt in Samaria, am nördlichen Ende der ***„Berge Israels****."*

d) Gott ruft aus: ***„Es ist geschehen!“*** Ein welterschütterndes Erdbeben findet statt, und dies ist mit Sicherheit das gleiche Erdbeben, das von Sacharja geschildert wird. Das messianische Zeitalter wird eingeleitet. Die Schlacht von Harmagedon ist mit großer Wahrscheinlichkeit die gleiche Schlacht, die Sacharja beschreibt.

Wird es fünf Kriege oder nur einen geben? Die Leser können ihre eigenen Schlüsse im Hinblick auf die Anzahl ziehen, aber wir wissen mit Sicherheit, daß es mindestens einen schrecklichen und grausamen Krieg geben wird, wie ihn die Welt vorher noch nie erlebt hat.

Wir können uns jedoch einige Fragen zu den die geschilderten Kriegen stellen: Warum kommen in einem Zeitalter der technologischen Kriegsführung mit Raketen, Atom-, chemischen und biologischen Sprengköpfen, die Nationen herab auf *die Berge Israels*, um zu kämpfen? Trifft es nicht zu, daß nach Aussage von Militärexperten die Kriege der Zukunft aus großen Entfernungen geführt werden?

Ich glaube, die Antwort auf diese Fragen ist recht einfach: Zur Zeit, als diese Zeilen verfaßt wurden, besaßen die arabischen Nationen bekanntlich mehr als 1.200 Raketen. Seit der Unterzeichnung des Missile Technology Control Regime (MTCR - Kontrollabkommen über Raketentechnologie, Anm. d. Übers.) im Jahr 1987 wurden mehr als 1.000 ballistische Raketen in weniger als fünf Jahren von moslemischen Nationen abgefeuert, darunter der Iran, Irak und Afghanistan.[30] Militärische Kreise in Israel bestätigen, daß schließlich etwa 2.000 feindliche Raketen auf den jüdischen Staat gerichtet sind.[31] Und gut unterrichtete Kreise berichten, daß die Araber planen, die Hälfte dieser Raketen zugleich und zum selben Zeitpunkt auf Israel abzuschießen. Um das zu verhindern hat Israel nicht nur weitaus modernere Raketensysteme entwickelt, sondern auch Raketenabwehrsysteme. Das amerikanische Patriot-System, das während des Golfkriegs so umfassend gelobt wurde, war in Wirklichkeit ein schmählicher Fehlschlag. Von den 39 Scud-B-Raketen, die 1991 vom Irak gegen die israelische Zivilbevölkerung abgefeuert wurden, trafen 31 ihr Ziel. Die Patriot-Abwehrraketen waren erfolglos, weil sie zu langsam waren. Sie konnten die Scud-Raketen nicht einfangen, und dadurch hatten sie fast keine Chance, diese aufzuhalten und zu zerstören.

Israels Barak-Rakete heftet sich jedoch an den Kurs feindlicher Raketen, verfolgt sie, unterbricht ihren Flug und zerstört sie.[32] Aber Israels Arrow-System, das Ende 1998 voll einsatzfähig sein wird, ist das anspruchsvollste Raketenabwehrsystem, das in der Welt jemals entwickelt wurde. Im Juni 1994 sagte Dr. Michael Holtcamp von der UN-Organisation für die Entwicklung Ballistischer Raketen israelischen Ingenieuren, die am System arbeiteten, daß das erfolgreiche Abfangen und die Zerstörung einer heranfliegenden Rakete durch Arrow „Israel an die Spitze internationaler Technologie versetzt hat."[33] Der Versuch im Juni war der letzte vor der Anfangsphase bei der Entwicklung eines Prototyps, und Israel geht jetzt mit großen Schritten in die Produktion.

Gut unterrichtete Kreise in Israel haben sich stets geweigert, technische Details über das Arrow-System preiszugeben, aber Berichte in der Auslandspresse, wie z.B. in dem Magazin *Jane's Defense Weekly*, deuten an, daß dieses System feindliche Kurzstreckenraketen in einer Entfernung von neunzig Kilometern von den Verteidigungspositionen zerstören kann. Dafür wird es eine Geschwindigkeit von Mach-9 erreichen, das ist die neunfache Schallgeschwindigkeit, und bis zu einer Höhe von 30.000 Metern aufsteigen können. Um unter diesen Bedingungen einsatzbereit zu bleiben, können die Bestandteile der Arrow-Rakete angeblich Beschleunigungen von 6.600 Stundenkilometern pro Sekunde aushalten.[34]

Das Abfangen einer echten Rakete durch Arrow im Juni 1994 wurde nicht nur überall in Israel beobachtet, sondern auch von allen politischen Entscheidungsträgern in den Nachbarländern. Die Arrow ist nicht bloß eine Abwehrrakete, sie dient auch der Abschreckung von Raketenangriffen. Ferner wird sie den Sprengkopf einer Rakete - sei er nun atomar, chemisch oder biologisch - über dem eigenen Territorium des Angreifers innerhalb von Sekunden nach dem Abschuß der Rakete explodieren lassen und dadurch Zerstörung über die eigene Zivilbevölkerung des Aggressors bringen. Und dies ist der wahrscheinlichste Grund, warum die Nationen auf *die Berge Israels* heraufkommen, um ihre Kriege zu führen.

Israel hat auch ein begrenztes Weltraumprogramm verfolgt, das zur Sammlung von Informationen über militärische Ausrüstung und Truppenbewegungen dient. Seit 1988 haben unter großer Geheimhaltung drei Abschüsse und Zurückholaktionen von Satelliten stattgefunden. 1992 waren Mitarbeiter der israelischen Regierung schockiert über den angebotenen Verkauf eines höchst geheimen amerikanischen Spionagesatelliten an die Vereinigten Arabischen Emirate. Ein Mitarbeiter des israelischen Verteidigungsministeriums in Tel Aviv sagte:

> „Seit Jahren haben wir die Amerikaner um detailliertere Satellitenaufnahmen angebettelt und holten uns oft Ablehnungen, sogar dann, als irakische Scud-Raketen auf Tel Aviv fielen. Die Amerikaner haben auch ihr Bestes getan, um uns beim Bau unseres eigenen Aufklärungssatelliten jede Hilfe zu verweigern. Und jetzt wollen sie den arabischen Ländern Ferngläser verkaufen, mit denen sie jede Truppenbewegung bei uns sehen können."[35]

Am 18. November 1992 bestätigte das amerikanische Außenministerium, daß die Vereinigten Staaten „den nocht nicht dagewesenen Verkauf eines höchst geheimen Spionagesatelliten an die Vereinigten Arabischen Emirate erwägen."[36] Daraufhin forcierte Israel sein eigenes Programm für die Entwicklung von Spionagesatelliten, und nach Aussage eines anonymen Mitarbeiters der israelischen Luftfahrtindustrie könne der Ofek-3-Satellit, der im April 1995 gestartet wurde, „die Nummernschilder von Autos in Bagdad"[37] erkennen.

Schlußwort

Jede Weltsicht, die nicht über den menschlichen Horizont hinausgeht, ist sinnlos und frustrierend. Und wenn das Leben auf irdische Ambitionen ausgerichtet ist, dann ist es völlig sinnlos. Die Weltsicht der heutigen, modernen Nationen erhebt sich nicht über den menschlichen Horizont, und deren Ambitionen bestehen darin, Reichtum, Macht und Prestige zu erlangen. Die islamische Weltsicht geht zwar über den menschlichen Horizont hinaus, aber ihre Ambitionen sind ebenfalls irdischer Natur, indem sie die gewaltsame Unterwerfung der Welt unter ihr Joch anstrebt. Die islamische und auch die nicht-islamische Welt ist auf der Jagd nach einem Regenbogen mit ihrem Streben nach Nichtigkeit. Der Schöpfergott, der Gott Israels, ist dabei, den Vorhang über dieses Zeitalter fallen zu lassen, und die Zukunft wird dann die Lösung für die Geheimnisse und Frustrationen der Gegenwart bereithalten.

Die Ambitionen der modernen Nationen, ob im Westen oder im Osten, spielen der islamischen Welt in die Hände und fördern ihre Sache. Die zynische Umdeutung der Geschichte, die in Kapitel 7 besprochen wurde, wird von einem Bündnis aus Arabern, den Medien und der akademischen Welt vorgenommen, mit manipulierten Fakten, die im Interesse des Islams, des Öls und des Antisemitismus geschaffen wurden. Und unzählige Millionen, seien es nun Angestellte, Arbeiter, Studenten, sogar amerikanische Juden, sind von CNN und anderen Nachrichtendiensten überredet worden, daß Israel der Ort ist, an dem mit Helmen bekleidete Sturmtruppen arabische Kinder erschießen, auf den schmutzigen Straßen, die sie vorher von ihnen gestohlen haben. Judenfeindliche Mächte bereiten unbewußt die Bühne vor für die großen biblischen Kriege der Zukunft, bei denen die Armeen vieler Nationen in den Wirbel eines nuklearen Infernos hineingezogen werden, das sie schließlich verschlingen wird.

Die islamische Welt strebt danach, den jüdischen Staat vollständig und endgültig aus dem Nahen Osten zu entfernen, aus dem Gebiet, das ihrer Meinung nach Allahs Land ist. Es wird und kann keinen Frieden geben zwischen dem Islam und Israel, weil der Koran es verbietet. Moslems verehren sowohl den Koran als auch Mohammed, den Propheten Allahs, und nach Aussage des Korans sind die Juden „**Feinde Allahs, des Propheten und der Engel.**“[38]

Der Koran ist die wahre Wurzel des islamisch-israelischen Konflikts, und dieser Konflikt muß weitergehen, bis entweder der Islam oder Israel aufhören zu existieren. Mohammed wurde von Haß auf die Juden erfüllt, weil sie vor 1.300 Jahren ihren Glauben nicht aufgeben und ihm folgen wollten. Mohammed schrieb den Koran zusammen aus Bruchstücken von Judentum, Christentum, arabischer Folklore und „Offenbarungen,“ und vermischte den Inhalt großzügig mit Judenhaß. Solange der Koran von den Anhängern Mohammeds gelesen und verehrt wird werden fundamentalistische Moslems weiter (gemäß den Worten Jitzhak Rabins) „blutdürstige, haßerfüllte Mörder“[39] sein.

Moslems glauben, das 21. Jahrhundert sei das „Jahrhundert des Islams,“ wenn die ganze Welt sich dem Islam unterwerfen muß, und sie glauben auch, daß die Auslöschung Israels der Vorbote für ihre Eroberung des Westens ist. Westliche Politiker (sogar einige israelische Politiker) behaupten, Araber ließen sich von ihrer Rhetorik mitreißen, indem sie Drohungen ausstoßen, schreien, ihre geballten

Fäuste schütteln, auf Tische schlagen, aber niemals etwas tun. Aber wir haben in vorherigen Kapiteln aufgezeigt, daß der Krieg gegen den jüdischen Staat die berühmte Ausnahme ist, die diese Regel bestätigt, und die Kriege von 1948, 1956, 1967, 1968-71, 1973 und 1982 beweisen, daß arabischer Judenhaß immer arabische Rhetorik übertrifft. Politiker im Westen sahen auch in Saddam Husseins historischer Drohung von 1990, „halb Israel zu verbrennen,"[40] nichts anderes als „blumenreiche arabische Rhetorik."[41] Saddam machte seine Drohung wahr und schoß 39 sowjetische Scud-B-Raketen auf zivile Ballungszentren in Israel ab und zerstörte oder beschädigte etwa 5.000 Häuser und Wohnungen. Vier Jahre später meinen dieselben Politiker, arabische Drohungen gegenüber Israel seien Rhetorik, und sie hören nicht auf, Israel zu tyrannisieren, damit es sich ihren Wünschen gemäß verhält.

Das Interesse der Nationen am „Friedensprozeß" ist nicht identisch mit dem echten Wunsch, Frieden zwischen alten Feinden zu stiften, denn dies würde ihre Waffenindustrien nachhaltig beeinflussen. Das wahre Interesse liegt darin, wieviel Reichtum über den daraus entstehenden „palästinensischen Staat" herausgeholt werden kann. Im Februar 1995 sagte der britische Vertreter der Delegation aus der Europäischen Union (auch bekannt als „Troika") bei einem Besuch in Israel: „Es war im Interesse Europas, den Friedensprozeß zu unterstützen, denn **die Verluste aus verlorenen Geschäftsmöglichkeiten sind weitaus höher als die Millionen, die wir den Palästinensern hinwerfen.**"[42] Und wir haben bereits vorher erkannt, warum Amerika und Rußland involviert sind.

Aber der Haß des Islams auf den jüdischen Staat, die Gier der Nationen nach Profit, Macht und Überlegenheit konnten im „Friedensprozeß" keinen Ruheplatz finden ohne die willige Zusammenarbeit der israelischen Regierung. Die damalige Koalition umfaßte die Gottlosen, die Betrüger, die Skrupellosen und die Korrupten, und sie haben sich mit denen verbunden, die ganz offen sind in ihrem Bestreben, den jüdischen Staat zu zerstören. Der Prophet spricht das offen aus, was im Geheimen schon gesagt wird:

> „***Wir haben mit dem Tod einen Bund geschlossen*** *und mit dem Totenreich einen Vertrag gemacht ...* ***wir haben Lüge zu unserer Zuflucht und Trug zu unserm Schutz gemacht***"
> (Jesaja 28,14.15).

Die Abkommen zwischen Israel und der PLO sind in der Tat ein Bund mit dem Tod. Und Israels damalige Regierende haben die Lüge zu ihrer Zuflucht und Trug zu ihrem Schutz gemacht. Gott benutzt diejenigen, die seine Existenz, seine Gegenwart und sein Wirken in der Weltpolitik leugnen, um die Nation auf künftiges Leid vorzubereiten. Der jüdische Staat bewegt sich mit Volldampf auf Harmagedon zu, die letzte Schlacht der Menschheitsgeschichte.

Die Bühne des Weltgeschehens ist vorbereitet für die Erlösung. Lieber Leser, liebe Leserin, ob du nun Nichtjude oder Nichtjüdin, Jude, Jüdin oder Moslem bzw. Muslime bist, rufe jetzt den an, der *„kommt, gerecht und ein Retter ist er“* (Sacharja 9,9; Elberfelder Übers.). Ewiges Leben ist die Gabe Gottes, er verspricht uns, uns ein *„neues Herz“* und *„seinen Geist in unser Inneres zu geben“* (Hesekiel 36,26-27; Elberfelder Übers.). Jetzt könnte die *„Zeit der Gnade“* sein, heute könnte für dich der *„Tag des Heils“* (Jesaja 49,8) sein. Schaut auf! Frohlockt! Die Erlösung naht!

Informationen für den Leser

Ramon Bennett schreibt auch für den Rundbrief des Werkes ***Arm of Salvation Ministries***, der jetzt auch in deutscher Sprache mit dem Titel *Im Blickpunkt: Zeitgeschehen und Herausforderung zur Fürbitte* erhältlich ist. Dieser Rundbrief hält die Leser über aktuelle Ereignisse in Israel sowie über den Dienst und die Reisetätigkeit der Bennetts auf dem laufenden. Um eine jährliche Spende von *DM 30,— / CHF 32,— / Österr. Schilling 238,—* zur Deckung der Herstellungs- und Portokosten wird gebeten.

Arm of Salvation ist ein israelisches Glaubenswerk, das von Liebesgaben und den Verkaufserlösen aus seinen Büchern und Musikkassetten abhängig ist, um seine Arbeit in und für Israel sowie das jüdische Volk weiterführen zu können. Wir leben in krisengeschüttelten Zeiten, und dies trifft heute mehr denn je auf Israel zu. Aus diesem Grund ermutigen wir unsere Leser, sich als Partner unserer Arbeit anzuschließen, und zwar durch den Kauf und die Weiterempfehlung unseres Schrifftums, durch Gebet und finanzielle Hilfe. Wir freuen uns über jede Spende, deren Erhalt wir gerne schriftlich bestätigen.

Ihren Scheck oder Zahlungsauftrag senden Sie bitte an

ARM of SALVATION
P.O. Box 32381, Jerusalem 91322, ISRAEL

Anmerkungen

Kapitel 1

1) Während des „Blitzkriegs“ war der Vater des Autors verantwortlich für Londons „Bombenschäden;“ unter seinem Befehl stand ein wahres Heer von Bauarbeitern, das die Straßen schnell von Schutt befreite, lebenswichtige Versorgungssysteme wiederherstellte und nach Möglichkeit überall beschädigte Gebäude reparierte. Aus Respekt vor dem „Chef,“ wie sie den Vater des Autors nannten, wurde sein Haus gewöhnlich zuerst repariert. Während der langen Luftangriffe war das Haus, in die Familie des Autors wohnte, oft das einzige in der Straße, das noch Fensterscheiben hatte und manchmal das einzige mit einem richtigen Dach.
2) John Laffin, The Arab Mind (London, Cassell, 1975), S. 143
3) Ebd., S. 104
4) „Hussein Doesn't Deny 'Butcher of Baghdad' Nickname,“ Artikel in der Zeitung *Chicago Tribune*, 3. Aug. 1990
5) Zitat aus „Saddam and the Smokers,“ *Jerusalem Post*, 20. Mai 1994
6) Aus dem Bericht von *Amnesty International* aus dem Jahr 1983
7) Arie Stav vom Nativ-Zentrum für Politische Wissenschaften, in einem Artikel mit der Überschrift „On the threshold of Critical Mass. Part II,“ *Middle East Intelligence Digest* vom Juni 1993
8) Ebd.
9) Zitat aus „The Line in the Sand,“ *Los Angeles Times*, 25. Nov. 1990
10) Bericht der Associated Press, „Study tracks $ 163 billion in arms to Mideast“, *Cedar Rapids Gazette* vom 6. Mai 1991
11) Arie Stav vom Nativ-Zentrum für Politische Wissenschaften, in einem Artikel mit der Überschrift „On the threshold of Critical Mass. Part II,“ *Middle East Intelligence Digest* vom Juni 1993
12) Benjamin Netanyahu, *A Place Among the Nations: Israel and the World* (New York: Bantam, 1993), S. 102

Kapitel 2

1) Raphael Patai, The Arab Mind (New York: Macmillan, 1983), S. 81
2) Ebd., S. 101
3) Ebd., S. 105
4) al-Ghazali, zitiert in: Laffin, *The Arab Mind*, S. 79
5) Ebd.
6) Ebd.
7) Abu L'Ala 973-1057, zitiert in: Ebd., S. 50
8) Zitat aus *Dispatch from Jerusalem*, Jan./Feb. 1994
9) Laffin, *The Arab Mind*, S. 70
10) Aus „A Palestinian Version of the New Testament,“ *Jerusalem Post, International Edition*, 18. Jan. 1992
11) Patai, *The Arab Mind*, S. 102
12) König Hussein, *My War with Israel* (New York: Morrow, 1969), S. 66, zitiert in: Ebd., S. 103
13) Laffin, *The Arab Mind*, S. 50

14) Der Herausgeber von *Al-Ahram*, zitiert in: John Laffin, *Fedayeen: The Arab-Israeli Dilemna* (London: Cassell, 1973), S. 105
15) Laffin, *The Arab Mind*, S. 50
16) „A Shameful Statistic," Christian Friends of Israel *Watchman's Prayer Letter*, Feb. 1995
17) Zitiert in: Patai, *The Arab Mind*, S. 42
18) Ameen Faris Rihani, zitiert in Ebd., S. 219
19) Zitiert in Ebd., S. 212
20) Laffin, *The Arab Mind*, S. 38
21) Ebd.
22) Ebd., S. 39
23) Zitat aus „Poised to Strike," *Jerusalem Post Magazine*, 12. Nov. 1993
24) Laffin, *Fedayeen*, S. 100
25) Netanyahu, *A Place Among the Nations*, S. 102 f.
26) Winifred Blackman, zitiert in: Patai, *The Arab Mind*, S. 158
27) Zitat aus Ebd., S. 161
28) Zitat aus „The Old Villain," *New Leader*, 29. Okt. 1990
29) In der Frühjahrsausgabe von *Foreign Affairs*, zitiert in: Patai, *The Arab Mind*, S. 337
30) Laffin, *The Arab Mind*, S. 97 f.
31) Ebd., S. 98
32) Ebd., S. 99
33) Ebd.
34) Ibn Khaldun (1332-1406), *The Muqaddinah - An Introduction to History*, zitiert in: Laffin, *The Arab Mind*, S. 97
35) Ebd., S. 95
36) Ebd.
37) Ebd., S. 108
38) Ebd., S. 101 f.
39) Bericht im Radiosender *Voice of Israel Radio*, 12. Dez. 1992
40) Laffin, *The Arab Mind*, S. 116
41) Ebd., S. 111
42) Ebd., S. 121
43) Ebd., S. 120
44) Ebd., S. 119
45) Philip K. Hitti, *History of the Arabs*, zitiert in: Patai, *The Arab Mind*, S. 81
46) Wilfred C. Smith, I*slam in Modern History*, zitiert in Ebd., S. 296
47) Suleiman Al-Khash in *Al-Thaura*, der Zeitung der Ba'ath-Partei, 3. Mai 1968
48) Glances at Arab Society, S. 117, eine Übung für das erste Jahr an weiterführenden Schulen in Jordanien, zitiert in: Joan Peters, *From Time Immemorial: The Origins of the Arab-Jewish Conflict Over Palestine* (London: Michael Joseph, 1984), S. 79
49) *Basic Syntax and Spelling*, eine Übung für die fünfte Klasse an syrischen Hauptschulen, zitiert in: Ebd., S. 79
50) *Grammatik*, S. 244, eine Übung für das erste Jahr an weiterführenden Schulen in Ägypten, zitiert in: Ebd., S. 79
51) *Zionist Imperialism*, S. 249, für die neunte Klasse an ägyptischen Schulen, zitiert in: Ebd., S. 79

52) Laffin, *Fedayeen*, S. 88
53) Zitat aus: Peters, *From Time Immemorial*, S. 113
54) David Bar-Ilan, *Eye on the Media* (Jerusalem: The Jerusalem Post, 1993), S. 211
55) Laffin, *The Arab Mind*, S. 167
56) „Two Gazans stab nursing mother, 23, in Gush Katif," *Jerusalem Post International Edition*, 30. April 1994
57) „Hamas car bomb kills 7, wounds 52 in Afula," Ebd., 16. April 1994
58) Laffin, *The Arab Mind*, S. 167
59) Ebd.
60) Ebd.
61) Ebd., S. 168
62) „To Our People of Israel," *Jerusalem Post International Edition*, 19. März 1994
63) „78.8 % of Israelis condemn massacre", Ebd., 12. März 1994
64) Patai, *The Arab Mind*, S. 124
65) Ebd., S. 123
66) Ebd.
67) „Problem of female circumcisions in Holland," *Jerusalem Post*, 10. Mai 1992
68) Patai, *The Arab Mind*, S. 134
69) Ebd., S. 135
70) Ebd., S. 118
71) Nazar Qabbani, On Poetry, Sex and Revolution, zitiert in: Laffin, *The Arab Mind*, S. 2
72) Ebd., S. 86, 90
73) Ebd., S. 90
74) Sigmund Freud, *Beyond the Pleasure Principle* (London: Hogarth Press, 1922), S. 69
75) Laffin, *The Arab Mind*, S. 93
76) Ebd.
77) Zitiert in: Patai, *The Arab Mind*, S. 60
78) „A misplacing of confidence", Jerusalem Post, 10. Mai 1994
79) Ramon Bennett, *When Day and Night Cease* (2. Aufl., Jerusalem: Arm of Salvation, 1993), S. 176 f.
80) Ebd.
81) Bericht der *Associated Press*, veröffentlicht in der Zeitung *Bangkok Post* am 28. Dez. 1990
82) Laffin, *The Arab Mind*, S. 162
83) Leitartikel aus der Zeitung *Al-Ahram* vom 15. Mai 1964, zitiert in: Ebd., S. 82
84) Rede von Präsident Nasser am 11. Aug. 1964, zitiert in Ebd., S. 82
85) Leitartikel aus der Zeitung *Al-Ahram* vom 25. Feb. 1971, zitiert in: Ebd., S. 163
86) Patai, *The Arab Mind*, S. 43

Kapitel 3

1) Sure 5,33. Beachte: Verszählungen im Koran können in englischen (und auch deutschen, Anm. d. Übers.) Übersetzungen um bis zu 10 Verse abweichen. Man sollte in dieser Spanne, d.h. einen Vers höher oder tiefer nachsehen, wenn

die Angaben nicht übereinstimmen.
2) „Sound the Alarm!" *Jerusalem Courier & Prophecy Digest*, Band 11, 1993
3) Laffin, *The Arab Mind*, S. 121
4) Sure 4,34. Manche Übersetzungen verwenden das Wort „schlagen". Im Arabischen heißt es jedoch „auspeitschen."
5) „Have we all beaten our wives today?" *Jerusalem Post*, 30. Aug. 1991
6) Ray A. Pritz, *Nazarene Jewish Christianity* (Jerusalem: Magnus, 1988), S. 17
7) Bericht der *Associated Press* „Women flogged by clerics in outlaw justice," in der Zeitung *New Zealand Herald*, 27. Dez. 1994
8) Ebd.
9) Ali Dashti, *23 Years: A Study of the Prophetic Career of Mohammed* (London: George Allen & Unwin, 1985), S. 56, Sitiert in: Rober Morey, *The Islamic Invasion: Confronting the World's Fastest Growing Religion* (Eugene: Harvest House, 1992), S. 32
10) *Israel Vistas*, Frühling/Sommer 1994, S. 7
11) Ebd., S. 9
12) Internationales Institut für das Studium von Islam und Christentum, *Presseerklärung*, Jan. 1994
13) Anis A. Shorrosh, *Islam Revealed: A Christian Arab's View of Islam* (Nashville: Thomas Nelson, 1988), S. 198
14) Morey, *The Islamic Invasion*, S. 119
15) Ali Dashti, Ebd.
16) Ebd., S. 123
17) Arthur Jeffery, Ebd.
18) Ebd., S. 123
19) Sure 3,35 ff.
20) Sure 19,28
21) Suren 27,4-6; 28,6.38; 29,39; 40,23.24.36.37
22) Suren 21,68.69; 9,69
23) Shorrosh, *Islam Revealed*, S. 48
24) Morey, *The Islamic Invasion*, S. 71
25) Ebd.
26) Sure 4,3
27) Ali Dashti, 23 Years, S. 120-138, zitiert in: Morey, *The Islamic Invasion*, S. 85
28) Shorrosh, *Islam Revealed*, S. 56
29) Ebd., S. 58
30) Ebd., S. 62
31) Ebd.
32) Sure 33,50
33) Sure 4,24
34) „Evil anniversary," *Jerusalem Post*, 17. Feb. 1995
35) Morey, *The Islamic Invasion*, S. 78
36) Sure 2,106
37) Morey, *The Islamic Invasion*, S. 79
38) Ebd.
39) Shorrosh, *Islam Revealed*, S. 34
40) Laffin, *The Arab Mind*, Fußnote S. 35
41) Morey, *The Islamic Invasion*, S. 82

42) Ebd., S. 42
43) Ebd., S. 27
44) Jordanisches Textbuch für den Kunstunterricht in der zweiten Klasse an weiterführenden Schulen: *General History, Ancient and Medieval Civilizations*, S. 160
45) Morey, *The Islamic Invasion*, S. 52
46) Ebd., S. 47 f.
47) Ebd., S. 48
48) Hastings *Encylopedia of Religion and Ethics*, Ebd.
49) Ebd., S. 49
50) *Encyclopdia of Religion*, Ebd., S. 48
51) *Encyclopedia of Islam*, Ebd.
52) E.M. Wherry, *A Comprehensive Commentary on the Quran* (Osnabrück: Otto Zeller Verlag, 1973), S. 36, Ebd., S. 50
53) Ebd.
54) Ebd.
55) Dr. Anis Shorrosh, zitiert in der Zeitung *Jerusalem Post International Edition*, 1. Mai 1993
56) Chuck Missler, Personal Update, Band 4, Nr. 2, Feb. 1994, S. 8
57) Morey, *The Islamic Invasion*, S. 52
58) N.J. Dawood, The Koran (London: Penguin 1993), S. 2
59) Dr. Anis Shorrosh, zitiert in der Zeitung *Jerusalem Post International Edition*, 1. Mai 1993
60) Bernard Lewis, *The Political Language of Islam* (Chicago: University of Chicago, 1988), S. 3
61) Hadith, Abs. 7
62) Dokumentiert in den *Sahih Moslem* Annalen, zitiert bei George Grant, *The Blood of the Moon* (Brentwood: Wolgemuth & Hyatt, 1991), S. 49
63) Netanyahu, *A Place Among the Nations*, S. 41
64) *The World Almanach and Book of Facts* (New York: Pharos, 1993), S. 766
65) Leitartikel in der Zeitung *Al-Ahram* vom 15. Mai 1964, zitiert bei Laffin, *The Arab Mind*, S. 82
66) Veröffentlicht in der Zeitung *Al Ahram*, 26. Nov. 1955, zitiert bei Ebd., S. 157
67) Anwar Sadat, 25. April 1972, zitiert bei David Berger, *History and Hate: The Dimensions of Anti-Semitism* (New York: Jewish Publication Society, 1986), S. 89
68) Jassir Arafat zitiert bei Grant, *The Blood of the Moon*, S. 59
69) Imam Hassan al-Bana, ehemaliger Anführer der ägyptischen Moslemischen Bruderschaft, zitiert bei David Dolan, *Holy War for the Promised Land* (Nashville: Thomas Nelson, 1991), S. 248
70) König Abdul Aziz Ibn Saud, zitiert bei Grant, *The Blood of the Moon*, S. 59
71) König Farouk von Ägypten, Ebd., S. 54
72) König Idris von Libyen, Ebd.
73) Haj Amin al Husseini, moslemischer Großmufti 1946, Ebd., S. 53
74) Dr. Abdul Halim Mahmoud, Großscheich von Al-Azhar, 8. Okt. 1973
75) Dokument, unterzeichnet von Ibrahim Ghousha, einem bedeutenden Anführer der Hamas, 2. Jan. 1993
76) Hashemi Rafsanjani, Präsident des Irans, 1991, zitiert bei Grant, *The Blood of*

the Moon, S. 56

77) Professor Augustus H. Strong, zitiert bei Morey, *The Islamic Invasion*, S. 43
78) Jassir Arafat, Rede in der Moschee von Johannesburg, 10. Mai 1994
79) Ein Anführer der Hamas bei einem Interview mit dem Sender BBC, Anfang Jan. 1994
80) Zitat von Scheich Abd Allah Al Meshad bei D.F. Green, *Arab Theologians on Jews and Israel* (Genève: Editions de l'Avenir, 1974), S. 22
81) Moslemischer Sprecher, zitiert in *Signs Following*, offizieller Rundbrief des Mahesh Chavda Ministries International, Frühjahr 1988
82) Lewis, *The Political Language of Islam*, S. 78
83) Scheich Mohammed Abu Zahra, zitiert bei Green, *Arab Theologians on Jews and Israel, S. 55*
84) Scheich Abdullah Ghoshah, Ebd., S. 61
85) *Islam at a Glance*, eine Broschüre, die in Birmingham, England im Juli 1985 verbreitet wurde.
86) Shorrosh, *Islam Revealed*, S. 35
87) „Basic Tenets of Islam", *Bridges for Peace*, Tenets 2. Quartal 1990, S. 1
88) Lameh Chrysostine, zitiert bei Grant, *The Blood of the Moon*, S. 64
89) Patai, *The Arab Mind*, S. 146
90) Laffin, *The Arab Mind*, S. 93
91) „Living Bomb", *Eton Yerushalaiyim*, 20. April 1995
92) Ebd.
93) Ebd.
94) Zitiert in Amir Taheri, *Holy Terror: The inside story of Islamic terrorism* (London: Sphere Books, 1987), in *Middle East Intelligence Digest*, Aug. 1994, S. 6
95) Zitat aus „Behind the PLO boss's words", Jerusalem Post, 27. Mai 1994
96) Ebd.
97) Lewis, *The Political Language of Islam*, S. 77
98) König Abdullah von Jordanien, Sept. 1947
99) Ayatollah Khomeini, zitiert bei Grant, *The Blood of the Moon*, S. 72
100) Ebd.
101) Ebd.
102) Shorrosh, *Islam Revealed*, S. 56
103) „Holy Axe", *In Jerusalem*, 18. März 1994
104) Zitat aus „On the threshold of Critical Mass. Part I," *Middle East Intelligence Digest,* Band 3, Nr. 7 vom Mai 1993, S. 6
105) „Sound the Alarm!" *Jerusalem Courier & Prophecy Digest*, Band II, 1993
106) Elwood McQuaid, veröffentlicht in der Zeitung *Jerusalem Post International Edition*, 26. Dez. 1992
107) „Missing feminist writer mystifies Bangladesh police", *Jerusalem Post*, 15. Juni 1994
108) Ebd.
109) Ebd.
110) Zitat aus „Islam and democracy - squaring the ancient circle", Ebd., 18. Jan. 1992
111) „The West - Digging its Own Grave", *Middle East Intelligence Digest,* Mai 1993, S. 4

112) Internationales Institut für das Studium des Islams und des Christentums, *Pressemitteilung*, Jan. 1994
113) „Fanatics on the warpath", *Middle East Intelligence Digest,* Mai 1993, S. 2
114) *Christian Institute for Middle East Studies*, Bericht in *Israel Vistas*, Frühjahr/ Sommer 1994, S. 9
115) „Sudan: A brutal preview", *Jerusalem Post International Edition*, 9. April 1994
116) Berichtet in „The Sudanese Connection", Ebd., 23. Jan. 1993
117) „Sudan", *Middle East Intelligence Digest*, Mai 1993, S. 4
118) Zitat aus „Promises", *Jerusalem Post International Edition*, 12. Feb. 1994
119) Berichtet in „The Sudanese Connection", Ebd., 23. Jan. 1993
120) „Massaker in Ägypten", Ebd., 16. April 1994
121) „Islamic guerillas kill four priests", *New Zealand Herald*, 29. Dez. 1994
122) *Agence France Presse*, zitiert in *The Jerusalem Institute for Western Defence*, Digest 6, Juni 1994, S. 2
123) „Algeria's week of killing spree continues as pop singer is slain", *Jerusalem Post*, 17. Feb. 1995
124) „Church Bomb", *Jerusalem Post International Edition*, 26. März 1994
125) „Moslem exclusivism blamed for emigration of Christians", Ebd., 5. Dez. 1994
126) „Christian minorities in the Middle East", *Middle East Intelligence Digest*, Juni 1994, S. 7
127) „Oh, little town of Bethlehem", Ebd., Feb. 1995, S. 6
128) „Christian minorities in the Middle East", Ebd., Juni 1995, S. 7
129) „Oh, little town of Bethlehem", Ebd., Feb. 1995, S. 6
130) „Moslem exclusivism blamed for emigration of Christians", *Jerusalem Post International Edition*, 5. Dez. 1994
131) Berichtet im Sender *Voice of Israel Radio*, 2. März 1994
132) „Eye on the Media", *Jerusalem Post International Edition*, 12. März 1994
133) „Palestinian Baptist slams Islam", *Jerusalem Post*, 23. Sept. 1994

Kapitel 4

1) „The Resurgent Threat", *Middle East Intelligence Digest*, Feb. 1993, S. 10
2) Scheich Abdul-Hamid 'Attiyah al-Dibani, zitiert bei Green, *Arab Theologians on Jews and Israel,* S. 35
3) Shorrosh, *Islam Revealed*, S. 185
4) Ebd.
5) „The Terror Within", *Time*, 5. Juli 1993, S. 24
6) Shorrosh, *Islam Revealed*, S. 184
7) Ebd.
8) „Watching Islamic policy in action", *Jerusalem Post International Edition*, 27. Feb. 1993
9) „The Iranian threat", Ebd., 16. Jan. 1993
10) Gamal Abdel Nasser, Sept. 1955
11) Patai, *The Arab Mind*, S. 269
12) Ramon Bennett, *Saga: Israel and the Demise of Nations* (Jerusalem: Arm of Salvation, 1993), S. 129-137
13) Les Krantz, *Facts that matter: Everything you need to know about everthing* (Los Angeles: Price Stern Sloan, 1993), S. 20
14) Ebd., S. 51

15) „Two Arab Americans remanded on suspicion of being Hamas agents", *Jerusalem Post International Edition*, 13. Feb. 1993
16) Ebd.
17) „American charged with being world commander of Hamas military wing", *Jerusalem Post*, 22. Okt. 1993
18) „Two Arab Americans remanded on suspicion of being Hamas agents", *Jerusalem Post International Edition*, 13. Feb. 1993
19) „The FBI wakes up", Ebd., 8. März 1993
20) „The Terror Within", *Time*, 5. Juli 1993, S. 22
21) „Another Palestinian held in WTC bombing", *Jerusalem Post International Edition*, 20. März 1993
22) „Moslem terror plot foiled in New York", *Jerusalem Post,* 25. Juni 1993
23) „The Terror Within", *Time*, 5. Juli 1993, S. 22
24) Ebd.
25) Ebd., S. 22
26) Für die Bestellung eines Exemplars von *Jihad in America* wenden Sie sich bitte an: PBS, 1320 Braddock Place, Alexandria, VA, 22314, U.S.A.
27) Farid Kassim, Sprecher von Hizb Ut-Tahrir, zitiert bei „A new trend in UK Moslem extremism", *Jerusalem Post*, 12. Aug. 1994
28) *The World Almanach and Book of Facts*, S. 178
29) Morey, *The Islamic Invasion*, S. 9
30) Ebd.
31) Richard Brooker bei der Feier des Laubhüttenfestes der Internationalen Christlichen Botschaft, Okt. 1992
32) Netanyahu, *A Place Among the Nations*, S. 153
33) „The hidden sword of Islam", *Jerusalem Post International Edition,* 26. Dez. 1992
34) Sir Alfred Sherman, in „Islam's new drive into Europe", *Bulletin of the Jerusalem Institute for Western Defence*, Bulletin 3, Okt. 1993, S. 4
35) „History of Islam", *Bridges For Peace*, Islam, 2. Quartal 1990, S. 1
36) Ebd.
37) Bericht der Agentur *Associated Press* mit dem Titel „Conference calls for global Islamic state", in der Zeitung *New Zealand Herald*, 9. Aug. 1994
38) Ebd.
39) Ebd.
40) „Muslims worship in Auckland University chapel", *Crosslink*, Juni 1994
41) Morey, *The Islamic Invasion*, S. 62
42) „Hebron: A Tale of Two Kingdoms", *Zion Quarterly* der Christian Friends of Israel, 2. Quartal 1994, S. 1
43) „Abraham was a Moslem: Arab professor", *Jerusalem Post International Edition*, 3. April 1993
44) „One-way thinking", Ebd., 20. Feb. 1993
45) Lewis, *The Political Language of Islam*, S. 94
46) Jassir Arafat, zitiert in „One-way thinking", *Jerusalem Post International Edition*, 20. Feb. 1993
47) Morey, *The Islamic Invasion*, S. 63
48) „Muslims worship in Auckland University chapel", *Crosslink*, Juni 1994
49) Patai, *The Arab Mind*, S. 286

50) Zitat aus „The Key to Success“, Leitartikel in *Signs Following*, Herbst 1988
51) „At the Crossroads“, *Bulletin of the Jerusalem Institute for Western Defence*, Bulletin 3, Okt. 1993, S. 6
52) Mike Evans, *Israel - America's Key to Survival* (Plainfield: Logos International, 1981), S. 72
53) Ebd.

Kapitel 5

1) „Rabin, Arafat sign Gaza/Jericho pact“, *Jerusalem Post*, 5. Mai 1994
2) Ebd.
3) Shimon Peres in Kairo nach der feierlichen Unterzeichnung und in der Sendung des *Voice of Israel Radio*, 4. Mai 1994
4) Quelle: *Realities, A Journal of Timely Analysis*, Neuauflage in *Dispatch from Jerusalem*, Jan.-Feb. 1994, S. 2
5) Ebd.
6) Netanyahu, *A Place Among the Nations*, S. 188
7) Ebd.
8) Quelle: *Realities, A Journal of Timely Analysis*, Neuauflage in *Dispatch from Jerusalem*, Jan.-Feb. 1994, S. 2
9) Thomas Kierman, *Yassir Arafat* (London: Sphere Books, 1976), S. 138
10) Ebd.
11) Ebd.
12) Ebd., S. 153 ff.
13) *Realities, A Journal of Timely Analysis*, Neuauflage in *Dispatch from Jerusalem*, Jan.-Feb. 1994, S. 2
14) Ebd.
15) Ebd.
16) Ebd.
17) Ebd.
18) John Laffin, *The PLO Connections* (London: Transworld, 1982), S. 18
19) Ebd.
20) Ebd.
21) Ebd.
22) *Realities, A Journal of Timely Analysis*, Neuauflage in *Dispatch from Jerusalem*, Jan.-Feb. 1994, S. 2
23) „Blood on their hands“, *Jerusalem Post International Edition*, 14. Mai 1994
24) „Terrorism pays“, *Middle East Intelligence Digest*, Nov. 1993, S. 8
25) „Arafat's 'Mein Kampf'“, *Jerusalem Post*, 27. Mai 1994
26) „Media pour in to cover Arafat's arrival“, Ebd., 1. Juli 1994
27) „Arafat's plan for democracy: Freedom from the press“, Ebd., 3. Dez. 1993
28) „Yasser, Yasser, Mr. Arafat!“ *Jerusalem Post International Edition*, 18. Juni 1994
29) „Arafat's plan for democracy: Freedom from the press“, Ebd., 3. Dez. 1993
30) „Yasser, Yasser, Mr. Arafat!“ *Jerusalem Post International Edition*, 18. Juni 1994
31) Ebd.
32) „Arafat's plan for democracy: Freedom from the press“, Ebd., 3. Dez. 1993
33) Ebd.

34) „Terrorists and policemen“, Ebd. 3. Okt. 1993
35) Jill Becker, *The PLO: The Rise and Fall of the Palestine Liberation Organization* (New York: St. Martin's, 1984), S. 13
36) Howard M. Sachar, A History of Israel: From the Rise of Zionism to Our Time (New York: Alfred A. Knoff, 1991), S. 619
37) Ebd., S. 633
38) Ebd., S. 633 f.
39) Ebd., S. 631
40) Ebd., S. 639
41) Ebd., S. 642
42) Mitchell G. Bard & Joel Himelfarb, *Myths and Facts: A concise record of the Arab-Israeli Conflict* (Washington: Near East Report, 1992), S. 59
43) Laffin, *Fedayeen*, S. 30
44) Samuel M. Katz, *Israel Versus Jibril: The Thirty-Year War Against a Master Terrorist*, (New York,: Paragon House, 1993), S. 18
45) Ebd.
46) Laffin, *Fedayeen*, S. 30
47) Samuel M. Katz, *Israel Versus Jibril*, S. 34
48) Ebd., S. 37
49) Ebd.
50) Ebd.
51) Ebd.
52) Ebd., S. 89
53) Frank Gevasi, *The War in Lebanon*, zitiert bei Frank Keretzky, *The Media's Propaganda War Against Israel* (New York: Weidenfeld & Nicolson, 1984), S. 240-250, Neuauflage in „Come, let us reason together“, *Middle East Intelligence Digest - Document*, Feb. 1993, S. A2
54) Zitiert bei Bard & Himelfarb, *Myths and Facts*, S. 97
55) Ebd.
56) Bar-Ilan, *Eye on the Media*, S. 250
57) Zitiert bei Bard & Himelfarb, *Myths and Facts*, S. 97
58) Ebd.
59) Peter Grace, *The Rape of Lebanon* (Beirut: Evangelical Press, 1983), S. 76-79
60) Ebd.
61) Ebd.
62) Ebd.
63) Ebd.
64) Ebd.
65) Frank Gevasi, *The War in Lebanon*, zitiert bei Frank Keretzky, *The Media's Propaganda War Against Israel* (New York: Weidenfeld & Nicolson, 1984), S. 240-250, Neuauflage in „Come, let us reason together“, *Middle East Intelligence Digest - Document*, Feb. 1993, S. A2
66) Grace, *The Rape of Lebanon*, S. 16
67) Ebd., S. 17
68) *Los Angeles Herald-Examiner*, 13. Juli 1982, zitiert bei Bard & Himelfarb, *Myths and Facts*, S. 98
69) Frank Gevasi, *The War in Lebanon*, zitiert bei Frank Keretzky, *The Media's Propaganda War Against Israel* (New York: Weidenfeld & Nicolson, 1984),

S. 240-250, Neuauflage in „Come, let us reason together“, *Middle East Intelligence Digest - Document*, Feb. 1993, S. A2

70) *Ma'ariv*, 16. Juli 1982, *Ha'aretz*, 26. Juli 1982
71) Grace, *The Rape of Lebanon*, S. 153
72) Ebd.
73) Ebd.
74) Salah Shafro, Mukhtar von Burj-Bachel, *Ma'ariv*, 16. Juli 1982. Ebenfalls dargestellt bei Grace, *The Rape of Lebanon*, S. 117
75) Grace, *The Rape of Lebanon*, S. 153
76) Ebd.
77) Gillian Becker, *The Rise and Fall of the PLO*, zitiert in „The face of terror ...,“ *Middle East Intelligence Digest*, Aug. 1992, S. 5
78) Bard & Himelfarb, *Myths and Facts*, S. 98
79) Interview mit dem israelischen Fernsehen, zitiert in Bard & Himelfarb, *Myths and Facts*, S. 98
80) „Come, let us reason together“, *Middle East Intelligence Digest - Document*, Feb. 1993, S. A1
81) Frank Gevasi, zitiert bei Keretzky, *The Media's Propaganda War Against Israel*, S. 244-250, Neuauflage in Ebd., S. A2
82) Ebd., S. A1
83) Ebd., S. A2
84) Ebd.
85) Ebd.
86) Ebd.
87) Ebd.
88) Ebd., S. A1
89) Netanyahu, *A Place Among the Nations*, S. 384
90) Bar-Ilan, *Eye on the Media*, S. 409
91) „UPI Objectivity“, *Jerusalem Post*, 4. Nov. 1992
92) Netanyahu, *A Place Among the Nations*, S. 385
93) Michael L. Brown, *Our Hands are Stained with Blood: The tragic story of the „Church“ and the Jewish people* (Shippensburg: Destiny Image, 1992), S. 44
94) Ebd.
95) Ebd.
96) Netanyahu, *A Place Among the Nations*, S. 385 f.
97) Katz, *Israel Versus Jibril*, S. 88
98) Ebd.
99) Ebd.
100) Neil Livingstone & David Halevy, Inside the PLO: Cover Units, Secret Funds, and the War Against Israel and the United States (New York: William Morrow, 1990), S. 64, zitiert bei Netanyahu, *A Place Among the Nations*, S. 204
101) Isser Harel, zitiert bei Evans, *Israel - America's Key to Survival*, S. 72
102) „The Sudan Connection“, *Middle East Intelligence Digest*, Feb. 1993, S. 1
103) Los Angeles Times, 21. Jan. 1976, zitiert bei Evans, *Israel - America's Key to Survival*, S. 56
104) *Middle East Intelligence Digest*, März 1994, S. 4
105) „Syrian drug connection“, *Jerusalem Post*, 4. April 1994
106) Ebd.

107) „The B'tselem report", Ebd., 10. Jan. 1994
108) Ebd.
109) Ebd.
110) Netanyahu, *A Place Among the Nations*, S. 166
111) „The B'tselem report", *Jerusalem Post*, 10. Jan. 1994
112) Eliakim Haetzni, *Voice of Israel Radio*, 9. Juli 1994
113) „Come, let us reason together", *Middle East Intelligence Digest - Document*, Feb. 1993, S. A4
114) Bennett, *Saga*, S. 169
115) „Recruits for Palestinian police may come from up the river", *Jerusalem Post*, 3. Okt. 1993
116) „Justice never done", Ebd., 1. Juli 1994
117) Dorit Rosenfeld, „Letters to the Editor", Ebd. 1. Juli 1994
118) „Arafat's remarkable consistency", Ebd., 18. Nov. 1994
119) Ebd.
120) Ebd.
121) Ebd.
122) „Words, and more words", Ebd., 26. Aug. 1994
123) Ebd.
124) „Likud MKs ask to deny PA officials entry permits", Ebd., 13. Jan. 1995
125) Ebd.
126) „Palestinian policewomen get boss", Ebd., 27. Juli 1994
127) „Heil Arafat", Ebd., 24. Jan. 1995
128) Ein Araber, der wegen Verdachts auf Kollaboration mit Israel festgenommen wurde, starb in der Haft. Als Folge eines Protests von palästinensischen Menschenrechtsgruppierungen gaben PLO-Mitarbeiter zu, daß der Mann zu Tode gefoltert wurde. Bericht aus dem *Israel News Digest* der Christian Friends of Israel, Aug. 1994, S. 3
129) Ebd.
130) „Palestinian police arrest suspected car thieves", *Jerusalem Post*, 20. Mai 1994
131) Sendung der *Voice of Israel Radio*, 20. Sept. 1994
132) *Reuter*-Bericht „PLO will license stolen cars in Gaza", *Jerusalem Post*, 4. April 1995
133) Ebd.
134) Laffin, *Fedayeen*, S. 129
135) Sendung der *Voice of Israel Radio*, 3. Jan. 1995
136) Ebd.
137) „Jihad Martyrs", *Israel News Digest* der Christian Friends of Israel, Feb. 1995, S. 3
138) Ebd.
139) Aussage eines PLO-Vertreters vom 31. Aug. 1993. Zitiert bei „On Destroying Israel", *Yesha Report*, Sept./Okt. 1993, S. 4
140) „Giants in the Land", *Zion Quarterly* der Christian Friends of Israel, 2. Quartal 1994, S. 3
141) „Rabin's scapegoat", *Jerusalem Post*, 27. Jan. 1995
142) Bericht in der PLO-freundlichen Zeitung Jerusalem Times, veröffentlicht in „The seeds of civil war, *Middle East Intelligence Digest*, 7. Okt. 1994
143) „The Cairo summit", *Israel News Digest* der Christian Friends of Israel, März

1995, S. 3

144) „Public police or Arafat's private army?" *Jerusalem Post*, 8. April 1994
145) „Dehaishe will greet Palestinians as an occupying army", Ebd., 10. Feb. 1995
146) „Public police or Arafat's private army?" Ebd., 8. April 1994
147) Ebd.
148) „Rabin's scapegoat", Ebd., 27. Jan. 1995
149) „Terrorism and the PLO: September 13 plus seven months", *Bulletin of the Jerusalem Institute for Western Defence*, Bulletin 2, Juni 1994, S. 3-7
150) Ebd.
151) „GSS kills to Hamas fugitives in A-Ram village", *Jerusalem Post International Edition*, 11. Juni 1994
152) „Terrorism and the PLO: September 13 plus seven months", *Bulletin of the Jerusalem Institute for Western Defence*, Bulletin 2, Juni 1994, S. 5
153) Ebd., S. 4
154) „Shimon Peres - The Unsolved Enigma", *Native*, Feb. 1996, S. IV
155) *Voice of Israel Radio,* 9. Juli 1994
156) Hochrangiger PLO-Vertreter, zitiert bei Ebd., 17. Juni 1994
157) Arafats offizieller Text, Genf, 13. Dez. 1988, zitiert bei Netanyahu, *A Place Among the Nations*, S. 212 f.
158) Ebd.
159) Abu Iyad, zitiert in Al-Rayah, 13. Jan. 1990, ebenfalls zitiert bei Netanyahu, *A Place Among the Nations*, S. 216
160) Abu Iyad in einer Sendung von Radio Monte Carlo, 4. März 1989, Ebd., S. 215
161) Zitiert bei „Terrorism and the PLO: September 13 plus seven months", *Bulletin of the Jerusalem Institute for Western Defence*, Bulletin 2, Juni 1994, S. 2
162) Ebd., S. 11
163) Arafat in Rijad, 1. Jan. 1989, zitiert bei Netanyahu, *A Place Among the Nations*, S. 164
164) „Support for peace talks drops", *Jerusalem Post*, 4. Juni 1994
165) „Majority of Israelis want PLO officials tried", *Jerusalem Post International Edition*, 2. Juli 1994
166) „Seeing Hamas for what it is", Ebd., 13. März 1993
167) „The Intifada: Coming soon to a town near you!" Ebd., 18. Juni 1994
168) „Intifada violence up 30 % in capital - police chief." Ebd., 4. Juni 1994
169) „Blood brothers", *Israel News Digest* der Christian Friends of Israel, Mai 1994, S. 2
170) „Eyeless in Gaza", Ebd., Juni 1994, S. 3
171) „Hamas, Fatah near second agreement", *Jerusalem Post*, 22. April 1994
172) „Hamas men apply to join Gaza police", Ebd., 18. Nov. 1994
173) „Palestinians bar Israelis with guns from Jericho synagogue", Ebd., 20. Mai 1994
174) „A new Palestinian dream", Ebd., 4. April 1995
175) „Yasser, Puppet-master", Ebd., 30. Juni 1994
176) „Tel Aviv bombing kills at least 20."Ebd., 20. Okt. 1994
177) „Bus Number 5", *Arm of Salvation Ministry & Prayer Update*, Dez. 1994, S. 4 f.
178) „Slaughter in Tel Aviv", *Jerusalem Post*, 20. Okt. 1994
179) „The Beit Lid Massacre", *Israel News Digest* der Christian Friends of Israel, März 1995, S. 1

180) Ebd.
181) *Reuter*-Bericht: „Israel, PLO vow to punish Islamic militants", *New Zealand Herald*, 25. Jan. 1995
182) „Clinton sends his condolences", *Jerusalem Post,* 25. Jan. 1995
183) „Wachsmans make ransom offer to Hamas", Ebd., 14. Okt. 1994
184) „Palestinian force has day of reckoning", Ebd.
185) *Voice of Israel Radio,* 26. Feb. 1995
186) „Closure to continue until further notice", *Jerusalem Post,* 21. Okt. 1994
187) „Quotable quotes", *Dispatch from Jerusalem*, Jan./Feb. 1994
188) „Beware of the prophets of peace", *Jerusalem Post International Edition,* 8. Jan. 1994
189) Shimon Peres, Bericht in *Yediot Aharonot*, 29. April 1996
190) „A small but important step", *Jerusalem Post*, 8. Mai 1996
191) Ebd.
192) Ebd.
193) Ebd.
194) Ebd.
195) Jassir Arafat im jordanischen Fernsehen am 13. Sept. 1993
196) „Arafat letter to rejectionists", *Jerusalem Post*, 18. Nov. 1994
197) Bericht in *US News and World Report*, Sept. 1993
198) Eine Aussage der *Fatah,* zitiert in Laffin, *Fedayeen*, S. 89
199) Benjamin Netanyahu, „Jihad for Jerusalem", *Israel News Digest* der Christian Friends of Israel, Juli 1994, S. 1
200) „Arafat's promises", *Jerusalem Post*, 19. April 1994
201) Arafat zitiert im Sender CBS, *48 Hours*, 9. Feb. 1988
202) „Arafat's 'Mein Kampf'", *Jerusalem Post*, 27. Mai 1994
203) Sendung im Saut Falastin Radio, Ägypten, in voller Länge wiedergegeben in Anhang I, bei Netanyahu, *A Place Among the Nations*, S. 433
204) Abu Iyad, Stellvertreter Arafats, *Al-Sachrah*, Kuwait, 6. Jan. 1987
205) George Habasch, Vorsitzender der PFLP-Gruppierung der PLO, *Voice of the Mountain Radio*, Libanon, 9. Juni 1989
206) Nabil Sha'ath, Vorsitzender der PLO-Delegation bei den Verhandlungen über das „Friedensabkommen", Al-Siyassa, Jan. 1989, zitiert bei *Middle East Intelligence Digest*, Mai 1993, S. 6
207) Jassir Arafat, *Newsweek,* März 1977, Ebd.
208) Farouk Kadoumi, der „Außenminister" der PLO, Ebd.
209) Jassir Arafat, 1. Jan. 1994, zitiert bei *Israel News Digest* der Christian Friends of Israel, Feb. 1994, S. 1
210) Leila Khaled, Zweiter General der GUPW der PLO, Al-Sakra, Okt. 1988, zitiert bei *Middle East Intelligence Digest*, Mai 1993, S. 7
211) George Habasch, Vorsitzender der PFLP-Gruppierung der PLO, *Al-Hadaf*, April 1989, Ebd.
212) Basam Abu Sharif, PLO-Sprecher und enger Mitarbeiter Arafats, *Kuwait News Agency*, Mai 1986, Ebd.
213) Feisal al-Husseini, Mitglied des Verhandlungsteams der PLO, Nov. 1994, zitiert bei „Terrorism and the PLO: September 13 plus seven months", *Bulletin of the Jerusalem Institute for Western Defence*, Bulletin 2, Juni 1994, S. 11
214) Abbas Zaki, Mitglied der PLO-Exekutive, Ebd.

215) Brown, *Our Hands Are Stained with Blood*, S. 71
216) Abdul Halim Haddam, Vizepräsident von Syrien, Al Hayat, 5. Jan. 1994, zitiert in „Munich in the making?" *Bulletin of the Jerusalem Institute for Western Defence*, Digest 2, Feb./Juni 1994, S. 5
217) Ebd.
218) Laffin, *The Arab Mind*, S. 45
219) Jassir Arafat, *El Mundo*, Venezuela, 11. Feb. 1980
220) Arafat, zitiert bei Saudi News Agency, 2. Jan. 1989, Zitat bei Netanyahu, *A Place Among the Nations*, S. 123
221) Moshe Sharon, Professor für islamische Geschichte an der Bar-Ilan und der Hebräischen Universität Jerusalem, in „Behind the PLO boss's words", *Jerusalem Post*, 27. Mai 1994
222) Valerie Luke Waller, *A Stranger in the Land* (Houston: Daughters of Truth, 1984), S. 22
223) Lewis, *The Political Language of Islam*, S. 73
224) Laffin, *The Arab Mind*, S. 73
225) „Promises", *Jerusalem Post International Edition*, 12. Feb. 1994
226) Aufnahme der Rede von Jassir Arafat in einer Moschee in Johannesburg, 10. Mai 1994
227) Sure 17,9
228) „Arafat tells Palestinians: We must honor bad accord", *Jerusalem Post*, 3. Juli 1994
229) „Arafat pledges: 'We will build this homeland'". Aus Agenturnachrichten entnommen und veröffentlicht in Ebd.
230) Ebd.
231) „Jabalya meets Yasser face to face", Ebd.
232) „The Israeli suicide drive", *Jerusalem Post International Edition*, 2. Juli 1994
233) Abu Iyad, Stellvertreter Arafats. Interview in *Voice of Israel Radio*, 26. Juli 1995
234) „The Israeli suicide drive", *Jerusalem Post International Edition*, 2. Juli 1994
235) Ebd.
236) Von 1901 bis 1990 haben Juden, obwohl sie weniger als ein halbes Prozent der Weltbevölkerung stellen, 21 % aller Nobelpreise im Bereich der Naturwissenschaften erhalten. Auf einen Nichtjuden kommen 30 jüdische Preisträger. Quelle: John Hulley, ein ehemaliger bedeutender Ökonom beim Hauptquartier der Weltbank in Washington, D.C. Seine Zahlen sind dem *Nobel Foundation Directory 1991-92* entnommen.

Kapitel 6

1) Peters, *From Time Immemorial*, S. 10
2) Eine populäre Fehlinformation besagt, es seien fünf Angreifer gewesen, s. Bennett, *When Day and Night Cease*, S. 212, Sacher, *A History of Israel*, S. 315, William L. Hull, *The Fall and Rise of Israel: The Story of the Jewish People During the time of their Dispersal and Regathering* (Grand Rapids: Zondervan, 1954), S. 328, usw.
3) *Falastin*, Jordanien, 19. Feb. 1949, zitiert in Bennett, *When Day and Night Cease,* S. 217
4) Peter Dodd and Halim Barakat, River Without Bridges: A Study of the Exodus

of the 1967 Arab Palestinian Refugees (Beirut: Institute for Palestine Studies, 1969), zitiert bei Peters, *From Time Immemorial*, S. 13

5) *Ad Difaa*, Jordanien, 6. Sept. 1954, zitiert bei Samuel Katz, *Battleground: Facts and Fantasy in Palestine* (New York: Bantam, 1973), S. 18
6) *Al-Urdun*, Jordanien, 9. April 1953, zitiert bei Bennett, *When Day and Night Cease*, S. 217
7) Hull, *The Fall and Rise of Israel*, S. 329
8) Peters, *From Time Immemorial*, S. 79
9) Ebd.
10) Ebd., S. 80
11) Zitiert bei Peters, *From Time Immemorial*, S. 29
12) „Jewish refugees from Arab lands: time to present a bill", *Jerusalem Post International Edition*, 11. Jan. 1992
13) Howard Kennedy, Mai 1950, zitiert bei Peters, *From Time Immemorial*, S. 18
14) John Davis, zitiert bei Ebd., S. 19
15) Ebd., Fußnote S. 447
16) Die Senatoren Gale McGee und Albert Gore in einem Telegramm an Präsident Eisenhower und Außenminister Christian Herter, zitiert bei Ebd., S. 18
17) Zitiert bei Ebd., Fußnote S. 19
18) „Inflated Palestinian population figures incorrect", *Jerusalem Post*, 9. Dez. 1994
19) Bar-Ilan, *Eye on the Media*, S. 205
20) Peters, *From Time Immemorial*, S. 262
21) Ebd.
22) Ebd.
23) Ebd., S. 262
24) Ebd., S. 262 f.
25) Ebd., S. 5
26) Marguerite Cartwright, „Plain Speech on the Arab Refugee Problem", Ebd., S. 17
27) Peters, *From Time Immemorial*, S. 17
28) Netanyahu, *A Place Among the Nations*, S. 143
29) Bard & Himelfarb, *Myths and Facts*, S. 121
30) Peters, *From Time Immemorial*, S. 33
31) „Jewish refugees from Arab lands: time to present a bill", *Jerusalem Post International Edition*, 11. Jan. 1992
32) Bard & Himelfarb, *Myths and Facts*, S. 121
33) Sacher, *A History of Israel*, S. 669
34) Ebd., S. 670
35) *The World Almanach and Book of Facts* (New York: Pharos, 1993), S. 820
36) „Jewish refugees from Arab lands: time to present a bill", *Jerusalem Post International Edition*, 11. Jan. 1992
37) Zitiert bei Netanyahu, *A Place Among the Nations*, S. 32
38) Kamal Ahmad Own, zitiert bei Green, *Arab Theologians on Jews and Israel*, S. 13
39) Ebd.
40) „The Ramban's New Neighbor", *In Jerusalem*, 22. April 1994
41) Peters, *From Time Immemorial*, S. 69
42) M.M. Raysher, *Sha'arei Yerushalayim* (Lemberg, 1966), S. 29, zitiert in Ebd.,

S. 62
43) Ebd., S. 176
44) Ebd.
45) Ebd., S. 34
46) *New York Times*, 7. Nov. 1945, Ebd., S. 70
47) *New York Times*, 14. Nov. 1945, Ebd., S. 70
48) Peters, *From Time Immemorial*, S. 75
49) Ebd., S. 175
50) Ebd., S. 70
51) J. R. Chancellor, zitiert bei Ebd., S. 172
52) Der moslemische Mufti Haj Amin al-Husseini im Jahr 1937, zitiert bei Ebd.
53) Moh. Taha Yahia, zitiert bei Green, *Arab Theologians on Jews and Israel,* S. 19
54) Dr. Abdel Aziz Kamil, zitiert bei Ebd., S. 20
55) Shaul, über das Leben im Irak, zitiert bei Peters, *From Time Immemorial*, S. 102
56) Shimon, über das Leben in Ägypten, Ebd., S. 103
57) Yaacov, über das Leben in Ägypten, Ebd., S. 104
58) Shlomo, über das Leben in Ägypten, Ebd., S. 105
59) Shoshana, über das Leben in Syrien, Ebd., S. 111 f.
60) „The Gaza Dilemna", Dispatch From Jerusalem, Juli/Aug. 1993, S. 13
61) Ebd.
62) „Jewish refugees from Arab lands: time to present a bill", *Jerusalem Post International Edition*, 11. Jan. 1992
63) Netanyahu, *A Place Among the Nations*, S. 355
64) Offizielle Mitteilung vom Januar 1988 der israelischen Botschaft in Wellington, Neuseeland, in voller Länge wiedergegeben bei Bennett, *When Day and Night Cease*, S. 215 f.
65) Ebd.
66) Ebd.
67) Ebd.
68) Ebd.
69) Ralph Galloway zitiert bei Peters, *From Time Immemorial*, S. 23
70) Laffin, *Fedayeen*, S. 86
71) John McCarthy, der Experte der amerikanischen Katholischen Konferenz, in einem Interview mit Joan Peters in Peters, *From Time Immemorial*, S. 28
72) Patai, *The Arab Mind*, S. 24
73) Khaled al-Azzem, der ehemalige syrische Ministerpräsident, in seinen Memoiren 1973, zitiert bei Bennett, *When Day and Night Cease*, S. 217
74) Die Memoiren von Haled al Azm, Beirut 1973, Teil I, S. 386 f. Zitiert in *Middle East Intelligence Digest*, 12. Juni 1992
75) König Hussein von Jordanien, 30. Mai 1955, zitiert bei Bennett, *When Day and Night Cease*, S. 217
76) *Falastin*, Jordanien, 30. Mai 1955, zitiert bei Bennett, *When Day and Night Cease*, S. 217
77) Ganzseitige Anzeige der Sephardi Federation in der New York Times, 11. Jan. 1976. Zitiert bei Peters, *From Time Immemorial*, Fußnote S. 31
78) Jassir Arafat, zitiert in *Voice of Israel Radio*, 23. Juni 1994

79) *Al-Ziyyad*, Libanon, 6. April 1950. Zitiert bei Peters, *From Time Immemorial*, S. 22
80) Ebd.
81) Präsident Nasser, 1961, zitiert bei Isi Liebler, The Case For Israel (Australia: The Globe Press, 1972), S. 45, Zitat bei Bard & Himelfarb, *Myths and Facts*, S. 144
82) *Beirut al Massa*, Libanon, 15. Juli 1957, zitiert bei Bard & Himelfarb, *Myths and Facts*, S. 144
83) Al-Misri, 11. Okt. 1945, zitiert bei Ebd.
84) Ratskoy, zitiert in „Conditions of Arabs in Jerusalem“, *Jerusalem Post*, 12. Aug. 1994
85) „Wolves in Sheep's Clothing: Part IV“, *Middle East Intelligence Digest*, 11. Mai 1993, S. 7
86) „83 Bosnian Moslem refugees arrive despite Arab refusal to accept them“, *Jerusalem Post International Edition*, 27. Feb. 1993
87) Ebd.
88) Ebd.
89) Ebd.
90) „Pull this racist show out of the Knesset“, Ebd., 28. Nov. 1992, zitiert bei Bennett, *When Day and Night Cease*, S. 218

Kapitel 7

1) Peters, *From Time Immemorial*, Fußnote auf S. 173
2) Aharon Megged, „The Israeli suicide drive“, *Jerusalem Post International Edition*, 2. Juli 1994
3) Ebd.
4) NIV Study Bible (Grand Rapids: Zondervan, 1985), Anmerkungen über 1. Mose 15, 17
5) Siehe z. B. *A Commentary: Critical, Experimental, and Practical on the Old and New Testaments* (Robert Jamieson, A.R. Faucet, and David Brown, Eerdmans, 1990) Band I, S. 317
6) *Complete Works of Flavius Josephus* (Grand Rapids: Kregel, 1980), S. 587, zitiert bei Bennett, *When Day and Night Cease*, S. 99
7) Ebd.
8) *Encyclopædia Judaica* (Jerusalem: Keter, 1971), Band 2, S. 319
9) Zitiert bei Peters, *From Time Immemorial*, S. 82
10) *Palestine Royal Commission Report* (London, 1937), S. 2-5.7.9, insbes. S. 11, Abs. 23, zitiert bei Ebd., S. 82
11) „Reference books are promoting a bogus Middle East history“, *Jerusalem Post*, 16. Okt. 1992
12) Zitiert bei Bennett, *When Day and Night Cease*, S. 99.
13) Ian V. Hogg, *Israeli War Machine: The Men; The Machines; The Tactics* (London: Hamlyn, 1983), S. 20, zitiert bei Bennett, *When Day and Night Cease*, S. 174
14) Ebd.
15) Bennett, *When Day and Night Cease*, S. 176 f.
16) Ebd., S. 131
17) Bennett, *Saga*, S. 192

18) Hull, *The Fall and Rise of Israel*, S. 349
19) Netanyahu, *A Place Among the Nations*, Fußnote auf S. 27
20) Professor Bernard Lewis, zitiert bei Ebd., S. 4
21) Musa Alami, „The Lesson of Palestine“, The Middle East Journal, Okt. 1949, zitiert bei Peters, *From Time Immemorial*, S. 13
22) Ebd.
23) Bernard Lewis, zitiert bei „The Mythtory of Palestine“, *A letter from Jerusalem*, Christian Friends of Israel, 1994
24) „Reference books are promoting a bogus Middle East history“, *Jerusalem Post*, 16. Okt. 1992
25) Zuheir Muhsin, zitiert in der holländischen Tageszeitung *Trouw*, März 1977, Wiedergabe bei Peters, *From Time Immemorial*, S. 137
26) Zuheir Muhsin, zitiert in der holländischen Tageszeitung *Trouw*, März 1977, Wiedergabe in *Dispatch from Jerusalem*, 3. Quartal 1991
27) Philip K. Hitti zum Anglo-Amerikanischen Untersuchungsausschuß im Jahr 1946, zitiert bei Bar-Ilan, *Eye on the Media*, S. 166
28) Ebd.
29) Anwar Sadat zitiert in *Ha Ubal Or*, Jerusalem edition, 3. Jan. 1991, Wiedergabe in Grant, *The Blood of the Moon*, S. 47
30) *Websters Unabridged Dictionary* 2nd ed. (New York: Simon and Schuster, 1983)
31) „Philistines“, Vol VII *Encylcopædia Britannica* 15th ed (Chicago: Helen Hemingway Benton, 1977), S. 948
32) „Peoples of the World: Philistines,“ *Random House Encyclopedia*: Electronic Edition (New York: Microlytics, 1990)
33) „Coptic chant“, Vol. VII *Encylcopædia Britannica,* S. 137
34) Ebd.
35) Arafat in einem Interview mit Oriana Fallaci 1974. Zitiert bei Bar-Ilan, *Eye on the Media*
36) Eban, *Personal Witness*, S. 66
37) Netanyahu, *A Place Among the Nations,* S. 148
38) König Hussein in *Al-Nahar Al-Arabi*, 26. Dez. 1981, zitiert bei Ebd., S. 147
39) Ebd.
40) Kronprinz Hassan zur Jordanischen Nationalversammlung, Bericht in *Al-Destour*, 5. Feb. 1970, zitiert in Ebd.
41) Jassir Arafat in New Republic 1974, zitiert bei Bennett, *When Day and Night Cease*, S. 211
42) Cafiq el Hout, PLO-Vertreter in Radio Cairo, 30. Mai 1967, zitiert bei Netanyahu, *A Place Among the Nations,* S. 147
43) Abu Iyad, Arafats Stellvertreter, in *Al-Majallah*, 8. Nov. 1988, zitiert bei Ebd.
44) Arafat, zitiert in „The Mythtory of Palestine“, *A letter from Jerusalem*, Christian Friends of Israel, 1994
45) Green, *Arab Theologians on Jews and Israel*, S. 16
46) „City of Peace, hornet's nest“, U.S. News & World Report, 26. März 1990, zitiert bei Bennett, *When Day and Night Cease*, S. 188
47) Teddy Kollek, Bürgermeister von Jerusalem, in einem Brief an den Herausgeber des *Commentary*, April 1991, zitiert bei Ebd.
48) „What connection?“, *Jerualem Post*, 26. Aug. 1994

49) Mohammed Azzah Darwaza in einem Referat bei der Akademie für Islamische Forschung, zitiert bei Green, *Arab Theologians on Jews and Israel,* S. 30
50) Siehe Kap. 6, S. 114
51) Martin Kabtanik, zitiert bei Peters, *From Time Immemorial,* S. 176
52) Philip K. Hitti, *The Arabs, A Short History* (Princeton, 1943), S. 83, zitiert bei Ebd., S. 148
53) Zitiert bei Charles Gulston, *Jerusalem: The Tragedy and the Triumph* (Grand Rapids: Zondervan, 1979), S. 23
54) „Kurds", Herausgeber Amiram Gonen, *The Encyclopedia of the peoples of the world* (New York: Henry Holt, 1993), S. 342
55) Ebd.
56) James William Parkes, Whose Land? History of the Peoples of Palestine (Great Britain, Harmondsworth, 1970), S. 74, zitiert bei Peters, *From Time Immemorial,* S. 148
57) Zitiert bei Ebd.
58) David George Hogarth, „Arabs and Turks", *The Arab Bulletin*, 21. April 1917, No. 48, zitiert bei Ebd.
59) Der moslemische Vorsitzende der syrischen Delegation bei der Friedenskonferenz von Paris im Feb. 1919, aufgezeichnet im Protokoll des Obersten Rates und zitiert von D.H. Miller in *My Diary at the Conference of Paris*, 22 Bde (New York, 1924), Bd. 14, S. 405, zitiert bei Ebd., S. 138
60) Peters, *From Time Immemorial,* S.152
61) Ebd.
62) Parkes, *Whose Land?*, S. 66, zitiert bei Ebd.
63) Peters, *From Time Immemorial,* S. 152
64) Jacob De Haas, *History of Palestine, the Last Two Thousand Years* (New York, 1934), S. 300, mit einem Zitat aus Gaudefroy-Demombynes, *La Syrie au debut du Quinzième Siècle d'après Qal-Qachandi* (Paris, 1923), S. xxxii. Ebenso Ernest Frankenstein, *Justice for My People* (New York, 1944), S. 121, zitiert in Ebd.
65) Peters, *From Time Immemorial,* S. 155 f.
66) De Haas, History of Palestine, S. 258, John of Wurzburg list from Reinhold Rohricht edition, S. 41, 69, zitiert bei Ebd., S. 156
67) Zitiert bei Ebd.
68) Ebd., S. 152
69) Bar-Ilan, *Eye on the Media*, S. 278
70) Ebd.
71) Ebd., S. 295
72) Eban, *Personal Witness*, S. 641
73) „Judea and Samaria", Briefe an den Herausgeber, *Jerusalem Post International Edition*, 18. Jan. 1992
74) Jassir Arafat zitiert in „The anti-Israel crusade", *Jerusalem Post,* 4. Okt. 1992
75) Eine jordanische Fernsehproduktion, Ebd.
76) Berichtet im *Middle East Intelligence Digest*, Okt. 1992
77) „Neo-Philistine nature laid bare", *Jerusalem Post International Edition,* 17. Okt. 1992
78) Berichtet im *Middle East Intelligence Digest*, Okt. 1992
79) Ebd.

80) „Christmas Cards“, Briefe an den Herausgeber, *Jerusalem Post International Edition,* 12. Dez. 1994
81) Peters, *From Time Immemorial,* S. 4
82) Ebd.
83) Carl Hermann Voss, The Palestine Problem Today, Israel and Its Neighbors (Boston, 1953), S. 13, zitiert bei Ebd., S. 157
84) Gunner Edward Webbe, Palestine Exploration Fund ‚Quarterly Statement, S. 86, zitiert in de Haas, *History of Palestine,* S. 338, zitiert bei Ebd., S. 158
85) de Haas, *History of Palestine,* S. 337, zitiert bei Ebd.
86) Count Constantine François Volney, Travels Through Syria and Egypt in the Years 1783, 1784, 1785 (London, 1788), vol. 2, S. 147, zitiert bei Ebd.
87) Thomas Shaw, Travels and observations Relating to Several Parts of Barbary and the Levant (London, 1767), S. 331 ff., zitiert in Ebd.
88) Brockhaus, Allg. deutsche Real-Enzyklopaedie, 7. Ausg., (Leipzig, 1827), Bd. VIII, S. 2, S. 438 f., zitiert in Ebd., S. 158 f.
89) Alphonse de Lamartine, Recollections of the East Vol. I (London, 1846), S. 268, 308. Zitiert bei Netanyahu, *A Place Among the Nations,* S. 38 f.
90) James Finn zum Earl von Clarendon, 15. Sept. 1857, zitiert bei Ebd., S. 39
91) Mark Twain, The Innocents Abroad (London, 1881), S. 349, 441 f., zitiert bei Peters, *From Time Immemorial,* S. 159 f.
92) W. M. Thomson, *The Land and the Book* (1866), zitiert bei Norma Archbold, *The Mountains of Israel: The Bible & The West Bank* (Jerusalem: Phoebe's Song Publication, 1993) S. 28
93) Gulston, *Jerusalem*, S. 206
94) Pierre Loti, La Galilee (Paris, 1895), zitiert bei Peters, *From Time Immemorial,* S. 161
95) Zitiert bei Netanyahu, *A Place Among the Nations*, S. 37
96) H. B. Tristam, The Land of Israel: A Journal of Travels in Palestine (London, 1865), S. 490, zitiert bei Peters, *From Time Immemorial,* S. 167
97) Charles Issawi, ed. *The Economic History of the Middle East*, 1800-1914 (Chicago and London, 1966), S. 258, zitiert bei Ebd., S. 166
98) „Jerusalem History“, Briefe an den Herausgeber, *Jerusalem Post International Edition*, 18. Jan. 1992
99) Peters, *From Time Immemorial,* S. 251
100) Ebd.
101) Ebd.
102) *When Day and Night Cease*, S. 222
103) Zitiert bei Netanyahu, *A Place Among the Nations*, S. 36
104) Peters, *From Time Immemorial,* S. 254
105) A. Druyanow, Ketavim letoldot hibbat ziyyon ve-yishshuv erez yisra'el (Tel Aviv, Odessa, 1919, 1925, 1932), Bd. 3, S. 66 f., zitiert bei Ebd., S. 252
106) Peters, *From Time Immemorial,* S. 253
107) Michael Comay, Zionism, Israel, and the Palestinian Arabs. Questions and Answers (Jerusalem: Keter, 1983), S. 40, zitiert bei Brown, *Our Hands Are Stained With Blood*, S. 70
108) „Palestine“, The Zondervan Pictorial Encyclopedia of the Bible (Grand Rapids: Zondervan, 1976), Bd. 4, S. 584, zitiert bei Bennett, *When Day and Night Cease*, S. 290

109) Arieh Avneri, The Claim of Dispossession: Jewish Land Settlement and the Arabs, 1878-1948 (New York: Herzl Press, 1982), S. 262, zitiert bei Netanyahu, *A Place Among the Nations*, S. 36
110) „Palestinian police deliberately shot at us", *Jerusalem Post*, 18. Juli 1994
111) „Redrawing the Borders", *Israel News Digest* der Christian Friends of Israel, Juli 1993, S. 2
112) Bernard Lewis, *The Arabs in History*, 4. Aufl. (New York: Harper-Colophon Books, 1966), S. 40
113) Peters, *From Time Immemorial,* S. 146
114) *Encyclopædia Judaica*, Bd. 11, S. 670
115) „Neo-Philistine nature laid bare", *Jerusalem Post International Edition*, 29. Mai 1993
116) Die Romanautorin Mary McCarthy sagte das gewöhnlich über ihre Kollegin Lillian Hellman.
117) „Battle for the holy city", *Jerusalem Post International Edition*, 29. Mai 1993
118) Lortet, *La Syrie d'aujourd'hui: Voyages dans la Phénicie, le Liban et la Judée, 1875-80* (Paris, 1881), S. 137, zitiert bei Peters, *From Time Immemorial,* S. 167
119) Peters, *From Time Immemorial,* S. 168
120) „The gospel according to Husseini", *Jerusalem Post International Edition*, 12. Dez. 1992
121) „Israel: History", *Random House Encyclopedia: Electronic Edition* (New York: Microlytics, 1990)
122) „Palestine", Ebd.
123) „Principal events 1200-700 BC: 1100-1050 BC, Ebd.
124) „Gaza", Ebd.
125) „Senacherib", Ebd.
126) „Philistines", *The Software Toolworks Illustrated Encyclopedia* (Novato CA: Grolier Electronic Publishing, 1990)
127) „Palestine", Ebd.
128) „Peoples of the World: Philistines", *Random House Encyclopedia: Electronic Edition*
129) *Websters Unabridged Dictionary*
130) „Philistines", *Encyclopædia Britannica*, Bd. VII, S. 948
131) „Palestine", Ebd., S. 694
132) „Britannica redefines history", *Jerusalem Post International Edition*, 27. März 1993
133) Ebd.
134) Zitiert in „Reference books are promoting a bogus Middle East history", *Jerusalem Post*, 16. Okt. 1992
135) Ebd.
136) Zitat aus *Dispatch from Jerusalem*, März/April 1994
137) Ebd.
138) Zitiert von David Bar-Ilan in „A terrorist attack becomes a military clash", *Jerusalem Post*, 9. Juli 1993
139) Ebd.
140) „Authenticating the Big Lie", *Middle East Intelligence Digest*, Okt. 1992, S. 7
141) Anmerkung in der New King James Bible über SCHULAMIT, Hoheslied 1,1

Kapitel 8

1) David Bar-Ilan in „Expulsion backlash is typical", *Jerusalem Post International Edition*, 26. Dez. 1992
2) Netanyahu, *A Place Among the Nations*, S. 86
3) Bar-Ilan, *Eye on the Media*, S. 205
4) *The Oxford English Dictionary* 2nd ed., (Oxford: Clarendon Press, 1991)
5) *Collins Dictionary of the English Language* (Sydney: William Collins Sons & Co., 1979)
6) *Websters Unabridged Dictionary*
7) „The UN antisemitism resolution", *Jerusalem Post*, 13. März 1994
8) Ebd.
9) „UN Official ignored Rafiah mob killing; IDF investigating", Ebd., 7. März 1993
10) UNRWA Gaza Strip refugee affairs officer, Ebd.
11) „The UN Rafiah incident", Ebd.
12) „The Myth of UN Fairness to Israel", *Dispatch from Jerusalem*, 3. Quartal 1991, S. 2
13) .Bar-Ilan, *Eye on the Media*, S. ix
14) Ebd.
15) „The Myth of UN Fairness to Israel", *Dispatch from Jerusalem*, 3. Quartal 1991, S. 2
16) Bericht der Gefangenenhilfsorganisation *Amnesty International* von 1983, zitiert bei Bennett, *Saga*, S. 222 f
17) *Dispatch from Jerusalem*, Band 16, Nr. 3, 3. Quartal 1991, zitiert bei Bennett, *When Day and Night Cease*, S. 130
18) „The Myth of UN Fairness to Israel", *Dispatch from Jerusalem*, 3. Quartal 1991, S. 2
19) Bennett, *Saga*, S. 78
20) Ebd.
21) Ebd.
22) Die furchtbaren Ergebnisse des deutschen Einsatzes von chemischen Waffen (verschiedenen Arten von Giftgas) während des Ersten Weltkriegs führten zu der Ächtung durch den Völkerbund, den Vorläufer der Vereinten Nationen. 1982 erließen die Vereinten Nationen eine zweite Ächtung gegen den Einsatz von Giftgas im Krieg.
23) Bennett, *Saga*, S. 222
24) „What Aridor should have said", *Jerusalem Post International Edition*, 18. Jan. 1992
25) Douglas Bloomfield, zitiert bei *Middle East Intelligence Digest*, Nr. 10, 1992, S. 5
26) „Makes You Think - Doesn't It?" Ebd., S. 5
27) „Expulsion backlash is typical", *Jerusalem Post International Edition*, 26. Dez. 1992
28) *Voice of Israel Radio*, 26. Jan. 1993
29) „Collision Course", *Israel News Digest* der Christian Friends of Israel, Feb. 1993, S. 2
30) „The Double Standard", Ebd., März 1993, S. 2
31) „Lebanese newspaper satirizes deportees", *Jerusalem Post International Edition*,

20. März. 1993
32) Ebd.
33) Shmuel Katz in „Sheer distortion", Ebd., 30. Jan. 1993
34) „Expulsion backlash is typical", Ebd., 26. Dez. 1992
35) Ebd.
36) „The Double Standard", *Israel News Digest* der Christian Friends of Israel, März 1993, S. 2
37) Katz, *Israel Versus Jibril*, S. 54
38) Ebd., S. 54 f.
39) Ebd., S. 56
40) Ebd., S. 55
41) Ebd., S. 46
42) Ebd.
43) Ebd., S. 57, Fußnote
44) Ebd.
45) Ebd., S. 56, Fußnote
46) Ebd.
47) Siehe Kapitel 2, S. 35 u. 36
48) „Security council condemns massacre, wants 'foreign presence' in territories", *Jerusalem Post International Edition,* 26. März 1994
49) „International observers in Hebron", *Middle East Intelligence Digest*, Juni 1994, S. 2
50) Ebd.
51) Sacher, *A History of Israel*, S. 811
52) Bard & Himelfarb, *Myths and Facts*, S. 115
53) Zitat aus „An ill wind blowing", *Middle East Intelligence Digest,* März/April 1995, S.8
54) Ebd.
55) Zitiert von Gary H. Kah, *En Route to Global Occupation* (Lafayette, LA: Huntington House, 1992), S. 37
56) „US report on Waldheim gives 'devastating' picture of World War II activities", *Jerusalem Post International Edition,* 26. März 1994
57) Ebd.
58) Sacher, *A History of Israel*, S. 812
59) Evans, *Israel - America's Key to Survival*, S. 67
60) Sacher, *A History of Israel*, S. 811
61) Laffin, *The PLO Connection*, S. 19
62) Ebd.
63) „Middle East: Arafat, Yasir", *Random House Encyclopedia*
64) Faouk Kadoumi, PLO „Foreign Minister", *Quotidien de Paris*, 11. Nov. 1985
65) „Israel to ignore human rights investigator", *Jerusalem Post International Edition,* 27. Feb. 1993
66) Major Haddad, zitiert bei Evans, *Israel - America's Key to Survival*, S. 58
67) *Jerusalem Post*, 13. Juni 1978, zitiert bei Dr. Irving Moskowitz, *Should America Guarantee Israel's Safety?* (New York: Americans For A Safe Israel, 1993), S. 24
68) *Jerusalem Post*, 25. Dez. 1978, zitiert bei Ebd., S. 24
69) Ebd., S. 24

70) Jerusalem Post, 14., 15. Juni 1978, zitiert bei Ebd., S. 24
71) Katz, *Israel Versus Jibril*, S. 83
72) Ebd.
73) Ebd.
74) Moskowitz, *Should America Guarantee Israel's Safety?*, S. 25
75) *Jerusalem Post*, 20. Aug. 1979, zitiert bei Ebd.
76) *Jerusalem Post*, 20. Feb. 1979, zitiert bei Ebd.
77) *Jerusalem Post*, 24. Feb. 1992, zitiert bei Ebd.
78) *Maariv*, 19. Aug. 1987, *Jerusalem Post*, 22. März 1989, zitiert bei Ebd., S. 26
79) *Jerusalem Post*, 27. April 1979, zitiert bei Ebd.
80) *Jerusalem Post*, 30. April 1979, zitiert bei Ebd.
81) Ebd.
82) Siehe Kapitel 5, S. 88
83) *Jerusalem Post*, 16. Juni 1982, zitiert bei Moskowitz, *Should America Guarantee Israel's Safety?*, S. 28
84) „The Myth of UN Fairness to Israel", *Dispatch from Jerusalem*, 3. Quartal 1991, S. 2
85) Ebd.
86) Laffin, *Fedayeen*, S. 141
87) Ebd., S. 142
88) *Jerusalem Post*, 9. Juli 1982, zitiert bei Moskowitz, *Should America Guarantee Israel's Safety?*, S. 24
89) Ebd., S. 24 f.
90) Bennett, *When Day and Night Cease*, S. 179
91) Ebd., S. 179 f.
92) Eban, *Personal Witness*, S. 357
93) Ebd.
94) Ebd.
95) Ebd., S. 358
96) Ebd.
97) Ebd.
98) Moskowitz, *Should America Guarantee Israel's Safety?*, S. 7
99) Eisenhower bestätigte: „Wir sollten nicht annehmen ... daß Ägypten israelische Frachtschiffe daran hindern wird, den Suez-Kanal ab dem Golf von Akaba zu befahren. Wenn unglücklicherweise Ägypten danach tatsächlich gegen das Waffenstillstandsabkommen oder andere internationale Verpflichtungen verstößt, dann sollte die Völkergemeinschaft mit entschlossenen Maßnahmen eingreifen." Netanyahu, *A Place Among the Nations*, Anmerkung S. 445 f.
100) Ebd., S. 134
101) Eban, *Personal Witness*, S. 360
102) Ebd., S. 414
103) Peters, *From Time Immemorial*, S. 403
104) Major Saad Haddad, zitiert bei Evans, *Israel - America's Key to Survival*, S. 58

Kapitel 9

1) Jim Lederman, *Battle Lines: The American Media and the Intifada* (New York: Henry Holt, 1992), S. 281
2) Ebd., S. 280

3) Ebd.
4) Bill Seamans, der Bürochef des Senders ABC in Tel Aviv, zitiert bei Ebd., S. 138
5) Ebd.
6) Bar-Ilan, *Eye on the Media*, S. x
7) Lederman, *Battle Lines*, S. 99
8) Ebd.
9) Ebd., S. 280
10) Zitiert bei Bennett, *Saga*, S. 132
11) Bar-Ilan, *Eye on the Media*, S. 344
12) Ebd., S. 325
13) Lederman, *Battle Lines*, S. 145
14) Ebd., S. 131
15) Ebd., S. 131-134
16) „Murder photographs raise ethics charge", *Jerusalem Post International Edition*, 12. Dez. 1992
17) Lederman, *Battle Lines*, S. 141
18) „Senseless, mind-blowing journalistic punditry", *Jerusalem Post*, 11. Sept. 1992
19) Siehe Kapitel 5, S. 91
20) „Senseless, mind-blowing journalistic punditry", *Jerusalem Post*, 11. Sept. 1992
21) Siehe Kapitel 5, S. 91
22) „Prime time and prejudice", *Jerusalem Post*, 8. Feb. 1991
23) Bar-Ilan, *Eye on the Media*, S. 191
24) Ebd.
25) Ebd., S. 190
26) *The Jerusalem Institute for Western Defense: Periodic New Digest from the Arab World and Iran*, Digest 11, Nov. 1994, S. 1 u. 6
27) Ebd., S. 6
28) Ebd.
29) „Special Editions: Ex-Israel Extras at Time and Newsweek", *New Republic*, 8. Okt. 1990
30) Ebd.
31) Ebd.
32) Ebd.
33) Ebd.
34) Ebd.
35) Ebd.
36) „Faking it with pictures", *Jerusalem Post*, 21. Aug. 1992
37) Lederman, *Battle Lines*, S. 241
38) „Ya'ari-Shara interview: An excercise in manipulation", *Jerusalem Post*, 14. Okt. 1994
39) Lederman, *Battle Lines*, S. 314
40) Bar-Ilan, *Eye on the Media*, S. 129
41) „TV news fabrication", *Jerusalem Post*, 12. Okt. 1990
42) Zitat aus einem Brief von Teddy Kollek an den Herausgeber von *Commentary*, April 1991
43) „60 Minutes & the Temple Mount", *Commentary*, Feb. 1991
44) Ebd.

45) 1993 veröffentlicht in einem Buch mit dem Titel *Split Vision - the Portrayal of Arabs in the American Media*, zitiert in „Prime time and prejudice", *Jerusalem Post*, 8. Feb. 1991
46) Bar-Ilan, *Eye on the Media*, S. 291
47) Ebd.
48) Ebd.
49) Ebd.
50) Ebd.
51) Ebd., S. 291
52) „Prime time and prejudice", *Jerusalem Post*, 8. Feb. 1991
53) Ebd.
54) Bar-Ilan, *Eye on the Media*, S. 216
55) Ebd., S. 102
56) Ebd., S. 143
57) Ebd.
58) Ebd., S. 143 f.
59) „Murderer loses 'dispute' over an Israeli's life", *Jerusalem Post*, 5. Nov. 1993
60) „All the news that's fit to slant", *Jerusalem Post International Edition*, 3. April 1993
61) „Blimey! BBC surpasses even itself", Ebd., 21. Mai 1994
62) Bar-Ilan, *Eye on the Media*, S. 93
63) Ebd.
64) Ebd., S. 94
65) „The body count as an effective bash-Israel device", *Jerusalem Post*, 7. Jan. 1993
66) „How the world media turn news into a nonevent", Ebd., 30. Sept. 1994
67) „Terminology - the ultimate weapon", *Jerusalem Post International Edition*, 27. Feb. 1993
68) „PLO moderating its love of peace", *Jerusalem Post*, 3. Dez. 1993
69) Ebd.
70) „Cheaters, liars and videotape", *Jerusalem Post International Edition*, 13. März 1993
71) Ebd.
72) „Cheaters, liars and videotape", *Jerusalem Post International Edition*, 13. März 1993
73) Ebd.
74) „Trashing Israel - again", *Guardian Weekly*, 11. März 1994, berichtet in *Middle East Intelligence Digest*, Vol. 5, No. 4, April 1994, S. 7
75) Ebd.
76) Ebd.
77) Ebd.
78) „Anything but the facts, ma'am", *Jerusalem Post International Edition*, 22. Mai 1993
79) Ebd.
80) Ebd.
81) Ebd.
82) Alan Ray, „That Mideast Peace", *New Leader*, 29. Okt. 1990
83) Ebd.

84) Lederman, *Battle Lines*, S. 314
85) „Foreign media dance to piper-payer's tune", *Jerusalem Post*, 4. Sept. 1992
86) Kah, *En Route to Global Occupation*, S. 62
87) Ebd., S. 56
88) Ebd., S. 55
89) Ebd., S. 33, 34
90) „Foreign media dance to piper-payer's tune", *Jerusalem Post*, 4. Sept. 1992
91) Ebd.
92) Kah, *En Route to Global Occupation*, S. 16
93) Ebd.
94) „Foreign media dance to piper-payer's tune", *Jerusalem Post*, 4. Sept. 1992
95) David Bar-Ilan in einem Antwortschreiben an Jonathan Ferzinger, UPI-Bürochef, Ebd., 23. Okt. 1992
96) „Yasser, Yasser, Mr. Arafat!", *Jerusalem Post International Edition*, 18. Juni 1994
97) „Color columnists distort black-and-white-facts", *Jerusalem Post*, 28. Okt. 1994
98) Bar-Ilan, *Eye on the Media*, S. 243
99) Ebd., S. 350
100) „Color columnists distort black-and-white-facts", *Jerusalem Post*, 28. Okt. 1994
101) Sendung in *Voice of Israel Radio*, 5. Nov. 1994
102) „Police detain journalists", *Jerusalem Post*, 14. Okt. 1994
103) *Maoz* newsletter, Dez. 1994, S. 1
104) „Gaza journalist, brother arrested", *Jerusalem Post*, 28. Okt. 1994
105) Ebd.
106) „Terminology - the ultimate weapon", *Jerusalem Post International Edition*, 27. Feb. 1993
107) „Symbol of struggle never lost faith", *New Zealand Herald*, 17. Okt. 1994
108) Ebd.
109) „Five die as Gaza mob turns against troops", Ebd. 16. Juli 1994
110) „Palestinian Police deliberately shot at us", Jerusalem Post, 18. Juli 1994

Kapitel 10

1) „A nation unlike any other", *Jerusalem Post*, 15. Mai 1994
2) Worte eines Anhängers des Friedensprozesses an den weltbekannten Zeichner (*Dry Bones*) Ja'akov Kirschen, veröffentlicht in *Middle East Intelligence Digest*, Okt. 1994, S. 2
3) Shulamit Alonis Worte der Verteidigung über Shimon Peres, der religiöse Knesset-Abgeordnete mit seiner Kritik an König David erzürnt hatte; in *Voice of Israel Radio*, 18. Dez. 1994
4) „Statements of Aloni that have angered Shas", *Jerusalem Post*, 10. Mai 1994
5) Ebd.
6) „Stock market bulls run wild", Ebd., 25. Juni 1992
7) „Figuring out the elections. Who voted for whom - and why", *Jerusalem Post*, 10. Juli 1992
8) Eban, *Personal Witness*, S. 648
9) „Figuring out the elections. Who voted for whom - and why", *Jerusalem Post*, 10. Juli 1992
10) „Likud urges no-confidence", Ebd., 12. Jan. 1993

11) Ebd.
12) Ebd.
13) „Ben-Porat blasts election financing. Heaviest fines to Labor and Shas." Ebd., 12. Jan. 1993
14) Ebd.
15) Ebd.
16) Ebd.
17) „Likud urges no-confidence", Ebd., 12. Jan. 1993
18) Ebd.
19) Ebd.
20) Ebd.
21) „Undermined by Scandal, Israel's Labor Party Shows Signs of Falling Apart", *International Herald Tribune*, 13. März 1995
22) Alan E. Shapiro in „The right to back off", *Jerusalem Post*, 15. Jan. 1993
23) „Arab vote helped Labor to victory", Ebd., 26. Juni 1992
24) *The Jerusalem Institute For Western Defense: Periodic New Digest from the Arab World and Iran*, Digest 5, Mai 1994, S. 1
25) „It's the last time I vote for Darawshe", *Jerusalem Post* , 29. Nov. 1992
26) „The settlers are our calamity ... „, Ebd., 26. Aug. 1992
27) „Harish orders probe of Mahameed", Ebd., 29. Dez. 1992
28) „Knesset votes to suspend Mahameed's travel privileges", Ebd., 7. Jan. 1993
29) „Israeli Arab loyalties", Ebd., 9. Dez. 1992
30) „Gov't decisions invalid - Goren", *Jerusalem Post International Edition*, 22. Jan. 1994
31) „'Spectacular' Court Trial", Arm of Salvation *Ministry & Prayer Update*, Sept. 1994, S. 4
32) Ebd.
33) Ebd., S. 6
34) Rabin in einer Rede vor der Knesset am 3. Okt. 1994
35) Rabin zitiert in „Rabin's giving away of the Golan", *Jerusalem Post*, 3. Dez. 1993
36) „Fighting back", *Middle East Intelligence Digest,* Okt. 1994, S. 4
37) Rabin zitiert in „Rabin's giving away of the Golan", *Jerusalem Post*, 3. Dez. 1993
38) Ebd.
39) Ebd.
40) Ebd.
41) „Fighting back", *Middle East Intelligence Digest,* Okt. 1994, S. 4
42) Rabin zum ägyptischen Präsidenten Hosni Mubarak am 30. Mai 1994, berichtet in „Grandma's tales as told by Rabin", *Jerusalem Post International Edition,* 18. Juni 1994
43) Rabin zum ägyptischen Präsidenten Hosni Mubarak am 30. Mai 1994, berichtet in „A question of credibility", Ebd., 18. Juni 1994
44) Yesha Report, Neuauflage in „I changed my mind", *First Fruits of Zion*, Jan. 1995, S. 7
45) „Rabin: Golan settlers can 'spin like propellers'", *Jerusalem Post*, 8. Juni 1993
46) „Labor MKs given rough reception by Golan activists", Ebd., 23. Sept. 1994
47) Ebd.

48) Ebd.
49) „A luxury we can't afford", Ebd., 23. Nov. 1993
50) Nach der letzten Umfrage der Regierung, gesendet in *Voice of Israel Radio* am 14. Jan. 1995, leben mehr als 140.000 Juden in Gaza, Judäa und Samaria
51) Ebd.
52) „Moral equivalence", *Jerusalem Post*, 1. Nov. 1993
53) „Rabin's unwanted child", Ebd.
54) Ebd.
55) Ebd.
56) „Let the People Decide: Israelis Protest Accord with PLO", *The Yesha Report*, Sept./Okt. 1993, S. 2
57) „What 'Peace Process'?", *Jerusalem Post*, 24. Dez. 1993
58) „The polarization danger", Ebd., 9. Dez. 1993
59) „Let the People Decide: Israelis Protest Accord with PLO", *The Yesha Report*, Sept./Okt. 1993, S. 2
60) Ebd.
61) Ebd.
62) „Wombs and weapons", *Jerusalem Post*, 14. Okt. 1994
63) Ebd.
64) Ebd.
65) Ein Sprecher in einem Kommentar über die Gewaltanwendung gegen Anat Cohen. Ebd.
66) Ebd.
67) Ebd.
68) „Shahal versus Ida Nudel", *Jerusalem Post*, 24. Jan. 1995
69) Ebd.
70) Ebd.
71) Ebd.
72) Ebd.
73) Ebd.
74) „Amending a prayer to today's headlines", Ebd., 1. Okt. 1993
75) Ebd.
76) Ebd.
77) Ebd.
78) „A luxury we can't afford", Ebd., 23. Nov. 1993
79) Eve Harrow in einem Interview von der *Jerusalem Post International Edition*, 12. Feb. 1994
80) *Voice of Israel Radio*, 25. Juli 1994
81) „Rabin's unwanted child", Ebd., 1. Nov. 1993
82) „Talks show Shas in Gov't, UTJ close, NRP still talking", Ebd., 6. Juli 1992
83) „Left and right parties oppose referendum idea", *Jerusalem Post International Edition*, 29. Jan. 1994
84) „Bills on Golan concessions defeated", *Jerusalem Post*, 28. April 1994
85) „Rabin caves in", Ebd., 30. Aug. 1993
86) In „Going All The Way?", *Jerusalem Post Magazine*, 10. Dez. 1993, interviewte Steve Rodan bedeutende Politiker der Arbeitspartei, die bestätigten, daß Rabin und Peres einen vollständigen Rückzug zu den Grenzen von 1967 und darüber hinaus planen. „Sie geben es in der Öffentlichkeit nicht zu," sagte ein enger

Mitarbeiter von Peres, „sie glauben nicht, daß die israelische Bevölkerung schon dafür bereit ist." Und am 19. Okt. 1993, sagte Rodan, sah der Likud-Abgeordnete Eliahu Ben-Elissar Rabin 'direkt in die Augen' und erklärte: „Die Politik Ihrer Regierung wird zur Gründung eines Palästinenserstaates entlang der Waffenstillstandslinie von 1949 führen. Und am Ende wird die Grenze entlang der Golanhöhen und der französischen und britischen Mandatsgebiete verlaufen.' Rabin antwortete nicht." Und in „Zvilli: There will be a Palestinian state by the year 2000", *Jerusalem Post International Edition*, 19. Feb. 1994, wurde berichtet, daß Nissim Zvilli, der Generalsekretär der Arbeitspartei, „voraussagte, daß bis zum Jahr 2000 in den [israelisch verwalteten] Gebieten ein Palästinenserstaat gegründet wird."

87) „Jerusalem not open to negotiation", *In Jerusalem*, 17. Juli 1992
88) „Rabin affirms Jerusalem stand", *Jerusalem Post*, 27. Juni 1994
89) „Kahanism and pragmatism", Ebd., 21. Okt. 1994
90) „Labor MKs, PLO leaders to discuss dividing Jerusalem", Ebd., 25. Juni 1994
91) *Voice of Israel Radio*, 19. Dez. 1994
92) Ebd.
93) „Rabin praises US role in peace process", *Jerusalem Post*, 10. Aug. 1993
94) „Jerusalem not open to negotiation", *In Jerusalem*, 17. Juli 1992
95) „With the clear eyes of youth", *Jerusalem Post*, 2. Juli 1994
96) „Peres letter in October 93 encouraged Palestinian institutions in capital", Ebd., 7. Juni 1994
97) „Rabin's pretend world", Ebd., 8. Juni 1994
98) „Government - Israeli Style", Arm of Salvation *Ministry & Prayer Update*, Sept. 1994, S. 7
99) Ebd.
100) „Opposition furor over 'Gaza first' plan", *Jerusalem Post*, 30. Aug. 1993
101) „Shimon Peres: We are not on Assad's agenda", Ebd., 23. Dez. 1994
102) „The Vultures Gather", Arm of Salvation *Ministry & Prayer Update*, Jan. 1994, S. 2
103) Adam Shindron zitiert in „Dancing in the park", *Jerusalem Post*, 14. Sept. 1993
104) Ebd.
105) Ellen & Nir Shmueloff, „Israel's Rallying Cry 'Jerusalem Must Stay United' Loses Steam", *Wall Street Journal*, 3. Nov. 1993
106) „78 % of Capitol Youth Oppose Golan Withdrawal", *In Jerusalem*, 14. Okt. 1994
107) Ebd.
108) „Majority of Israelis want PLO officials tried", *Jerusalem Post International Edition,* 2. Juli 1994
109) „Support for peace talks drops", *Jerusalem Post,* 4. Juni 1994
110) Ebd.
111) „Poll shows majority of Israelis oppose full Golan withdrawal", Ebd., 7. Okt. 1994
112) „A startling poll", *Jerusalem Post International Edition,* 9. Mai 1993
113) Ebd.
114) „TA election a referendum on peace, Rabin says", *Jerusalem Post*, 27. Okt. 1993

115) „Rabin throws his weight behind Kollek“, Ebd., 25. Okt. 1993
116) „North Tel Aviv betrayal, Jerusalem's haredi revenge“, Ebd., 5. Nov. 1993
117) „Olmert Takes the Town“, *In Jerusalem*, 5. Nov. 1993
118) Ebd.
119) „North Tel Aviv betrayal, Jerusalem's haredi revenge“, *Jerusalem Post*, 5. Nov. 1993
120) „PM: Labor must change to survive“, Ebd., 6. Jan. 1995
121) Ebd.
122) „Israel TV's surrender to diktat“, *Jerusalem Post International Edition*, 9. April 1994
123) Ebd.
124) Ebd.
125) Ebd.
126) Ebd.
127) „Foreign Ministry declares war on 'Post'“, Ebd., 5. Feb. 1994
128) Ebd.
129) „'Post': Ministry lied over subscriptions“, Ebd., 29. Jan. 1994
130) „Foreign Ministry declares war on 'Post'“, Ebd., 5. Feb. 1994
131) Ebd.
132) Ebd.
133) „Israel Radio suspends editor for quoting from 'Post' story“, *Jerusalem Post*, 13. Dez. 1994
134) „Let's watch our words“, Ebd., 19. Nov. 1993
135) Ebd.
136) „Government - Israeli Style“, Arm of Salvation *Ministry & Prayer Update*, Sept. 1994, S. 6
137) Ebd.
138) Ebd.
139) „Likud blasts Labor's alleged 'hiring of demonstrators'“, *Jerusalem Post*, 6. Mai 1994
140) Ebd.
141) Ebd.
142) „Abu Mazen's book: Dog-eared revelations with little bite despite the barking“, Ebd., 13. Jan. 1995
143) „Peres-Rabin clash 'not like old days,' says Zadok, Ebd., 6. Dez. 1988
144) „Going all the way?“ Ebd., 10. Dez. 1993
145) Ebd.
146) Ebd.
147) Ebd.
148) *Voice of Israel Radio*, 7. Jan. 1995
149) „Labor reaction may do more damage than book itself“, *Jerusalem Post*, 13. Jan. 1995
150) Ebd.
151) „The Arafat bombshell“, *Jerusalem Post International Edition*, 18. Mai 1994
152) Ebd.
153) „Premier again denies secret deal with Syria“, Ebd., 16. Jan. 1993
154) „Behind closed doors“, *Jerusalem Post Magazine*, 2. Dez. 1994
155) Ebd.

156) „Aloni: Say farewell to Golan“, *Jerusalem Post International Edition,* 9. April 1994
157) Berichtet in *Dispatch from Jerusalem*, Sept./Okt. 1994, S. 10
158) „Beilin: Pursue peace process as if Labor won't win next election“, *Jerusalem Post,* 13. Jan. 1995
159) Generalleutnant Ehud Barak, zitiert in „In their own words“, *Middle East Intelligence Digest*, Okt. 1994, S. 5
160) Ebd.
161) Ebd.
162) „Shahak to be appointed next chief of staff“, *Jerusalem Post*, 7. Okt. 1994
163) *The Jerusalem Institute for Western Defense: Periodic New Digest from the Arab World and Iran,* Digest 11, Nov. 1994, S. 1
164) „Stark realities against a barren hilltop“, *Jerusalem Post,* 6. Jan. 1995
165) *The Jerusalem Institute for Western Defense: Periodic New Digest from the Arab World and Iran*, Digest 11, Nov. 1994, S. 1
166) „A Zionist Tragedy“, *Zion Quarterly* der Christian Friends of Israel, 4. Quartal 1994, S. 3
167) „Behind Rabin's Beilin barb“, *Jerusalem Post*, 9. Dez. 1988
168) „Good riddance to Gaza“, *Jerusalem Post International Edition,* 14. Mai 1994
169) Mark Halter, zitiert in „Peres Sell Jerusalem to the Vatican“, *Inside Israel,* Sept. 1994
170) „Israel, Vatican establish full diplomatic ties“, *Jerusalem Post,* 16. Juni 1994
171) Henry Kissinger in A World Restored, zitiert in *Jerusalem Post International Edition,* 19. Feb. 1994
172) „Netanyahu: Gov't planning redivision of Jerusalem“, *Jerusalem Post,* 18. Mai 1994
173) Kett, zitiert von Ariel Sharon in „Dangerous government“, Ebd., 20. Jan. 1993
174) „The army's intervention“, Ebd., 7. Feb. 1994
175) Ebd.
176) Netanyahu, *A Place Among the Nations*, S. 286
177) Ebd., S. 287
178) „Israel's water“, *Jerusalem Post*, 23. Dez. 1994
179) „IDF brass ignored Agranat findings, repeated mistakes“, Ebd., 6. Jan. 1995
180) „Aloni: Machpela cave not sacred to Jews“, Ebd., 25. März 1994
181) „Rabin's realistic vision“, Ebd., 14. Aug. 1992
182) Ebd.
183) „Peres: Scud tests show Syrian power and intent. Gur warns Damascus of Israel response if attacked“, Ebd., 14. Aug. 1992
184) „Rabin calls for direct negotiations with Syrians“, *Jerusalem Post International Edition,* 2. Juli 1994
185) d.h. „Defense in depth“, *Jerusalem Post*, 7. Juni 1994
186) Vom Umschlagtext entnommen: Robert Slater, *Rabin of Israel* (London: Robson, 1993)
187) Yaacov Shimoni, *Biographical Dictionary of the Middle East* (New York: Facts On File, 1991), S. 190
188) Ebd.
189) d.h. Ebd., S. 189. Susan Hattis Rolef Ed., *Political Dictionary of the State of Israel* (Jerusalem: Jerusalem Publishing House, 1993), S. 257

190) „Is he a man of straw or a man of iron“, Anzeige der „Women in Green“, *Jerusalem Post International Edition,* 25. Juni 1994
191) Slater, *Rabin of Israel*, S. 70 f.
192) Sacher, *A History of Israel*, S. 631
193) Eban, *Personal Witness*, S. 382
194) Ezer Weizman, *On Eagles' Wings* (Jerusalem: Steimatzky's, 1976). Zitiert in „Is he a man of straw or a man of iron“, Anzeige der „Women in Green“, *Jerusalem Post International Edition,* 25. Juni 1994
195) Weizman, *On Eagles' Wings,* S. 211, zitiert bei Slater, *Rabin of Israel*, S. 130
196) Eban, *Personal Witness*, S. 462
197) „Agranat report's crucial, unheeded lesson“, *Jerusalem Post*, 6. Jan. 1995
198) „IDF brass ignored Agranat findings, repeated mistakes,“ Ebd., 6. Jan. 1995
199) Ebd.
200) „A misplacing of confidence“, Ebd., 10. Mai 1994
201) Ebd.
202) *The Jerusalem Institute for Western Defense: Periodic New Digest from the Arab World and Iran*, Digest 6, Juni 1994, S. 3
203) Slater, *Rabin of Israel*, S. 365
204) Yaacov Shimoni, *Biographical Dictionary of the Middle East* (New York: Facts On File, 1991), S. 183
205) „Behind Rabin's Beilin barb“, *Jerusalem Post*, 9. Dez. 1988
206) Moshe Sharetts Persönliches Tagebuch, 1957, Band 8, s. 2301
207) „Kissinger: Peres is on an emotional binge“, *Jerusalem Post*, 15. Sept. 1993
208) *Voice of Israel Radio*, 4.? Sept. 1994
209) *Middle East Intelligence Digest*, Nov. 1994, S. 1
210) *Voice of Israel Radio*, 4. Mai 1994
211) *Webster's Unabridged Dictionary*
212) Ebd.
213) „Peres: Palestinian Police has prevented terror attacks“, *Jerusalem Post*, 24. Jan. 1995
214) Ebd.
215) „Yasser, puppet-master“, Ebd., 30. Juni 1994
216) Ebd.
217) „Israel, PLO to sign agreements today. Rejectionist groups step up terror campaign in protest. Signing at 5 p.m. Israel time“, Ebd., 13. Sept. 1993
218) „Rabin and Peres expected to hold reconciliation meeting early next week“, Ebd., 29. Juli 1994
219) Ebd.
220) Ebd.
221) „Norway's No-Show“, *In Jerusalem*, 9. Dez. 1994
222) David Bar-Ilan, Vorsitzender des Treffens und Chefredakteur der Zeitung *Jerusalem Post*, sagte dies am nächsten Tag zum Autor.
223) „On toeing the line“, *Jerusalem Post*, 23. Dez. 1994
224) Moshe Kohn in „Of peace and redemption“, Ebd., 21. Okt. 1994
225) „Security at highest level in Oslo“, Ebd., 9. Dez. 1994
226) Kaare Kristiansen in seiner Rede im Renaissance Hotel, Jerusalem, am 10. Dez. 1994
227) Ebd.

228) Ebd.
229) Ebd.
230) Ebd.
231) Ebd.
232) „Give That Man a Hand“, *In Jerusalem*, 23. Dez. 1994
233) Shimon Peres, während eines Interviews mit *Voice of Israel* Radio, 21. Jan. 1995
234) Während der Kabinettssitzung vom 6. März, berichtet in „Hebron's News“, *Jerusalem Post,* 7. März 1994
235) „PM: Goal of peace is to separate Israels, Palestinians“, Ebd., 1995
236) Ebd.
237) *The Jerusalem Institute for Western Defense: Periodic New Digest from the Arab World and Iran*, Digest 6, Dez. 1994, S. 1
238) „Rabin to military: Make plowshares“, *Jerusalem Post International Edition*, 25. Juni 1994
239) „Large cuts proposed in army service“, Ebd., 15. Jan. 1994
240) „Police uncertain whether 2 terrorists involved in atrocity“, *Jerusalem Post*, 24. Jan. 1995
241) „A game of make-believe“, Ebd.
242) Ebd.
243) „PM: Goal of peace is to separate Israels, Palestinians“, Ebd.

Kapitel 11

1) Diese Hadith erscheint in mehreren kanonischen Sammlungen. Zitiert bei Peters, *From Time Immemorial*, S. 144
2) Laffin, *Fedayeen*, S. 91
3) Prawda, 2. Sept. 1964. Mit einem besonderen Hinweis auf die Besetzung Osteuropas durch die Sowjetunion während und nach dem 2. Weltkrieg, nachdem die Invasion der Nazis niedergeschlagen war. Zitiert in „Strong Stand“, *Jerusalem Post International Edition*, 16. Jan. 1993
4) Zitiert in „Egypt's strange game“, *Jerusalem Post*, 30. Sept. 1994
5) *The Jerusalem Institute for Western Defense: Periodic News Digest from the Arab World and Iran*, Digest 10, Okt. 1994, S. 7
6) „Manifest stupidity“, *Jerusalem Post International Edition*, 22. Jan. 1994
7) *Voice of Israel Radio*, 29. Nov. 1994
8) „A vain search for signs“, *Jerusalem Post*, 7. Nov. 1993
9) *Reuter*-Bericht „Sudan offers armed Islamists a rare chance to meet“, Ebd., 4. Apr. 1995
10) Brigadegeneral Ya'akov Ami Dror in einem Interview mit der *Jerusalem Post*, Sept. 1994. Zitiert in „They Said ...“, *First Fruits of Zion*, Jan. 1995, S. 7
11) Brigadegeneral Ya'akov Ami Dror in einem Interview mit der *Jerusalem Post*, Sept. 1994. Zitiert in"No Arab leader has accepted peace - top intelligence man“, *Middle East Intelligence Digest*, Okt. 1994, S. 7
12) Ebd.
13) „Manifest stupidity“, *Jerusalem Post International Edition*, 22. Jan. 1994
14) Ebd.
15) Zitiert in „Gaza - soft underbelly of the Jewish state,“ *Middle East Intelligence Digest*, Feb.. 1993, S. 4

16) Ebd., 12. Juni 1992
17) „Egyptians feel left out of the celebration“, *Jerusalem Post*, 28. Okt. 1994
18) *Voice of Israel Radio*, 20. Dez. 1994
19) Zitiert in „Repeated violations“, *Jerusalem Post International Edition*, 22. Jan. 1994
20) Ebd.
21) „Peace in the Middle East (2)“, Ebd., 7. Mai 1994
22) Faika Musrati schildert ihre Behandlung durch ägyptische Polizei in „Egypt frees four Israelis held for espionage“, Ebd., 16. Mai 1992
23) „Peace in the Middle East (2)“, Ebd., 7. Mai 1994
24) „Cairo conference closed to Israeli scientists“, Ebd., 8. Jan. 1994
25) *Voice of Israel Radio*, 24. Nov. 1994
26) *Ma'ariv*, 18. Nov. 1994
27) *Voice of Israel Radio*, 27. März 1995
28) Ebd., 1. Dez. 1994
29) Ebd.
30) „Warm ties compete with chill factor“, *Jerusalem Post*, 25. Nov. 1994
31) *Voice of Israel Radio*, 24. Nov. 1994
32) *The Jerusalem Institute for Western Defense: Periodic News Digest from the Arab World and Iran*, Digest 1, Jan. 199, S. 3
33) „Peace in the Middle East (2)“, *Jerusalem Post International Edition*, 7. Mai 1994
34) Bar-Ilan, *Eye on the Media*, S. 177
35) Ebd.
36) Ebd.
37) Ebd.
38) „Peace in the Middle East (2)“, *Jerusalem Post International Edition*, 7. Mai 1994
39) Hassan Fouad, stellvertretender Chefredakteur bei der Zeitung Al-Ahram, zitiert in „Boycott keeps Egyptians away“, Ebd., 26. Dez. 1992
40) „Al-Ahram's poll: Most Egyptians shun Israel despite 15 years of peace“, *Jerusalem Post*, 30. Dez. 1994
41) „Survey: Most Egyptians favor cold peace“, Ebd. 3. Mai 1995
42) Ebd.
43) Ebd.
44) „The battle for parity“, *Jerusalem Post Magazine*, 11. März 1994
45) „Egyptians improve army 'impressively', „ *Jerusalem Post International Edition*, 25. Juni 1994
46) „The battle for parity“, *Jerusalem Post Magazine*, 11. März 1994
47) *The Jerusalem Institute for Western Defense: Periodic New Digest from the Arab World and Iran*, Digest 10, Okt. 1994, S. 7
48) „The battle for parity“, *Jerusalem Post Magazine*, 11. März 1994
49) *The Jerusalem Institute for Western Defense: Periodic New Digest from the Arab World and Iran*, Digest 7, Juli 1994, S. 3
50) „The battle for parity“, *Jerusalem Post Magazine*, 11. März 1994
51) Ebd.
52) Ebd.
53) „The Samson Option“, *Middle East Intelligence Digest*, März/April 1995, S. 5

54) „Egypt's agenda - and Israel's nuclear shield," *The Source*, eine Zusatzausgabe von Ebd., Jan. 1995
55) „Egypt's strange game," *Jerusalem Post*, 30. Sept. 1994
56) *The Jerusalem Institute for Western Defense: Periodic News Digest from the Arab World and Iran*, Digest 7, Juli 1994, S. 3
57) Ebd., Digest 1, Jan. 1995, S. 1
58) Ebd., S. 3
59) Der Abgeordnete der Arbeitspartei Ra'anan Cohen zitiert in „Egypt sheds neutrality", *Middle East Intelligence Digest*, Feb. 1995, S. 1
60) Dov Shilansky zitiert in Ebd.
61) „The battle for parity", *Jerusalem Post Magazine*, 11. März 1994
62) „Whirlwind on the rise?," *Middle East Intelligence Digest*, März/April. 1995, S. 1
63) Ebd.
64) „The next war has begun", *Jerusalem Post*, 27. Jan. 1995
65) Siehe Kapitel 5, S. 112
66) Ebd.
67) Ebd.
68) Farouk Khadoumi zitiert im arabischen Programm des Senders BBC, 5. April 1989
69) Farouk Khadoumi bei einer Rede in Algerien, zitiert von Robert Franklin in „The armed struggle continues", *Zion Quarterly* der Christian Friends of Israel, 1. Quartal 1995
70) „Poll: Many Palestinians back attacks against Israelis", *Jerusalem Post*, 27. Jan. 1995
71) *Voice of Israel Radio*, 31. Jan. 1995
72) „Urge to kill", *Israel News Digest* der Christian Friends of Israel, Jan. 1995, S. 4
73) Ebd.
74) „Pact with the Devil", *Zion Quarterly* der Christian Friends of Israel, 1. Quartal 1995, S. 1
75) Ein Araber aus Gaza in einem Interview mit Robert Franklin, Ebd.
76) „Arafat retracts statement on meetings with Israeli officials", *Jerusalem Post*, 14. Juli 1993
77) „King Hussein twice hosted Shabbat meals for Shamir", *Jerusalem Post International Edition*, 12. Feb. 1994
78) Ebd.
79) Ebd.
80) Ebd.
81) Siehe Kapitel 5, S. 83
82) „Hussein and Arafat in conflict", *Jerusalem Post*, 28. Okt. 1994
83) *The Jerusalem Institute for Western Defense: Periodic News Digest from the Arab World and Iran*, Digest 10, Okt. 1994, S. 6
84) „Treaty with Jordan", *Israel News Digest* der Christian Friends of Israel, Nov. 1994, S. 1
85) *The World Almanach and Book of Facts*, S. 820
86) Siehe Kapitel 7, S. 154
87) „Hussein: between a rock and a hard place", *Middle East Intelligence Digest*,

Aug. 1994, S. 5
88) „Across the Jordan", *Israel News Digest* der Christian Friends of Israel, Dez. 1994, S. 4
89) *Voice of Israel Radio*, 8. Aug. 1994
90) Reuter-Bericht, veröffentlicht in „Historic treaty centrepiece of Clinton's trip", *New Zealand Herald*, 27. Okt. 1994
91) *Middle East Intelligence Digest*, Dez. 1994, S. 3
92) *Voice of Israel Radio*, 8. Aug. 1994
93) *Israel News Digest* der Christian Friends of Israel, Dez. 1994, S. 4
94) Ebd.
95) *Voice of Israel Radio*, 21. Dez. 1994
96) Ebd., 27. Dez. 1994
97) „MKs do Amman - royally," *Jerusalem Post*, 10. Feb. 1995
98) „Very senior source forewarns: Hussein's days are numbered", Ebd., 9. Sept. 1990
99) Ebd.
100) Associated Press - Bericht vom 6. März 1996, zitiert in „True colors," *Middle East Intelligence Digest*, März/April 1995, S. 11
101) „Mufti wants jihad", *Jerusalem Post*, 3. Mai 1995
102) „Syrian signs of change", Ebd., 22, Juli 1993
103) „Mubarak: Syria understands peace means full normalization", Ebd., 25. Nov. 1993
104) „Assad ready for normalization after withdrawal", Ebd., 3. Mai 1994
105) „Assad smiling", Ebd., 17. Jan. 1994
106) „Clinton to meet Assad in January", Ebd., 10. Dez. 1993
107) „Syria won't promise peace for Golan", Ebd., 11. Feb. 1993
108) „Out of Damascus", *Israel News Digest* der Christian Friends of Israel, Nov. 1994
109) „Assad refuses to clarify 'full peace' for Clinton", *Jerusalem Post*, 10. Juni 1993
110) „Peace of the brave", Ebd., 31. Jan. 1994
111) „Assad smiling", Ebd., 17. Jan. 1994
112) Ebd.
113) Ebd.
114) *Voice of Israel Radio*, 28. März 1995, Zitat aus einer führenden, von der Regierung kontrollierten, syrischen Zeitung
115) „The Golan under Syria - Israelis remember", *Middle East Intelligence Digest*, Dez. 1992, S. 6
116) „Moment of tension in Clinton-Assad talks: 'U.S. leader fascinated to meet notorious character'", *Reuter*-Bericht, veröffentlicht in *Jerusalem Post*, 17. Jan. 1994
117) „Day out in Damascus", Ebd., 28. Okt. 1994
118) Ebd.
119) „Don't mention that Assad is from a minority", *Maoz Newsletter*, Okt. 1994, S. 3
120) Ebd.
121) Ebd.
122) Siehe Kapitel 1, S. 19

123) Siehe Kapitel 8, S. 183 u. 184
124) Aus dem Buchumschlag von Katz, *Israel Versus Jibril*
125) Ebd., S. 3
126) „Day out in Damascus", *Jerusalem Post*, 28. Okt. 1994
127) „Expel Islamic Jihad, US urges Syria", Ebd., 12. Jan. 1995
128) Zalman Shoval, ehemaliger Botschafter in den USA, zitiert in „Continuing violence in Lebanon shows up mistaken assumptions about Syria", *Jerusalem Post International Edition*, 2. April 1994
129) „International network", *Israel News Digest* der Christian Friends of Israel, Jan. 1995, S. 4
130) *Voice of Israel Radio*, 25. Jan. 1995
131) Shimoni, *Biographical Dictionary of the Middle East*, S. 38
132) Ebd.
133) „Syrian drug connection", *Jerusalem Post*, 4. April 1994
134) Ebd.
135) Ebd.
136) Ebd.
137) Ebd.
138) Ebd.
139) *Middle East Intelligence Digest*, Feb. 1994, S. 3
140) „We want peace, says Syria," *Middle East Intelligence Digest*, Dez. 1992, S. 5
141) Ebd.
142) Ebd.
143) Ebd.
144) „German defense minister visits", *Jerusalem Post International Edition*, 8. Mai 1993
145) „Military views", *Israel News Digest* der Christian Friends of Israel, Okt. 1994
146) Ebd.
147) Zitiert in „Dynamic Duo", *Jerusalem Post Magazine*, 14. Okt. 1994
148) Ebd.
149) *Associated Press* - Bericht, veröffentlicht in: „Syria: War against Israel to last for ever", *The Bangkok Post*, 10. März 1990
150) Reuter-Bericht, veröffentlicht in „Syria urges withdrawal", *New Zealand Herald*, 28. Dez. 1994
151) „Reality and Assad's Image", *Jerusalem Post*, 29. Mai 1994
152) Ebd.
153) Ebd.
154) *The Jerusalem Institute for Western Defense: Periodic News Digest from the Arab World and Iran*, Digest 12, Dez. 1994, S. 1
155) „Sadat's opinion of Syria", Jerusalem Post, 7. Okt. 1994
156) Zitiert in Ebd.
157) Zitiert in „Exiled Michel Aoun's mantra: Next year in Beirut", Ebd., 2. Dez. 1994
158) Berichtet in „Quotes", *Dispatch from Jerusalem*, Jan./Feb. 1995, S. 10
159) *Middle East Intelligence Digest*, Dez. 1992, S. 6
160) Ebd.
161) Jerusalem Post, 25. Jan. 1994. Zitiert in „Don't worry, be happy", *Maoz Newsletter*, Okt. 1994

162) „Repeated violations", *Jerusalem Post International Edition*, 22. Jan. 1994
163) Bennett, *Saga*, S. 199
164) Ebd., S. 200
165) *Time Magazine*, 8. Okt. 1990, zitiert in Ebd., S. 199
166) *The Jerusalem Institute for Western Defense: Periodic News Digest from the Arab World and Iran*, Digest 12, Dez. 1994, S. 4
167) Ebd.
168) *Al Watan Al-Arabi* (veröffentlicht in Paris), Übersetzt und veröffentlicht in Ebd., Digest 8, Aug. 1994, S. 7
169) „Iraq still making chemical weapons", *Jerusalem Post International Edition*, 19. Feb. 1994
170) Berichtet von der Zeitung *New York Times* und Sendung in *Voice of Israel Radio*, 16. Feb. 1995
171) „Palestinians to Buy Oil From Iraq", Dispatch from Jersusalem, Jan./Feb. 1995, S. 10
172) *The Jerusalem Institute for Western Defense: Periodic News Digest from the Arab World and Iran*, Digest 2, Feb. 1995, S. 7
173) Berichtet von der Zeitung *New York Times* und Sendung in *Voice of Israel Radio*, 16. Feb. 1995
174) Sendung im irakischen Radio, 5. Jan. 1995, berichtet in *Voice of Israel Radio*, und zitiert in „Saddam: Arabs should rocket Israel", *Jerusalem Post*, 6. Jan. 1995
175) Siehe Kapitel 3, S. 64
176) „Buenos Aires again", *Jerusalem Post*, 19. Juli 1994
177) Sendung in *Voice of Israel Radio*, 12. Mai 1994
178) Auszug aus einem Interview mit Subhi Al-Tufeyli, veröffentlicht in *L'Orient du Jour*, 30. Juli 1994
179) „War games", *Israel News Digest* der Christian Friends of Israel, Feb. 1994, S. 4
180) „Watchdog reporter", *Jerusalem Post Magazine*, 22. April 1994
181) Ebd.
182) „Iran: Going for it", Ebd.
183) „Local experts: Unclear when Iran will become nuclear power", *Jerusalem Post*, 6. Jan. 1995
184) Ebd.
185) Siehe Kapitel 4, S. 66
186) Rede von Mu'ammar Qaddafi am 21. Juni 1994 und Bericht von der *Libyan News Agency*, 23. Juni 1994, zitiert in *The Jerusalem Institute for Western Defense: Periodic News Digest from the Arab World and Iran*, Digest 10, Okt. 1994, S. 7
187) Ebd.
188) Ebd.
189) Yossi Beilin bei einem Interview in *Voice of Israel Radio*, 15. Juli 1994
190) *The Jerusalem Institute for Western Defense: Periodic New Digest from the Arab World and Iran*, Digest 10, Okt. 1994, S. 7
191) Shmuel Katz in „Beware the prophets of peace", *Jerusalem Post International Edition*, 8. Jan. 1994
192) Zitiert in „Russia demands say on status of Jerusalem", *Jerusalem Post*, 26.

Aug. 1994
193) Ebd.
194) Ebd.
195) „Future Inventions“, *Israel News Digest* der Christian Friends of Israel, Sept. 1993, S. 3
196) *Voice of Israel Radio*, 22. Okt. 1994
197) „Russia rejects US appeal on Iran nuclear deal“, *Jerusalem Post*, 4. April 1995
198) *The Jerusalem Institute for Western Defense: Periodic New Digest from the Arab World and Iran*, Digest 8, Aug. 1994, S. 10
199) Sergei Kapitza, in einem Interview mit *U.S. News and World Report*, April 1992, zitiert bei Bennett, *Saga*, S. 126 f.
200) „Syrian grand strategy“, *Jerusalem Post International Edition*, 19. Feb. 1994
201) „Palestinian leaders: Baker promised us a state“, *Jerusalem Post*, 7. Feb. 1993
202) „The harzards of diaspora living“, Ebd., 10. März 1992
203) „Golan: more than geography“, Ebd., 5. März 1993
204) „Who needs a crisis with the US?“ *Jerusalem Post International Edition*, 21. März 1992
205) „Garbage truck at Israel's door“, *Jerusalem Post*, 4. Juni 1992
206) Ebd.
207) Ebd.
208) Ebd.
209) Ebd.
210) *Middle East Intelligence Digest*, Feb. 1994, S. 3
211) „The American connection“, *Zion Quarterly* der Christian Friends of Israel, 4. Quartal 1994, S. 4
212) „Pact with Syria before 1995“, *Middle East Intelligence Digest*, Dez. 1994, S. 7
213) „Clinton: Bush will ok guarantees to win votes“, *Jerusalem Post*, 4. Juni 1992
214) „Disney world comes to the desert for a day“, Ebd., 28. Okt. 1994
215) Ebd.
216) „Israel, Jordan sign treaty. Peace sealed in gala Arava ceremony“, Ebd., 27. Okt. 1994
217) „Well, you could have fooled us“, *Middle East Intelligence Digest*, Feb. 1995, S. 8
218) Ebd.
219) Ebd.
220) Ebd.
221) Ebd.
222) Ebd.
223) Ebd.
224) Ebd.
225) Ebd.
226) Ebd.
227) Siehe Kapitel 5, S. 83; Kapitel 6, S. 124
228) Sacher, *A History of Israel*, S. 631
229) Ebd., S. 630 f.
230) Siehe Kapitel 8, S. 195
231) Berichtet in „Pact with Syria before 1995“, *Middle East Intelligence Digest*,

Dez. 1994, S. 7
232) Ebd.
233) Sacher, *A History of Israel*, Bd. II, S. 206
234) Ebd.
235) „Netanyahu: 'I have details of Golan plan,'" *Jerusalem Post International Edition*, 27. Feb. 1993
236) Bruce Brill in „One man's agony after the fact", Jerusalem Post, 23. Okt. 1992, zitiert bei Bennett, *Saga*, S. 142
237) Siehe Kapitel 10, S. 243
238) Ebd., zitiert bei Bennett, *Saga*, S.143
239) „Pardon Pollard," Ebd., 19. Dez. 1993
240) „Pollard pardon due," *Jerusalem Post*, 28. Dez. 1992
241) Ebd.
242) „Pardon Pollard," Ebd., 19. Dez. 1993
243) „Pollard pardon due," *Jerusalem Post*, 28. Dez. 1992
244) Ebd.
245) „Justice, not vengeance," Ebd., 20. Aug. 1993
246) Ebd.
247) Ebd.
248) Ebd.
249) Ebd.
250) Ebd.
251) *The Jerusalem Institute for Western Defense: Periodic News Digest from the Arab World and Iran*, Digest 2, Feb. 1995, S. 2
252) „How to destroy friends and help enemies," *The Jerusalem Institute for Western Defense: Periodic News Digest from the Arab World and Iran*, Bulletin No. 1, März 1995, S. 7
253) Siehe Kapitel 5, S. 114
254) Siehe Kapitel 10, S. 250
255) Siehe Kapitel 5, S. 110
256) „Arab Poll on Peace,", *Messianic Times*, Sommer 1994, S. 11
257) Ebd.
258) Ebd.
259) Ebd.
260) Ebd.

Kapitel 12

1) Mark Twain, *The Complete Essays of Mark Twain*, Charles Neider, ed. (New York, Doubleday, 1963), S. 49
2) Siehe Kapitel 10, S. 217
3) Mahmoud Zahar in einem Interview mit Robert Franklin, veröffentlicht in „An Islamic-Israeli Conflict," *Zion Quarterly*, 4. Quartal 1994, S. 4
4) Ebd.
5) Reuben Alcalay, *The Complete Hebrew-English Dictionary* (Jerusalem: Masada, 1963)
6) „Netanyahu: Likud won't honor Gaza/Jericho deal", *Jerusalem Post International Edition*, 15. Jan. 1995
7) Zitiert in „The march of folly", Ebd., 22. Mai 1993

8) Zitiert von David Pawson in „God's Eternal Covenant with Israel," *Tishrei*, Herbst 1992, S. 24
9) „Let's sit this administration out", *Jerusalem Post*, 17. Sept. 1991
10) „It's time to start fighting back," Ebd., 3. April 1992
11) „Norwegian FM Holst dies at 56," *Jerusalem Post International Edition*, 22. Jan. 1994
12) Ebd.
13) Siehe Kapitel 11, S. 270, 272 u. 284
14) „From the Editor," *Middle East Intelligence Digest*, Feb. 1994, S. 2
15) Ebd.
16) „Assad lines up his options," *Jerusalem Post*, 28. Jan. 1994
17) Freida Keets bei einer Ansprache in der First Assembly of God Church, Fort Meyers, Florida, zitiert in „Terror in New York at Twin Trade Towers", *Jerusalem Courier & Prophecy Digest*, Bd. 11, Nr. 1, S. 2
18) Siehe Kapitel 7, S. 153
19) Anwar Sadat, zitiert bei Bennett, *When Day and Night Cease*, S. 206
20) Associated Press - Bericht vom 12. März 1979, zitiert bei Bard & Himelfarb, *Myths and Facts*, S. 297
21) Sacher, *A History of Israel*, Bd. II, S. 135
22) *The International Standard Bible Encyclopedia* (Peabody: Hendrikson, 1994), Bd. 2, S. 1276
23) *The Zondervan Encyclopedia of the Bible*, Merrill C. Tenney, Ed. (Grand Rapids: Zondervan, 1975), Bd. 2, S. 770
24) *The International Standard Bible Encyclopedia* (Peabody: Hendrikson, 1994), Bd. 2, S. 1276
25) *Zondervan Encyclopedia of the Bible,* Bd. 1, S. 865, 867
26) *International Standard Bible Encyclopedia*, Bd. 4, S. 2993
27) „The Threat of a New Islamic Alliance," *Charisma*, April 1991, S. 54 f.
28) Asian Report, zitiert in *Kindreds*, Bd. 4, Nr. 4, 1993, S. 4
29) Zitiert bei Bennett, *Saga*, S. 230
30) „Cooperation is the best defense," *Jerusalem Post*, 22. Okt. 1993
31) „Target Ready," *Jerusalem Post Magazine*, 8. Okt. 1993
32) „Barak missile test successful," *Jerusalem Post*, 22. Okt. 1993
33) „Israel at cutting edge of technology due to Arrow," Ebd., 16. Juni 1994
34) Übernommen aus „Successful First Flight of Arrow missile defense system," *Innovation*, Nov. 1990, zitiert bei Bennett, *When Day and Night Cease*, S. 181 f.
35) „Spy satellite for Arab Emirates 'serious threat'. Defense officials claim US sale will narrow technological edge," *Jerusalem Post*, 19. Nov. 1992
36) Ebd.
37) *Voice of Israel Radio*, 4. April 1995
38) Sure 2,97-98
39) Rabin, zitiert bei *Voice of Israel Radio*, 18. April 1995
40) „More Scuduggery," *Jerusalem Post*, 19. Aug. 1992
41) Ebd.
42) Voice of Israel Radio, 19. Feb. 1995

Literaturverzeichnis

Archbold, Norma.
The Mountains of Israel: The Bible & The West Bank. Jerusalem: Phoebe's Song Publication, 1993.

Avneri, Arieh.
The Claim of Dispossession: Jewish Land Settlement and the Arabs, 1878-1948. New York: Herzl Press, 1982.

Bard, Mitchell G., and Himelfarb, Joel.
Myths and Facts: A concise record of the Arab-Israeli Conflict. Washington: Near East Report, 1992.

Bar-Illan, David.
Eye on the Media. Jerusalem: *The Jerusalem Post,* 1993.

Becker, Jill.
The PLO: The Rise and Fall of the Palestine Liberation Organization. New York: St. Martin's, 1984.

Bennett, Ramon.
When Day and Night Cease (2nd ed.). Jerusalem: Arm of Salvation, 1993. (Titel der deutschen Ausgabe: *Wenn Tag und Nacht vergehen,* CKV Christliche Kommunikation und Verlagsgesellschaft, Lübeck 1993).

Bennett, Ramon.
Saga: Israel and the Demise of Nations. Jerusalem: Arm of Salvation, 1993. (Titel der deutschen Ausgabe: *Saga, die wahre Geschichte von Israel und dem Fall der Nationen,* Jerusalem, Arm of Salvation, 1996).

Berger, David. (Ed.)
History and Hate: The Dimensions of Anti-Semitism. New York: Jewish Publication Society, 1986.

Brown, Michael L.
Our Hands Are Stained With Blood: The tragic story of the "Church" and the Jewish people. Shippensburg: Destiny Image, 1992.

Comay, Michael.
Zionism, Israel, and the Palestinian Arabs. Questions and Answers. Jerusalem: Keter, 1983.

Dashti, Ali.
23Years: A Study of the Prophetic Career of Mohammad. London: George Allen & Unwin, 1985.

Dawood, N.J.
The Koran. London: Penguin 1993.

De Haas, Jacob.
History of Palestine, the Last Two Thousand Years. New York, 1934.

Dodd, Peter., and Barakat, Halim.
River Without Bridges: A Study of the Exodus of the 1967 Arab Palestinian Refugees. Beirut: Institute for Palestine Studies, 1969.
Dolan, David.
Holy War for the Promised Land. Nashville: Thomas Nelson, 1991.
Evans, Mike.
Israel—America's Key to Survival. Plainfield: Logos International, 1981.
Freud, Sigmund.
Beyond the Pleasure Principle. London: Hogarth Press, 1922.
Gonen, Amiram. (Editor-In-Chief)
The Encyclopedia of the peoples of the world. New York: Henry Holt, 1993.
Grace, Peter.
The Rape of Lebanon. Beirut: Evangelical Press, 1983.
Grant, George.
The Blood of the Moon. Brentwood: Wolgemuth & Hyatt, 1991.
Green, D.F.
Arab Theologians on Jews and Israel. Genève: Editions de l'Avenir, 1974.
Gulston, Charles.
Jerusalem: The Tragedy and the Triumph. Grand Rapids: Zondervan, 1979.
Hogg, Ian V.
Israeli War Machine: The Men; The Machines; The Tactics. London: Hamlyn, 1983.
Hull, William L.
The Fall and Rise of Israel: The Story of the Jewish People During the time of their Dispersal and Regathering. Grand Rapids: Zondervan, 1954.
King Hussein.
My War with Israel. New York: Morrow, 1969.
Kah, Gary H.
En Route to Global Occupation. Lafayette, LA: Huntington House, 1992.
Katz, Samuel M.
Battleground: Facts and Fantasy in Palestine. New York: Bantam, 1973.
Katz, Samuel M.
Israel Versus Jibril: The Thirty-Year War Against a Master Terrorist. New York: Paragon House, 1993.
Keretzky, Frank.
The Media's Propaganda War Against Israel. New York: Weidenfeld & Nicolson, 1984.
Kierman, Thomas.
Yassir Arafat. London: Sphere Books, 1976.

Krantz, Les.
Facts that matter: Everything you need to know about everything. Los Angeles: Price Stern Sloan, 1993.
Laffin, John.
Fedayeen: The Arab-Israeli Dilemma. London: Cassell, 1973.
Laffin, John.
The Arab Mind. London: Cassell, 1975.
Laffin, John.
The PLO Connections. London: Transworld, 1982.
Lederman, Jim.
Battle Lines: The American Media and the Intifada. New York: Henry Holt, 1992.
Lewis, Bernard.
The Political Language of Islam. Chicago: University of Chicago, 1988.
Lewis, Bernard.
The Arabs in History, 4th rev. ed. New York: Harper-Colophon Books, 1966.
Liebler, Isi.
The Case For Israel. Australia: The Globe Press, 1972.
Livingstone, Neil., and Halevy, David.
Inside the PLO: Cover Units, Secret Funds, and the War Against Israel and the United States. New York: William Morrow, 1990.
Morey, Robert.
The Islamic Invasion: Confronting the World's Fastest Growing Religion. Eugene: Harvest House, 1992.
Moskowitz, Irving.
Should America Guarantee Israel's Safety?. New York: Americans For A Safe Israel, 1993.
Netanyahu, Benjamin.
A Place Among The Nations: Israel and the World. New York: Bantam, 1993.
Patai, Raphael.
The Arab Mind. New York: Macmillan, 1983.
Peters, Joan.
From Time Immemorial: The Origins of The Arab-Jewish Conflict Over Palestine. London: Michael Joseph, 1984.
Pritz, Ray A.
Nazarene Jewish Christianity. Jerusalem: Magnus, 1988.
Rolef, Susan Hattis. (Ed.)
Political Dictionary of the State of Israel. Jerusalem: Jerusalem Publishing House, 1993.

Sachar, Howard M.
A History of Israel: From the Rise of Zionism to Our Time. New York: Alfred A. Knoff, 1991.
Shimoni, Yaacov.
Biographical Dictionary of the Middle East. New York: Facts On File, 1991.
Slater, Robert.
Rabin of Israel. London: Robson, 1993.
Shorrosh, Anis A.
Islam Revealed: A Christian Arab's View of Islam. Nashville: Thomas Nelson, 1988.
Twain, Mark.
The Innocents Abroad. New York: Literary Classics of the United States, 1984 (in Deutschland erschienen unter dem Titel: *Die Arglosen im Ausland*, München: Diogenes 1966).
Twain, Mark.
The Complete Essays of Mark Twain, Charles Neider, (Ed.) New York: Doubleday, 1963.
Waller, Valerie Luke.
A Stranger in the Land. Houston: Daughters of Truth, 1984.
Weizman, Ezer.
On Eagles' Wings. Jerusalem: Steimatzky's, 1976.

Complete Works of Josephus Flavius. Grand Rapids: Kregel,1980.
Encylopædia Judaica. Jerusalem: Keter, 1971.
The World Almanac and Book of Facts. New York: Pharos, 1993.

SAGA,

Die Wahre Geschichte von Israel und dem Fall der Nationen

SAGA ist ein Buch über Israel und den Gott Israels, über Krieg und Gericht - in Vergangenheit, Gegenwart und Zukunft. Nationen kamen und gingen, Weltreiche erlebten ihren Aufstieg und Fall - wegen Israel. Auf den Seiten dieses gut dokumentierten Buches läßt Ramon Bennett die Posaune in einer deutlichen Warnung erschallen, daß der Gott Israels wiederum das Gericht beschlossen hat gegen viele moderne Nationen, und daß ihre einzige Hoffnung auf ein Überleben in sofortiger nationaler Umkehr besteht.

„Ich verbrachte das Wochenende mit SAGA - einfach großartig!“

- Pat Caulfield,

The Ryan Law Office, WA, U.S.A.

Erhältlich in allen christlichen Buchhandlungen

Notizen

Notizen